Hannah Rieger / Claudia Schmied

# HANDBUCH EU-KONFORMER FÖRDERUNGEN

Antworten auf Förderfragen
aus der Unternehmenspraxis
mit Fallbeispielen

4., vollständig überarbeitete und erweiterte Auflage

UEBERREUTER

Die Deutsche Bibliothek – CIP-Einheitsaufnahme

**Rieger, Hannah:**
Handbuch EU-konformer Förderungen : Antworten auf Förderfragen
aus der Unternehmenspraxis mit Fallbeispielen / Hannah Rieger /
Claudia Schmied. Investkredit. - 4., vollst. überarb. und erw. Aufl. -
Wien : Ueberreuter, 1998
ISBN 3-7064-0422-2

| | |
|---|---|
| 1. Auflage | September 1995 |
| 2. Auflage | November 1995 |
| 3. Auflage | September 1996 |
| 4. Auflage | Juli 1998 |

S 0390 1 2 3 / 2000 99 98


Umschlag: Kurt Rendl

Printed in Austria

# Inhaltsverzeichnis

# Österreich in Europa – Förderpolitik für Investitionen und Arbeitsplätze

Die wirtschaftspolitischen Großprojekte unserer Zeit – Liberalisierung der Märkte, Ostöffnung und Osterweiterung, EU-Binnenmarkt und Euro – stellen große Herausforderungen an uns alle. Das Tempo des Wandels und die Dichte der wirtschaftlichen und gesellschaftlichen Strukturen erfordern ein hohes Maß an Leistungen. Österreichs Konkurrenzfähigkeit im globalen Wettbewerb wird vor allem von Wissen, vom Engagement der Menschen und von unserer Innovationskraft bestimmt.

Die Zukunftsstrategie für Österreich in Europa kann daher nur in der Erneuerung gefunden werden. In diesem Verständnis ist auch das Fördersystem der öffentlichen Hand in den Dienst der Innovation und der strukturellen Erneuerung zu stellen. Wichtige Aufgaben für die EU-Strukturfondspolitik ergeben sich in der Vorbereitung der EU-Osterweiterung. Hier sind wir gefordert, Übergänge zu schaffen, die Entwicklungen möglich machen.

Zu den Qualitäten unseres Wirtschaftsstandortes zählt der gut entwickelte Finanzmarkt. Direkte Unternehmensförderungen tragen zur Standortsicherung bei. Im Rahmen des EU-weit harmonisierten Beihilfenrechts ist es Aufgabe der österreichischen Wirtschaftspolitik, die möglichen Spielräume für Investitionen und Arbeitsplätze zu nutzen. Auch die für uns in Brüssel reservierten Strukturfondsmittel müssen wir ausschöpfen. Unternehmen, Banken, Berater und Förderstellen sind aufgerufen, alle Möglichkeiten im bestehenden Fördersystem bestmöglich zu nutzen.

Gerade in Zeiten enormer Veränderungen brauchen die Zielgruppen des Förderinstrumentariums Ratgeber, die zum Mitmachen ermutigen. Ein Schlüssel zu einer bewußt gestalteten Zukunft liegt auch in Grundprinzipien der einfachen, transparenten und klaren Darstellung unserer Möglichkeiten und Handlungsalternativen. Dieser Anspruch findet sich in dem Handbuch verwirklicht. Es ist eine aktuelle Informationsquelle zur Erschließung von Förderungen und leistet damit einen Beitrag, Investitionen und Arbeitsplätze in Österreich zu unterstützen.

Wien, im Juni 1998

Rudolf Edlinger
Bundesminister für Finanzen

# Organisatorische Qualität im Förderwesen

Die historisch gewachsene Förderlandschaft in Österreich macht es dem Wirtschaftstreibenden schwer, sich einen vollständigen und gleichzeitig aktuellen Einblick in die bestehenden Programme zu verschaffen.

Informations- und Bewerbungskosten schrecken Unternehmer vielfach von einer Inanspruchnahme der vorhandenen Unterstützungsmöglichkeiten ab. Zurecht werden daher einheitliche und unkomplizierte Zugangswege, beispielsweise nach dem one-stop-shop-Prinzip, gefordert.

Der schwerer wiegende Vorteil dieses Vorgehens, nämlich die unproblematische Informationsbeschaffung und der risikomindernde Ausblick, in welche Richtung gemeinschaftspolitisch induzierte Veränderungen gehen, wird im vorliegenden Werk bereits erreicht. Die bestehenden Unzulänglichkeiten im zweiten Aspekt, der Zeitersparnis beim Einbringen des Ansuchens, werden durch die umfassende Sammlung aller relevanten Ansprechpartner wesentlich gemildert.

Das „Handbuch EU-konformer Förderungen“ nimmt somit die für den Interessierten immens wichtige Aufgabe wahr, den Aufwand der Informationsbeschaffung zu minimieren und durch die Breite des Ansatzes eine umfassende und perspektivenreiche Information zu gewährleisten.

Dennoch kann aus Sicht des Wirtschaftsministers die Klärung bestehender Unklarheiten nur ein Aspekt einer Lösung sein. Eine grundlegende Reform des Förderwesens durch und zugunsten der Wirtschaftspolitik aller Ebenen bleibt die Herausforderung der kommenden Jahre.

Wien, im Juni 1998

Dr. Hannes Farnleitner
Bundesminister für
wirtschaftliche Angelegenheiten

# Investitionsförderungen in Österreich

Auch wenn alle, die mit Investitionsförderung zu tun haben, mittlerweile deren wesentliche Charakteristika kennen, gibt es doch je nach Anlaßfall immer neue Details zu berücksichtigen, entwickeln sich neue Schwerpunkte, ändern sich Richtlinien. Wer sich in der Förderlandschaft daher wirklich zurechtfinden will, braucht eine zuverlässige Landkarte, auf der alle Wege zum optimalen Fördermix verzeichnet sind.

Das Handbuch EU-konformer Förderungen ist so eine – nun schon in der vierten Auflage aktualisierte – Landkarte. Die Autorinnen Mag. Hannah Rieger und Dr. Claudia Schmied haben alle Neuerungen recherchiert, die auf Grundlage der heute möglichen Förderungen zu berücksichtigen sind. Grundsätzlichere Verschiebungen bestehender Förderkulissen sind zweifellos mit der kommenden Osterweiterung zu erwarten, bleiben aber für die heutige Förderpraxis noch ohne Wirkung.

Spürbar sind hingegen die ersten Auswirkungen der Europäischen Gemeinschaftswährung. Der EURO führt erstmals zur Herausbildung eines gesamteuropäischen Finanzmarktes. Die Vielfalt der Finanzierungsinstrumente nimmt zu, Beteiligungsfinanzierung gewinnt gegenüber klassischer Kreditfinanzierung an Bedeutung. Die Förderung von Beteiligungskapital und nachrangigen Innovationsdarlehen wird damit auch in den österreichischen Förderinstitutionen zu einem neuen Schwerpunktthema.

Für die Investkredit als Spezialbank für Unternehmen und Partnerinstitut der Europäischen Investitionsbank (EIB) stellt die projektbezogene Umsetzung aller Instrumente der nationalen und europäischen Förderungen zum Nutzen unserer Unternehmenskunden eine Kernkompetenz dar. Ergänzend zu den Kundenbetreuern unterstützt unser Team von Technikern Firmen bei Projektdarstellung und -einreichung. Die Instrumente der EU-Technologiepolitik erschließen wir unseren Kunden über die Beratungstochter „EuroTech Management".

Wir danken den erfolgreichen Autorinnen für die große Mühe der Einarbeitung zahlreicher Neuerungen in die bewährte Systematik des Buches und freuen uns, das schon zum Standardwerk gewordene Handbuch gerade zum Zeitpunkt der Übernahme des EU-Vorsitzes durch Österreich vorlegen zu können.

Wien, im Juni 1998

Dkfm. Alfred Reiter    Dr. Wilfried Stadler

Österreichische Investitionskredit AG

# Vorwort

Im Beitrittsjahr Österreichs zur EU ist unser Handbuch erstmals erschienen. Die EU-Präsidentschaft haben wir zum Anlaß genommen, die vierte, vollständig überarbeitete und erweiterte Auflage zu publizieren. Rasche Änderungen der österreichischen Förderlandschaft in Verbindung mit dem Wandel auf EU-Ebene begründen unsere Aktualisierungen in kurzen Abständen. Das Handbuch ist als Nachschlagewerk für Unternehmen aus Industrie und Gewerbe gedacht. Halt und Orientierung in dem Fördersystem mit all seinen Instrumentarien zu geben, ist unser Ziel.

Der Schwerpunkt des Buches ist unverändert auf die österreichischen Förderaktionen gerichtet. Bundesweit und bundesländerspezifisch gibt es viele Neuerungen – sowohl innerhalb einzelner Aktionen als auch in der Anzahl und Ausrichtung der Aktionen. Neuerungen finden sich auch in EU-Förderprogrammen, wie beispielsweise den Europäischen Forschungs- und Technologieförderungen des 5. EU-Rahmenprogrammes. Neue Finanzierungsprodukte werden über die Europäische Investitionsbank von Banken angeboten. Die Direktförderung in Österreich ist der Schlüssel zur Inanspruchnahme der EU-Strukturfondsmittel. Mit dem Ende der laufenden Strukturfondsperiode 1999 und vor der EU-Osterweiterung zeichnen sich große Reformen ab. Wir haben daher das Buch um ein Kapitel zur Erweiterung der EU ergänzt.

Unser Know-how haben wir in vielen Gesprächen, vor allem mit Kunden, weiterentwickelt. In einer Zeit, in der der unternehmerische Handlungsspielraum im globalen Wettbewerb die Kostenseite verstärkt beachten muß, ist es wichtig, alle in Frage kommenden Förderungen in die Unternehmensfinanzierung einzurechnen.

An unserem Buch haben viele mitgewirkt. Unser Dank gilt Elisabeth Vogl-Pillhofer – sie hat das Projekt initiiert. Bei der Berechnung der Fallbeispiele haben uns Mag. Gerald Bartsch und Mag. Walter Riess mit ihrem Softwareprogramm „EU-konform" unterstützt. Viele Experten haben uns beraten. Wir danken besonders: Dr. Kurt Bayer, Dr. Margot Binder, Christian Doppler, Mag. Elisabeth Florkowski, Mag. Manfred Geiger, Dr. Andreas Gotwald, Dr. Helga Haas, Dr. Alfred Hinterleitner, Dr. Monika Hutter, Mag. Barbara Koppensteiner, Dr. Michael Krassnigg, Mag. Isabella Lindner, Mag. Manfred Lödl, Mag. Bernhard Mayer, Mag. Peter Mayerhofer, Dkfm. Werner Nahrgang, Mag. Wolfgang Nitsche, Mag. Rudolf Paul, Mag. Angela Platzer, Margit Raffetseder, Mag. Monika Sacher, Mag. Gottfried Schamschula, Franz Schoderböck, Cornelia Schragl-Kellermayer, Raoul Seifert und Mag. Peter Zach. Martina Ben Mahmoud-Kurz ist uns redaktionell zur Seite gestanden. Alle betroffenen Förderinstitutionen haben dankenswerterweise die von ihnen betreuten Aktionen auf Aktualität und Vollständigkeit geprüft. Unser Dank gilt auch Dr. Oskar Mennel und Eva Strohmeier vom Wirtschaftsverlag Carl Ueberreuter für die editorische Betreuung.

Wien, im Juni 1998

Mag. Hannah Rieger    Dr. Claudia Schmied

# 1. Das österreichische System der Unternehmensförderung

Das **österreichische System der Unternehmensförderung** ist in einem Zeitraum von fast vierzig Jahren **historisch gewachsen.** Schon in der Wiederaufbauphase Österreichs hat die Wirtschaftspolitik die Bedeutung der Investitionen für die Entwicklung der Gesamtwirtschaft erkannt.

Seit den **sechziger Jahren** verstärkte sich die Tendenz zum **Ausbau direkter Förderungen** mit der Betonung strukturverbessernder Maßnahmen.

- Die Investitionsförderung wurde in Richtung **Innovationsförderung** mit Schwerpunkten in der **Forschung und Entwicklung** weiterentwickelt.
- Die **Exportfinanzierung und die staatliche Exportkreditversicherung** wurden ausgebaut.
- Die **Umweltverträglichkeit** von **Produkten und Produktionsverfahren** wurde stärker beachtet.

Resultat der wechselnden wirtschaftspolitischen Schwerpunkte ist heute ein im internationalen Vergleich **umfangreiches Fördersystem**, das weniger wegen seines budgetären Volumens, sondern vielmehr wegen seiner Vielzahl an Institutionen und Instrumenten Reformdiskussionen unterzogen wird.

Mit dem **EU-Beitritt**, den **wettbewerbspolitischen Maßnahmen der EU** und der **europäischen Strukturfondspolitik** werden **zusätzliche Anforderungen an das traditionelle österreichische System der direkten Unternehmensförderung** gestellt. Große programm- und abwicklungstechnische Koordinationen waren mit der **Implementierung der Kofinanzierung** aus den **drei EU-Strukturfonds** (**EFRE**, Europäischer Fonds für Regionale Entwicklung, **EAGFL**, Europäischer Ausrichtungs- und Garantiefonds für die Landwirtschaft, **ESF**, Europäischer Sozialfonds) verbunden. Die für Österreich aus den Mitteln der EU-Strukturfonds für den Zeitraum 1995 bis 1999 reservierten Mittel in Höhe von ECU 1.623 Mio. – das sind über ATS 21 Mrd. – werden im Wege der Kofinanzierung zu innerstaatlichen Aktionen und Budgets abgerufen.

Eine im Arbeitsübereinkommen der Bundesregierung 1994 geplante Ausgliederung aller Förderungen aus den Ressorts ist bisher nicht erfolgt und wurde seither auf Regierungsebene nicht wieder aufgegriffen.

Die **Maßnahmen zur Förderung von Unternehmen** sind auf **Bundesebene** in **unterschiedlichen Ministerien** verankert. Zum Teil werden Förderaktionen über ausgegliederte Gesellschaften, wie zum Beispiel den Forschungsförderungsfonds für die gewerbliche Wirtschaft (FFF) oder den ERP-Fonds, abgewickelt. Auch Spezialbanken sind mit der Gestion von Förderungen beauftragt. Die Österreichische Kommunalkredit AG (Kommunalkredit) beispielsweise betreut treuhändig für den Bund die Umweltförderung im Rahmen des Umweltförderungsgesetzes.

Auf **Länderebene** erfolgt die Wirtschaftsförderung über die jeweiligen **Ämter der Landesregierungen** oder über **ausgegliederte Fördergesellschaften**, wie zum Beispiel die Wirtschaftsservice Burgenland AG (WIBAG).

Ein **institutioneller Überblick** über die für wirtschaftsnahe Fördermaßnahmen zuständigen Stellen auf Bundesebene ist *Übersicht 1* zu entnehmen. Insbesondere **sechs Ministerien** sind mit Agenden der Wirtschaftsförderung befaßt. Sonderaufgaben, auch in Hinblick auf Förderkoordination und Abstimmung, nimmt das **Bundeskanzleramt (BKA)** wahr.

Die Förderung der **angewandten Forschung und Entwicklung** wird in erster Linie vom im Jahr 1967 auf Basis des Forschungsförderungsgesetzes gegründeten **Forschungsförderungsfonds für die gewerbliche Wirtschaft** (FFF) wahrgenommen. Auf derselben gesetzlichen Grundlage wurde der **Fonds zur Förderung der wissenschaftlichen Forschung** (FWF) ins Leben gerufen, der sich vor allem auf **universitäre Forschungsvorhaben** und **Projekte der Grundlagenforschung** konzentriert. Die Präsidenten und Vizepräsidenten dieser beiden Fonds bilden gemeinsam den **Forschungsförderungsrat**, der die Förderpolitik beider Fonds koordiniert.

Die **Innovations- und Technologieförderung** wird auch vom 1987 auf Basis eines Bundesgesetzes gegründeten **Innovations- und Technologiefonds** (ITF) durchgeführt. Die Geschäftsführung des ITF wird vom FFF und vom ERP-Fonds wahrgenommen. An Konzepten zur Neuordnung der Technologieförderung wurde im Rahmen der Technologieoffensive 1997 der Bundesregierung gearbeitet.

Der **ERP-Fonds** wurde 1962 mit dem ERP-Fondsgesetz ins Leben gerufen. Der Fonds wurde aus den seinerzeitigen Counterpart-Mitteln im Zuge der Marshall-Plan-Hilfe für Österreich mit dem Ziel dotiert, der österreichischen Wirtschaft Mittel zur Rationalisierung und zur Erhaltung der Konkurrenzfähigkeit zur Verfügung zu stellen. Der ERP-Fonds bietet heute Förderungen unter anderem für folgende Schwerpunkte an: Technologie, Qualitätssicherung, Infrastruktur, Regionen, Klein- und Mittelunternehmen und Internationalisierung. In die Abwicklung sind die **ERP-Treuhandbanken** eingebunden. Sonderaufgaben nimmt der ERP-Fonds unter anderem bei der Abwicklung der Kofinanzierung aus dem Europäischen Fonds für Regionale Entwicklung („EFRE-Monitoring", *siehe Kapitel 5)* wahr.

Im Geschäftsjahr 1998/99 setzt der ERP-Fonds mit seinen Förderaktionen folgende Initiativen: „ERP-Osterweiterungs-Fitneß der mittelständischen Wirtschaft", „Venturefinanzierung", „Unternehmensgründungen", „Stärkung der Eigenkapitalbasis" und „Standortverbesserungen, Finanzierung von Infrastruktur". Im Mittelpunkt stehen dabei die Schaffung von Arbeitsplätzen, die Erleichterung von Unternehmensgründungen, die Unterstützung bei der Beschaffung von Eigenkapital sowie Beiträge zur Vorbereitung der EU-Osterweiterung.

Zielgruppe der **BÜRGES-Förderungsbank** sind **Klein- und Mittelunternehmen** der österreichischen Wirtschaft. Die BÜRGES wurde 1954 mit dem Ziel, durch Bürgschaften und Garantien Klein- und Mittelunternehmen im Gewerbebereich den Zugang zum Kapitalmarkt zu erleichtern, gegründet. In ihrem heutigen Selbstverständnis tritt die BÜRGES als Förderstelle vor allem in den Bereichen Kleingewerbe, Innovations- und Investitionsförderung für KMUs, Jungunternehmerförderung, Internationalisierungsförderung sowie Förderung von Beratung und Ausbildung auf. Eine Initiative zur Verbesserung der Eigenkapitalausstattung österreichischer Unternehmen bietet die BÜRGES seit 1997 in Form von Eigenkapitalgarantien an.

Die BÜRGES ist neben dem Hauptgesellschafter Republik Österreich an der Innovationsagentur beteiligt. Diese Gesellschaft fördert Unternehmensgründungen im Technologiebereich durch Beratung und Finanzierung. Die Aufgaben umfassen im wesentlichen Seedfinancing und die Börse für Business Angels.

Die **Österreichische Hotel- und Fremdenverkehrs-Treuhandgesellschaft m.b.H. (ÖHT)** ist eine Spezialbank zur Finanzierung und Förderung des Fremdenverkehrs.

Für **risikoreiche Projekte** steht das **Garantieinstrumentarium** der **Finanzierungsgarantie-Gesellschaft m.b.H.** (FGG) des **Bundesministeriums für Finanzen (BMF)** zur Verfügung. Aufbauend auf dem Entwicklungs- und Erneuerungsfonds aus dem Jahr 1969 wurde mit dem Garantiegesetz 1977 die heutige FGG institutionalisiert. Ihre Aufgaben umfassen Finanzierungsgarantien und Direktgarantien für Projekte österreichischer Unternehmen im In- und Ausland (**Ost-West-Fonds**), Beteiligungsgarantien, Instrumente des Krisenmanagements, gutachterliche Tätigkeiten, zum Beispiel für das Bundesministerium für Arbeit, Gesundheit und Soziales (BMAGS), sowie Consultingaufgaben für den Bund.

Im Rahmen der Exportoffensive der österreichischen Bundesregierung wurde 1997 beschlossen, die FGG als Investitionsgesellschaft auszubauen. Über Beteiligungsgesellschaften im benachbarten Ausland sollen vorrangig in den Bereichen Infrastruktur und Umweltschutz jene Grundlagen geschaffen werden, die österreichischen Unternehmen Investitionschancen eröffnen. Ziel ist die verstärkte Unterstützung von Direktinvestitionen österreichischer Unternehmen in den mittel- und osteuropäischen Ländern (MOEL). Hier kommen im Zuge der EU-Osterweiterung neue Aufgaben auf die FGG zu. Der FGG-Garantierahmen wird aufgestockt. Ein Studienfonds zur Förderung von Beratungsleistungen wurde zu Jahresbeginn 1998 eingerichtet.

**Umweltschutzinvestitionen** werden seit Inkrafttreten des Umweltförderungsgesetzes 1993 über die **Österreichische Kommunalkredit AG (Kommunalkredit)** gefördert. Die Kommunalkredit gestioniert die Umweltförderungen des Bundes im In- und Ausland, die Siedlungswasserwirtschaft und die Altlastensanierung. Außerdem nimmt sie die **Geschäftsführung des Umwelt- und Wasserwirtschaftsfonds** wahr und wickelt Förderungen von **Osthilfeprojekten für das Bundeskanzleramt (BKA)** und für internationale Finanzierungsorganisationen ab. Für das Außenministerium betreut die Kommunalkredit EU-Kofinanzierungsprojekte und bilaterale Kofinanzierungsprojekte im Rahmen der Entwicklungszusammenarbeit.

Die **aktive Arbeitsmarktförderung** ressortiert zum **Bundesministerium für Arbeit, Gesundheit und Soziales (BMAGS)**. Investitionsfördernde Maßnahmen sowie Sanierungs- und Restrukturierungsmaßnahmen werden direkt vom BMAGS gemäß Arbeitsmarktförderungsgesetz und in enger Zusammenarbeit mit der FGG subsidiär zu bestehenden Förderinstrumenten auf Bundes- und Landesebene gesetzt. Betriebliche Qualifikationsmaßnahmen für Beschäftigte werden über die Geschäftsstellen des **Arbeitsmarktservice (AMS)** gestioniert.

Die erste „europäische" Bewährungsprobe hat das **österreichische System der Unternehmensförderung** mit der Genehmigung („Notifizierung") aller wesentlichen Förderaktionen durch die EFTA Surveillance Authority (ESA) in Brüssel bestanden. Von 25 österreichischen Förderstellen wurden im **Jahr 1994** über **60 Förderaktionen des Bundes** und rund **130 Förderaktionen der Länder** der **europäischen Beihilfenkontrolle** unterzogen und nach einzelnen Adaptierungen als EU-konform klassifiziert. Rund 50 % der von den drei Beitrittstaaten Finnland, Österreich und Schweden gemeldeten Förderaktionen kamen aus Österreich. Die seit EU-Beitritt zuständige **Generaldirektion IV der Kommission** hat die Möglichkeit, die EU-Konformität zu prüfen und Richtlinienänderungen vorzuschreiben. Richtlinienänderungen bei bestehenden Aktionen sowie die Einrichtung zusätzlicher Aktionen erfordern die **Notifizierung** seitens der Kommission. Für Beihilfen von geringer Bedeutung („de minimis") entfällt dieses Genehmigungsverfahren *(siehe Kapitel 2)*. Dies begünstigt tendenziell ein weiteres Ansteigen der Zahl kleinerer Förderaktionen, insbesondere auf Landesebene.

Übersicht 1: **Wirtschaftsnahe Bundesförderungen – ein institutioneller Überblick**

Die **direkten Förderaktionen für Unternehmen** weisen folgende **Charakteristika** auf:

Förderrichtlinien: Sie beinhalten **Ziel, Gegenstand, Umfang** und **Art der Förderung** sowie **Abwicklungsmodalitäten.** Die Förderrichtlinien müssen den Bestimmungen des EU-Beihilfenrechtes entsprechen.

Förderschwerpunkte: Sie werden in den **Richtlinien** beschrieben und konzentrieren sich seit der Wirksamkeit der Wettbewerbspolitik der EU auf die EU-Schwerpunkte:

- Forschung und Entwicklung
- Klein- und Mittelunternehmen
- Investitionen in Regionalfördergebieten
- Umweltschutz
- Aus- und Weiterbildung, Schulung und Beratung

Förderinstrumente:

- nicht rückzahlbare Zuschüsse
- Zinsenzuschüsse zu Bankkrediten
- zinsgünstige Kredite
- Haftungsübernahmen
- und andere

In Anbetracht der abrechnungstechnischen Anforderungen und auch im Zusammenhang mit der Kofinanzierung aus Mitteln der Strukturfonds ist ein **Trend zur Gewährung von nicht rückzahlbaren Zuschüssen** erkennbar.

Abwicklung: Jede Förderung muß vom Unternehmen bei der zuständigen Stelle beantragt werden. Es besteht kein **Rechtsanspruch** auf Förderung. Projekt- und unternehmensbezogene Prüfungen sind vor der Förderentscheidung notwendig. Die Förderzusage wird für ein bestimmtes Investitionsvorhaben gewährt. Die widmungsgemäße Verwendung der Fördermittel wird geprüft.

Mit dem Beitritt Österreichs zur EU stehen der **österreichischen Wirtschaftspolitik** auch die **Strukturfonds** der EU zur Verfügung.

Wegen der von der EU vorgegebenen Schwerpunkte (Zielprogramme) und der **großen Zahl von österreichischen Förderstellen und Aktionen** sind durch die Strukturfondspolitik zusätzliche Anforderungen an **Koordinationsmechanismen** gegeben.

Der **Grundsatz der Kofinanzierung** (Kombination von innerstaatlichen Förderungen mit Mitteln der Strukturfonds) stellt für die befaßten Ressorts, die Förderstellen und die geförderten Unternehmen eine **abrechnungstechnische Herausforderung** dar.

Österreichische Förderungen, die den struktur- und regionalpolitischen Schwerpunkten der EU entsprechen und außerdem in den Zielprogrammen bzw. seitens der Begleitausschüsse als „**kofinanzierungsfähige Aktionen**" deklariert wurden, können aus Mitteln der Strukturfonds aufgestockt werden. Aufgrund der Unterschiedlichkeit der 12 Zielprogramme nach Bundesländern (für die regionalen Ziele 1, 2 und 5b) sind nicht alle bundesweiten Aktionen in allen Zielgebieten gleichermaßen kofinanzierungsfähig.

Die **Kofinanzierung** ist ihrem Wesen nach eine **Refinanzierung der österreichischen Förderstellen** aus Mitteln der EU-Strukturfonds. Projekte von Unternehmen in Ziel 1- , 2- oder 5b-Gebieten können im Einzelfall unter Beachtung der Wettbewerbskulisse und im

Rahmen notifizierter, kofinanzierungsfähiger Aktionen höher gefördert werden. Aus EU-abrechnungstechnischen Gründen setzt sich in diesem Fall die sogenannte „**Zielgebietsprämie**" in der Praxis durch. Eine andere Möglichkeit zur Verwendung der Strukturmittel besteht darin, den Begünstigtenkreis zu erweitern, das heißt, mehr Projekte als bisher in den regionalen Zielgebieten zu fördern. Es obliegt der einzelnen Förderstelle, zu entscheiden, welchen Weg der Kofinanzierung – höhere Förderung oder größere Zahl von Projekten – sie in der Praxis beschreitet.

Die **direkten Förderaktionen** sind damit ein wichtiger **Hebel**, um die für Österreich bereitgestellten **Strukturfondsmittel** auch tatsächlich in Anspruch zu nehmen. Die **Einreichung von Förderanträgen** erfolgt seitens der Unternehmen auch im Falle der Kofinanzierung ausschließlich bei den für die österreichischen Förderungen **zuständigen Förderstellen** und im Rahmen der **österreichischen Förderaktionen.**

Das Bestreben, die für Österreich vereinbarten EU-Strukturfondsmittel für österreichische Projekte auszuschöpfen, führt zu einer Aufwertung der Investitionsförderung in den regionalen Zielgebieten 1, 2 und 5b. Das **Instrument der Kofinanzierung** aus den EU-Strukturfonds hat damit zu einer deutlichen **Orientierung** der österreichischen Förderpolitik an den **Grundsätzen der Förderpolitik der EU** geführt.

# 2. Das EU-Beihilfenrecht

Für die Realisierung des Binnenmarktes mit fairen Wettbewerbsbedingungen ist eine weitgehende Harmonisierung der rechtlichen Rahmenbedingungen der EU-Mitgliedstaaten notwendig. Gleichzeitig sind mit dem Ziel der wirtschaftlichen und politischen Einheit gemeinsame Politiken der EU verbunden.

Für die wirtschaftliche Integration ist die **Wettbewerbspolitik** ein wichtiges Instrument. Um den Wettbewerb innerhalb des Gemeinsamen Marktes vor Verfälschungen zu schützen, sind im EWR und in der EU Regelungen wirksam, die folgende Bereiche umfassen:

- Das Verbot staatlicher Beihilfen (Bestimmungen des EWR/EU-Beihilfenrechtes).
- Das Verbot wettbewerbsbeschränkender Vereinbarungen und Verhaltensweisen (Bestimmungen des Kartellrechtes).
- Das Verbot des Mißbrauches einer den Markt beherrschenden Stellung.
- Das Verbot einer Bevorzugung öffentlicher Unternehmen.
- Das Verbot des innergemeinschaftlichen Dumpings.

Während das Kartellrecht verhindern soll, daß Unternehmen durch Markt- oder Preisabsprachen den Integrationsprozeß unterlaufen, regelt das **EWR/EU-Beihilfenrecht** jene Maßnahmen der direkten Unternehmensförderung, die den Wettbewerb durch einseitige Begünstigungen von Unternehmen verzerren könnten.

Diese wettbewerbspolitischen Maßnahmen zielen insbesondere darauf ab, im Wege der Beihilfenlimitierung und -kontrolle den „**Subventionswettlauf**" der Mitgliedstaaten im Gemeinsamen Markt zu verhindern. Mit dem Beitritt Österreichs zur EU sind zudem die aktiven **struktur- und regionalpolitischen Schwerpunkte** der EU wirksam.

Die wichtigsten Instrumente zur Erreichung der Ziele der EU-Regional- und Strukturpolitik sind die in *Kapitel 5* und 6 dargestellten „Strukturfonds". Aber auch die Förderpolitik der Kommission selbst muß in Einklang mit der gemeinschaftlichen Beihilfendisziplin, verankert im EWR/EU-Beihilfenrecht, stehen.

## 2.1. Rahmenbedingungen für Förderungen

Bereits mit dem Beitritt Österreichs zum EWR per 1. Jänner 1994 war Österreich verpflichtet, die Unternehmensförderungen den EWR-Bestimmungen anzupassen. Die diesbezüglichen Bestimmungen sind insbesondere im EWR-Abkommen bzw. im EG-Vertrag sowie ausführlich in den „ESA-Rules" festgehalten. Diese gelten mit wenigen Änderungen auch seit dem EU-Beitritt Österreichs per 1. Jänner 1995.

**Artikel 61 EWR-Abkommen** bzw. **Artikel 92 EG-Vertrag** sehen vor allem unter dem Aspekt der Wettbewerbsverfälschung ein **grundsätzliches Verbot von staatlichen Beihilfen** an Unternehmen vor.

„Soweit in diesem Vertrag nicht etwas anderes bestimmt ist, sind staatliche oder aus staatlichen Mitteln gewährte Beihilfen gleich welcher Art, die durch die Begünstigung bestimmter Unternehmen oder Produktionszweige den Wettbewerb verfälschen oder zu verfälschen drohen, mit dem Gemeinsamen Markt unvereinbar, soweit sie den Handel zwischen Mitgliedstaaten beeinträchtigen" (Artikel 92 (1) EG-Vertrag).

Die wesentlichen, im Kontext dieses Handbuches relevanten **Ausnahmen vom generel-**

**len Beihilfenverbot** beziehen sich auf die **EU-Schwerpunkte** Forschung und Entwicklung, Klein- und Mittelunternehmen, Verbesserung der Regionalstruktur, Umweltschutz, Aus- und Weiterbildung, Schulung und Beratung *(vgl. Kapitel 2.2.)*.

In den „**Gemeinschaftsrahmen**" finden sich Grundsätze zum Beihilfenrecht und zu den EU-Schwerpunkten der Unternehmensförderung. Es handelt sich dabei um **Leitlinien der Kommission**, die keine verbindlichen Rechtsnormen für den Mitgliedstaat darstellen. Ihre Rechtswirkung in der Unternehmensförderung setzt weitere rechtliche Umsetzungsschritte seitens des Mitgliedstaates voraus. Folgende Gemeinschaftsrahmen und Leitlinien sind für die Unternehmensförderung von unmittelbarer Relevanz:

- Gemeinschaftsrahmen für staatliche Forschungs- und Entwicklungsbeihilfen, 1996
- Gemeinschaftsrahmen für staatliche Beihilfen an kleine und mittlere Unternehmen, 1996
- Leitlinien für Regionalbeihilfen, 1996
- Gemeinschaftsrahmen für staatliche Umweltschutzbeihilfen, 1994
- Leitlinien für die Beurteilung von staatlichen Beihilfen zur Rettung und Umstrukturierung von Unternehmen in Schwierigkeiten, 1994

Der europäische **Beihilfenbegriff** ist in diesem Zusammenhang weiter gefaßt als der bislang im Zusammenhang mit der direkten Unternehmensförderung in Österreich gebräuchliche Begriff der Förderung. Gemeint sind im EWR/EU-Beihilfenrecht nicht nur die zweckgebundenen finanziellen Zuwendungen der öffentlichen Hand, sondern alle Arten unmittelbarer oder mittelbarer wirtschaftlicher Direktförderungen an Unternehmen.

Darunter fallen:

- nicht rückzahlbare Zuschüsse
- Zinsenzuschüsse
- zinsgünstige Kredite
- Übernahme von Haftungen
- vollständige oder partielle Befreiung von Abgaben
- Lieferung von Gütern bzw. Erbringung von Dienstleistungen zu Vorzugsbedingungen
- begünstigter Verkauf von Betriebsliegenschaften durch die öffentliche Hand
- Verlustübernahmen oder Beteiligungen der öffentlichen Hand zu Konditionen, die unter Marktbedingungen nicht durchgesetzt werden könnten

Der Vorteil für den begünstigten Unternehmer muß aus staatlichen Mitteln kommen, um der Beihilfenregelung zu unterliegen. Bei der Begünstigung zählt nicht die Absicht, sondern ausschließlich die Wirkung, die durch die Begünstigung entsteht.

Bei Unternehmen im öffentlichen Eigentum erfolgt die Beurteilung möglicher Fördereffekte im Rahmen eines sogenannten Drittvergleiches. Demzufolge enthalten Kredite oder Bürgschaften an Unternehmen keine Beihilfenelemente, wenn ein marktwirtschaftlich agierender privater Kapitalgeber unter den gleichen Umständen die entsprechenden Mittel ebenfalls bereitgestellt hätte.

## 2.2. EU-Schwerpunkte in der Unternehmensförderung

Das grundsätzliche Beihilfenverbot an Unternehmen wird auf der Basis von Spezialregelungen seitens der EU relativiert. Unter folgenden Gesichtspunkten sind **direkte Unternehmensförderungen** auch in der EU möglich:

- Unterstützung der **Forschungs- und Entwicklungstätigkeit**
- Stärkung der Wettbewerbsfähigkeit von **Klein- und Mittelunternehmen**
- Verbesserung der **Regionalstruktur**
- Förderung des **Umweltschutzes**
- Forcierung von **Aus- und Weiterbildung, Schulung und Beratung**
- **Sanierungs- und Restrukturierungsmaßnahmen**

Unter dem Aspekt der **Wettbewerbsfähigkeit von Unternehmen** sind **Forschungs- und Entwicklungsvorhaben** vom grundsätzlichen Beihilfenverbot auch bei Großunternehmen ausgenommen. Zur Förderung von Forschungskooperationen europäischer Dimension gibt es außerdem spezifische nationale und europäische Programme, insbesondere das 4. bzw. das geplante 5. EU-Rahmenprogramm *(vgl. Kapitel 8* „Die Europäischen Forschungs- und Technologieförderungen"). Wegen der ökonomischen und beschäftigungspolitischen Bedeutung der **Klein- und Mittelunternehmen** für die Gesamtwirtschaft hat deren Förderung einen hohen Stellenwert in der EU.

Die **räumliche Dimension der EU-Politik** kommt im Zusammenspiel der **regionalen Förderpolitik der Strukturfonds** mit den **Schwerpunkten der Wettbewerbspolitik** zum Ausdruck. Beide werden von dem Ziel getragen, regionale Ungleichgewichte abzubauen. Betriebliche Investitionen werden daher in benachteiligten Regionen (Wettbewerbskulisse, Zielgebietskulisse) besonders gefördert.

Weitere Schwerpunkte der EU-Förderpolitik sind Vorhaben zum **Schutz der Umwelt** sowie immaterielle Investitionen im **Qualifizierungs- und Ausbildungsbereich.**

**Sanierungs- und Restrukturierungsmaßnahmen** bei insolvenzgefährdeten Unternehmen sind nur temporär und auf der Basis eines tragfähigen Sanierungsplanes förderbar. Die Verpflichtung zur Einzelfallgenehmigung durch die Kommission *(vgl. Abschnitt 2.4. dieses Kapitels)* ist jeweils für den konkreten Fall zu prüfen.

Voraussetzung für die Zulässigkeit einer staatlichen Beihilfe ist:

- die Einräumung der Förderung im Rahmen einer von der **Kommission genehmigten „notifizierten" Förderaktion** oder
- die Einräumung der Förderung im Wege der „**Einzelfallgenehmigung**" durch die Kommission oder
- die Erfüllung der „**de minimis**"-Bestimmung („Bagatellförderungen")

Die Kommission hat im Jänner 1996 die **„de minimis"-Regel** von 1992 aufgehoben. Die aktuelle „de minimis"-Regel lautet:

- der maximale Gesamtbetrag der „de minimis"-Beihilfen beträgt ECU 100.000 für ein Unternehmen innerhalb von drei Jahren ab dem Zeitpunkt der ersten „de minimis"-Beihilfe,
- in diesen Betrag von ECU 100.000 sind alle als „de minimis" gewährten Beihilfen einzurechnen,
- die „de minimis"-Beihilfe kann für alle Förderinstrumente (Zuschüsse, Zinsenzuschüsse, Garantien etc.) angewendet werden, wobei der Fördereffekt als Bruttosubventionsäquivalent berechnet wird,
- von der „de minimis"-Möglichkeit ausgenommen sind Beihilfen für den Export, für die Exporttätigkeit sowie für die Errichtung und den Betrieb eines Vertriebsnetzes im Ausland,
- ausgeschlossen sind die unter den EGKS-Vertrag fallenden Bereiche, der Schiffbau, der Verkehrssektor, Beihilfen für die Landwirtschaft sowie die Fischerei.

Förderungen, die im Rahmen notifizierter Aktionen vergeben werden, sind in den „de minimis"-Betrag von ECU 100.000 nicht einzurechnen. Die Unternehmen müssen in der Praxis entsprechende Erklärungen unterschreiben, wonach sie die „de minimis"-Grenzen einhalten bzw. etwaige „Über-Förderungen" zurückzahlen. Die Förderhöchstgrenzen nach EU-Beihilfenrecht kommen im Rahmen von „de minimis" nicht zur Anwendung. „De minimis"-Beihilfen werden meistens – aber nicht ausschließlich – an KMUs gewährt.

Die Begründung der Kommission für diese Ausnahmen vom Wettbewerbsrecht bezieht sich auf die geringe Förderintensität, die erfahrungsgemäß den Wettbewerb nicht verfälscht bzw. nicht spürbar zu verfälschen droht. Weitere Argumente liegen in der schwierigen Kontrollmöglichkeit staatlicher Beihilfen sowie in der Verwaltungsvereinfachung für Mitgliedstaaten und Kommission.

Sonderbestimmungen, die in der Regel die Notwendigkeit zur Einzelfallgenehmigung beinhalten, sind für bestimmte Sektoren in Kraft. Gemeinschaftsrahmen bzw. Richtlinien betreffen folgende Sektoren: Kunstfaserindustrie, Kraftfahrzeugindustrie, Schiffbauindustrie, Eisen- und Stahlindustrie, Steinkohlebergbau, Verkehr, Landwirtschaft, Fischereisektor und Aquakultursektor.

Die nationalen Förderungen werden über die „**Beihilfenkontrolle**" geregelt. Die Kommission überdenkt derzeit dieses System mit dem Ziel einer Konzentration und Vereinfachung. Die Förderaktionen der öffentlichen Hand müssen den EU-Schwerpunkten entsprechen und von der ESA bzw. der Generaldirektion IV genehmigt sein.

Österreich muß alle wettbewerbsrelevanten Tatbestände der EU-Wettbewerbsbehörde „notifizieren", d.h. formell melden. Innerhalb einer angemessenen Frist – zwei Monate laut Europäischem Gerichtshof – muß die Wettbewerbsbehörde auf die Notifikation reagieren:

- keine Bedenken – Beihilfe zulässig
- Bedenken – Einleitung eines formellen Prüfverfahrens – Beihilfe zulässig
- Bedenken – Einleitung eines formellen Prüfverfahrens – Verbot der Beihilfe

Berufungsinstanzen sind der Europäische Rat bzw. der Europäische Gerichtshof. Bei Verstößen gegen das Beihilfenverbot müssen bereits gewährte Beihilfen rückerstattet werden (Sanktionsmöglichkeiten).

Neben der **Erfüllung der EU-Schwerpunkte** (Forschung und Entwicklung, Klein- und Mittelunternehmen, Regionalaspekt etc.) sind darüber hinaus sowohl für die einzelnen Aktionen als auch bei der Kombination von Förderaktionen die von der **EU festgesetzten Förderhöchstgrenzen** (Bruttosubventionsäquivalente, BSÄ) einzuhalten.

Die Förderpolitik der EU hat

- in Abhängigkeit von der Größe des beantragenden Unternehmens
- dem Standort der Investition und
- dem Charakter des Investitionsvorhabens

maximal zulässige **Förderintensitäten** für konkrete Projekte festgehalten. Diese maximal möglichen Fördersätze werden als Prozentsatz der förderbaren Projektskosten vor Berücksichtigung etwaiger Steuereffekte als Bruttosubventionsäquivalente angegeben.

Insbesondere über die Möglichkeit, für

- Investitionen von Klein- und Mittelunternehmen sowie
- Forschungs- und Entwicklungsvorhaben in nationalen Regionalfördergebieten

Zuschläge zuzulassen (KMU-Zuschlag, Regional-Zuschlag), besteht keine eindeutige Fest-

Übersicht 2: **Förderintensitäten nach EU-Grundsätzen**

| **Förderschwerpunkte** | Kleinunternehmen[1] | Mittelunternehmen[1] | Großunternehmen[1] |
|---|---|---|---|
| | Bruttosubventionsäquivalent | | |
| **Investitionen:** | max. 15 % | max. 7,5 % | – |
| **Investitionen in Regionalfördergebieten:**[2] | | | |
| Süd-/Mittelburgenland | max. 70 % | max. 70 % | max. 55 % |
| Nordburgenland | max. 56 % | max. 56 % | max. 41 % |
| Östliche Obersteiermark | max. 41 % | max. 41 % | max. 34 % |
| Steyr-Kirchdorf, Außerfern, Tiroler Oberland, Wien Umland-Nordteil | max. 31 % | max. 31 % | max. 21 % |
| andere Regionen | max. 37 % | max. 37 % | max. 27 % |
| **Grundlagenforschung und industrielle Forschung:** | | | |
| außerhalb der Regionalfördergebiete | max. 60 % | max. 60 % | max. 50 % |
| Süd-/Mittelburgenland | max. 70 % | max. 70 % | max. 60 % |
| Nordburgenland | max. 70 % | max. 70 % | max. 60 % |
| Östliche Obersteiermark | max. 65 % | max. 65 % | max. 55 % |
| Steyr-Kirchdorf, Außerfern, Tiroler Oberland, Wien Umland-Nordteil | max. 65 % | max. 65 % | max. 55 % |
| andere Regionen | max. 65 % | max. 65 % | max. 55 % |
| **Vorwettbewerbliche Entwicklung:** | | | |
| außerhalb der Regionalfördergebiete | max. 35 % | max. 35 % | max. 25 % |
| Süd-/Mittelburgenland | max. 50 % | max. 50 % | max. 50 % |
| Nordburgenland | max. 50 % | max. 50 % | max. 41 % |
| Östliche Obersteiermark | max. 41 % | max. 41 % | max. 34 % |
| Steyr-Kirchdorf, Außerfern, Tiroler Oberland, Wien Umland-Nordteil | max. 40 % | max. 40 % | max. 30 % |
| andere Regionen | max. 40 % | max. 40 % | max. 30 % |
| **Umweltschutzvorhaben über den gesetzlichen Umweltnormen:** | | | |
| außerhalb der Regionalfördergebiete | max. 40 % | max. 40 % | max. 30 % |
| Süd-/Mittelburgenland | max. 70 % | max. 70 % | max. 55 % |
| Nordburgenland | max. 56 % | max. 56 % | max. 41 % |
| Östliche Obersteiermark | max. 41 % | max. 41 % | max. 34 % |
| Steyr-Kirchdorf, Außerfern, Tiroler Oberland, Wien Umland-Nordteil | max. 40 % | max. 40 % | max. 30 % |
| andere Regionen | max. 40 % | max. 40 % | max. 30 % |
| **Umweltschutzvorhaben gemäß neuer verbindlicher Umweltnormen:** | | | |
| außerhalb der Regionalfördergebiete | max. 25 % | max. 25 % | max. 15 % |
| Süd-/Mittelburgenland | max. 70 % | max. 70 % | max. 55 % |
| Nordburgenland | max. 56 % | max. 56 % | max. 41 % |
| Östliche Obersteiermark | max. 41 % | max. 41 % | max. 34 % |
| Steyr-Kirchdorf, Außerfern, Tiroler Oberland, Wien Umland-Nordteil | max. 31 % | max. 31 % | max. 21 % |
| andere Regionen | max. 37 % | max. 37 % | max. 27 % |
| **Schulung, Aus- und Weiterbildung, Beratung:** | max. 25–50 % | max. 25–50 % | Einzelfallgenehmigung |

1) Kleinunternehmen: selbständiges Unternehmen bis 50 Mitarbeiter und Jahresumsatz bis zu ECU 7 Mio. oder Bilanzsumme bis zu ECU 5 Mio.; Mittelunternehmen: selbständiges Unternehmen bis 250 Mitarbeiter und Jahresumsatz bis zu ECU 40 Mio. oder Bilanzsumme bis zu ECU 27 Mio.; Großunternehmen: übersteigt obige Größen bzw. ist ein Unternehmen, an dem ein oder mehrere Großunternehmen gemeinsam zu 25 % oder mehr beteiligt sind.

2) Wettbewerbskulisse für nationale Förderungen; Umrechnung der Netto- auf Bruttosubventionsäquivalente (Netto = 73 % von Brutto); für das Jahr 1999 wird es im Rahmen der Verlängerung der Wettbewerbskulisse für Investitionen in Regionalfördergebieten, die nicht an MOEL angrenzen, zu Reduktionen der Förderintensitäten kommen. Die Entscheidung wird im Herbst 1998 getroffen. Die Bandbreite der Reduktion soll von 3 bis 5 Prozentpunkten reichen.

Quelle: Richtwerte nach ESA-Rules, entsprechenden Gemeinschaftsrahmen und mündlichen Informationen der Kommission (Angaben ohne Gewähr)

legung der Förderintensitäten. Diese Zuschläge müssen, um wirksam zu sein, in der einzelnen notifizierten Förderaktion festgelegt werden.

Die für **Österreich** derzeit **geltenden Förderintensitäten** sind (unter Berücksichtigung der erwähnten Zuschläge) in *Übersicht* 2 dargestellt. Es sind dies die maximal möglichen Förderintensitäten resultierend aus nationalen Förderungen, Kofinanzierungen der EU-Strukturfonds sowie EU-Förderungen. Die eindeutige Festlegung ist für den konkreten Anwendungsfall zu prüfen.

Bei Vorhaben im Bereich der **Forschung und Entwicklung wird** – um nach dem Grad der Marktnähe der geförderten F&E-Tätigkeit zu differenzieren – zwischen „**Grundlagenforschung**" und „**industrieller Forschung**" sowie „**vorwettbewerblicher Entwicklung**" unterschieden. Je marktnäher die Forschungs- und Entwicklungstätigkeiten sind, desto „marktverzerrender" könnte nach Ansicht der Kommission die Wirkung einer staatlichen Beihilfe sein. Die Förderintensität – in *Übersicht* 2 in Form von Bruttosubventionsäquivalenten dargestellt – nimmt mit zunehmender Marktnähe der Forschung ab.

In der Förderpraxis wird jedes Forschungsprojekt hinsichtlich seines Forschungsgehaltes analysiert. Ist das Projekt der Grundlagenforschung und industriellen Forschung zuzuordnen, kommt für Großunternehmen der Höchstsatz von 50 % BSÄ zur Anwendung. Ist der Gegenstand des Vorhabens ausschließlich vorwettbewerbliche Entwicklung, ist die Beihilfenintensität mit 25 % BSÄ limitiert. Bei „**gemischten**" **Forschungs- und Entwicklungsprojekten** gelten in Abhängigkeit der anteiligen Zuordnung die in *Übersicht 3* dargestellten Bruttosubventionsäquivalente. Etwaige Zuschläge – KMU-Zuschlag bzw. Regionalzuschläge – sind additiv zu berücksichtigen.

Übersicht 3: **Förderintensitäten für Forschung und Entwicklung**

| Anteil der Grundlagenforschung und industriellen Entwicklung in % | Bruttosubventionsäquivalent in % | Anteil der vorwettbewerblichen Entwicklung in % |
|---|---|---|
| 100 | 50 | – |
| 90 | 47,5 | 10 |
| 80 | 45 | 20 |
| 70 | 42,5 | 30 |
| 60 | 40 | 40 |
| 50 | 37,5 | 50 |
| 40 | 35 | 60 |
| 30 | 32,5 | 70 |
| 20 | 30 | 80 |
| 10 | 27,5 | 90 |
| – | 25 | 100 |

Quelle: Generaldirektion IV der Kommission

Investitionen, die nicht in einem unmittelbaren Zusammenhang mit einem Forschungs- und Entwicklungsprojekt stehen, wie z.B. maschinelle Investitionen des Produktions-Start-Up, werden entsprechend der Beihilfenregelungen für Investitionen behandelt *(siehe Übersicht* 2 Förderschwerpunkt „Investitionen" bzw. „Investitionen in Regionalfördergebieten"). Eine genaue Trennung der Projektskosten in Forschung und Entwicklung und reine Investitionen ist notwendig.

Für die Finanzierung von **Studien über die technische Durchführbarkeit** als Voraussetzung für Vorhaben der industriellen Forschung oder der vorwettbewerblichen Entwicklung sind angesichts ihrer geringen Auswirkungen auf die Wettbewerbsbedingungen Beihilfen mit einem BSÄ von max. 75 % bzw. max. 50 % der Studienkosten zulässig.

Der Gemeinschaftsrahmen für staatliche Forschungs- und Entwicklungsvorhaben sieht über die in *Übersicht* 2 berücksichtigten KMU- und Regionalzuschläge hinaus **weitere Zuschläge** unter dem Titel **„gemeinschaftliche F&E-Rahmenprogramme"** vor. Die Zuschläge bewegen sich in einer Bandbreite von 10 bis 25 Prozentpunkten. Unter Einrechnung der KMU-, Regional- und sonstigen Zuschläge sowie unter Berücksichtigung etwaiger höherer Regionalförderintensitäten beträgt die Beihilfenhöchstintensität 75 % im Bereich der Grundlagenforschung und industriellen Forschung und 50 % im Bereich der vorwettbewerblichen Entwicklung.

Bei Barzuschüssen ist das **Bruttosubventionsäquivalent** die Förderung in Prozent der Projektskosten. Förderungen, die nicht in Form von Barzuschüssen zur Verfügung gestellt werden, sind finanzmathematisch in ein barwertmäßiges Förderäquivalent umzurechnen, das zur Ermittlung der Förderintensität in Relation zu den förderbaren Projektskosten gesetzt werden muß. Bei zinsgünstigen Krediten bedeutet dies, daß die Zinsenzuschüsse (Differenz zwischen Marktzinssatz und gefördertem Zinssatz) errechnet und als Barwert dargestellt werden. Der Förderbarwert in Prozent der geförderten Projektskosten ist das Bruttosubventionsäquivalent.

Der Marktzinssatz wird seitens der Kommission als Referenzzinssatz für die Mitgliedstaaten festgelegt. In *Übersicht 4* sind die europäischen Referenzzinssätze dargestellt. Je höher die Differenz zwischen dem geförderten Zinssatz und dem Referenzzinssatz ist, um so höher ist der Fördereffekt. Angesichts vergleichbarer Kapitalmarktniveaus ist für Österreich die Orientierung an dem Referenzzinssatz Deutschlands naheliegend.

### Übersicht 4: **Referenzzinssätze**

| Land | in % | Land | in % | Land | in % |
|---|---|---|---|---|---|
| Belgien | 5,97 | Dänemark | 6,46 | Deutschland | 5,94 |
| Finnland | 6,21 | Frankreich | 5,83 | Griechenland | 19,95 |
| Großbritannien | 7,77 | Irland | 6,14 | Italien | 8,20 |
| Luxemburg | 5,97 | Niederlande | 5,95 | Österreich | 5,96 |
| Portugal | 7,56 | Schweden | 7,03 | Spanien | 6,20 |

Quelle: Kommission, GD IV; Stand 1. 1. 1998

Bei anderen Förderinstrumenten, zum Beispiel Haftungen, erfolgt die Festlegung der Bruttosubventionsäquivalente in Abstimmung mit der Kommission. *(Für konkrete Berechnungen siehe Fallbeispiele in Kapitel 12.)*

Der Umfang der in den EU-Schwerpunkten geförderten Projektskosten leitet sich aus der jeweils zur Anwendung kommenden Richtlinie der Förderaktion ab.

## 2.3. Regionalpolitische Schwerpunkte. Wettbewerbskulisse und Zielgebietskulisse

Die von der EU gesetzten **Prioritäten in der direkten Unternehmensförderung** können aus der maximal zulässigen Höhe der jeweiligen Förderintensität abgeleitet werden. Die **regionalpolitischen Schwerpunkte der EU** sind unverkennbar.

Die **nationalen Regionalfördergebiete** wurden für Österreich zur Jahresmitte 1994 festgelegt (**Wettbewerbskulisse**). Die genaue Gebietseinteilung ist den in *Kapitel 3* dargestellten **Landkarten nach Bundesländern** zu entnehmen. Es handelt sich dabei um Regionen, die gemessen am Bruttoinlandsprodukt pro Kopf und an der Höhe der strukturellen Arbeitslosigkeit im nationalen Vergleich benachteiligt sind.

Die nationale Regionalförderkulisse (Wettbewerbskulisse) legt die Obergrenzen für die Unternehmensförderung unter regionalpolitischen Motiven fest. Galt sie ursprünglich bis zum 31. 12. 1998, wird ihre Geltungsdauer um ein Jahr verlängert. Damit stimmt sie mit der Strukturfondsperiode überein. Eine formelle Entscheidung insbesondere hinsichtlich der im Jahr 1999 geltenden Förderhöchstsätze wird im Herbst 1998 erwartet.

Nicht zu verwechseln ist die Wettbewerbskulisse mit der **Zielgebietskulisse der Strukturfonds**, die bis 31. 12. 1999 gilt. Die Festlegung des Burgenlandes als Ziel 1-Region erfolgte bereits im Beitrittsvertrag Österreichs mit der EU vom 12. April 1994. Im Februar 1995 wurden auch die Verhandlungen über die weiteren Zielgebiete in Österreich abgeschlossen.

Die Zielgebietskulisse ist den Landkarten nach Bundesländern in *Kapitel 5* zu entnehmen. Die genaue Gebietseinteilung hält fest, in welchen Regionen Kofinanzierungen aus Mitteln der EU-Strukturfonds zu österreichischen Programmen möglich sind. Die zulässige Obergrenze für konkrete Investitionsförderungen richtet sich aber auch im Fall der Kofinanzierung nach den vorgeschriebenen maximalen Förderintensitäten gemäß Wettbewerbskulisse.

Da **Wettbewerbskulisse** und **Zielgebietskulisse** nicht deckungsgleich sind – die Zielgebietskulisse ist etwas breiter als die Wettbewerbskulisse –, kommt es in der Praxis häufig zu unpräzisen Darstellungen. Übersicht 5 stellt die beiden Gebietskulissen einander gegenüber.

Übersicht 5: **Gegenüberstellung der beiden Gebietskulissen**

| | Wettbewerbskulisse | Zielgebietskulisse |
|---|---|---|
| Festlegung | 11. Mai 1994 | 12. April 1994 Ziel 1-Gebiet bzw. 17. und 22. Februar 1995 Ziel 2- und 5b-Gebiete |
| Umfang | 35,2 % der Bevölkerung | 40,9 % der Bevölkerung |
| Fördergebiete | Art. 92 Abs. 3 (a) EG-Vertrag<br>Art. 92 Abs. 3 (c) EG-Vertrag<br>(nationale Regionalfördergebiete) | Ziel 1-Gebiet<br>Ziel 2-Gebiet<br>Ziel 5b-Gebiet |
| Ziel | Abbau von Ungleichgewichten durch höhere Förderintensitäten | Abbau von Ungleichgewichten durch Förderung aus Mitteln der Strukturfonds |
| Primäres Interesse | Unternehmen | Förderstellen |
| Motiv | Höhe der Förderung | Kofinanzierung der EU |

Wesentlich für den Unternehmer ist die Fragestellung, ob sich der **Standort seiner geplanten Investition** in einem **nationalen Regionalfördergebiet** gemäß Wettbewerbskulisse befindet. Danach bemißt sich die Höhe der zulässigen Förderintensität. Sollte das nationale Regionalfördergebiet gleichzeitig auch ein Zielgebiet sein – was in einem Großteil der Fälle anzunehmen ist –, kann die Förderstelle für den konkreten Fall Kofinanzierungen der Strukturfonds in Anspruch nehmen.

Dieser Umstand führt in der Praxis dazu, daß Förderanträge von Unternehmen, deren Investitionsstandort sowohl in einem nationalen Regionalfördergebiet als auch in einem Zielgebiet liegt, von der Förderstelle prioritär behandelt werden. Details zu den Strukturfonds sind in *Kapitel 5* und *6* dargestellt.

## 2.4. Einzelfallgenehmigungen für Großvorhaben

In bestimmten Fällen ist eine **Einzelfallgenehmigung** (Einzelnotifizierung) für Unternehmensförderungen bei der **Generaldirektion IV** der Kommission erforderlich. Sie ist immer dann notwendig, wenn eine Unternehmensbeihilfe nicht im Rahmen einer notifizierten Förderaktion erfolgen soll oder die notifizierte Richtlinie eine Einzelfallgenehmigung als Auflage definiert. Für Großprojekte sind notifizierte Förderaktionen angesichts ihrer budgetären Restriktionen oft nicht die geeigneten Förderinstrumente. Nur wenige Unternehmen wurden in Österreich bisher auf Basis einer Einzelfallgenehmigung gefördert. Bekannte Beispiele sind: Opel Austria, BMW, Philips Videowerk IR3.

Eine Verpflichtung zur Einzelfallgenehmigung gilt weiters in **Sensiblen Sektoren.** Auch bei Förderungen für F&E-Projekte ab bestimmten definierten Größenordnungen ist sie erforderlich. Es sind die Regelungen in allgemeinen Leitlinien der Kommission oder die genehmigten einzelstaatlichen Förderrichtlinien zu beachten. Die Verpflichtung zur Einzelfallgenehmigung gilt jedenfalls für Sanierungsbeihilfen zugunsten von Großunternehmen (z.B. Sanierungsbeihilfen des Bundesministeriums für Arbeit, Gesundheit und Soziales).

Darüber hinaus wurden für Sensible Sektoren Sonderbestimmungen erlassen. Sensible Sektoren sind abgesehen vom engeren Kohle-Stahlbereich – der eigenen Regelungen im Rahmen der EGKS unterliegt – bestimmte, nicht unter EGKS fallende Stahlverarbeitungsbereiche, Schiffbau, KFZ und Kunstfasern. Sonderregelungen gibt es auch in den Bereichen Verkehr, Landwirtschaft und Fischerei. Ebenso wird die Textilindustrie als Sensibler Sektor angesehen, allerdings nur im Zusammenhang mit allgemeinen Regelungen bzw. Umstrukturierungen. Es sind hier keine gesonderten Notifizierungsvoraussetzungen statuiert. Für diese Wirtschaftsbereiche gilt, daß Beihilfen grundsätzlich nicht genehmigt werden, die zu einer Steigerung der Produktionskapazitäten führen. Die Frage der Produktionskapazität ist differenziert zu beurteilen. Bei einem Projekt in einem Regionalfördergebiet beispielsweise innerhalb des KFZ-Rahmens kann eine Kapazitätssteigerung erfolgen. Die Wettbewerbsauswirkungen werden dann durch eine Limitierung der Förderung in etwa in Höhe des regionalen Nachteils (betriebswirtschaftliche Vergleichsrechnung) berücksichtigt. Diese Förderintensität liegt in der Regel deutlich unter dem regional zulässigen Höchstsatz (BSÄ). Umgekehrt sind Produktionsreduktionen bei allen Umstrukturierungsbeihilfen in Branchen, in denen Überkapazitäten herrschen, erforderlich. Regionalbeihilfen gibt es im Stahlsektor nicht mehr, dort ist nur mehr die Schließung, allenfalls F&E und Umweltschutz, förderbar.

Sollten Beihilfen für andere Investitionen in Aussicht gestellt werden, ist meistens eine Einzelfallgenehmigung erforderlich. Auch in den genannten Industriesektoren gibt es Leitlinien für die Beurteilung von Beihilfen, überwiegend in Form von Gemeinschaftsrahmen.

Im Fall der Einzelnotifizierung erfolgt zunächst eine Projektevaluation nach den **EU-Grundsätzen.** Wesentlich sind dabei folgende Informationen und Analysen:

- Prüfung des Vorhabens unter Bezugnahme auf die EU-Förderschwerpunkte, d.h. Begründungen im Rahmen von *Übersicht 2*
- Anreizeffekt und Notwendigkeit der Beihilfe zur Durchführung des konkreten Vorhabens
- Auswirkungen auf den Wettbewerb innerhalb der EU
- Bedeutung des Unternehmens
- Darstellung der Auswirkungen der Investition auf das Unternehmen und die Region
- strategische Gesamtausrichtung des Vorhabens

Bei F&E-Vorhaben steht darüber hinaus insbesondere auch die „Forschungsqualität", also der Grad der Vorwettbewerblichkeit und an welt- bzw. europaweiter Innovation, im Vordergrund. Bei Umstrukturierungsvorhaben kommt es insbesondere auf die Kapazitätsreduktionen und die Maßnahmen, die wieder zur Rentabilität des Unternehmens führen, an.

Die Anträge auf Einzelfallgenehmigung werden unter Mitwirkung des Bundesministeriums für Finanzen und der FGG über das **Bundeskanzleramt** an die Generaldirektion IV übermittelt. Dem Antrag sollte auch ein nationaler Fördervorschlag – mit den betroffenen Förderstellen abgestimmt – beigelegt sein. Für die Präzisierung des nationalen Fördervorschlages gelten sinngemäß die im *Anhang* wiedergegebenen „Standardangaben für die Anmeldung staatlicher Beihilfen" inklusive ergänzender Angaben für staatliche F&E-Beihilfen. Die Begründung der nationalen Förderpläne muß sich auf die EU-Beihilfengrundsätze und die EU-Schwerpunkte beziehen.

Das Unternehmen kann in der Folge auf Wunsch der Ständigen Vertretung der Republik Österreich bei der Kommission eingeladen werden, das Projekt der Kommission zu präsentieren. Die Kommission trifft aufgrund der erhaltenen Informationen und der vorliegenden Präzedenzfälle die Entscheidung und teilt diese der Ständigen Vertretung mit. Die Kommissionsentscheidung wird veröffentlicht. Es besteht auch die Möglichkeit – wenn die Entscheidung in einem formellen Prüfungsverfahren ergeht –, daß eine Genehmigung auch nur teilweise oder mit Bedingungen und Auflagen erfolgt. Die genehmigte Förderung wird seitens der Republik Österreich entweder über bestehende Förderaktionen oder als österreichische Direktförderung an das Unternehmen ausgezahlt. Die **Entscheidungsdauer** hängt von der Komplexität des Einzelfalles ab. Einzelfallgenehmigungen im Bereich der Sensiblen Sektoren werden besonders kritisch behandelt.

## 2.5. Auswirkungen der EU auf österreichische Förderaktionen

Mit dem EU-Beihilfenrecht sind auf österreichischer Seite in erster Linie öffentliche Stellen und Fördereinrichtungen befaßt. Jede Förderaktion, nicht jedoch der individuelle Antrag des Unternehmens, muß von den Aufsichtsbehörden in Brüssel genehmigt werden.

Die entsprechenden **Anträge zur Genehmigung von Förderaktionen** müssen auf die im *Anhang* dargestellten „Standardangaben für die Anmeldung staatlicher Beihilfen" Bezug nehmen und beinhalten folgende Punkte:

- exakte Begründung der staatlichen Beihilfe
- Form der Beihilfe
- Dauer und Intensität der Förderung
- Angaben zu den förderbaren Investitionen

Viele österreichische Förderaktionen wurden 1994 von der ESA als EWR-Aufsichtsbehörde genehmigt. Die EU-Konformität der in *Kapitel 4* dargestellten Förderaktionen basiert entweder auf Notifizierungen der ESA oder der Generaldirektion IV der Kommission oder auf der „de minimis"-Regelung.

Im Zuge des EWR/EU-Beitritts waren **größere Anpassungserfordernisse des österreichischen Fördersystems** insbesondere in folgenden Punkten gegeben:

- Anpassung der Betriebsgrößenregelung für Klein- und Mittelunternehmen an EU-Bestimmungen
- Konzentration der Technologieförderung auf die Phase der produkt- und prozeßtechnologischen Entwicklung
- Investitionsförderung nur noch in nationalen Regionalfördergebieten (gemäß Wettbewerbskulisse) bzw. für Klein- und Mittelunternehmen
- Einschränkung der Förderung von Beteiligungsinvestitionen im EWR/EU-Raum (aktive Internationalisierung) im wesentlichen auf Klein- und Mittelunternehmen
- administrative Änderungen und Erweiterungen in der Förderabwicklung, im Meldewesen, in der begleitenden Evaluierung, in der Budgetierung und Planung

Am **Zugang zu den direkten Unternehmensförderungen** in Österreich haben sich mit dem EU-Beitritt Österreichs keine großen Änderungen ergeben. Die bestehenden österreichischen Förderstellen sind für ihre Förderaktionen verantwortlich. Förderanträge werden direkt an die österreichischen Förderstellen gerichtet. Bei der Kumulierung von Förderungen (Kombination von mehreren Förderaktionen) sind die maximalen Förderintensitäten gemäß EU-Beihilfenrecht zu beachten. Wie bisher bleiben **Banken** bei der Zusammenstellung eines optimalen „Fördermixes" beratend tätig, um die Finanzierungskosten investierender Unternehmen zu senken.

Die **Auswirkungen des EU-Beihilfenrechtes auf die direkte Unternehmensförderung in Österreich** lassen sich wie folgt zusammenfassen:

- Die direkte Unternehmensförderung erfolgt generell auf der Grundlage von EU-konformen, von den Aufsichtsbehörden in Brüssel genehmigten Förderaktionen.
- Unternehmen richten Förderanträge wie gewohnt an die österreichischen Förderstellen.
- Adressaten des EU-Beihilfenrechtes (vor allem Abstimmung der Förderschwerpunkte) sind in erster Linie die österreichischen Förderstellen (Koordination durch das Bundeskanzleramt).
- Die Unternehmensförderung in Österreich konzentriert sich auf die EU-Schwerpunkte: Forschung und Entwicklung, Klein- und Mittelunternehmen, Investitionen in nationalen Regionalfördergebieten, Umweltschutz und Humanressourcen.
- In Hinblick auf Kofinanzierungsmöglichkeiten aus Mitteln der Strukturfonds werden Projekte in Zielgebieten (Zielgebietskulisse) von den Förderstellen prioritär behandelt.
- Sonderförderungen für Großprojekte außerhalb notifizierter Aktionen erfordern eine Einzelfallgenehmigung durch die Kommission.
- Für Sensible Sektoren (Kohle- und Stahlbereich, Schiffbau, Textilindustrie, Kunstfaserindustrie, KFZ-Industrie) gelten Einschränkungen der Förderzulässigkeit.

- Bei der Kombination von Förderungen für ein und dasselbe Projekt sind die Kumulierungsgrenzen (max. Förderintensitäten gemäß EU-Beihilfenrecht) zu beachten.
- Die Lockerung der „de minimis"-Bestimmung führt zu einer Ausweitung der Anzahl der Förderaktionen, insbesondere auf Landesebene.
- Die komplexen Abrechnungsvorgänge im Zusammenhang mit der EU-Kofinanzierung haben die Konzentration auf das Förderinstrument „nicht rückzahlbare Zuschüsse" zur Folge.
- Der sich bereits aus der Vielzahl der Förderstellen ergebende österreichspezifische Koordinationsaufwand wurde durch die EU-Förderbestimmungen erhöht.

Das österreichische System der **staatlichen Exportförderung und Exportrisikoversicherung** wurde an das Binnenmarktkonzept angepaßt. Finanzierungen der Kontrollbank enthalten keine Förderelemente im Sinne des EU-Beihilfenrechtes.

Die innerstaatliche Unternehmensförderung bildet auch nach dem EU-Beitritt Österreichs die Säule der direkten Investitionsförderung in Österreich.

# 3. Die Regionalfördergebiete. Wettbewerbskulisse nach Bundesländern

## 3.1. Die österreichischen Regionalfördergebiete

Die Europäische Union verfolgt regionalpolitische Ziele unter anderem mit einer **gemeinsamen Wettbewerbspolitik.** Nationale Investitionsförderungen werden in wirtschaftlich entwickelten Regionen begrenzt, in wirtschaftlich benachteiligten Regionen ermöglicht. Dadurch verhindert die EU ein weiteres Zurückfallen benachteiligter Regionen in „ärmeren" Mitgliedstaaten, wie es in einem freien Förderwettbewerb zu erwarten wäre.

Vom **allgemeinen Subventionsverbot ausgenommen** sind daher neben den in *Kapitel* 2 genannten Schwerpunkten – Forschung und Entwicklung, Klein-und Mittelunternehmen, Umweltschutz, Aus- und Weiterbildung, Schulung und Beratung – auch **folgende Regionalförderungen:**

- „Beihilfen zur Förderung der wirtschaftlichen Entwicklung von Gebieten, in denen die Lebenshaltung außergewöhnlich niedrig ist oder erhebliche Unterbeschäftigung herrscht" **(Art. 92 Abs. 3 (a) EG-Vertrag).**
- „Beihilfen zur Förderung der Entwicklung gewisser ... Wirtschaftsgebiete, ... soweit sie die Handelsbedingungen nicht in einer Weise verändern, die dem gemeinsamen Interesse zuwiderläuft" **(Art. 92 Abs. 3 (c) EG-Vertrag).**

Als Grundsatz für die Regionalförderung gilt der Ausnahmecharakter dieses Instruments. Regionalförderungen sind nur begründbar, wenn sie restriktiv verwendet werden und auf die am stärksten benachteiligten Gebiete konzentriert bleiben.

Dafür in Frage kommende Gebiete werden anhand von **Kriterien** abgegrenzt, die jedoch von jenen der Strukturfonds *(vgl. Kapitel 5 und 6)* abweichen.

Regionen mit Entwicklungsrückstand nach Art. 92 Abs. 3 (a) sind Regionen, in denen das **Bruttoinlandsprodukt (BIP) pro Kopf** zu Kaufkraftparitäten **75 % des EU-Durchschnitts nicht übersteigt.** Diese Meßgrößen werden anhand der vom Statistischen Amt der Europäischen Gemeinschaften gelieferten Daten berechnet. Es handelt sich dabei um Gebiete, in denen die Lebenshaltung außergewöhnlich niedrig ist oder eine erhebliche Unterbeschäftigung herrscht. Die wirtschaftliche Lage in diesen Gebieten wird im Vergleich zur gesamten EU äußerst ungünstig beurteilt.

Ausnahmen nach Art. 92 Abs. 3 (c) können Regionen erwarten, die gemessen am **BIP pro Kopf und an der Höhe der strukturellen Arbeitslosigkeit im nationalen Vergleich benachteiligt** sind. Dieser Rückstand muß umso größer sein, je reicher der entsprechende Mitgliedstaat im EU-Vergleich ist. Bei diesen Gebieten ist der Bezugsrahmen nicht nur die EU, sondern auch der betreffende Mitgliedstaat selbst. Insofern ist hier eine größere Flexibilität gegeben, um die wirtschaftlichen Schwierigkeiten eines Gebietes zu definieren.

Neben der **Zielgebietskulisse** der Strukturfonds, die jene Gebiete definiert, in denen Kofinanzierungen der EU vorgesehen sind, besteht daher **eine damit nicht idente Kulisse nationaler Regionalfördergebiete („Wettbewerbskulisse").** In diesen sind **direkte Unternehmensförderungen** durch das Mitgliedsland nach EU-Recht **zulässig.**

Österreichs **Verhandlungsposition** zur Wettbewerbskulisse wurde 1993 erarbeitet. Sie sah **nationale Regionalfördergebiete** im Ausmaß von 44,4 % der Bevölkerung vor. In den Verhandlungen mit der EU mußte eine Reduktion der Kulisse auf **35,2 % der Bevölkerung** akzeptiert werden. **Alle wesentlichen Problemgebiete sind dennoch in der Wettbewerbskulisse enthalten.** Dort, wo ein Tausch auf Landesebene möglich war, wurden förderpolitisch sensible Kleinregionen (z.B. Unterpremstetten, Steyr) gegen Verzicht auf Gebiete ohne besonderes Förderinteresse in die Kulisse aufgenommen.

Die nationalen Regionalfördergebiete in Prozent der dort lebenden Bevölkerung ist in *Übersicht 6* für alle 15 Mitgliedsländer dargestellt.

Übersicht 6: **Fördergebietsbevölkerungsplafonds**

| Land | Art. 92 Abs. 3 (a) | Art. 92 Abs. 3 (c) | % der Bevölkerung |
|---|---|---|---|
| Belgien | 0,0 | 35,0 | 35,0 |
| Dänemark | 0,0 | 20,0 | 20,0 |
| Deutschland | 17,7 | 20,4 | 38,1 |
| Finnland | 0,0 | 41,6 | 41,6 |
| Frankreich | 2,1 | 39,9 | 42,0 |
| Griechenland | 100,0 | 0,0 | 100,0 |
| Großbritannien | 5,3 | 35,2 | 40,5 |
| Irland | 100,0 | 0,0 | 100,0 |
| Italien | 33,5 | 14,7 | 48,2 |
| Niederlande | 0,0 | 17,3 | 17,3 |
| Österreich | 3,4 | 31,7 | 35,1 |
| Portugal | 100,0 | 0,0 | 100,0 |
| Schweden | 0,0 | 18,5 | 18,5 |
| Spanien | 59,4 | 16,3 | 75,5 |
| Gemeinschaftsplafonds | 23,0 | 23,9 | 46,9 |

Quelle: BKA, 1997

Die 1994 im EWR für Österreich verabschiedete Kulisse sieht **Regionalfördergebiete in sieben Bundesländern** vor. **Wien und Vorarlberg** besitzen angesichts ihres hohen regionalen Entwicklungsstandes **keine Regionalfördergebiete.**

Die Regionalfördergebiete können für jedes Bundesland detailliert den folgenden *Landkarten* entnommen werden. Die Karten enthalten auch die Förderobergrenzen als Prozentsatz der förderbaren Projektskosten **vor** Berücksichtigung etwaiger Steuereffekte (Bruttosubventionsäquivalente, BSÄ) bzw. **danach** (Nettosubventionsäquivalente, NSÄ = BSÄ mal 0,73).

Analog zur Zielgebietskulisse der Strukturfonds wurde das **Burgenland** auch nach dem Wettbewerbsrecht als besonders förderwürdig eingestuft. Zulässige Förderintensitäten erreichen hier 30 % (Nordburgenland) bzw. 40 % (Mittel- und Südburgenland) NSÄ.

In allen anderen Fördergebieten kann mit Ausnahme der **Östlichen Obersteiermark** (25 % NSÄ) sowie den Regionen **Steyr-Kirchdorf, Außerfern, Tiroler Oberland** und **Wien-Umland-Nordteil** (je 15 % NSÄ) generell bis zu 20 % NSÄ gefördert werden.

Von Unternehmensförderungen nach regionalpolitischen Aspekten ausgenommen bleiben daher im wesentlichen die **Zentralräume Österreichs.** Hier muß sich die nationale Förderpolitik auf die von der EU-Wettbewerbspolitik forcierten **anderen Schwerpunkte** (Forschung und Entwicklung, Klein- und Mittelunternehmen, Umweltschutz, Aus- und Weiterbildung, Schulung und Beratung) stützen. Dadurch wird eine industriepolitische Konzentration auf jene Aktionsfelder erreicht, die in Zukunft die internationale Wettbewerbsfähigkeit von Zentralräumen verstärkt bestimmen werden.

Bei erheblichen und nachgewiesenen **Änderungen der sozioökonomischen Gegebenheiten** können die Mitgliedstaaten Anpassungen der Kulisse sowohl hinsichtlich der Förderhöchstsätze als auch der Fördergebiete beantragen.

**Regionalbeihilfen** betreffen **Investitionsprojekte**. Der Investitionsbegriff umfaßt **materielle Investitionen** im Zusammenhang mit der Errichtung oder Erweiterung bestehender Betriebsstätten, der Entwicklung von Produkten oder Produktionsverfahren. **Immaterielle Investitionen** können im Ausmaß von 25 % der Gesamtkosten berücksichtigt werden, wenn es sich um Kosten im Zusammenhang mit Technologietransfers handelt. Dies betrifft Patente, Lizenzen, Markenrechte und nicht patentierte technische Kenntnisse. Die maximal zulässige Förderintensität richtet sich nach dem Charakter des Investitionsvorhabens. Forschungsprojekte sind jedenfalls – auch wenn sie in einem nationalen Regionalfördergebiet realisiert werden – nach den Grundsätzen „Grundlagenforschung und industrielle Forschung" bzw. „vorwettbewerbliche Entwicklung" zu beurteilen.

Die **Wettbewerbskulisse** galt ursprünglich bis **31. 12. 1998**, zwischenzeitlich wurde ihre Geltungsdauer **um ein Jahr verlängert**. Damit stimmt sie mit der Strukturfondsperiode überein. Über die Höhe der zulässigen Förderintensitäten in den nationalen Regionalfördergebieten ab Jahresbeginn 1999 wird mit der Kommission derzeit verhandelt. Erst im Herbst 1998 ist mit einer offiziellen Entscheidung über die Förderhöchstgrenzen im Rahmen der verlängerten Wettbewerbskulisse zu rechnen. Voraussichtlich wird es zu einer Reduktion der maximal zulässigen Förderintensitäten in jenen Regionalfördergebieten kommen, die nicht an MOEL angrenzen. Die Bandbreite der Reduktion wird von 3 bis 5 Prozentpunkten reichen *(vgl. Übersicht 2, Kapitel 2)*.

Die Festlegung der **neuen Wettbewerbskulisse** erfolgt in drei Schritten:

1. Festsetzung eines „Fördergebietsbevölkerungsplafonds" (betroffener Bevölkerungsanteil in den benachteiligten Regionen gemäß Art. 92 Abs. 3 (c) EG-Vertrag in Prozent der Gesamtbevölkerung) für jeden Mitgliedstaat durch die Kommission. Er stellt einen allgemeinen Rahmen für die Festlegung der nationalen Regionalfördergebiete unter Berücksichtigung von Art. 92 Abs. 3 (a) EG-Vertrag dar. Der Bevölkerungsplafonds für die neue Wettbewerbskulisse ist entsprechend den neuen Leitlinien für staatliche Beihilfen mit regionaler Zielsetzung mit 30,5 % für Österreich festgelegt.
2. Auswahl der nationalen Regionalfördergebiete anhand von Indikatoren, kohärent mit den Strukturfonds und im Einvernehmen mit der Kommission. Mit diesen Verhandlungen wird in Österreich im Herbst 1998 gerechnet.
3. Festlegung der maximal zulässigen Förderintensitäten in den neuen Regionalfördergebieten durch die Kommission.

Die Kommission wird die neuen Fördergebietskarten gemäß Artikel 93 EG-Vertrag durch eine einzige Entscheidung je Mitgliedstaat verabschieden. Es ist damit zu rechnen, daß diese Entscheidung erst im Jahr 1999 getroffen wird.

# 3.2. Landkarten nach Bundesländern

## Burgenland

Regionalfördergebiete (gemäß Art.92 Abs.3(a) EG-Vertrag, Art.61 Abs.3(a) EWR-Abkommen)

**RD 11 BURGENLAND**
**RD111 Mittelburgenland**

108 Pol. Bez. Oberpullendorf
1 Deutschkreutz
2 Draßmarkt
3 Frankenau – Unterpullendorf
4 Großwarasdorf
5 Horitschon
6 Kaisersdorf
7 Kobersdorf
8 Lackenbach
9 Lockenhaus
10 Lutzmannsburg
11 Mannersdorf an der Rabnitz
12 Markt Sankt Martin
13 Neckenmarkt
14 Neutal
15 Nikitsch
16 Oberpullendorf
17 Pilgersdorf
18 Piringsdorf
19 Raiding
20 Ritzing
21 Steinberg – Dörfl
22 Stoob
23 Weppersdorf
24 Lackendorf
25 Unterfrauenhaid
26 Unterrabnitz – Schwendgr.
27 Weingraben

**RD112 Nordburgenland**

101 Pol. Bez. Eisenstadt (Stadt)
1 Eisenstadt

102 Pol. Bez. Rust (Stadt)
1 Rust

103 Pol. Bez. Eisenstadt-Umgebung
1 Breitenbrunn
2 Donnerskirchen
3 Großhöflein
4 Hornstein
5 Klingenbach
6 Leithaprodersdorf
7 Mörbisch am See
8 Müllendorf
9 Neufeld an der Leitha
10 Oggau
11 Oslip
12 Purbach am Neusiedler See
13 Sankt Margarethen im Burgenland
14 Schützen am Gebirge
15 Siegendorf
16 Steinbrunn
17 Trausdorf an der Wulka
18 Wimpassing an der Leitha
19 Wulkaprodersdorf
20 Loretto
21 Stotzing
22 Zillingtal
23 Zagersdorf

106 Pol. Bez. Mattersburg
1 Draßburg
2 Forchtenstein
3 Hirm
4 Loipersbach im Burgenland
5 Marz
6 Mattersburg
7 Neudörfl
8 Pöttelsdorf
9 Pöttsching
10 Rohrbach bei Mattersburg
11 Bad Sauerbrunn
12 Schattendorf
13 Sieggraben
14 Sigleß
15 Wiesen
16 Antau
17 Baumgarten
18 Zemendorf – Stöttera

107 Pol. Bez. Neusiedl am See
1 Andau
2 Apetlon
3 Bruckneudorf
4 Deutsch Jahrndorf
5 Frauenkirchen
6 Gattendorf
7 Gols
8 Halbturn
9 Illmitz
10 Jois
11 Kittsee
12 Mönchhof
13 Neusiedl am See
14 Nickelsdorf
15 Pama
16 Pamhagen
17 Parndorf
18 Podersdorf am See
19 Sankt Andrä am Zicksee
20 Tadten
21 Wallern im Burgenland
22 Weiden am See
23 Winden am See
24 Zurndorf
25 Neudorf
26 Potzneusiedl
27 Edelstal

**RD113 Südburgenland**

104 Pol. Bez. Güssing
1 Bocksdorf
2 Burgauberg – Neudauberg
3 Eberau
4 Gerersdorf – Sulz
5 Güssing
6 Güttenbach
7 Heiligenbrunn
8 Kukmirn
9 Neuberg im Burgenland
10 Neustift bei Güssing
11 Olbendorf
12 Ollersdorf im Burgenland
13 Sankt Michael im Bgld.
14 Stegersbach
15 Stinatz
16 Strem
17 Tobaj
18 Hackerberg
19 Wörterberg
20 Großmürbisch
21 Inzenhof
22 Kleinmürbisch
23 Tschanigraben
24 Heugraben
25 Rohr im Burgenland
26 Bildein
27 Rauchwart

105 Pol. Bez. Jennersdorf
1 Deutsch Kaltenbrunn
2 Eltendorf
3 Heiligenkreuz im Lafnitztal
4 Jennersdorf
5 Minihof – Liebau
6 Mogersdorf
7 Neuhaus am Klausenbach
8 Rudersdorf
9 Sankt Martin an der Raab
10 Weichselbaum
11 Königsdorf
12 Mühlgraben

109 Pol. Bez. Oberwart
1 Bad Tatzmannsdorf
2 Bernstein
3 Deutsch Schützen – Eisenburg
4 Grafenschachen
5 Großpetersdorf
6 Hannersdorf
7 Kemeten
8 Kohfidisch
9 Litzelsdorf
10 Loipersdorf – Kitzladen
11 Mariasdorf
12 Markt Allhau
13 Markt Neuhodis
14 Mischendorf
15 Oberdorf im Burgenland
16 Oberschützen
17 Oberwart
18 Pinkafeld
19 Rechnitz
20 Riedlingsdorf
21 Rotenturm an der Pinka
22 Schachendorf
23 Stadtschlaining
24 Unterkohlstätten
25 Unterwart
26 Weiden bei Rechnitz
27 Wiesfleck
28 Wolfau
29 Neustift an der Lafnitz
30 Jabing
31 Badersdorf

# Burgenland

## Nationale Regionalfördergebiete im Burgenland gemäß EWR/EU-Wettbewerbsregeln

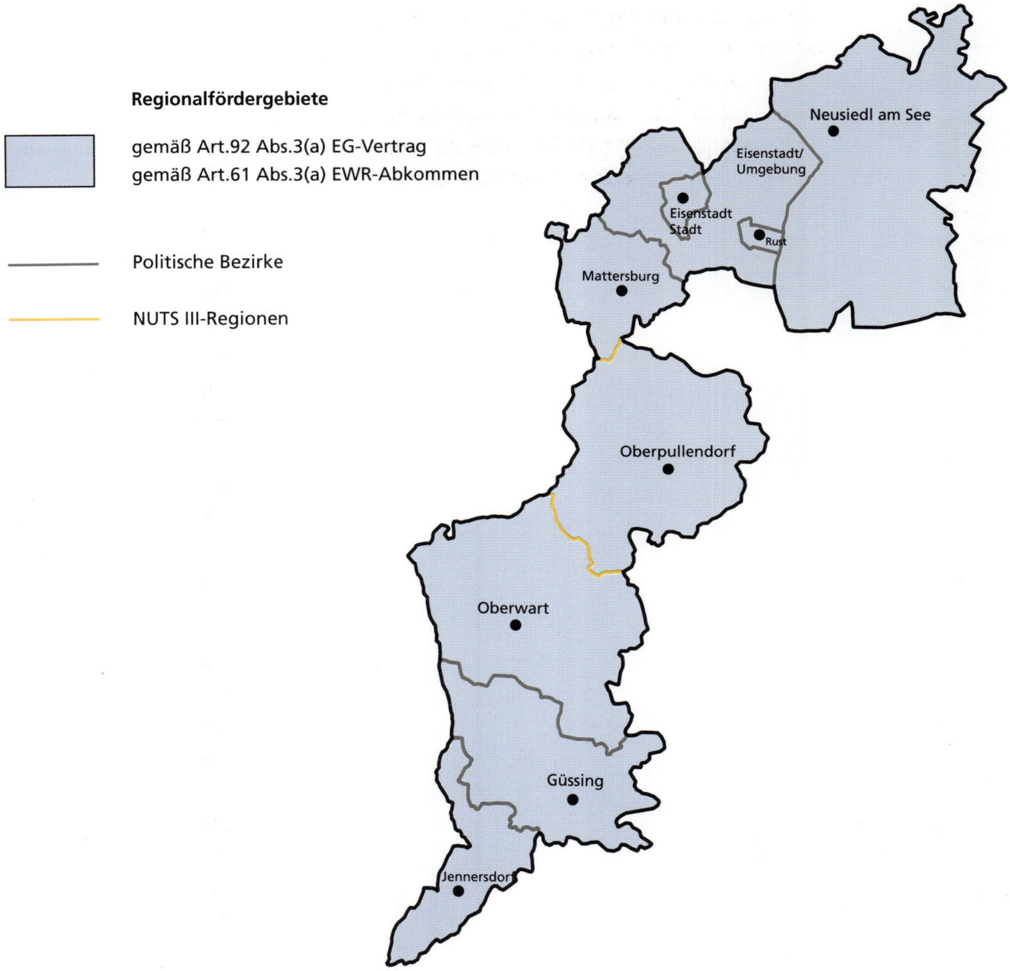


Nationale Regionalfördergebiete im Burgenland gemäß EWR/EU-Wettbewerbsregeln (ESA-Genehmigung 11.5.1994)

Quelle: ÖROK, ÖIR

| Region (NUTS III) | | | | davon nationale Regionalfördergebiete | |
|---|---|---|---|---|---|
| Die Region ist Fördergebiet: G = gesamt, Ü = überwiegend, T = teilweise | | Einwohner 1991 absolut | in % v.Ö. | Nettosubventionsäquivalent Maximale Förderintensität | Bruttosubventionsäquivalent Maximale Förderintensität |
| | | | | gemäß Art.92 Abs.3(a) EG-Vertrag bzw. Art.61 Abs.3(a) EWR-Abkommen | |
| Mittelburgenland | G | 38.462 | 0,49 | 40 | 55 |
| Nordburgenland | G | 132.613 | 1,70 | 30 | 41 |
| Südburgenland | G | 99.805 | 1,28 | 40 | 55 |
| Burgenland | | 270.880 | 3,47 | | |

# Kärnten

## Regionalfördergebiete (gemäß Art.92 Abs.3(c) EG-Vertrag, Art.61 Abs.3(c) EWR-Abkommen)

**RD 21 KÄRNTEN**
**RD211 Klagenfurt – Villach**

204 Pol. Bez. Klagenfurt Land (Teil)
3 Feistritz im Rosental
5 Ferlach
28 Sankt Margareten im Rosental
41 Zell

207 Pol. Bez. Villach Land (Teil)
2 Arnoldstein
5 Bad Bleiberg
7 Feistritz an der Gail
13 Hohenthurn
19 Nötsch im Gailtal

**RD212 Oberkärnten**

203 Pol. Bez. Hermagor
2 Dellach
5 Hermagor – Pressegger See
6 Kirchbach
7 Kötschach-Mauthen
16 Sankt Stefan im Gailtal
20 Gitschtal
21 Lesachtal

206 Pol. Bez. Spittal an der Drau (Teil)
2 Baldramsdorf
3 Berg im Drautal
4 Dellach im Drautal
5 Großkirchheim
7 Flattach
8 Gmünd
9 Greifenburg
10 Heiligenblut
11 Irschen
13 Kleblach-Lind
16 Lendorf
18 Mallnitz
19 Malta
20 Millstatt
22 Mörtschach
24 Mühldorf
25 Oberdrauburg
27 Obervellach
30 Radenthein
31 Rangersdorf
32 Rennweg am Katschberg
33 Sachsenburg
34 Seeboden
35 Spittal an der Drau
36 Stall
37 Steinfeld
38 Trebesing
39 Weißensee
40 Winklern
42 Krems in Kärnten
43 Lurnfeld
44 Reißeck

210 Pol. Bez. Feldkirchen (Teil)
1 Albeck
2 Feldkirchen in Kärnten
3 Glanegg
8 Sankt Urban
10 Steuerberg

**RD213 Unterkärnten**

205 Pol. Bez. Sankt Veit an der Glan (Teil)
1 Althofen
2 Brückl
3 Deutsch-Griffen
4 Eberstein
5 Friesach
6 Glödnitz
8 Gurk
9 Guttaring
11 Hüttenberg
12 Kappel am Krappfeld
13 Klein Sankt Paul
18 Metnitz
19 Micheldorf
20 Mölbling
27 Sankt Veit an der Glan
30 Straßburg
31 Weitensfeld-Flattnitz
34 Frauenstein

208 Pol. Bez. Völkermarkt (Teil)
1 Bleiburg
2 Diex
3 Eberndorf
4 Eisenkappel-Vellach
5 Feistritz ob Bleiburg
7 Globasnitz
8 Griffen
10 Neuhaus
12 Ruden
17 Völkermarkt

209 Wolfsberg
1 Bad Sankt Leonhard im Lavanttal
9 Lavamünd
11 Preitenegg
12 Reichenfels
13 Sankt Andrä
14 Sankt Georgen im Lavanttal
18 Sankt Paul im Lavanttal
23 Wolfsberg

# Kärnten

## Nationale Regionalfördergebiete in Kärnten gemäß EWR/EU-Wettbewerbsregeln

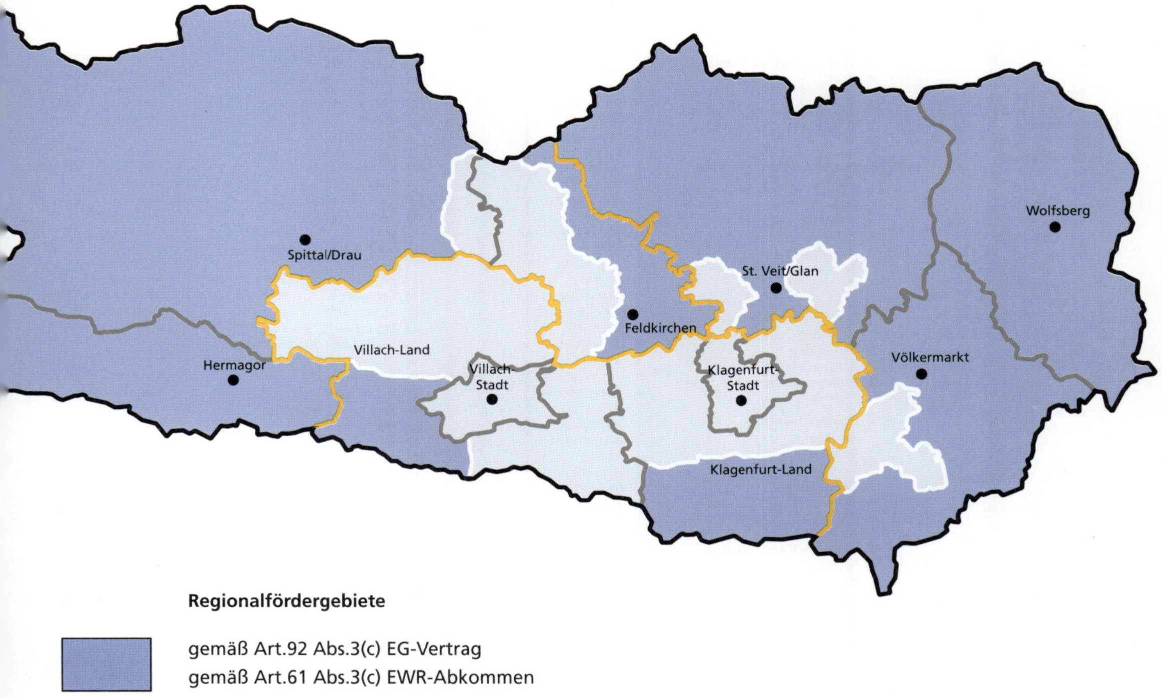


Nationale Regionalfördergebiete in Kärnten gemäß EWR/EU-Wettbewerbsregeln (ESA-Genehmigung 11.5.1994)

Quelle: ÖROK, ÖIR

| Region (NUTS III) | | | | davon nationale Regionalfördergebiete | |
|---|---|---|---|---|---|
| Die Region ist Fördergebiet: G = gesamt Ü = überwiegend T = teilweise | | Einwohner 1991 absolut | in % v.Ö. | Nettosubventionsäquivalent Maximale Förderintensität | Bruttosubventionsäquivalent Maximale Förderintensität |
| | | gemäß Art.92 Abs.3(c) EG-Vertrag bzw. Art.61 Abs.3(c) EWR-Abkommen | | | |
| Klagenfurt-Villach | T | 25.698 | 0,33 | 20 | 27 |
| Oberkärnten | Ü | 118.177 | 1,52 | 20 | 27 |
| Unterkärnten | Ü | 144.100 | 1,85 | 20 | 27 |
| Kärnten | | 287.975 | 3,69 | | |

# Niederösterreich

Regionalfördergebiete (gemäß Art.92 Abs.3(c) EG-Vertrag, Art.61 Abs.3(c) EWR-Abkommen)

**RD 12 NIEDERÖSTERREICH**

**RD121 Mostviertel – Eisenwurzen**

303 Pol. Bez. Waidhofen an der Ybbs (Stadt)
1 Waidhofen an der Ybbs

305 Pol. Bez. Amstetten
1 Allhartsberg
2 Amstetten
3 Ardagger
4 Aschbach-Markt
6 Behamberg
7 Biberbach
8 Ennsdorf
9 Ernsthofen
10 Ertl
11 Euratsfeld
12 Ferschnitz
14 Haag
15 Haidershofen
16 Hollenstein an der Ybbs
17 Kematen an der Ybbs
20 Neuhofen an der Ybbs
21 Neustadtl an der Donau
22 Oed – Oehling
24 Opponitz
26 Sankt Georgen am Reith
27 Sankt Georgen am Ybbsfelde
29 Sankt Pantaleon – Erla
30 Sankt Peter in der Au
31 Sankt Valentin
32 Seitenstetten
33 Sonntagberg
34 Strengberg
36 Viehdorf
38 Wallsee – Sindelburg
39 Weistrach
41 Winklarn
42 Wolfsbach
43 Ybbsitz
44 Zeillern

315 Pol. Bez. Melk
2 Artstetten – Pöbring
3 Bergland
4 Bischofstetten
5 Blindenmarkt
6 Dorfstetten
7 Dunkelsteinerwald
8 Erlauf
9 Golling an der Erlauf
11 Hofamt Priel
13 Hürm
14 Kilb
15 Kirnberg an der Mank
16 Klein-Pöchlarn
17 Krummnußbaum
19 Leiben
20 Loosdorf
21 Mank
22 Marbach an der Donau
23 Maria Taferl
24 Melk
25 Münichreith – Laimbach
27 Neumarkt an der Ybbs
28 Nöchling
30 Persenbeug – Gottsdorf
31 Petzenkirchen
33 Pöchlarn
34 Pöggstall
35 Raxendorf
37 Ruprechtshofen
39 Sankt Leonhard am Forst
40 Sankt Martin – Karlsbach
41 Sankt Oswald
42 Schönbühel – Aggsbach
43 Schollach
46 Weiten
49 Ybbs an der Donau
50 Zelking – Matzleinsdorf
51 Texingtal
52 Yspertal
53 Emmersdorf an der Donau

320 Pol. Bez. Scheibbs
1 Gaming
2 Göstling an der Ybbs
3 Gresten
4 Gresten-Land
5 Lunz am See
6 Oberndorf an der Melk
7 Puchenstuben
8 Purgstall an der Erlauf
9 Randegg
10 Reinsberg
11 Sankt Anton an der Jeßnitz
12 Sankt Georgen an der Leys
13 Scheibbs
14 Steinakirchen am Forst
15 Wang
16 Wieselburg
17 Wieselburg-Land
18 Wolfpassing

**RD122 Niederösterreich – Süd**

304 Pol. Bez. Wiener Neustadt (Stadt)
1 Wiener Neustadt
306 Pol. Bez. Baden (Teil)
2 Altenmarkt an der Triesting
5 Berndorf
8 Enzesfeld – Lindabrunn
9 Furth an der Triesting
14 Hernstein
15 Hirtenberg
27 Pottenstein
45 Weissenbach an der Triesting

314 Pol. Bez. Lilienfeld
1 Annaberg
2 Eschenau
3 Hainfeld
4 Hohenberg
5 Kaumberg
6 Kleinzell
7 Lilienfeld
8 Mitterbach am Erlaufsee
9 Ramsau
10 Rohrbach an der Gölsen
11 Sankt Aegyd am Neuwalde
12 Sankt Veit an der Gölsen
13 Traisen
14 Türnitz

318 Pol. Bez. Neunkirchen
1 Altendorf
2 Aspang-Markt
3 Aspangberg – Sankt Peter
4 Breitenau
5 Breitenstein
6 Buchbach
7 Edlitz
8 Enzenreith
9 Feistritz am Wechsel
10 Gloggnitz
11 Grafenbach – Sankt Valentin
12 Grimmenstein
13 Grünbach am Schneeberg
14 Kirchberg am Wechsel
15 Mönichkirchen
17 Natschbach – Loipersbach
18 Neunkirchen
20 Ottenthal
21 Payerbach
23 Pitten
25 Prigglitz
26 Puchberg am Schneeberg
27 Raach am Hochgebirge
29 Reichenau an der Rax
30 Sankt Corona am Wechsel
31 Sankt Egyden am Steinfeld
32 Scheiblingkirchen – Thernberg
33 Schottwien
34 Schrattenbach
35 Schwarzau am Steinfelde
36 Schwarzau im Gebirge
37 Seebenstein
38 Semmering
39 Ternitz
40 Thomasberg
41 Trattenbach
42 Vöstenhof
43 Warth
44 Wartmannstetten
45 Willendorf
46 Wimpassing im Schwarzatale
47 Würflach
48 Zöbern
49 Höflein an der Hohen Wand

323 Pol. Bez. Wiener Neustadt (Land)
1 Bad Fischau – Brunn
2 Bad Schönau
4 Ebenfurth
5 Eggendorf
6 Erlach
7 Felixdorf
8 Gutenstein
9 Hochneukirchen – Gschaidt
10 Hochwolkersdorf
11 Hohe Wand
12 Hollenthon
13 Katzelsdorf
14 Kirchschlag in der Buckligen Welt
15 Krumbach
16 Lanzenkirchen
17 Lichtenegg
18 Lichtenwörth
19 Markt Piesting
20 Matzendorf – Hölles
21 Miesenbach
22 Muggendorf
23 Pernitz
24 Rohr im Gebirge
25 Bromberg
26 Schwarzenbach
27 Sollenau
30 Theresienfeld
31 Waidmannsfeld
32 Waldegg
33 Walpersbach
34 Weikersdorf am Steinfelde
35 Wiesmath
36 Winzendorf – Muthmannsdorf
37 Wöllersdorf – Steinabrückl
38 Zillingdorf

**RD124 Waldviertel**

301 Krems an der Donau (Stadt)
1 Krems an der Donau

309 Pol. Bez. Gmünd
2 Amaliendorf – Aalfang
3 Brand – Nagelberg
4 Eggern
6 Eisgarn
8 Gmünd
9 Großdietmanns
10 Bad Großpertholz
12 Großschönau
13 Moorbad Harbach
15 Haugschlag
16 Heidenreichstein
17 Hirschbach
20 Hoheneich
21 Kirchberg am Walde
25 Litschau
29 Reingers
32 Sankt Martin
35 Schrems
39 Unserfrau – Altweitra
40 Waldenstein
42 Weitra

311 Pol. Bez. Horn
1 Altenburg
2 Brunn an der Wild
3 Burgschleinitz – Kühnring
4 Drosendorf – Zissersdorf
5 Eggenburg
6 Gars am Kamp
7 Geras
9 Horn
10 Irnfritz
11 Japons
13 Langau
14 Meiseldorf
17 Pernegg
19 Röhrenbach
20 Röschitz
21 Rosenburg – Mold
22 Sankt Bernhard – Frauenhofen
24 Sigmundsherberg
29 Weitersfeld
30 Straning – Grafenberg

313 Pol. Bez. Krems (Land) (Teil)
1 Aggsbach
2 Albrechtsberg an der Großen Krems
4 Dürnstein
8 Etsdorf – Haitzendorf
10 Gedersdorf
11 Gföhl
15 Hadersdorf – Kammern
19 Jaidhof
21 Krumau am Kamp
22 Langenlois
23 Lengenfeld
24 Lichtenau im Waldviertel
26 Maria Laach am Jauerling
30 Mühldorf
36 Rastenfeld
37 Rohrendorf bei Krems
40 Sankt Leonhard am Hornerwald
43 Senftenberg
44 Spitz
46 Straß im Straßertale
47 Stratzing
50 Weinzierl am Walde
51 Weißenkirchen in der Wachau
55 Schönberg am Kamp
56 Droß

322 Pol. Bez. Waidhofen an der Thaya
2 Dietmanns
3 Dobersberg
6 Gastern
7 Groß-Siegharts
9 Karlstein an der Thaya
10 Kautzen
12 Ludweis – Aigen
14 Pfaffenschlag bei Waidhofen a. d. Thaya
16 Raabs an der Thaya
17 Thaya
19 Vitis
20 Waidhofen an der Thaya
21 Waidhofen an der Thaya-Land
22 Waldkirchen an der Thaya
23 Windigsteig

325 Pol. Bez. Zwettl
1 Allentsteig
2 Arbesbach
3 Bärnkopf
4 Echsenbach
5 Göpfritz an der Wild
6 Grafenschlag
8 Groß-Gerungs
9 Großgöttfritz
11 Gutenbrunn
14 Kirchschlag
15 Kottes – Purk
16 Langschlag
17 Martinsberg
18 Ottenschlag
19 Altmelon
20 Pölla
21 Rappottenstein
22 Sallingberg
23 Schönbach
24 Schwarzenau
25 Schweiggers
28 Traunstein
29 Waldhausen
30 Zwettl, Niederösterreich

**RD125 Weinviertel**

308 Pol. Bez. Gänserndorf (Teil)
10 Drösing
11 Dürnkrut
26 Hauskirchen
27 Hohenau an der March
29 Jedenspeigen
41 Neusiedl an der Zaya
45 Palterndorf – Dobermannsdorf
50 Ringelsdorf – Niederabsdorf
57 Sulz im Weinviertel
63 Zistersdorf

310 Pol. Bez. Hollabrunn
1 Alberndorf im Pulkautal
8 Göllersdorf
9 Grabern
14 Guntersdorf
15 Hadres
16 Hardegg
18 Haugsdorf
19 Heldenberg
21 Hohenwarth – Mühlbach a. M.
22 Hollabrunn
25 Mailberg
26 Maissau
28 Nappersdorf – Kammersdorf
33 Pernersdorf
35 Pulkau
36 Ravelsbach
37 Retz
38 Retzbach
41 Schrattenthal
42 Seefeld – Kadolz
43 Sitzendorf an der Schmida
51 Wullersdorf
52 Zellerndorf
53 Ziersdorf

316 Pol. Bez. Mistelbach (Teil
1 Altlichtenwarth
3 Asparn an der Zaya
4 Bernhardsthal
6 Drasenhofen
8 Falkenstein
9 Fallbach
12 Gaweinstal
13 Gnadendorf
16 Großharras
17 Großkrut
20 Hausbrunn
21 Herrnbaumgarten
29 Laa an der Thaya
30 Ladendorf
33 Mistelbach
34 Neudorf bei Staatz
36 Niederleis
44 Poysdorf
45 Rabensburg
46 Schrattenberg
49 Staatz
50 Stronsdorf
53 Wildendürnbach
54 Wilfersdorf
57 Gartenbrunn
58 Ottenthal

**RD126 Wien Umland/Nordteil**

308 Pol. Bez. Gänserndorf (Teil)
3 Angern an der March
4 Auersthal
5 Bad Pirawarth
12 Ebenthal
17 Gänserndorf
24 Groß-Schweinbarth
28 Hohenruppersdorf
38 Matzen – Raggendorf
48 Prottes
52 Schönkirchen – Reyersdo
54 Spannberg
59 Velm – Götzendorf
60 Weikendorf

# Niederösterreich

## Nationale Regionalfördergebiete in Niederösterreich gemäß EWR/EU-Wettbewerbsregeln

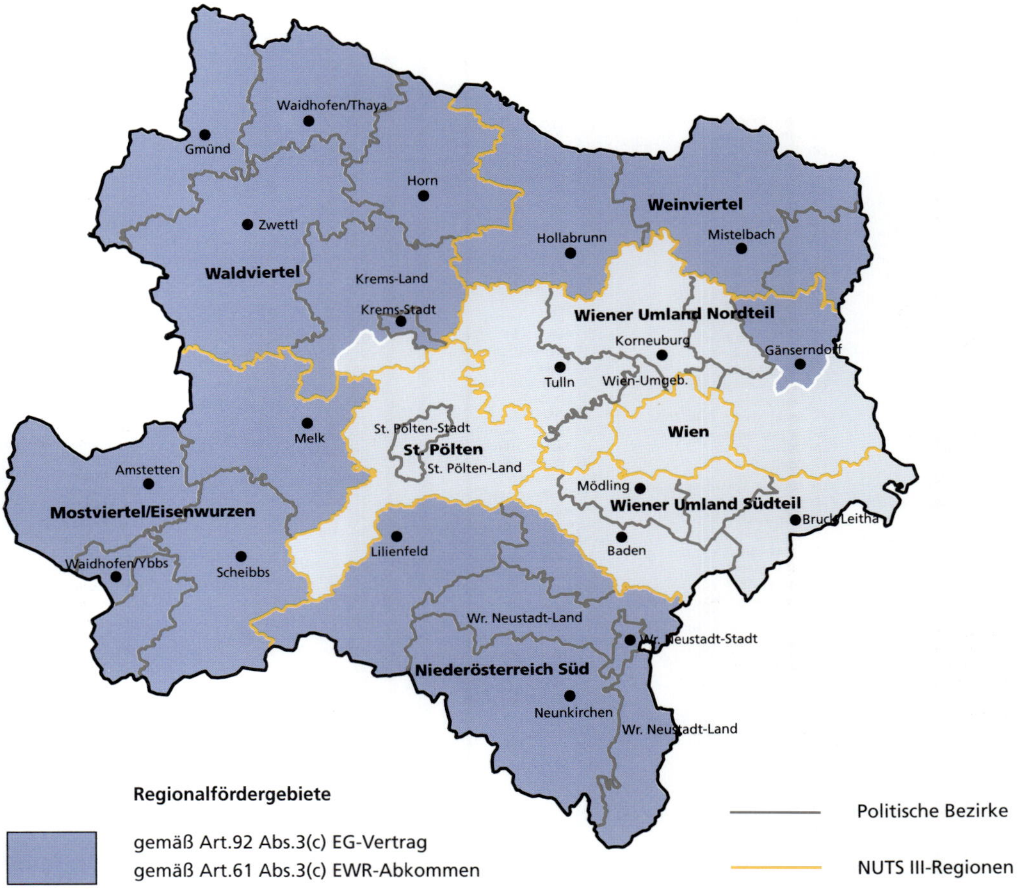


Nationale Regionalfördergebiete in Niederösterreich gemäß EWR/EU-Wettbewerbsregeln (ESA-Genehmigung 11.5.1994)

Quelle: ÖROK, ÖIR

| Region (NUTS III) | | | | davon nationale Regionalfördergebiete | |
|---|---|---|---|---|---|
| Die Region ist Fördergebiet:<br>G = gesamt<br>Ü = überwiegend<br>T = teilweise | | Einwohner 1991<br>absolut | in %<br>v.Ö. | Nettosubventionsäquivalent<br>Maximale Förderintensität | Bruttosubventionsäquivalent<br>Maximale Förderintensität |
| | | gemäß Art.92 Abs.3(c) EG-Vertrag bzw. Art.61 Abs.3(c) EWR-Abkommen | | | |
| Mostviertel-Eisenwurzen | G | 230.425 | 2,96 | 20 | 27 |
| Niederösterreich-Süd | G | 236.797 | 3,04 | 20 | 27 |
| Waldviertel | Ü | 213.864 | 2,74 | 20 | 27 |
| Weinviertel | G | 121.957 | 1,56 | 20 | 27 |
| Wien Umland-Nordteil | T | 24.450 | 0,31 | 15 | 21 |
| Niederösterreich | | 827.493 | 10,61 | | |

# Oberösterreich

Regionalfördergebiete (gemäß Art.92 Abs.3(c) EG-Vertrag, Art.61 Abs.3(c) EWR-Abkommen)

**RD 31 OBERÖSTERREICH**
**RD311 Innviertel**

404 Pol. Bez. Braunau
1 Altheim
2 Aspach
3 Auerbach
4 Braunau am Inn
5 Burgkirchen
6 Eggelsberg
7 Feldkirchen bei Mattighofen
8 Franking
9 Geretsberg
10 Gilgenberg am Weilhart
11 Haigermoos
12 Handenberg
13 Helpfau - Uttendorf
14 Hochburg – Ach
15 Höhnhart
16 Jeging
17 Kirchberg bei Mattighofen
18 Lengau
19 Lochen
20 Maria Schmolln
21 Mattighofen
22 Mauerkirchen
23 Mining
24 Moosbach
25 Moosdorf
26 Munderfing
27 Neukirchen an der Enknach
28 Ostermiething
29 Palting
30 Perwang am Grabensee
31 Pfaffstätt
32 Pischelsdorf am Engelbach
33 Polling im Innkreis
34 Roßbach
35 Sankt Georgen am Fillmannsbach
36 Sankt Johann am Walde
37 Sankt Pantaleon
38 Sankt Peter am Hart
39 Sankt Radegund
40 Sankt Veit im Innkreis
41 Schalchen
42 Schwand im Innkreis
43 Tarsdorf
44 Treubach
45 Überackern
46 Weng im Innkreis

408 Pol. Bez. Grieskirchen (Teil)
3 Bruck – Waasen
4 Eschenau im Hausruckkreis
10 Heiligenberg
12 Kallham
16 Natternbach
17 Neukirchen am Walde
19 Peuerbach
24 Sankt Agatha
28 Steegen
31 Waizenkirchen

412 Pol. Bez. Ried im Innkreis (Teil)
2 Antiesenhofen
7 Geinberg
8 Gurten
10 Kirchdorf am Inn
12 Lambrechten
16 Mörschwang
17 Mühlheim am Inn
19 Obernberg am Inn
20 Ort im Innkreis
24 Reichersberg
26 Sankt Georgen bei Obernberg am Inn
28 Sankt Martin im Innkreis
30 Senftenbach
33 Utzenaich
35 Weilbach

414 Pol. Bez. Schärding (Teil)
7 Engelhartszell
9 Esternberg
11 Kopfing im Innkreis
17 Sankt Aegidi
20 Sankt Roman
27 Vichtenstein
28 Waldkirchen am Wesen

**RD313 Mühlviertel**

406 Pol. Bez. Freistadt
1 Freistadt
2 Grünbach
3 Gutau
4 Hagenberg im Mühlkreis
5 Hirschbach im Mühlkreis
6 Kaltenberg
7 Kefermarkt
8 Königswiesen
9 Lasberg
10 Leopoldschlag
11 Liebenau
12 Neumarkt im Mühlkreis
13 Pierbach
14 Pregarten
15 Rainbach im Mühlkreis
16 Sandl
17 Sankt Leonhard bei Freistadt
18 Sankt Oswald bei Freistadt
19 Schönau im Mühlkreis
20 Tragwein
21 Unterweißenbach
22 Unterweitersdorf
23 Waldburg
24 Wartberg ob der Aist
25 Weitersfelden
26 Windhaag bei Freistadt
27 Bad Zell

411 Pol. Bez. Perg (Teil)
1 Allerheiligen im Mühlkreis
2 Arbing
3 Baumgartenberg
4 Dimbach
5 Grein
7 Klam
8 Bad Kreuzen
12 Mitterkirchen im Machland
13 Münzbach
14 Naarn im Machlande
15 Pabneukirchen
16 Perg
17 Rechberg
19 Sankt Georgen am Walde
21 Sankt Nikola an der Donau
22 Sankt Thomas am Blasenstein
23 Saxen
25 Waldhausen im Strudengau
26 Windhaag bei Perg

413 Pol. Bez. Rohrbach
1 Afiesl
2 Ahorn
3 Aigen im Mühlkreis
4 Altenfelden
5 Arnreit
6 Atzesberg
7 Auberg
8 Berg bei Rohrbach
9 Haslach an der Mühl
10 Helfenberg
11 Hörbich
12 Hofkirchen im Mühlkreis
13 Julbach
14 Kirchberg ob der Donau
15 Klaffer am Hochficht
16 Kleinzell im Mühlkreis
17 Kollerschlag
18 Lembach im Mühlkreis
19 Lichtenau im Mühlkreis
20 Nebelberg
21 Neufelden
22 Niederkappel
23 Niederwaldkirchen
24 Oberkappel
25 Oepping
26 Peilstein im Mühlviertel
27 Pfarrkirchen im Mühlkreis
28 Putzleinsdorf
29 Neustift im Mühlkreis
30 Rohrbach in Oberösterreich
31 Sankt Johann am Wimberg
32 Sankt Martin im Mühlkreis
33 Sankt Oswald bei Haslach
34 Sankt Peter am Wimberg
35 Sankt Stefan am Walde
36 Sankt Ulrich im Mühlkreis
37 Sankt Veit im Mühlkreis
38 Sarleinsbach
39 Schlägl
40 Schönegg
41 Schwarzenberg am Böhmerwald
42 Ulrichsberg

416 Pol. Bez. Urfahr-Umgebung (Teil)
3 Bad Leonfelden
10 Haibach im Mühlkreis
15 Oberneukirchen
16 Ottenschlag im Mühlkreis
19 Reichenau im Mühlkreis
20 Reichenthal
22 Schenkenfelden
25 Vorderweißenbach
27 Zwettl an der Rodl

**RD314 Steyr – Kirchdorf**

402 Steyr (Stadt)
1 Steyr

409 Pol. Bez. Kirchdorf an der Krems (Teil)
1 Edlbach
2 Grünburg
3 Hinterstoder
4 Inzersdorf im Kremstal
5 Kirchdorf an der Krems
6 Klaus an der Pyhrnbahn
8 Micheldorf in Oberösterreich
9 Molln
10 Nußbach
11 Oberschlierbach
12 Pettenbach
14 Rosenau am Hengstpaß
15 Roßleithen
16 Sankt Pankraz
17 Schlierbach
18 Spital am Pyhrn
19 Steinbach am Ziehberg
20 Steinbach an der Steyr
21 Vorderstoder
23 Windischgarsten

415 Pol. Bez. Steyr-Land (Teil)
1 Adlwang
2 Aschach an der Steyr
4 Dietach
5 Gaflenz
6 Garsten
7 Großraming
8 Laussa
9 Losenstein
10 Maria Neustift
12 Reichraming
14 Sankt Ulrich bei Steyr
15 Schiedlberg
16 Sierning
17 Ternberg
18 Waldneukirchen
19 Weyer Land
20 Weyer Markt
21 Wolfern

## Oberösterreich

### Nationale Regionalfördergebiete in Oberösterreich gemäß EWR/EU-Wettbewerbsregeln

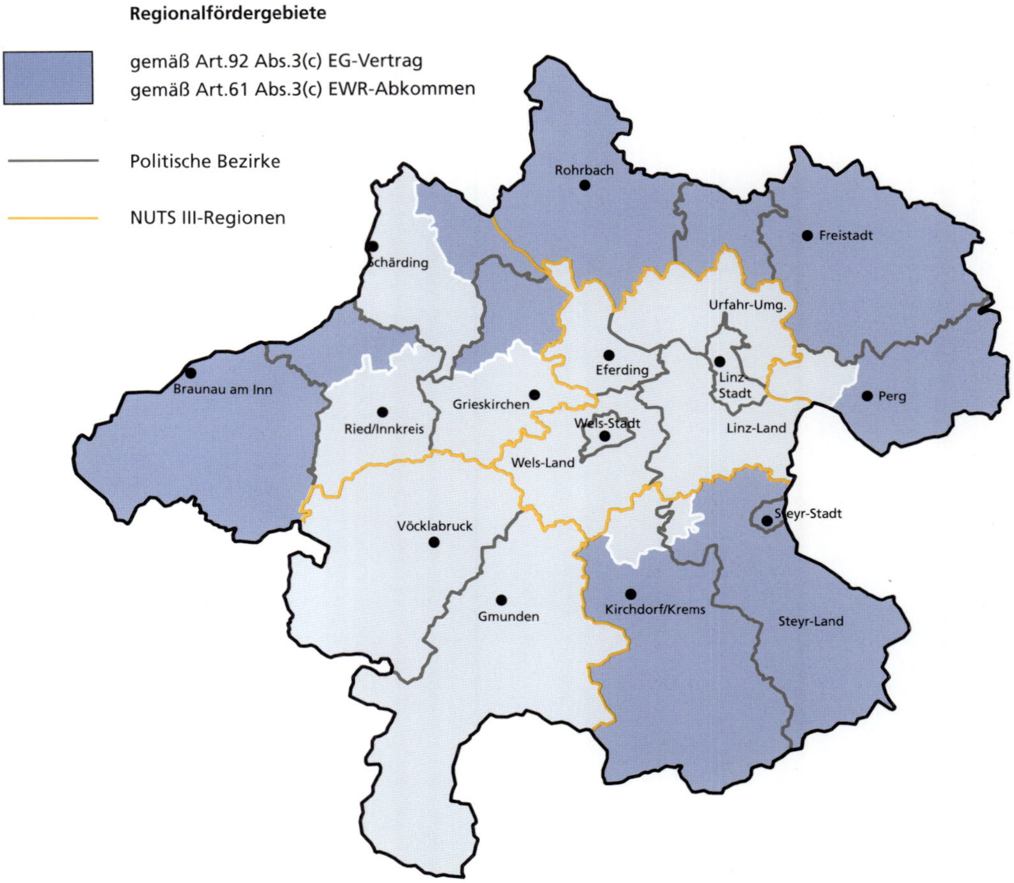


Nationale Regionalfördergebiete in Oberösterreich gemäß EWR/EU-Wettbewerbsregeln (ESA-Genehmigung 11.5.1994)

Quelle: ÖROK, ÖIR

| Region (NUTS III) | | | | davon nationale Regionalfördergebiete | |
|---|---|---|---|---|---|
| Die Region ist Fördergebiet: G = gesamt, Ü = überwiegend, T = teilweise | | Einwohner 1991 absolut | in % v.Ö. | Nettosubventionsäquivalent Maximale Förderintensität | Bruttosubventionsäquivalent Maximale Förderintensität |
| | | gemäß Art.92 Abs.3(c) EG-Vertrag bzw. Art.61 Abs.3(c) EWR-Abkommen | | | |
| Innviertel | Ü | 137.899 | 1,77 | 20 | 27 |
| Mühlviertel | Ü | 167.822 | 2,15 | 20 | 27 |
| Steyr-Kirchhof | Ü | 127.437 | 1,63 | 15 | 21 |
| Oberösterreich | | 433.158 | 5,56 | | |

# Salzburg

Regionalfördergebiete (gemäß Art.92 Abs.3(c) EG-Vertrag, Art.61 Abs.3(c) EWR-Abkommen)

**RD 32 SALZBURG**
**RD321 Lungau**

505 Pol. Bez. Tamsweg
1 Göriach
2 Lessach
3 Mariapfarr
4 Mauterndorf
5 Muhr
6 Ramingstein
7 Sankt Andrä im Lungau
8 Sankt Margarethen im Lungau
9 Sankt Michael im Lungau
10 Tamsweg
11 Thomatal
12 Tweng
13 Unternberg
14 Weißpriach
15 Zederhaus

## Salzburg

### Nationale Regionalfördergebiete in Salzburg gemäß EWR/EU-Wettbewerbsregeln

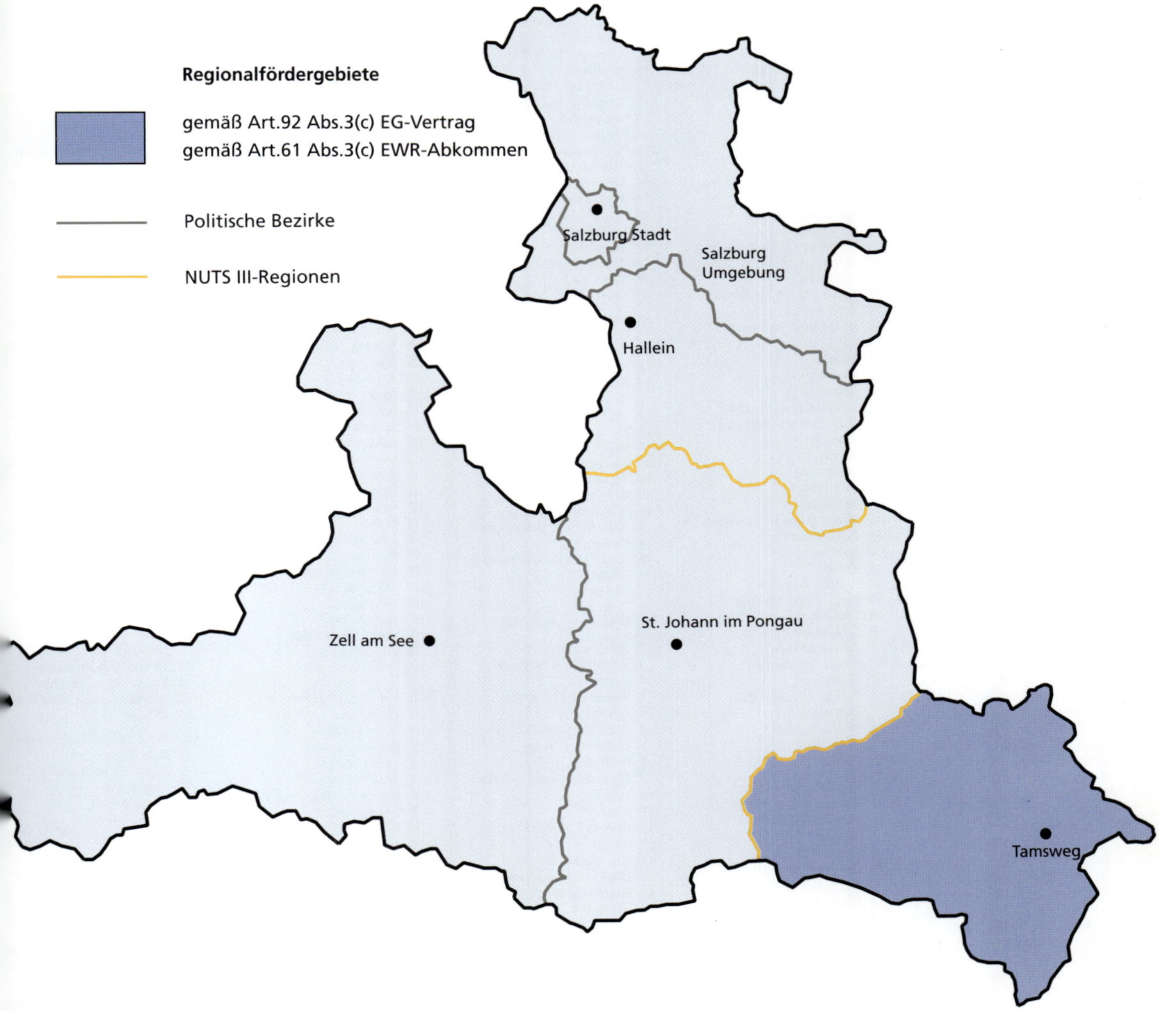


Nationale Regionalfördergebiete in Salzburg gemäß EWR/EU-Wettbewerbsregeln (ESA-Genehmigung 11.5.1994)

Quelle: ÖROK, ÖIR

| Region (NUTS III) | | | | davon nationale Regionalfördergebiete | |
|---|---|---|---|---|---|
| Die Region ist Fördergebiet:<br>G = gesamt<br>Ü = überwiegend<br>T = teilweise | | Einwohner 1991<br>absolut | in % v.Ö. | Nettosubventionsäquivalent Maximale Förderintensität | Bruttosubventionsäquivalent Maximale Förderintensität |
| | | gemäß Art.92 Abs.3(c) EG-Vertrag bzw. Art.61 Abs.3(c) EWR-Abkommen | | | |
| Lungau | G | 20.622 | 0,26 | 20 | 27 |
| Salzburg | | 20.622 | 0,26 | | |

# Steiermark

Regionalfördergebiete (gemäß Art.92 Abs.3(c) EG-Vertrag, Art.61 Abs.3(c) EWR-Abkommen)

**RD 22 STEIERMARK**
**RD221 Graz**
606 Pol. Bez. Graz-Umg. (Teil)
4 Dobl
29 Lieboch
52 Unterpremstätten
58 Zwaring – Pöls

**RD222 Liezen**
612 Pol. Bez. Liezen (Teil)
1 Admont
3 Aigen im Ennstal
5 Altenmarkt bei Sankt Gallen
6 Ardning
8 Donnersbach
10 Gaishorn am See
11 Gams bei Hieflau
16 Hall
18 Irdning
19 Johnsbach
21 Landl
22 Lassing
23 Liezen
27 Niederöblarn
30 Palfau
35 Pürgg – Trautenfels
38 Rottenmann
39 Sankt Gallen
43 Selzthal
44 Stainach
46 Treglwang
47 Trieben
48 Weißenbach an der Enns
49 Weißenbach bei Liezen
50 Weng bei Admont
52 Wörschach

**RD223 Östliche Obersteiermark**
602 Pol. Bez. Bruck an der Mur (Teil)
1 Aflenz Kurort
2 Aflenz Land
3 Breitenau am Hochlantsch
4 Bruck an der Mur
5 Etmißl
6 Frauenberg
9 Kapfenberg
11 Oberaich
12 Parschlug
13 Pernegg an der Mur
14 Sankt Ilgen
15 Sankt Katharein an der Laming
16 Sankt Lorenzen im Mürztal
17 Sankt Marein im Mürztal
19 Thörl
20 Tragöß
21 Turnau
611 Pol. Bez. Leoben
1 Eisenerz
2 Gai
3 Hafning bei Trofaiach
4 Hieflau
5 Kalwang
6 Kammern im Liesingtal
7 Kraubath an der Mur
8 Leoben
9 Mautern in Steiermark
10 Niklasdorf
11 Proleb
12 Radmer
13 Sankt Michael in Obersteiermark
14 Sankt Peter – Freienstein
15 Sankt Stefan ob Leoben
16 Traboch
17 Trofaiach
18 Vordernberg
19 Wald am Schoberpaß
613 Pol. Bez. Mürzzuschlag (Teil)
1 Allerheiligen im Mürztal
3 Ganz
5 Kindberg
6 Krieglach
7 Langenwang
8 Mitterdorf im Mürztal
9 Mürzhofen
11 Mürzzuschlag
13 Spital am Semmering
14 Stanz im Mürztal
15 Veitsch
16 Wartberg im Mürztal

**RD224 Oststeiermark**
604 Pol. Bez. Feldbach
1 Auersbach
2 Aug – Radisch
3 Bad Gleichenberg
4 Bairisch Kölldorf
5 Baumgarten bei Gnas
6 Breitenfeld an der Rittschein
7 Edelsbach bei Feldbach
8 Edelstauden
9 Eichkögl
10 Fehring
11 Feldbach
12 Fladnitz im Raabtal
13 Frannach
14 Frutten-Gießelsdorf
15 Glojach
16 Gnas
17 Gniebing-Weißenbach
18 Gossendorf
19 Grabersdorf
20 Hatzendorf
21 Hohenbrugg – Weinberg
22 Jagerberg
23 Johnsdorf – Brunn
24 Kapfenstein
25 Kirchbach in Steiermark
26 Kirchberg an der Raab
27 Kohlberg
28 Kornberg bei Riegersburg
29 Krusdorf
30 Leitersdorf im Raabtal
31 Lödersdorf
32 Maierdorf
33 Merkendorf
34 Mitterlabill
35 Mühldorf bei Feldbach
36 Oberdorf am Hochegg
37 Oberstorcha
38 Paldau
39 Perlsdorf
40 Pertlstein
41 Petersdorf II
42 Pirching am Traubenberg
43 Poppendorf
44 Raabau
45 Raning
47 Riegersburg
48 Sankt Anna am Aigen
49 Sankt Stefan im Rosental
50 Schwarzau im Schwarzautal
51 Stainz bei Straden
52 Studenzen
53 Trautmannsdorf in Oststeiermark
54 Unterauersbach
55 Unterlamm
56 Zerlach

605 Pol. Bez. Fürstenfeld
1 Altenmarkt bei Fürstenfeld
2 Blumau in Steiermark
3 Burgau
4 Fürstenfeld
5 Großsteinbach
6 Großwilfersdorf
7 Hainersdorf
8 Ilz
9 Loipersdorf bei Fürstenfeld
10 Nestelbach im Ilztal
11 Ottendorf an der Rittschein
12 Söchau
13 Stein
14 Übersbach

607 Pol. Bez. Hartberg
1 Blaindorf
2 Buch – Geiseldorf
3 Dechantskirchen
4 Dienersdorf
5 Ebersdorf
6 Friedberg
7 Grafendorf bei Hartberg
8 Greinbach
9 Großhart
10 Hartberg
11 Hartberg Umgebung
12 Hartl
13 Hofkirchen bei Hartberg
14 Kaibing
15 Kaindorf
16 Kleinschlag
17 Lafnitz
18 Limbach bei Neudau
19 Mönichwald
20 Neudau
21 Pinggau
22 Pöllau
23 Pöllauberg
24 Puchegg
25 Rabenwald
26 Riegersberg
27 Rohr bei Hartberg
28 Rohrbach an der Lafnitz
29 Saifen – Boden
30 Sankt Jakob im Walde
31 Sankt Johann bei Herberstein
32 Sankt Johann in der Haide
33 Sankt Lorenzen am Wechsel
34 Sankt Magdalena am Lemberg
35 Schachen bei Vorau
36 Schäffern
37 Schlag bei Thalberg
38 Schönegg bei Pöllau
39 Sebersdorf
40 Siegersdorf bei Herberstein
41 Sonnhofen
42 Stambach
43 Stubenberg
44 Tiefenbach bei Kaindorf
45 Vorau
46 Vornholz
47 Waldbach
48 Bad Waltersdorf
49 Wenigzell
50 Wörth an der Lafnitz

615 Pol. Bez. Radkersburg
1 Bierbaum am Auersbach
2 Deutsch Goritz
3 Dietersdorf am Gnasbach
4 Eichfeld
5 Gosdorf
6 Halbenrain
8 Hof bei Straden
9 Klöch
10 Mettersdorf am Saßbach
11 Mureck
12 Murfeld
13 Bad Radkersburg
14 Radkersburg Umgebung
15 Ratschendorf
16 Sankt Peter am Ottersbach
17 Straden
18 Tieschen
19 Trössing
20 Weinburg am Saßbach

617 Pol. Bez. Weiz (Teil)
1 Albersdorf – Prebuch
2 Anger
4 Baierdorf bei Anger
5 Birkfeld
6 Etzersdorf – Rollsdorf
7 Feistritz bei Anger
8 Fischbach
9 Fladnitz an der Teichalm
10 Floing
11 Gasen
12 Gersdorf an der Feistritz
13 Gleisdorf
14 Gschaid bei Birkfeld
16 Markt Hartmannsdorf
17 Haslau bei Birkfeld
18 Hirnsdorf
19 Hofstätten an der Raab
20 Hohenau an der Raab
21 Ilztal
22 Koglhof
23 Krottendorf
24 Kulm bei Weiz
25 Labuch
26 Laßnitzthal
27 Ludersdorf – Wilfersdorf
28 Miesenbach bei Birkfeld
29 Mitterdorf an der Raab
30 Mortantsch
31 Naas
32 Naintsch
34 Nitscha
35 Oberrettenbach
36 Passail
37 Pischelsdorf in der Steiermark
39 Preßguts
40 Puch bei Weiz
41 Ratten
42 Reichendorf
43 Rettenegg
44 Sankt Kathrein am Hauenstein
45 Sankt Kathrein am Offenegg
46 Sankt Margarethen an der Raab
47 Sankt Ruprecht an der Raab
48 Sinabelkirchen
50 Strallegg
51 Thannhausen
52 Ungerdorf
53 Unterfladnitz
54 Waisenegg
55 Weiz

**RD225 West- und Südsteiermark**
603 Pol. Bez. Deutschlandsberg
1 Aibl
2 Deutschlandsberg
3 Eibiswald
5 Frauental an der Laßnitz
6 Freiland bei Deutschlandsberg
7 Bad Gams
8 Garanas
9 Georgsberg
10 Greisdorf
11 Gressenberg
12 Groß Sankt Florian
13 Großradl
14 Gundersdorf
15 Hollenegg
16 Kloster
18 Lannach
19 Limberg bei Wies
20 Marhof
21 Osterwitz
22 Pitschgau
23 Pölfing – Brunn
24 Preding
25 Rassach
26 Sankt Josef (Weststeiermark)
27 Sankt Martin im Sulmtal
28 Sankt Oswald ob Eibiswald
29 Sankt Peter im Sulmtal
30 Sankt Stefan ob Stainz
31 Schwanberg
32 Soboth
33 Stainz
34 Stainztal
35 Stallhof
36 Sulmeck – Greith
38 Trahütten
39 Unterbergla
40 Wernersdorf
41 Wettmannstätten
42 Wielfresen
43 Wies

610 Pol. Bez. Leibnitz (Teil)
2 Arnfels
3 Berghausen
4 Breitenfeld am Tannenriegel
5 Ehrenhausen
6 Eichberg – Trautenburg
8 Gabersdorf
9 Gamlitz
10 Glanz
11 Gleinstätten
12 Gralla
13 Großklein
14 Hainsdorf im Schwarzautal
16 Heimschuh
17 Hengsberg
18 Kaindorf an der Sulm
19 Kitzeck im Sausal
20 Lang
21 Lebring – Sankt Margarethen
22 Leibnitz
23 Leutschach
24 Oberhaag
25 Obervogau
26 Pistorf
27 Ragnitz
28 Ratsch an der Weinstraße
29 Retznei
30 Sankt Andrä – Höch
31 Sankt Georgen an der Stiefing
32 Sankt Johann im Saggautal
33 Sankt Nikolai im Sausal
34 Sankt Nikolai ob Draßling
36 Sankt Veit am Vogau
37 Schloßberg
38 Seggauberg
39 Spielfeld
40 Stocking
41 Straß in Steiermark
42 Sulztal an der Weinstraße
43 Tilmitsch
44 Vogau
45 Wagna
46 Weitendorf
47 Wildon
48 Wolfsberg im Schwarzautal

616 Pol. Bez. Voitsberg (Teil)
1 Bärnbach
2 Edelschrott
5 Gößnitz
6 Graden
7 Hirschegg
8 Kainach bei Voitsberg
9 Köflach
10 Kohlschwarz
11 Krottendorf – Gaisfeld
12 Ligist
13 Maria Lankowitz
14 Modriach
15 Mooskirchen
16 Pack
17 Piberegg
18 Rosental an der Kainach
19 Salla
20 Sankt Johann – Köppling
21 Sankt Martin am Wöllmißberg
22 Söding
23 Södingberg
24 Stallhofen
25 Voitsberg

**RD226 Westliche Obersteiermark**
608 Pol. Bez. Judenburg (Teil)
1 Amering
3 Eppenstein
4 Fohnsdorf
6 Judenburg
7 Sankt Wolfgang – Kienberg
8 Sankt Anna am Lavanteg
9 Maria Buch – Feistritz
10 Obdach
11 Oberkurzheim
12 Oberweg
13 Oberzeiring
14 Pöls
16 Reifling
17 Reisstraße
18 Sankt Georgen ob Judenburg
20 Sankt Oswald – Möderbrugg
21 Sankt Peter ob Judenburg
22 Unzmarkt – Frauenburg
23 Weißkirchen in Steiermark
24 Zeltweg

609 Pol. Bez. Knittelfeld (Teil)
1 Apfelberg
2 Feistritz bei Knittelfeld
3 Flatschach
5 Großlobming
6 Kleinlobming
7 Knittelfeld
8 Kobenz
9 Rachau
10 Sankt Lorenzen bei Knittelfeld
11 Sankt Marein bei Knittelfeld
12 Sankt Margarethen bei Knittelfeld
13 Seckau
14 Spielberg bei Knittelfeld

614 Pol. Bez. Murau (Teil)
1 Dürnstein in der Steiermark
2 Falkendorf
3 Frojach – Katsch
7 Kulm am Zirbitz
8 Laßnitz bei Murau
9 Mariahof
10 Mühlen
11 Murau
12 Neumarkt in Steiermark
13 Niederwölz
16 Perchau am Sattel
17 Predlitz – Turrach
20 Sankt Blasen
21 Sankt Georgen ob Murau
22 Sankt Lambrecht
23 Sankt Lorenzen bei Scheifling
24 Sankt Marein bei Neumarkt
26 Sankt Ruprecht ob Murau
27 Scheifling
30 Stadl an der Mur
31 Stolzalpe
32 Teufenbach
33 Triebendorf
35 Zeutschach

## Steiermark

### Nationale Regionalfördergebiete in der Steiermark gemäß EWR/EU-Wettbewerbsregeln

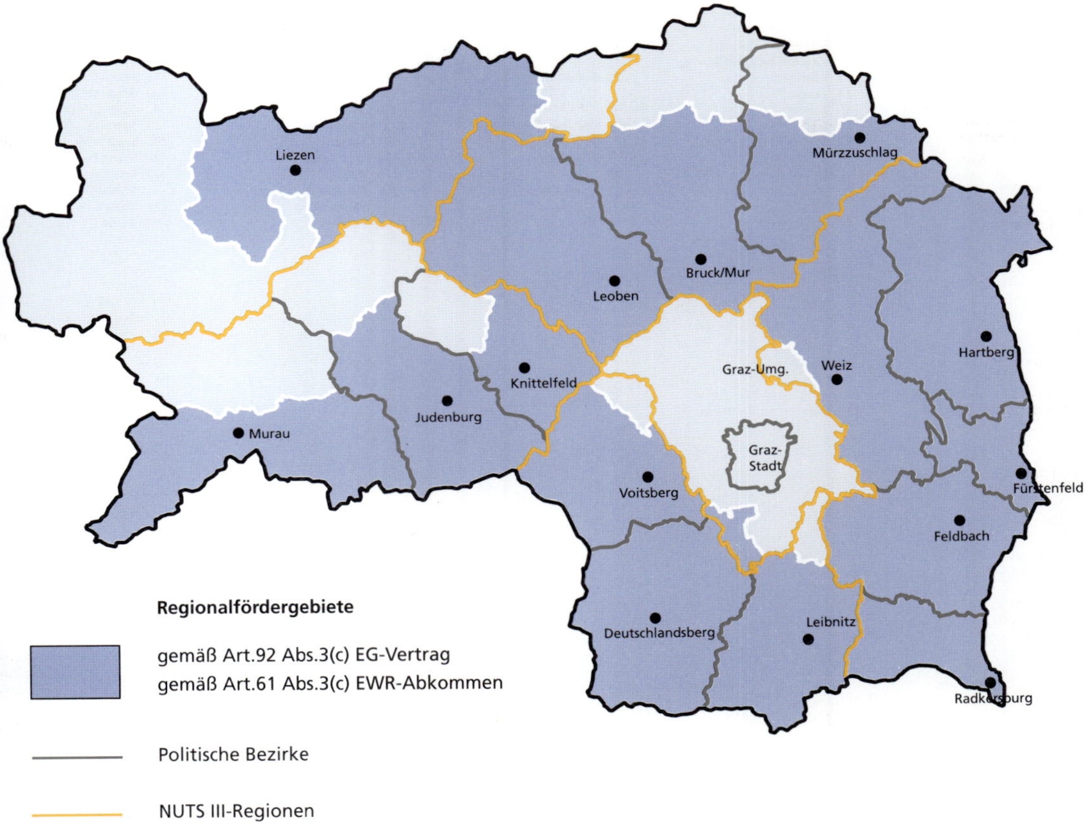


Nationale Regionalfördergebiete in der Steiermark gemäß EWR/EU-Wettbewerbsregeln (ESA-Genehmigung 11.5.1994) Quelle: ÖROK, ÖIR

| Region (NUTS III) | | | | davon nationale Regionalfördergebiete | |
|---|---|---|---|---|---|
| Die Region ist Fördergebiet: G = gesamt Ü = überwiegend T = teilweise | | Einwohner 1991 absolut | in % v.Ö. | Nettosubventionsäquivalent Maximale Förderintensität | Bruttosubventionsäquivalent Maximale Förderintensität |
| | | gemäß Art.92 Abs.3(c) EG-Vertrag bzw. Art.61 Abs.3(c) EWR-Abkommen | | | |
| Graz | T | 8.583 | 0,11 | 20 | 27 |
| Liezen | Ü | 46.527 | 0,60 | 20 | 27 |
| Östliche Obersteiermark | Ü | 177.114 | 2,27 | 25 | 34 |
| Oststeiermark | Ü | 260.164 | 3,34 | 20 | 27 |
| West- und Südsteiermark | Ü | 180.933 | 2,32 | 20 | 27 |
| Westliche Obersteiermark | Ü | 98.334 | 1,26 | 20 | 27 |
| Steiermark | | 771.655 | 9,90 | | |

# Tirol

## Regionalfördergebiete (gemäß Art.92 Abs.3(c) EG-Vertrag, Art.61 Abs.3(c) EWR-Abkommen)

**RD 33 TIROL**
**RD331 Außerfern**
708 Pol. Bez. Reutte (Teil)
1 Bach
8 Elbigenalp
9 Elmen
10 Forchach
12 Gramais
13 Häselgehr
15 Hinterhornbach
17 Holzgau
19 Kaisers
23 Namlos
25 Pfafflar
30 Stanzach
31 Steeg
34 Vorderhornbach

**RD333 Osttirol**
707 Pol. Bez. Lienz
1 Abfaltersbach
2 Ainet
3 Amlach
4 Anras
5 Assling
6 Außervillgraten
7 Dölsach
8 Gaimberg
9 Hopfgarten in Defereggen
10 Innervillgraten
11 Iselsberg – Stronach
12 Kals am Großglockner
13 Kartitsch
14 Lavant
15 Leisach
16 Lienz
17 Matrei in Osttirol
18 Nikolsdorf
19 Nußdorf – Debant
20 Oberlienz
21 Obertilliach
23 Prägraten
24 Sankt Jakob in Defereggen
25 Sankt Johann im Walde
26 Sankt Veit in Defereggen
27 Schlaiten
28 Sillian
29 Strassen
31 Thurn
32 Tristach
33 Untertilliach
34 Virgen
35 Heinfels

**RD334 Tiroler Oberland**
702 Pol. Bez. Imst (Teil)
1 Arzl im Pitztal
2 Haiming
3 Imst
4 Imsterberg
5 Jerzens
6 Karres
7 Karrösten
8 Längenfeld
9 Mieming
10 Mils bei Imst
11 Mötz
12 Nassereith
13 Obsteig
14 Oetz
15 Rietz
16 Roppen
17 Sankt Leonhard im Pitztal
18 Sautens
19 Silz
21 Stams
22 Tarrenz
23 Umhausen
24 Wenns
706 Pol. Bez. Landeck (Teil)
1 Faggen
2 Fendels
4 Fließ
5 Flirsch
7 Grins
9 Kappl
10 Kaunerberg
11 Kaunertal
12 Kauns
14 Landeck
16 Pettneu am Arlberg
17 Pfunds
18 Pians
19 Prutz
20 Ried im Oberinntal
22 Schönwies
23 See
25 Spiss
26 Stanz bei Landeck
27 Strengen
28 Tobadill
29 Tösens
30 Zams

# Tirol

## Nationale Regionalfördergebiete in Tirol gemäß EWR/EU-Wettbewerbsregeln

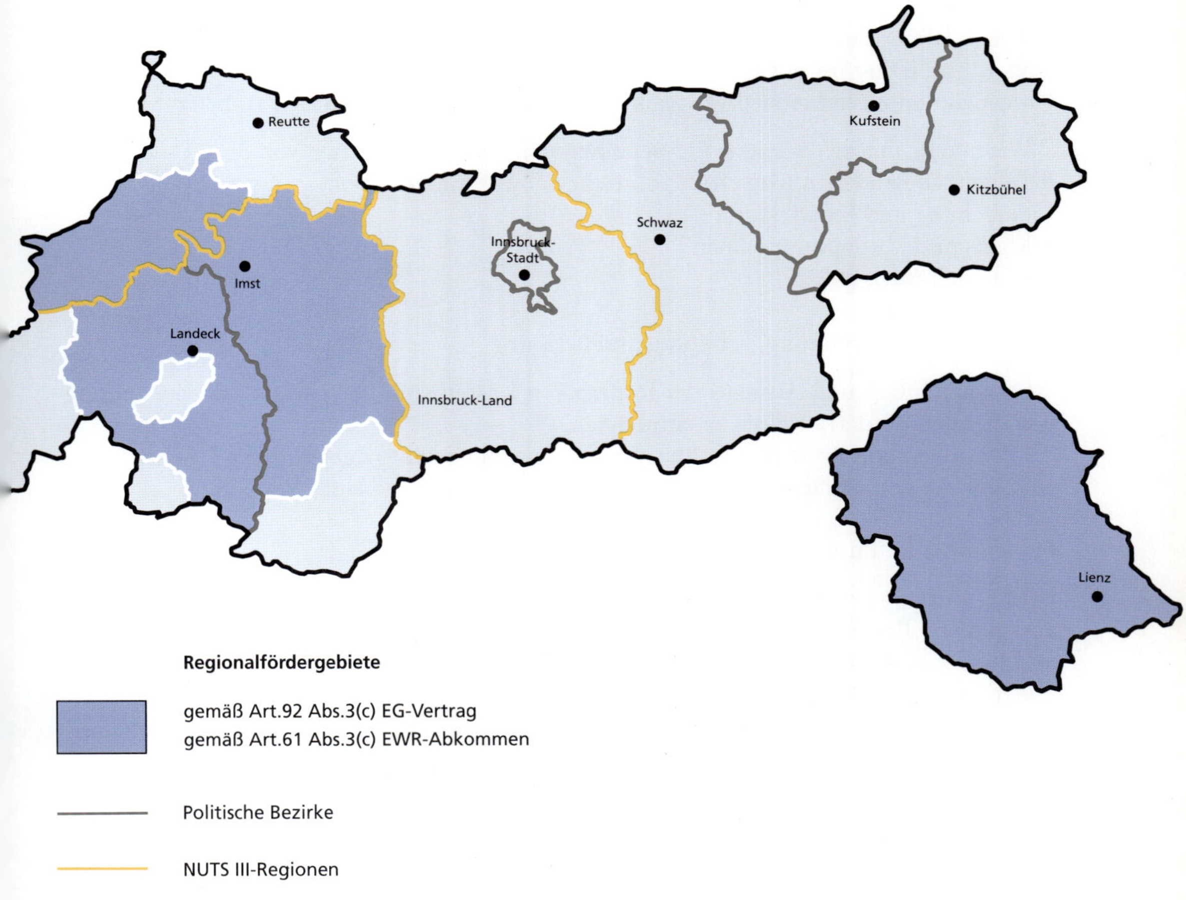


Nationale Regionalfördergebiete in Tirol gemäß EWR/EU-Wettbewerbsregeln (ESA-Genehmigung 11.5.1994)

Quelle: ÖROK, ÖIR

| Region (NUTS III) | | | | davon nationale Regionalfördergebiete | |
|---|---|---|---|---|---|
| Die Region ist Fördergebiet: G = gesamt Ü = überwiegend T = teilweise | | Einwohner 1991 absolut | in % v.Ö. | Nettosubventionsäquivalent Maximale Förderintensität | Bruttosubventionsäquivalent Maximale Förderintensität |
| | | gemäß Art.92 Abs.3(c) EG-Vertrag bzw. Art.61 Abs.3(c) EWR-Abkommen | | | |
| Außerfern | T | 5.138 | 0,07 | 15 | 21 |
| Osttirol | G | 48.338 | 0,62 | 20 | 27 |
| Tiroler Oberland | Ü | 76.410 | 0,98 | 15 | 21 |
| Tirol | | 129.886 | 1,67 | | |

# 4. EU-konforme Förderaktionen in Österreich

## 4.1. Die Schwerpunkte nach EU-Kriterien

Vor dem Hintergrund des EU-Beihilfenrechtes ist es naheliegend, alle relevanten – notifizierten und daher bis auf weiteres EU-konformen – **Förderaktionen für österreichische Unternehmen im industriell-gewerblichen Bereich** nach **EU-Kriterien** zu betrachten.

Wie bereits in *Kapitel 2* „Das EU-Beihilfenrecht“ erläutert, werden von der EU vor allem in folgenden Bereichen wirtschaftspolitische Schwerpunkte gesetzt:

- Forschung und Entwicklung
- Klein- und Mittelunternehmen
- Regionalfördergebiete
- Umweltschutz
- Aus- und Weiterbildung, Schulung und Beratung

Genauer Inhalt und Ausmaß der förderbaren Kosten sind der jeweils zur Anwendung kommenden Förderrichtlinie zu entnehmen.

Sanierungs- und Restrukturierungsmaßnahmen bei insolvenzgefährdeten Unternehmen sind nur temporär und auf Basis eines tragfähigen Sanierungsplanes förderbar.

**Forschung und Entwicklung**

Die EU sieht eine **wirtschaftspolitische Aufgabe** in der Förderung einer besseren Nutzung des industriellen Potentials in den **Bereichen Forschung, technologische Entwicklung und Innovation.** Sie will die wissenschaftlichen und technischen Grundlagen der europäischen Industrie stärken und die Entwicklung der internationalen Wettbewerbsfähigkeit Europas fördern. Die Forschungsförderung wird auch im Zusammenhang mit der Bekämpfung der Arbeitslosigkeit in Europa gesehen. Die Zusammenarbeit zwischen Unternehmen, Forschungszentren und Universitäten im Bereich der Forschung und technologischen Entwicklung wird unterstützt.

Die Kommission hat den **EU-Schwerpunkt Forschung und Entwicklung** eingerichtet. Forschungsvorhaben können mit relativ zu Investitionen höheren Förderintensitäten finanziert werden. Forschung und Entwicklung ist mit hohen Finanzierungserfordernissen und Risken verbunden, sodaß insbesondere marktferne F&E-Projekte den Wettbewerb – so die Kommission – mit einer geringen Wahrscheinlichkeit verfälschen.

Die Kommission ruft vor allem zu einer stärkeren Beteiligung des privaten Sektors an den Forschungsausgaben auf und fordert eine Verlagerung der öffentlichen Förderung von direkten zu indirekten Instrumenten. Auch der Einsatz von Zinsenzuschüssen wird zunehmend empfohlen.

Der **Gemeinschaftsrahmen für staatliche Forschungs- und Entwicklungsbeihilfen** aus dem Jahr 1996 unterscheidet je nach Marktnähe drei **F&E-Stufen**:

- **Grundlagenforschung**
- **industrielle Forschung**
- **vorwettbewerbliche Entwicklung**

Dieser Gemeinschaftsrahmen betrifft alle Beihilfen für Forschung und Entwicklung, die direkt mit der späteren Herstellung und Vermarktung **neuer Produkte, Produktionsverfahren oder Dienstleistungen** verbunden sind. Innovation stellt keine eigenständige F&E-Förderkategorie dar.

**Grundlagenforschung** wird als Erweiterung der wissenschaftlichen und technischen Kenntnisse verstanden, die nicht auf industrielle oder kommerzielle Ziele eines bestimmten Unternehmens ausgerichtet sind. Außerdem muß die Verbreitung der Forschungsergebnisse gewährleistet sein.

**Industrielle Forschung** wird definiert als planmäßiges Forschen oder kritisches Erforschen zur Gewinnung neuer Kenntnisse mit dem Ziel, diese Kenntnisse zur Entwicklung neuer Produkte, Verfahren oder Dienstleistungen oder zur Verwirklichung erheblicher Verbesserungen bei bestehenden Produkten, Verfahren oder Dienstleistungen zu nutzen.

**Vorwettbewerbliche Entwicklung** umfaßt die Umsetzung der industriellen Forschungsergebnisse bis hin zu Prototypen, Demonstrationsanlagen und Pilotprojekten, die nicht der kommerziellen bzw. industriellen Nutzung dienen. Das Projekt muß wesentliche Neuheitselemente aufweisen. Routinemäßige oder regelmäßige Änderungen an bestehenden Produkten, Produktionslinien, Herstellungsverfahren, Dienstleistungen und betrieblichen Prozessen sind – auch wenn sie Verbesserungen enthalten – nicht der vorwettbewerblichen Entwicklung zuzuordnen.

Folgende **projektsbezogene Forschungs- und Entwicklungskosten sind förderbar:**

- Personalkosten (Forscher, Techniker, ausschließlich in der Forschung beschäftigtes Hilfspersonal),
- Kosten für Instrumente, Ausrüstung, Grundstücke und Gebäude, die für die Forschungstätigkeit genutzt werden,
- Kosten für Beratungsleistungen, Auftragsforschung, technische Kenntnisse, Patente,
- zusätzliche Gemeinkosten, die unmittelbar durch die Forschungstätigkeit entstehen,
- sonstige Betriebskosten (wie Material etc.), die unmittelbar durch die Forschungstätigkeit entstehen.

Die Kosten können nur entsprechend ihres Anteils am subventionierten Forschungsvorhaben in die Förderbasis einbezogen werden. Investitionen des Produktions-Start-Up, kapazitätserweiternde Investitionen, Modernisierungsinvestitionen nach dem Stand der Technik und Markterschließungsinvestitionen sind von der Förderkategorie Forschung und Entwicklung ausgeschlossen. Sie können daher nicht in den Katalog der förderbaren Projektskosten aufgenommen werden.

Werden **Forschungs- und Entwicklungsarbeiten** von öffentlichen **Hochschulen** oder **Forschungseinrichtungen im Non-Profit-Bereich** im **Auftrag** oder in **Zusammenarbeit mit der Industrie** durchgeführt, geht die Kommission davon aus, daß unter folgenden Bedingungen keine Beihilfe vorliegt:

- Die Partner verhalten sich wie im Wettbewerb stehende Unternehmen (Kriterium: marktübliches Entgelt).
- Die Unternehmen tragen die Forschungskosten zur Gänze.
- Die F&E-Ergebnisse begründen kein geistiges Eigentum.
- Die Partner erhalten marktübliche Entgelte für die Forschungsergebnisse.

Die Forschungsförderung erfolgt – analog zu den anderen EU-Schwerpunkten – im Rahmen notifizierter Aktionen. Die Kommission verlangt jedoch bei **Großvorhaben** (Forschungskosten über ECU 25 Mio. und Förderbarwert über ECU 5 Mio.) eine Notifizierung des Einzelfalles *(siehe Anhang).*

Bei der Kombination von staatlichen Beihilfen und Gemeinschaftsmitteln, wie z.B. 4. bzw. 5. EU-Rahmenprogramm, sind die Kumulierungsgrenzen *(vgl. Übersicht 2)* sowie Zuschläge unter dem Titel „Gemeinschaftliche F&E-Rahmenprogramme" zu beachten.

**Staatliche F&E-Beihilfen** müssen ein **Anreiz für Unternehmen** sein, zusätzliche, über die Tagesgeschäfte hinausgehende Anstrengungen bei ihren F&E-Tätigkeiten zu unternehmen. Quantifizierbare Faktoren zur Begründung der Anreizeffekte sind: Entwicklung der F&E-Ausgaben, Anzahl der F&E-Mitarbeiter, Forschungsquote. Nach Ansicht der Kommission kann der Anreizeffekt bei KMUs als gegeben angenommen werden.

### Klein- und Mittelunternehmen

In Hinblick auf die gesamtwirtschaftliche **Bedeutung der Klein- und Mittelunternehmen (KMUs)** sieht die Mittelstandspolitik der EU in mehreren Teilbereichen eine bevorzugte Behandlung der Klein- und Mittelunternehmen vor. Dies kommt in höheren Förderintensitäten (**„KMU-Zuschlag"**) und in speziellen Förderaktionen ebenso zum Ausdruck wie in der Verankerung der **KMUs als EU-Schwerpunkt** und in Form einer eigenen Gemeinschaftsinitiative.

In Einklang mit den Leitlinien des Weißbuches über Wachstum, Wettbewerbsfähigkeit und Beschäftigung ist die **Förderung der Entwicklung der KMUs** eines der vorrangigen Ziele der EU. Die Mitgliedstaaten und die Organe der EU haben erkannt, daß die KMUs eine wichtige Rolle in Zusammenhang mit Beschäftigungspotential, Wachstum und Wettbewerbsfähigkeit Europas einnehmen.

Die Kommission definiert – gemäß der **Unternehmensgrößenregelung** für KMUs 1996 – ein **Kleinunternehmen** als ein gemäß „Unabhängigkeitskriterium" selbständiges Unternehmen, das nicht mehr als 50 Personen beschäftigt und nicht mehr als ECU 7 Mio. Jahresumsatz oder eine Bilanzsumme von nicht mehr als ECU 5 Mio. aufweist.

Ein **Mittelunternehmen** ist ein gemäß „Unabhängigkeitskriterium" selbständiges Unternehmen, das nicht mehr als 250 Personen beschäftigt und nicht mehr als ECU 40 Mio. Jahresumsatz oder eine Bilanzsumme von nicht mehr als ECU 27 Mio. aufweist.

Ein **Großunternehmen** ist ein Unternehmen, das die Größen von Klein- und Mittelunternehmen übersteigt, bzw. ein Unternehmen, an dem ein oder mehrere Großunternehmen gemeinsam – direkt oder indirekt – zu 25 % oder mehr beteiligt sind.

Die Größendefinition berücksichtigt demnach **drei Kriterien: Zahl der Beschäftigten, Jahresumsatz oder Bilanzsumme, Unabhängigkeit des Unternehmens.** Diese drei Kriterien gelten kumulativ, das heißt, alle drei müssen erfüllt sein, um den KMU-Status zu erlangen.

Die Beschäftigtengrenze bezieht sich auf die durchschnittliche Arbeitskräfteanzahl eines Geschäftsjahres. Teilzeitbeschäftigte und Saisonarbeitnehmer werden entsprechend ihres Anteils an der Jahresarbeitszeit berücksichtigt. Jahresumsatz ist der Nettoumsatzerlös aus der ordentlichen Geschäftstätigkeit des Unternehmens.

Die **Bedingung der Unabhängigkeit** (Eigenständigkeit) geht davon aus, daß über einem Beteiligungsausmaß von 25 % Kontrollrechte wirksam sind. Verbundene Unternehmen mit einer direkten oder indirekten kapitalmäßigen Verschränkung von 25 % oder mehr sind bei der Berechnung der Finanzschwellen und Beschäftigtenzahlen als Unternehmensgruppe zu betrachten. Die Daten sind entsprechend zu konsolidieren. Die Wirtschaftsgruppe muß den KMU-Status erfüllen, um eine Förderung an ein Unternehmen aus der Gruppe unter KMU-Vorzugsbedingungen zu begründen. Die Unabhängigkeit im Sinne der KMU-Definition wird durch öffentliche Beteiligungsgesellschaften, Risikokapitalgesellschaften und institutionelle Anleger nicht berührt.

Neben der **KMU-Definition der Kommission** bestehen davon **abweichende Unternehmensgrößenregelungen**, auf die in den jeweiligen Kapiteln bzw. bei den jeweiligen Förderaktionen besonders hingewiesen wird. Sie unterscheiden sich hinsichtlich der Anzahl der relevanten Kriterien, der Schwellenwerte und ihrer Geltungsdauer. Die **Kommission** beabsichtigt eine EU-weit einheitliche Definition umzusetzen sowie insgesamt die **KMU-Politik** in der EU transparenter und effektiver zu gestalten.

**Förderbare Kosten** von Klein- und Mittelunternehmen sind alle in den Förderrichtlinien näher spezifizierten Kostenpositionen eines Projektes. Im **Gemeinschaftsrahmen für KMU** wird die Bedeutung der immateriellen Kosten, wie z.B. Erwerb von Patentrechten und Lizenzen, Erwerb von Know-how und technischem Wissen, unterstrichen. Investitionen in Regionalfördergebieten, Forschung und Entwicklung, Umweltschutzvorhaben sowie Beratungs- und Schulungskosten können bei KMUs besonders unterstützt werden (KMU-Zuschläge zum Bruttosubventionsäquivalent).

Die nach der „de minimis"-Regelung vereinfachten Unternehmensförderungen kommen in erster Linie KMUs zugute.

### Regionalfördergebiete

Regionalbeihilfen werden als Maßnahmen in Hinblick auf ein ausgeglichenes Wachstum in den verschiedenen Gebieten eines Landes und der Gemeinschaft akzeptiert. Folgende **Grundsätze** müssen dabei eingehalten werden:

- Die Regionalbeihilfen dürfen sich nicht auf das gesamte Staatsgebiet erstrecken. Es dürfen keine allgemeinen Beihilfen als Beihifen für die Regionalentwicklung gewährt werden.
- Die Fördergebiete müssen klar abgegrenzt sein.
- Außer im Falle von Entwicklungsschwerpunkten dürfen die Regionalbeihilfen nicht an isolierten geographischen Punkten, die praktisch keinen Einfluß auf die Entwicklung eines Gebietes haben, gewährt werden.
- Die Abstufung und Staffelung der Beihilfensätze nach den verschiedenen Regionen müssen klar definiert sein.

Die für Österreich festgelegten **Regionalfördergebiete** (nationale Wettbewerbskulisse) gemäß EU-Wettbewerbsrecht sind in *Kapitel 3* „Die Regionalfördergebiete. Wettbewerbskulisse nach Bundesländern" dargestellt. In diesen Gebieten können Investitionen von Unternehmen besonders unterstützt werden. Der Investitionsbegriff umfaßt **materielle Investitionen** im Zusammenhang mit der Errichtung oder Erweiterung bestehender Betriebsstätten, der Entwicklung von Produkten oder Produktionsverfahren. **Immaterielle Investitionen können** im Ausmaß von 25 % der Gesamtkosten berücksichtigt werden, wenn es sich um Kosten im Zusammenhang mit Technologietransfers handelt. Dies betrifft Patente, Lizenzen, Markenrechte und nicht patentierte technische Kenntnisse. Forschungsprojekte sind – auch wenn sie in einem nationalen Regionalfördergebiet realisiert werden – nach den Grundsätzen „Grundlagenforschung und industrielle Forschung" bzw. „vorwettbewerbliche Entwicklung" zu beurteilen.

Insbesondere durch die **Kombination** von Förderaktionen können hohe Regionalfördersätze (Förderintensitäten) für Investitionen erreicht werden.

**Umweltschutz**

Die Förderung von **Umweltschutzinvestitionen** von Unternehmen wird seitens der EU auf der Basis des Konzeptes einer „dauerhaften und umweltgerechten Entwicklung in der Gemeinschaft" argumentiert. Durch die Einheitliche Europäische Akte wurde der Umweltschutz als Gemeinschaftsziel definiert und dadurch in der Beihilfenpolitik bedeutsamer. Die Grundphilosophie der betrieblichen Umweltförderung lautet „**Vermeiden vor Verwerten vor Entsorgen**". Beihilfenkontrolle und Umweltschutzförderung sollen sich vor dem Hintergrund des „Verursacherprinzips" gegenseitig ergänzen. Der Grundgedanke des „**Verursacherprinzips**" ist die „Internalisierung" der Umweltkosten durch die sie verursachenden Unternehmen.

Investitionsförderungen in dieser Kategorie sollen darauf abzielen, eine schrittweise **Anhebung der Umweltqualität** zu erreichen. Sie sind unter folgenden Aspekten – gemäß **Gemeinschaftsrahmen für staatliche Umweltschutzbeihilfen** – grundsätzlich möglich:

- Befristete Beihilfen zur beschleunigten Anwendung neuer Normen.
- Beihilfen zur Förderung von Investitionen, die die gesetzlichen Umweltnormen „übererfüllen".
- Beihilfen für Umweltschutzmaßnahmen, deren Hauptnutzen nicht dem Investor, sondern der Allgemeinheit zugute kommt.
- Beihilfen zur Beseitigung von Umweltschäden, zu deren Behebung die Unternehmen gesetzlich nicht verpflichtet sind.

Der Gemeinschaftsrahmen hat die Schaffung eines **Gleichgewichts zwischen wettbewerbs- und umweltpolitischen Erfordernissen** zum Ziel. Staatliche Umweltförderaktionen werden in der Regel dann notifiziert, wenn die nachteiligen Auswirkungen auf den Wettbewerb durch Vorteile für die Umwelt ausgeglichen werden. Die maximal zulässigen Förderintensitäten werden in zwei Kategorien unterschieden:

- Beihilfen an Unternehmen zur Anpassung an neue verbindliche Umweltnormen.
- Beihilfen an Unternehmen, die die verbindlichen Umweltnormen übertreffen, bzw. Beihilfen bei Fehlen verbindlicher Umweltnormen.

In der ersten Kategorie können Beihilfen nur für einen begrenzten Zeitraum gewährt werden und kommen nur für Umweltschutzinvestitionen in Altanlagen in Betracht. Mit Beihilfen der zweiten Kategorie sollen Unternehmen dazu angeregt werden, über die gesetzlichen Verpflichtungen hinaus einen Beitrag zur Erhöhung der Umweltqualität zu leisten.

In den **österreichischen Förderaktionen** sind insbesondere folgende Schwerpunkte verankert:

- Maßnahmen zur Luftreinhaltung
- Maßnahmen zur Vermeidung oder Beseitigung von Abfällen und Problemstoffen
- betriebliche Abwassermaßnahmen
- Maßnahmen zum Klimaschutz
- Maßnahmen zur Energieeinsparung

Weiters werden Anlagen besonders unterstützt, die neue wissenschaftliche Erkenntnisse umsetzen und als Pilotanlagen bezeichnet werden können. Förderbar sind dabei ausschließlich die zur Verwirklichung der Umweltziele erforderlichen Mehrkosten. Staatliche Beihilfen für Forschung und Entwicklung im Umweltschutzbereich fallen in den Anwendungsbereich des Gemeinschaftsrahmens für staatliche Forschungs- und Entwicklungsbeihilfen.

### Sanierungs- und Restrukturierungsmaßnahmen

Die EU sieht in bestimmten Fällen Beihilfen zur **Rettung und Umstrukturierung von Unternehmen in Schwierigkeiten** als mit dem Gemeinsamen Markt vereinbar an. Dafür sprechen sozial- oder regionalpolitische Erwägungen, die Aufrechterhaltung einer wettbewerbsfähigen Marktstruktur oder die besonderen Bedürfnisse sowie die ökonomische Bedeutung des Mittelstandes.

Die Kommission hat 1994 für diesen Bereich **Leitlinien** publiziert. Die Rettung und die Umstrukturierung von Unternehmen werden dabei als zwei Seiten der gleichen betriebswirtschaftlichen Problematik angesehen. Eine **Rettungsmaßnahme** soll ein akut gefährdetes Unternehmen kurzfristig – im allgemeinen nicht länger als sechs Monate – und auf der Basis einer ersten Grobanalyse unterstützen. Eine **Umstrukturierungsmaßnahme** ist hingegen ein Bestandteil eines weitreichenden Sanierungskonzeptes zur nachhaltigen Restrukturierung eines Unternehmens.

Die Umstrukturierung des Unternehmens muß mit einer finanziellen Umstrukturierung in Hinblick auf Kapitalzuführung und Schuldenabbau einhergehen. Ziel ist es, eine tragfähige neue Struktur zu schaffen, die das Unternehmen aus eigener Kraft in die Lage versetzt – ohne weitere staatliche Unterstützungen –, fortzubestehen.

Rettungs- und Umstrukturierungsbeihilfen an Großunternehmen müssen einzelnotifiziert werden *(siehe Anhang)*. Besonderen Bestimmungen unterliegen auch hier Unternehmen der Sensiblen Sektoren.

Für die Gewährung von **Umstrukturierungsbeihilfen** gelten folgende **Kriterien:**
- Wiederherstellung der Rentabilität
- Vermeidung unzumutbarer Wettbewerbsverfälschungen
- Verhältnis zu den Kosten und Nutzen der Umstrukturierung
- vollständige Durchführung des Umstrukturierungsplanes
- Kontrolle und Jahresbericht

Das **Bundesministerium für Arbeit, Gesundheit und Soziales** vergibt gemäß Arbeitsmarktförderungsgesetz (AMFG) und in enger Zusammenarbeit mit der **Finanzierungsgarantie-Gesellschaft m.b.H.** Restrukturierungs- und Umstrukturierungsbeihilfen. Diese Mittel werden nur subsidiär zu bestehenden Förderinstrumenten auf Bundes- und Landesebene eingesetzt. Die Restrukturierung der finanziellen Unternehmenssituation erfolgt gemeinsam mit den Eigentümern und den Gläubigern.

### Aus- und Weiterbildung, Schulung und Beratung

In der EU zählen **Aus- und Weiterbildung, Schulung und Beratung** zu den vorrangigen Zielen in Förderprogrammen. Die Qualifikationserfordernisse und Anforderungsprofile, die an die Mitarbeiter in Unternehmen gestellt werden, verändern sich mit dem raschen wirtschaftlichen Wandel. Mit Investitionen in Personalentwicklung soll die Wettbewerbsfähigkeit von Unternehmen gestärkt werden. Qualifizierungsmaßnahmen sind Kernelemente von innovativen Unternehmensstrategien.

Aus- und Weiterbildung, Schulung und Beratung sind schwerpunktmäßig bei **Klein- und Mittelunternehmen** gemäß EU-Beihilfenrecht förderbar. Sind sie bei **Investitionsvorhaben, Technologieprojekten** bzw. **betrieblichen Umweltschutzvorhaben** Bestandteil der präliminierten Projektskosten, können diese immateriellen Investitionen unter Berücksichtigung der Details gemäß Förderrichtlinien unterstützt werden. So können beispielsweise im Rahmen von ERP-Förderungen Schulungs- und Beratungskosten als Bestandteil eines Projektes Berücksichtigung finden. Darüber hinaus gibt es spezifische Förderaktionen, wie beispielsweise die Qualitätssicherungsaktion des ERP-Fonds, die explizit Schulungskosten und externe Beratungskosten für die Zertifizierung nach ISO 9000 zum Gegenstand haben.

Die **Arbeitsmarktpolitik** setzt angesichts des dynamischen strukturellen Wandels neue Schwerpunkte. Neben der Konzentration auf Arbeitslose und Problemgruppen des Arbeitsmarktes, zum Beispiel in Form von betrieblichen Eingliederungsbeihilfen, werden **Qualifikationsmaßnahmen für Beschäftigte** in Unternehmen unterstützt. Die gemeinsamen Interventionen der österreichischen Arbeitsmarktpolitik und des Europäischen Sozialfonds im Rahmen von Ziel 4 berücksichtigen folgende Bereiche:
- Prognose von Arbeitsmarkttrends und Qualifikationsanforderungen
- berufliche Bildung (Höherqualifizierung von Beschäftigten)
- Verbesserung und Entwicklung der Bildungssysteme (Innovative Modellprojekte)
- technische Hilfe bei der Abwicklung von Förderprogrammen

In den Gebieten gemäß Ziel 1, 2 und 5b werden besondere regionalpolitische Schwerpunkte gesetzt.

### Internationalisierung

Über die erwähnten Schwerpunkte (Forschung und Entwicklung, Klein- und Mittelunternehmen, Regionalfördergebiete, Umweltschutz, Sanierungs- und Restrukturierungsmaßnahmen, Aus- und Weiterbildung, Schulung und Beratung) hinaus ist für österreichische Unternehmen der Aspekt „**Internationalisierung**" von Bedeutung. Internationalisierung heißt in diesem Zusammenhang vorrangig die Durchführung von Beteiligungsinvestitionen im Ausland.

Zu den **förderbaren Kosten** zählen:
- Errichtung von Produktionsniederlassungen
- Errichtung von Produktions-Joint Ventures
- Übernahme qualifizierter Beteiligungen an ausländischen Unternehmen
- Beteiligungsinvestitionen im Ausland

Wichtig für die Erlangung von Förderungen ist die positive Rückwirkung auf das österreichische Unternehmen. Die Kommission genehmigt Beihilfen in erster Linie für Internationalisierungsprojekte von KMUs. Die dargestellten Instrumente des österreichischen Exportfinanzierungs- und -garantiesystems gelten nicht als Förderungen.

### Förderinstrumente

Die Förderung der Unternehmen in den einzelnen EU-konformen Aktionen erfolgt im wesentlichen durch folgende finanzielle Leistungen (Subventionen) der öffentlichen Hand:

- **nicht rückzahlbare Zuschüsse**
- **Zinsenzuschüsse zu Bankkrediten**
- **zinsgünstige Kredite**

Ergänzt werden diese Instrumente durch **Haftungsübernahmen der öffentlichen Hand**, die die Finanzierung von risikoreichen Investitionen erleichtern. Eine besondere Rolle kommt den Haftungen bei der Finanzierung von Auslandsprojekten zu, wo neben der wirtschaftlichen Risikobegrenzung auch die Absicherung politischer Risken wesentlich ist.

Für Unternehmen, die den sogenannten **Sensiblen Sektoren** zuzuordnen sind (z.B. Kohle- und Stahlbereich, Textilindustrie, Kunstfaserindustrie, KFZ-Industrie, Schiffbau) gelten Sondervorschriften.

### Leitfaden zur Auswahl von Förderaktionen

Die EU-konformen Unternehmensförderungen in Österreich werden im folgenden nach den EU-Schwerpunkten neu geordnet.

Über 90 **Förderaktionen für Unternehmen in Österreich** werden nach den Grundsätzen der **EU-Logik** in einheitlicher Weise ausgewertet und dargestellt.

Ein investierendes Unternehmen in Österreich kann daher leichter den Zugang zu möglichen Förderungen finden. **Zielgruppen** dieser Auswahl sind **sachgüterproduzierende Unternehmen des industriell-gewerblichen Sektors und wirtschaftsnahe Dienstleistungsunternehmen.**

Generell wird zwischen österreichweiten Aktionen *(Kapitel 4.2.* „Österreichweite Förderaktionen“) und Förderaktionen in den einzelnen Bundesländern *(Kapitel 4.3.* „Förderaktionen in den Bundesländern“) unterschieden. Bei den **Arbeitsmarktförderungen** wurden fast ausschließlich ausgewählte bundesweite Aktionen des Arbeitsmarktservice Österreich dargestellt. Die bundesländerspezifischen Umsetzungen beruhen auf analogen, individuell passenden Fördervereinbarungen zwischen antragstellenden Unternehmen und den Landesgeschäftsstellen des Arbeitsmarktservice.

Darüber hinaus werden die jeweils anwendbaren Förderinstrumente genannt.

Für **jede** einzelne Förderaktion gilt folgende **Systematik:**

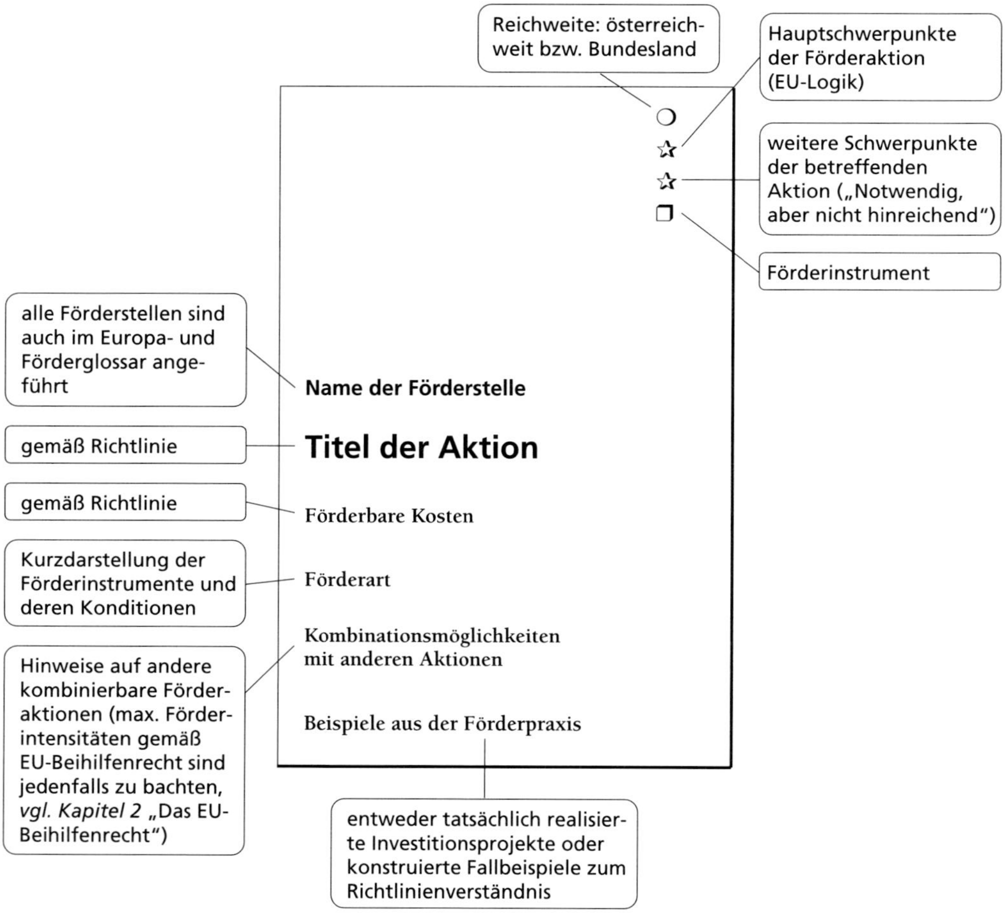


Die dargestellten Förderaktionen wurden vor allem auch nach dem Kriterium ihrer praktischen Bedeutung für unternehmerische Investitionsentscheidungen ausgewählt. Das Kapitel erhebt keinen Anspruch auf Vollständigkeit.

Besonders hervorzuheben ist, daß für **Klein- und Mittelunternehmen alle** Förderkategorien von Bedeutung sind. Unter der Schwerpunktsetzung „Klein- und Mittelunternehmen" finden sich nur jene Aktionen, die dem primären Ordnungskriterium „Klein- und Mittelunternehmen" entsprechen. Förderungen für Forschungs- und Entwicklungsprojekte von Klein- und Mittelunternehmen sind beispielsweise im Schwerpunktbereich „Forschung und Entwicklung" zu suchen.

Die praktische Handhabung dieses Kapitels richtet sich in erster Linie nach dem **Schwerpunkt der geplanten Investition** (Forschung und Entwicklung, Investitionen, Investitionen/Infrastruktur, Regionalfördergebiete, Umweltschutz, Internationalisierung, Sanierung, Humanressourcen).

## 4.2. Österreichweite Förderaktionen

❍ österreichweit
☆ Forschung und Entwicklung
❐ Fördermix

## Forschungsförderungsfonds für die gewerbliche Wirtschaft (FFF)

# Generelle Richtlinie

### Förderbare Kosten

⇒ industrielle Grundlagenforschung (industrielle Forschung)
⇒ angewandte Forschung und Entwicklung (industrielle Forschung)
⇒ produkt- und prozeßtechnologische Entwicklung (vorwettbewerbliche Entwicklung)
insbesondere Personalkosten und immaterielle Kosten

### Förderart

nicht rückzahlbare Zuschüsse
Forschungsdarlehen zu 3 % p.a. für max. 5 Jahre
Zinsenzuschüsse zu Bankkrediten in Höhe von 3 % p.a. für max. 5 Jahre
Haftungsübernahmen
Förderhöhe: max. 50 % der förderbaren Kosten

### Kombinationsmöglichkeiten mit anderen Aktionen

grundsätzlich möglich, z.B.

⇒ Anschlußförderungen in den Bundesländern Vorarlberg, Tirol, Salzburg und Kärnten
⇒ bei Großvorhaben und Projekten des Produktions-Start-Up: Kombination mit ERP-Technologie-Krediten
⇒ FFF-Förderungen für die Vorbereitung bzw. als Zwischen- und Ergänzungsfinanzierung von Projekten des 4. EU-Rahmenprogrammes

### Beispiele aus der Förderpraxis

⇒ Entwicklung einer neuen Waschmaschine für Mehrweg-Gebinde aus Kunststoff
⇒ Entwicklung eines Hochleistungsfilters für Straßentunnel-Abluft
⇒ Entwicklung eines vollautomatischen Sortierverfahrens von Glas und Kunststoff

❍ österreichweit
✰ Forschung und Entwicklung
❒ Zuschüsse

## Forschungsförderungsfonds für die gewerbliche Wirtschaft (FFF)

# FFF-Einstiegsförderung für österreichische Beteiligungen an EU-Projekten

### Förderbare Kosten

Die Forschungs- und Technologieprogramme der EU eröffnen österreichischen Unternehmen die Möglichkeit, in grenzüberschreitender Zusammenarbeit Basistechnologien zu erarbeiten, wobei in der Vorstufe folgende Investitionen gefördert werden:

⇒ Vorbereitungskosten, wie z.B. Konzepterarbeitung, Personal- und Reisekosten für Partnersuche

Ziel der Aktion ist es, laufend neue Unternehmen in einer Einstiegsphase an die EU-Förderung heranzuführen, als Einstiegsphase gelten 2 Jahre ab dem ersten EU-Projektsantrag eines Unternehmens.

Voraussetzung ist die Einreichung vor Abgabe des EU-Antrags.

### Förderart

Vorbereitungskosten: nicht rückzahlbare Zuschüsse bis max. ATS 250.000,– (max. 60 % der förderbaren Kosten)

Für die Startfinanzierung bei der EU eingereichter Projekte sowie für die Finanzierung der Umsetzung der Ergebnisse der EU-Forschung kann eine Förderung gemäß Genereller Richtlinie beantragt werden.

### Kombinationsmöglichkeiten mit anderen Aktionen

grundsätzlich möglich, z.B.

⇒ Anschlußförderungen in den Bundesländern Vorarlberg, Tirol, Salzburg und Kärnten

⇒ bei Großvorhaben und Projekten des Produktions-Start-Up: Kombination mit ERP-Technologie-Krediten

### Beispiele aus der Förderpraxis

⇒ Vorbereitung einer internationalen Forschungskooperation im Rahmen der Aktionslinie 1 des 4. EU-Rahmenprogrammes (z.B. ESPRIT, BRITE-EURAM)

❍ österreichweit
✰ Forschung und Entwicklung
✰ Lebensmittelwirtschaft
❐ Fördermix

## Forschungsförderungsfonds für die gewerbliche Wirtschaft (FFF)

# Lebensmittelinitiative Österreich

### Förderbare Kosten

⇒ Forschungs- und Innovationsprojekte, die auch im weiteren Sinn mit dem Thema Lebensmittel in Verbindung stehen (von der Landwirtschaft bis zur Verpackungstechnologie)
⇒ Forcierung des Informationstransfers auf allen Ebenen: Kooperationen von Unternehmen, Zusammenarbeit mit Universitäten oder außeruniversitären Forschungsinstituten, Gemeinschaftsprojekte mit internationalen Partnern

### Förderart

nicht rückzahlbare Zuschüsse
Forschungsdarlehen zu 3 % p.a.
Zinsenzuschüsse zu Bankkrediten in Höhe von 3 % p.a. für max. 5 Jahre
Haftungsübernahmen
Förderhöhe: max. 50 % der förderbaren Kosten; höherer Förderbarwert im Vergleich zum Normalprogramm des FFF

### Kombinationsmöglichkeiten mit anderen Aktionen

grundsätzlich möglich

### Beispiele aus der Förderpraxis

⇒ Entwicklung einer „eßbaren“ Verpackung für Fast-Food auf Vollwertbasis
⇒ Saatzucht
⇒ Maschinen für die Lebensmittelwirtschaft

❍ österreichweit
✰ Forschung und Entwicklung
❒ Fördermix

## Forschungsförderungsfonds für die gewerbliche Wirtschaft (FFF) und Kommunalkredit

# Forschungsprojekte Siedlungswasserwirtschaft

### Förderbare Maßnahmen

F&E-Projekte mit folgenden Schwerpunkten:
⇒ Aufbereitung und Versorgung von Trink- und Nutzwasser
⇒ Abwasserreinigung
⇒ Meßtechnik für Wasser und Abwasser
⇒ Kanalisierung
⇒ Entwicklung wassersparender Technologien
⇒ anwendungsbezogene Versuchs- und Pilotanlagen, Feldversuche etc.

### Förderart

nicht rückzahlbare Zuschüsse
Forschungsdarlehen zu 3 % p.a.
Zinsenzuschüsse zu Bankkrediten für max. 5 Jahre in Höhe von 3 % p.a.
Förderhöhe: max. 50 % der förderbaren Kosten

### Kombinationsmöglichkeiten mit anderen Aktionen

nicht vorgesehen

### Beispiele aus der Förderpraxis

⇒ Entwicklung einer neuen Trinkwasseranlage inklusive meßtechnischer Einrichtungen

❍ österreichweit
✰ Forschung und Entwicklung
❐ Zuschüsse

## Innovations- und Technologiefonds (ITF)

# Generelle Richtlinie

(Organisatorisch in Änderung begriffen)

### Förderbare Kosten

⇒ industriell-gewerbliche F&E-Tätigkeiten sowie Kosten der Konzepterstellung
⇒ F&E zur Lösung von Problemen bei der Einführung neuer Technologien
⇒ Maßnahmen und Vorhaben zur Verbreitung und Verwertung von F&E-Ergebnissen, Maßnahmen und Vorhaben des Technologietransfers und damit verbundene infrastrukturelle Maßnahmen
⇒ Pilotversuche und Demonstrationsvorhaben
⇒ Schulungs- und Beratungskosten im Rahmen von Technologieprojekten
⇒ Technologietransferprojekte

in den Forschungs- und Technologieschwerpunkten:
- Energietechnik (Dezember 1992 bis Dezember 1998)
- Verkehrstechnik (Dezember 1992 bis Dezember 1998)
- Softwaretechnologie (Juli 1993 bis Juni 1998)
- Technologien für die Informationsgesellschaft (Jänner 1996 bis Dezember 2000)
- Technologietransfer (Jänner 1996 bis Dezember 1998)

### Förderart

nicht rückzahlbare Zuschüsse für Projekte der
- industriellen Grundlagenforschung bis max. 50 % der förderbaren Kosten
- der angewandten Forschung und Entwicklung bis max. 25 % der förderbaren Kosten

### Kombinationsmöglichkeiten mit anderen Aktionen

grundsätzlich möglich, z.B. mit
⇒ ERP-Fonds
⇒ Innovationsförderungen der Bundesländer

### Beispiele aus der Förderpraxis

⇒ Entwicklung eines integrierten Kläranlagen-Expertensystems
⇒ Zertifizierung ISO 9000 in einem Softwarehaus
⇒ Standardsoftware für ein computerintegriertes Meßsystem

❍ österreichweit
✰ Forschung und Entwicklung
✰ Klein- und Mittelunternehmen
❒ Zuschüsse

## ERP-Fonds

# Technologie- und Strukturoffensive – Qualitätssicherung

### Förderbare Kosten

⇒ Aufwendungen im Zusammenhang mit der erstmaligen Zertifizierung (ISO 9000) in Höhe von mind. ATS 500.000,– (Personalaufwand, Ausbildungsaufwand, Beratungsaufwand)

von Klein- und Mittelunternehmen gemäß Definition des EU-Beihilfenrechtes

Österreichweite Einschränkung: Vorarlberg, Burgenland, Kärnten, RESIDER-Gebiete in Niederösterreich und der Steiermark, RECHAR-Gebiet Voitsberg

### Förderart

nicht rückzahlbare Zuschüsse bis max. ATS 350.000,–

### Kombinationsmöglichkeiten mit anderen Aktionen

unmittelbar nicht möglich

### Beispiele aus der Förderpraxis

⇒ Zertifizierung ISO 9000 eines Unternehmens der metallverarbeitenden Industrie

❍ österreichweit
✰ Forschung und Entwicklung
❐ Zuschüsse

## ERP-Fonds

# Technologie- und Strukturoffensive – Produktfindung

### Förderbare Kosten

⇒ Aufwendungen im Zusammenhang mit der Produktfindung: Suchfeldbestimmung, Ideenfindung, Ideenbewertung (Personalaufwand, Beratungsaufwand)

von Unternehmen mit bis zu 1.000 Beschäftigten

Österreichweite Einschränkung: Vorarlberg, Burgenland, Kärnten, RESIDER-Gebiete in Niederösterreich und der Steiermark, RECHAR-Gebiet Voitsberg

### Förderart

nicht rückzahlbare Zuschüsse bis max. ATS 600.000,–

### Kombinationsmöglichkeiten mit anderen Aktionen

unmittelbar nicht möglich

⇒ im Entstehungszyklus neuer Produkte vor FFF, ITF, ERP-Fonds bzw. Landesförderungen

### Beispiele aus der Förderpraxis

⇒ Geschäftsfeldanalyse und Produktfindung eines Fensterherstellers unter Einbindung eines Wertanalysten

❍ österreichweit
✰ Forschung und Entwicklung
❐ zinsgünstige Kredite

## ERP-Fonds

# ERP-Technologieprogramm

### Förderbare Kosten

Personalkosten, externe Entwicklungskosten, externe Beratungs-, Konzept- und Studienkosten, Schulungskosten, sonstige Kosten und Aufwendungen für Prototypen, Pilotanlagen etc., Forschungs- und Laborausrüstungen für Projekte in den Bereichen

⇒ Forschung und Entwicklung (neue Produkte, neue Produktionsverfahren)
⇒ Erstellung von Prototypen, Pilot- und Versuchsanlagen
⇒ Umstellung auf umweltverträgliche Produktionsverfahren
⇒ Verbesserung des innerbetrieblichen Informations-, Planungs- und Logistikwesens

### Förderart

zinsgünstige Kredite (Fixverzinsung) zu 2,5 % (Ziel 1: 1,5 %) p.a. in der tilgungsfreien Zeit, 4 % in der Tilgungszeit
Kreditlaufzeit: 8 Jahre, davon 3 Jahre tilgungsfrei
Kredithöhe: ATS 1 bis ATS 100 Mio. pro Projekt
in Zielgebieten: eventuell Zielgebietsprämie aus EFRE-Kofinanzierungsmitteln
Arbeitsplatzbonus: Bei Erhöhung des Beschäftigtenstandes um mehr als 10 % erfolgt ein zusätzlicher Zinsbonus i.H.v. 1 % p.a. über 3 Jahre.

### Kombinationsmöglichkeiten mit anderen Aktionen

grundsätzlich möglich, z.B. mit
⇒ FFF, ITF
⇒ Landesaktionen

### Beispiele aus der Förderpraxis

⇒ Entwicklung und Umsetzung von neuen Produktionsverfahren in der metallverarbeitenden Industrie
⇒ Demonstrationsanlage zur Erprobung neuer Umweltverfahren

❍ österreichweit
✰ Forschung und Entwicklung
✰ Investitionen
❒ zinsgünstige Kredite

## ERP-Fonds

# ERP-Infrastrukturprogramm

### Förderbare Kosten

Finanzierung von Trägergesellschaften zur Errichtung und Erweiterung
⇒ von Gründerzentren
⇒ von Technologie- bzw. Innovationsparks
⇒ von kooperativen F&E-Gesellschaften
⇒ von grenzüberschreitenden Wirtschaftsparks
⇒ von Zentren zur Erprobung neuer innovativer Technologien und Arbeitsformen
⇒ von Einrichtungen des Technologietransfers sowie Test- und Prüfzentren

### Förderart

zinsgünstige Kredite zu 2,5 % p.a. fix in der tilgungsfreien Zeit, sprungfixer Zinssatz von 4 % bis 7 % p.a. in der Tilgungszeit (dzt. 4 % p.a.)
Kreditlaufzeit: 12 bis 20 Jahre, davon 6 bis 10 Jahre tilgungsfrei
Kredithöhe: ATS 5 bis ATS 200 Mio. (max. 75 % der förderbaren Kosten)
in Zielgebieten: Zielgebietsprämie aus EFRE-Kofinanzierungsmitteln

### Kombinationsmöglichkeiten mit anderen Aktionen

grundsätzlich möglich, z.B. mit
⇒ individuellen Infrastrukturmaßnahmen der Länder
⇒ Regionale Infrastruktur-Förderung (RIF)

### Beispiele aus der Förderpraxis

⇒ Errichtung eines Technologie- und Gründerzentrums

❍ österreichweit
✰ Forschung und Entwicklung
❐ zinsgünstige Kredite

## ERP-Fonds

# ERP-Sonderprogramm für eine Wachstums- und Technologieoffensive
### Teilbereich: F&E-Kooperationsprojekte

Voraussetzung ist die Verteilung der Entwicklungsarbeit (Output- oder Ressourcen-sharing) auf mindestens zwei Partner (Kooperation von Unternehmen oder von Unternehmen und Universitäten bzw. Forschungsinstitutionen).

### Förderbare Maßnahmen

Durchführung eines F&E-Projektes
⇒ Personalkosten, sonstige Betriebskosten (F&E-Materialkosten, Laborausstattung)
⇒ Beratungs- und ähnliche Dienste einschließlich käuflich erworbener Forschungskenntnisse, Patente etc.
⇒ Aufwendungen für Prototypen, Pilotanlagen
⇒ Instrumente, Ausrüstung und Gebäude
(Diese Kosten können nur insoweit in Betracht gezogen werden, als die betreffenden Aktiva ausschließlich der F&E dienen.)

### Förderart

zinsgünstige Kredite zu 1,5 % p.a.
Kreditlaufzeit: 5 Jahre endfällig
Kredithöhe: ATS 5 bis max. ATS 200 Mio. pro Projekt
Arbeitsplatzbonus: Bei Erhöhung des Beschäftigtenstandes um mehr als 10 % erfolgt ein zusätzlicher Zinsbonus i.H.v. 1 % p.a. über 3 Jahre.

### Kombinationsmöglichkeiten mit anderen Aktionen

grundsätzlich möglich, z.B. mit
⇒ FFF, ITF
⇒ Landesaktionen

### Beispiele aus der Förderpraxis

⇒ Vollautomatisierung von Logistikleitsystemen in Kooperation von Einzelunternehmen und Universität

❍ österreichweit
☆ Forschung und Entwicklung
❒ zinsgünstige Kredite

## ERP-Fonds

# ERP-Sonderprogramm für eine Wachstums- und Technologieoffensive

## Teilbereich: FTE-Wachstumsprogramm

Voraussetzung ist die Erweiterung der Kapitalbasis, bevorzugt durch Börsengang bzw. Hereinnahme eines strategischen Partners oder Finanzinvestors. Die Einbringung von Eigenkapital bereits zu Projektbeginn dient als Erfüllung dieser Voraussetzung.

### Förderbare Kosten

Durchführung eines F&E-Projektes

⇒ Personalkosten, sonstige Betriebskosten (F&E-Materialkosten, Laborausstattung)
⇒ Beratungs- und ähnliche Dienste einschließlich käuflich erworbener Forschungskenntnisse, Patente etc.
⇒ Aufwendungen für Prototypen, Pilotanlagen
⇒ Instrumente, Ausrüstung und Gebäude
(Diese Kosten können nur insoweit in Betracht gezogen werden, als die betreffenden Aktiva ausschließlich der F&E dienen.)

von mittelständischen Unternehmen mit Standort und Schwerpunkt ihrer wirtschaftlichen Interessen in Österreich

### Förderart

zinsgünstige Kredite zu 1,5 % p.a. (fix)
Kreditlaufzeit: 5 Jahre endfällig
Kredithöhe: ATS 5 bis max. ATS 200 Mio. pro Projekt
Arbeitsplatzbonus: Bei Erhöhung des Beschäftigtenstandes um mehr als 10 % erfolgt ein zusätzlicher Zinsbonus i.H.v. 1 % p.a. über 3 Jahre.

### Kombinationsmöglichkeiten mit anderen Aktionen

grundsätzlich möglich, z.B. mit
⇒ FFF, ITF
⇒ Landesaktionen

### Beispiele aus der Förderpraxis

⇒ Entwicklung und Umsetzung von neuen Produktionsverfahren in der KFZ-Zulieferindustrie. Gleichzeitig plant das Unternehmen, innerhalb der nächsten 3 bis 5 Jahre an die Börse zu gehen.

❍ österreichweit
✰ Klein- und Mittelunternehmen
✰ Forschung und Entwicklung
❒ zinsgünstige Kredite

## ERP-Fonds

# ERP-Sonderprogramm für eine Wachstums- und Technologieoffensive
## Teilbereich: KMU-Tech-Wachstumsprogramm

Voraussetzung ist die Erweiterung der Kapitalbasis, bevorzugt durch Börsengang bzw. Hereinnahme eines strategischen Partners oder Finanzinvestors. Die Einbringung von Eigenkapital bereits zu Projektbeginn dient als Erfüllung dieser Voraussetzung.

### Förderbare Maßnahmen

⇒ Durchführung eines innovativen Investitionsprojektes, mit dem ein wesentlicher Wachstumsschub im Unternehmen realisiert werden soll
⇒ Einführung neuartiger Produktionsverfahren oder neuartiger Produkte mit hohen Absatzchancen
⇒ Wesentliche Verfahrens- oder Produktverbesserungen
⇒ Investitionen, die den Verarbeitungsgrad wesentlich erhöhen
⇒ Schaffung der Grundlagen für das Anbieten innovativer Dienstleistungen

von Klein- und Mittelunternehmen gemäß Definition des EU-Beihilfenrechtes

### Förderart

zinsgünstige Kredite zu 1,5 % p.a.
Kreditlaufzeit: 5 Jahre endfällig
Kredithöhe: ATS 5 bis max. ATS 200 Mio. pro Projekt
Arbeitsplatzbonus: Bei Erhöhung des Beschäftigtenstandes um mehr als 10 % erfolgt ein zusätzlicher Zinsbonus i.H.v. 1 % p.a. über 3 Jahre.

### Kombinationsmöglichkeiten mit anderen Aktionen

grundsätzlich möglich, z.B. mit
⇒ Landesaktionen

### Beispiele aus der Förderpraxis

⇒ Investitionen zur Einführung eines neuen Produktionsverfahrens in der metallverarbeitenden Industrie. Gleichzeitig plant das Unternehmen, innerhalb der nächsten 3 bis 5 Jahre an die Börse zu gehen.

❍ österreichweit
✰ Klein- und Mittelunternehmen
✰ Forschung und Entwicklung
❒ zinsgünstige Kredite

## ERP-Fonds

# ERP-KMU-Technologieprogramm

### Förderbare Kosten

materielle und externe immaterielle Investitionen inkl. Schulungs- und Beratungskosten sowie projektsnotwendige Bauinvestitionen mit den Schwerpunkten:

⇒ Einführung neuartiger Produktionsverfahren und Produkte
⇒ wesentliche Verfahrens- oder Produktverbesserungen
⇒ Investitionen zur Erhöhung des Verarbeitungsgrades bzw. einer besseren Preisdurchsetzungsfähigkeit
⇒ Verbesserung des innerbetrieblichen Informations-, Planungs-, Lager-, Transportwesens (z.B. CIM)
⇒ Betriebsansiedlungs- und Neugründungsprojekte

von Klein- und Mittelunternehmen gemäß Definition des EU-Beihilfenrechtes

### Förderart

zinsgünstige Kredite zu 2,5 % p.a. fix in der tilgungsfreien Zeit, 4 % p.a. in der Tilgungszeit
Kreditlaufzeit: 8 Jahre, davon 2 Jahre tilgungsfrei
Kredithöhe: i.d.R. ab ATS 5 bis ATS 100 Mio.
in Zielgebieten: eventuell Zielgebietsprämie aus EFRE-Kofinanzierungsmitteln
Arbeitsplatzbonus: Bei Erhöhung des Beschäftigtenstandes um mehr als 10 % erfolgt ein zusätzlicher Zinsbonus i.H.v. 1 % p.a. über 3 Jahre.

### Kombinationsmöglichkeiten mit anderen Aktionen

grundsätzlich möglich, z.B. mit
⇒ Zinsenzuschuß FFF
⇒ Landesaktionen

### Beispiele aus der Förderpraxis

⇒ Investitionen zur Einführung eines neuen Produktionsverfahrens in der metallverarbeitenden Industrie
⇒ Investitionen zur Ausweitung der Produktpalette in der holzverarbeitenden Industrie

❍ österreichweit
✰ Klein- und Mittelunternehmen
✰ Investitionen
✰ Eigenkapitalstärkung
❐ Fördermix

## BÜRGES Förderungsbank

# Gewerbestrukturverbesserungsaktion (bis 1999)

### Förderbare Maßnahmen

Ziel ist die Verbesserung der Unternehmens- und Finanzierungsstruktur von bestehenden und neu gegründeten Unternehmen

⇒ materielle und immaterielle Investitionen (insbesondere in den Bereichen Produktdesign, Marketing, Innovation und Qualifikation) einschließlich Betriebsmittel und die

⇒ Aufbringung von Eigenkapital (wie Beteiligungen)

von Klein- und Mittelunternehmen gemäß Definition des EU-Beihilfenrechtes

### Förderart

- Investitionsprämien: für kredit- und eigenmittelfinanzierte Projekte:
  - für Erzeugung/Erbringung innovativer bzw. qualitativ höherwertiger Produkte/Dienstleistungen
  - für Entwicklung und Anwendung neuer Technologien
  - für zwischen- und überbetriebliche Kooperationen und Clusterbildungen

Basisprämie: 2 % p.a.
zusätzliche Regionalprämie: 1,5 % p.a.
Plusprämie: bis max. 2 % p.a. bei Vorhaben mit außerordentlich hohem Innovationsgrad oder großem Wachstumspotential; bis max. 4 % p.a. für kofinanzierte Vorhaben vom EFRE
Anschlußförderungen in den Bundesländern: Burgenland, Niederösterreich, Salzburg, Steiermark, Tirol, Vorarlberg; Kärnten (nur für Tourismusunternehmen)
Zinsenzuschuß-Dauer: max. 10 Jahre
Krедithöhe: max. 70 % der förderbaren Kosten (Bemessungsgrundlage: max. ATS 10 Mio.)

- Haftungsübernahmen:
  - für Eigenkapital zur Verbesserung der Finanzierungsstruktur
  - für Kredite zur Investitionsfinanzierung bei Erfüllung eines der genannten wirtschaftspolitischen Schwerpunkte
  - für Kredite zur Investitionsfinanzierung bei Unternehmensgründungen bzw. -fortführungen (inkl. Betriebsmittelfinanzierungen)

Haftungsquote: bei Krediten bis zu 80 % des Kreditbetrages; bei Eigenkapital bis zu 50 % des Finanzierungsbetrages
Haftungslaufzeit: im Regelfall bis zu 10 Jahren (max. 20 Jahre)
Haftungsentgelt: für die Dauer der Haftungslaufzeit 0,5 % p.a. (Investitionsfinanzierungen) bzw. 1 % p.a. (Betriebsmittelfinanzierung) vom garantierten Finanzierungsbetrag, im Ausmaß der Haftungsquote
Bearbeitungsentgelt: für Finanzierungen, die ATS 2 Mio. pro Projekt übersteigen, 0,5 % vom verbürgten Finanzierungsbetrag, im Ausmaß der Haftungsquote, zahlbar einmalig

### Kombinationsmöglichkeiten mit anderen Aktionen

grundsätzlich nicht möglich; außer bei besonderer wirtschaftspolitischer Bedeutung

### Beispiele aus der Förderpraxis

⇒ Entwicklung und Einsatz von neuen Planungstechnologien

⇒ Bauliche und maschinelle Investitionen zur Modernisierung der Fertigung

❍ österreichweit
☆ Klein- und Mittelunternehmen
☆ Investitionen
❐ Fördermix

## Bundesministerium für Arbeit, Gesundheit und Soziales (BMAGS)

# Förderung von kleinen und mittleren Unternehmen aus arbeitsmarktpolitischen Gründen gemäß § 27a AMFG

### Förderbare Maßnahmen

⇒ Im Zusammenhang mit der Schaffung und Sicherung von Arbeitsplätzen können kleine und mittlere Unternehmen, die dem sachgüterproduzierenden Sektor zuzuordnen sind bzw. in einem engen wirtschaftlichen und technologischen Konnex zu ihm stehen, bei der Durchführung ihrer Investitionen unterstützt werden.

Arbeitsmarktpolitische, volkswirtschaftliche und betriebswirtschaftliche Kriterien sind Voraussetzung für die Gewährung von Förderungen.

### Förderart

unverzinsliche und zinsbegünstigte Darlehen zu ERP-Konditionen
Zinsenzuschüsse
nicht rückzahlbare Zuschüsse
Haftungsübernahmen
Förderlaufzeit: max. 20 Jahre, tilgungsfreie Zeit bis zu 5 Jahre
Die Förderintensität orientiert sich am arbeitsmarktpolitischen Interesse und an den EU-Wettbewerbsregeln.
Grundsätzlich Vereinbarung einer Beschäftigungsgarantie über mindestens 3 Jahre.

### Kombinationsmöglichkeiten mit anderen Aktionen

Beihilfen können nur subsidiär eingesetzt werden, d.h. nur dann, wenn durch Einsatz bestehender Förderinstrumente das Förderziel nicht erreicht werden kann.

### Beispiele aus der Förderpraxis

⇒ Ansiedlung eines Unternehmens
⇒ Erweiterungsinvestitionen und Schaffung von Arbeitsplätzen in einem Maschinenbauunternehmen

❍ österreichweit
✰ Investitionen
❒ zinsgünstige Kredite

## Europäische Investitionsbank (EIB) im Rahmen eines Globaldarlehens zwischen EIB und Investkredit

# EIB-Europakredit der Investkredit
## Mittelstandsförderung, Umweltschutz und Energie

### Förderbare Maßnahmen

- Mittelstandsförderung: Grunderwerb, bauliche Maßnahmen, Maschinen und damit zusammenhängende immaterielle Kosten von Klein- und Mittelunternehmen gemäß Definition der EIB:
  1. max. 500 Mitarbeiter und
  2. max. ATS 1 Mrd. Nettosachanlagevermögen
  3. max. ein Drittel des Eigenkapitals im Eigentum eines Unternehmens, das selbst nicht förderwürdig wäre

  in Zielgebieten gelten die 1. bzw. 3. Einschränkung nicht
- Umweltschutz: Projekte im Bereich Abfallwirtschaft, Lärmbekämpfung, Abwasser, Müll, Stadtsanierung, Denkmalschutz von privatwirtschaftlich oder öffentlich-rechtlichen Unternehmen bzw. Körperschaften
- Energie: rationeller Gebrauch von Primär- und Sekundärenergie, Einsatz von alternativen Energiequellen von privatwirtschaftlich oder öffentlich-rechtlichen Unternehmen bzw. Körperschaften

### Förderart

zinsgünstige Kredite je nach Marktlage, auf Wunsch 2 Jahre tilgungsfrei
Die jeweils aktuellen Sätze sind dem Internet (http://www.investkredit.at) zu entnehmen.
Kredithöhe: mind. ATS 1 Mio.
Besicherung: Hausbankhaftung
EIB-Europakredite zählen nicht als Förderung im Sinne des EU-Beihilfenrechtes

### Kombinationsmöglichkeiten mit anderen Aktionen

mit allen österreichischen und EU-Förderaktionen ohne Einschränkung

### Beispiele aus der Förderpraxis

⇒ rechnergestützte Automatisierung und Rationalisierung der Fertigung eines mittelständischen Unternehmens in der Metallwarenindustrie
⇒ Errichtung einer Lärmschutzwand

❍ österreichweit
✰ Klein- und Mittelunternehmen
✰ Investitionen
❒ zinsgünstige Kredite

## Fachverband der Maschinen- und Stahlbauindustrie Österreichs (FMS)

# Investitionskreditaktion des Fachverbandes der Maschinen- und Stahlbauindustrie Österreichs

### Förderbare Kosten

⇒ Anschaffung von Produktionsmaschinen und Produktionsanlagen samt den Kosten für die Aufstellung und deren Modernisierung
⇒ Realisierung von einschlägigen damit in Kombination stehenden F&E-Aufgaben
⇒ Anschaffung von Hebe- und Förderzeugen (ausgenommen Aufzüge)
⇒ Entwicklung und Einsatz neuer Technologien
⇒ Investitionen zur Lösung von Umweltproblemen (ausgenommen Vorhaben im Bereich Müllverbrennung und -zwischenlagerung)
⇒ Entwicklungen zur Einführung von Qualitätssicherungssystemen

von KMUs gemäß folgender Definition:
1. max. 500 Mitarbeiter
2. max. ATS 1 Mrd. Nettosachanlagevermögen
3. max. 1/3 des Eigenkapitals im Eigentum eines Unternehmens, das selbst nicht förderwürdig wäre
in Zielgebieten gelten die 1. bzw. 3. Einschränkung nicht

### Förderart

Zinsenzuschuß von 2 % p.a. für 5 Jahre
Kreditlaufzeit: 5 oder 7 Jahre
Kredithöhe: ATS 2,5 bis ATS 8 Mio.
Besicherung: Hausbankhaftung

### Kombinationsmöglichkeiten mit anderen Aktionen

mit allen österreichischen und EU-Förderaktionen ohne Einschränkung

### Beispiele aus der Förderpraxis

⇒ Anschaffung einer CNC-gesteuerten Wasserstrahlschneideanlage und deren Vernetzung mit der hausinternen EDV
⇒ Anschaffung einer Anlage zur Rückgewinnung des Oversprays beim Naßlackspritzen

❍ österreichweit
✰ Investitionen
✰ Klein- und Mittelunternehmen
❒ zinsgünstige Kredite

## Kreditanstalt für Wiederaufbau (KfW)
## im Rahmen einer Kooperationsvereinbarung mit der Investkredit

# KfW-Mittelstandsprogramm/
# KfW-Mittelstandsprogramm-Ausland

### Förderbare Kosten

⇒ Erwerb von Grundstücken und Gebäuden
⇒ Bauinvestitionen
⇒ Anschaffung von Maschinen und Fahrzeugen
⇒ langfristige Vorhaben im Rahmen der F&E neuer Produkte
⇒ Erwerb immaterieller Wirtschaftsgüter
⇒ Kaufpreisfinanzierung im Rahmen eines Firmenerwerbs oder MBI/MBO
⇒ Projektstudien zu einem konkreten Investitionsvorhaben
⇒ Anlaufkosten bei Gründung, Ingangsetzung, Erweiterung des Geschäftsbetriebes

Alle Investitionen in Deutschland (KfW-Mittelstandsprogramm) bzw. alle Investitionen in Österreich von deutschen Unternehmen sowie deren Tochtergesellschaften außerhalb Deutschlands oder Joint Ventures mit deutscher Beteiligung (KfW-Mittelstandsprogramm-Ausland), die einer langfristigen Mittelbereitstellung bedürfen

KMU-Definition: Jahresumsatz (einschließlich verbundener Unternehmen) max. DEM 1 Mrd.

### Förderart

zinsgünstige Kredite je nach Marktlage; mit Fixzinssätzen für 10 Jahre und tilgungsfreien Anlaufjahren; im KfW-Mittelstandsprogramm-Ausland variable Verzinsung möglich

Kreditlaufzeit: – bis zu 10 Jahren bei höchstens 2 tilgungsfreien Anlaufjahren bzw.
– für Investitionsvorhaben, bei denen mind. 2/3 der förderbaren Kosten auf Grunderwerb und/oder Baukosten entfallen, kann eine Laufzeit von max. 20 Jahren bei höchstens 3 tilgungsfreien Anlaufjahren beantragt werden

Kredithöhe: max. DEM 10 Mio. (max. 67 % der förderbaren Kosten), bei Vorhaben von Unternehmen mit weniger als DEM 100 Mio. Jahresumsatz ist eine höhere Krediteinräumung (max. 75 %) sowie die Überschreitung des Kredithöchstbetrages möglich

*KfW-Kredite zählen nicht als Förderung im Sinne des EU-Beihilfenrechtes*

### Kombinationsmöglichkeiten mit anderen Aktionen

mit allen österreichischen Förderaktionen ohne Einschränkung

### Beispiele aus der Förderpraxis

⇒ Maschinelle Investitionen in einem Produktionsbetrieb der Fahrzeugtechnik
⇒ Bauliche Investitionen bei einer industriellen Wäscherei

❍ österreichweit
✰ Nahrungs- und Genußmittelindustrie
✰ Investitionen
❐ Zuschüsse

## ERP-Fonds

# Sektorplanförderung

### Förderbare Kosten

Bauliche und maschinelle Neuinvestitionen (in der Regel ab ATS 10 Mio.) zur Verbesserung und Rationalisierung der Be- und Verarbeitung bzw. Vermarktung landwirtschaftlicher Erzeugnisse in den Sektoren

- Fleischverarbeitung inkl. Schlachtung
- Milch und Milcherzeugnisse
- Schlachtgeflügel und Eier
- Zuchtvieh
- Getreide
- Wein, Sekt
- Obst und Gemüse
- Saat- und Pflanzgut
- Kartoffeln
- Holz

Maßnahmen zur langfristigen Strukturverbesserung

⇒ Erzeugung neuartiger und hochwertiger Erzeugnisse, einschließlich der Erzeugnisse des biologischen Landbaues
⇒ Erleichterung der Einführung neuer, umweltfreundlicher Technologien
⇒ bessere Nutzung von Nebenerzeugnissen insbesondere durch Abfallverwertung
⇒ Verbesserung der Qualität, Aufmachung und Verpackung der Erzeugnisse, Verbesserung und Überwachung der Qualität und der hygienischen Verhältnisse
⇒ Verbesserung oder Rationalisierung des Verarbeitungsprozesses oder der Vermarktungswege
⇒ Ausrichtung der Erzeugung auf die voraussichtliche Marktentwicklung, Schaffung neuer Absatzmöglichkeiten
⇒ Erntetransport und Weiterverarbeitung von Holz in einer Kette von Wald bis Marktprodukt; bevorzugt werden Erzeugergemeinschaften

Ausschließungen gemäß Richtlinien sind zu beachten.

### Förderart

nicht rückzahlbare Zuschüsse aus EU-, Bundes- und Landesmitteln
Förderhöhe: zwischen 15 % und 30 % der förderbaren Kosten, je nach Qualität des Projekts

### Kombinationsmöglichkeiten mit anderen Aktionen

ERP-Landwirtschaftsprogramm, Landesförderaktionen

### Beispiele aus der Förderpraxis

⇒ Investitionen zur Erreichung des EU-Hygienestandards in einem fleischverarbeitenden Unternehmen
⇒ Maschinelle Investitionen für den Ausbau einer Bio-Käserei sowie für Umweltschutz und Prozeßoptimierung
⇒ Erzeugung von Fruchtsäften aus biologischer Landwirtschaft des EU-Raumes

❍ österreichweit
✰ Regionalfördergebiete
✰ Investitionen
❒ Zuschüsse

## ERP-Fonds

# Regionale Innovationsprämie (RIP)
## (Gemeinsame Sonderförderung Bund-Land)

### Förderbare Kosten

⇒ Neuinvestitionen und zu aktivierende Eigenleistungen für Maschinen und maschinelle Anlagen
⇒ Baukosten bei Neugründungen und Ansiedlungen bis max. 25 % der maschinellen Investitionen
⇒ Baukosten bei innovationsorientierten produktionsnahen Dienstleistern bis max. 40 % der förderbaren Kosten
⇒ externe Schulungs- und Beratungskosten bis max. 5 % der förderbaren Kosten

### Förderart

nicht rückzahlbare Zuschüsse
Investitionsprämie: 10 % (20 % bei besonderer regionalpolitischer Bedeutung und besonderem Innovationsgehalt) der förderbaren Kosten (max. ATS 10 Mio. Zuschuß)
zusätzliche Arbeitsplatzprämie: 10 % der förderbaren Kosten, jedoch max. ATS 50.000,– pro Arbeitsplatz (max. ATS 5 Mio.)

### Kombinationsmöglichkeiten mit anderen Aktionen

grundsätzlich möglich, z.B. mit
⇒ ERP-Regionalprogramm
⇒ Landesförderaktionen

### Beispiele aus der Förderpraxis

⇒ Ansiedlung eines KFZ-Zulieferbetriebes in der Steiermark
⇒ Kapazitätserweiternde Investitionen eines Industrieunternehmens im südlichen Burgenland

❍ österreichweit
✰ Regionalfördergebiete
✰ Investitionen
❐ zinsgünstige Kredite

## ERP-Fonds

# ERP-Regionalprogramm (inkl. ERP-Regional-Tech)

### Förderbare Kosten

materielle und externe immaterielle Investitionen in Regionalfördergebieten im Zusammenhang mit
⇒ Betriebsansiedlungen
⇒ Kapazitätserweiterungen
⇒ Innovationen

### Förderart

zinsgünstige Kredite zu 2,5 % fix (Ziel 1: 1,5 %) p.a. in der tilgungsfreien Zeit, 4 % in der Tilgungszeit
Kreditlaufzeit: 8 Jahre, davon 2 Jahre tilgungsfrei
davon 3 Jahre tilgungsfrei, wenn das Projekt einen hohen Innovationsgrad aufweist
Kredithöhe: ATS 5 bis ATS 200 Mio. (für Projekte im Ziel 1-Gebiet gilt keine Obergrenze)
in Zielgebieten: Zielgebietsprämie aus EFRE-Kofinanzierungsmitteln
Arbeitsplatzbonus: Bei Erhöhung des Beschäftigtenstandes um mehr als 10 % erfolgt ein zusätzlicher Zinsbonus i.H.v. 1 % p.a. über 3 Jahre.

### Kombinationsmöglichkeiten mit anderen Aktionen

grundsätzlich möglich, z.B. mit
⇒ RIP
⇒ Landesaktionen

### Beispiele aus der Förderpraxis

⇒ Erweiterung und Modernisierung einer bestehenden Produktionslinie unter Einschluß von Neu-/Zubauten
⇒ Errichtung eines Zweigwerkes im Waldviertel

❍ österreichweit
✰ Regionalfördergebiete
✰ Investitionen/Infrastruktur
❐ Zuschüsse

## ERP-Fonds

# Regionale Infrastrukturförderung (RIF)
## (Gemeinsame Sonderförderung Bund-Land)

### Förderbare Kosten

⇒ Errichtung und Erweiterung von Gründer-, Technologietransfer- und Innovationszentren
⇒ Errichtung und Erweiterung von Technologiezentren und Science Parks
⇒ Errichtung und Erweiterung von Industrieparks
⇒ Restrukturierungsmaßnahmen von alten Industriestandorten und Industriebrachen
⇒ Investitionen in gehobene Gewerbeparks und Fachmessen

### Förderart

nicht rückzahlbare Zuschüsse
Förderhöhe: max. 75 % der förderbaren Kosten

### Kombinationsmöglichkeiten mit anderen Aktionen

grundsätzlich möglich, z.B. mit
⇒ ERP-Infrastruktur
⇒ Landesförderaktionen

### Beispiele aus der Förderpraxis

⇒ Errichtung eines grenzüberschreitenden Wirtschaftsparkes im Waldviertel
⇒ Errichtung eines Technologiezentrums im Mühlviertel

❍ österreichweit
✰ Regionalfördergebiete
✰ Investitionen
❒ Fördermix

## Bundesministerium für Arbeit, Gesundheit und Soziales (BMAGS)

# Förderung von Unternehmen in Problemgebieten aus arbeitsmarktpolitischen Gründen gemäß § 35a AMFG

### Förderbare Maßnahmen

⇒ Im Zusammenhang mit der Schaffung und Sicherung von Arbeitsplätzen können in arbeitsmarktpolitischen Problemgebieten Unternehmen, die dem sachgüterproduzierenden Sektor zuzuordnen sind bzw. in einem engen wirtschaftlichen und technologischen Konnex zu ihm stehen, bei der Durchführung ihrer Investitionen unterstützt werden.

Arbeitsmarktpolitische, volkswirtschaftliche und betriebswirtschaftliche Kriterien sind Voraussetzung für die Gewährung von Förderungen.

### Förderart

unverzinsliche und zinsbegünstigte Darlehen zu ERP-Konditionen
Zinsenzuschüsse
nicht rückzahlbare Zuschüsse
Haftungsübernahmen
Förderlaufzeit: max. 20 Jahre
Die Förderintensität orientiert sich am arbeitsmarktpolitischen Interesse und an den EU-Wettbewerbsregeln.
Grundsätzlich Vereinbarung einer Beschäftigungsgarantie über mindestens 3 Jahre

### Kombinationsmöglichkeiten mit anderen Aktionen

Beihilfen können nur **subsidiär** eingesetzt werden, d.h. nur dann, wenn durch Einsatz bestehender Förderinstrumente das Förderziel nicht erreicht werden kann.

### Beispiele aus der Förderpraxis

⇒ Erweiterungsinvestitionen eines sachgüterproduzierenden Unternehmens im Waldviertel

❍ österreichweit
✰ Umweltschutz
❒ zinsgünstige Kredite

## Kreditanstalt für Wiederaufbau (KfW)
## im Rahmen einer Kooperationsvereinbarung mit der Investkredit
# KfW-Umweltprogramm/KfW-Umweltprogramm-Ausland

### Förderbare Kosten

⇒ Sachgüterinvestitionen, die dazu beitragen, die Umweltsituation zu verbessern

Umweltinvestitionen in Deutschland (KfW-Umweltprogramm) bzw. entsprechende Investitionen in Österreich von deutschen Unternehmen, deren Tochtergesellschaften außerhalb Deutschlands oder Joint Ventures mit deutscher Beteiligung sowie österreichische Unternehmen im grenznahen Gebiet (KfW-Umweltprogramm-Ausland).

### Förderart

zinsgünstige Kredite je nach Marktlage; mit Fixzinssätzen und tilgungsfreien Anlaufjahren
Kreditlaufzeit: – bis zu 10 Jahren bei höchstens 2 tilgungsfreien Anlaufjahren bzw.
– für Investitionsvorhaben, deren technische und ökonomische Lebensdauer mehr als 10 Jahre beträgt (z.B. Kläranlagen) bis zu 20 Jahre bei höchstens 3 tilgungsfreien Anlaufjahren
Kredithöhe: in der Regel max. DEM 10 Mio. (max. 2/3 der förderbaren Kosten), bei Vorhaben von Unternehmen mit weniger als DEM 100 Mio. Jahresumsatz ist eine höhere Krediteinräumung (max. 3/4 der förderbaren Kosten) möglich
KfW-Kredite aus dem KfW-Umweltprogramm fallen unter die „de minimis"-Regelung

### Kombinationsmöglichkeiten mit anderen Aktionen

mit allen österreichischen Förderaktionen ohne Einschränkung

### Beispiele aus der Förderpraxis

⇒ Bau einer Filteranlage zur Verbesserung der Luftgüte

❍ österreichweit
✰ Umweltschutz
❐ Fördermix

## Kommunalkredit im Rahmen des Umweltförderungsgesetzes (UFG)

# Umweltförderung im Inland

### Förderbare Kosten

⇒ Maßnahmen im Bereich klimarelevanter Schadstoffe (z.B. Biomasse, Biogas, Alternativenergien) – Förderung bis 30 % der Kosten
⇒ Maßnahmen zum Energiesparen in Unternehmen – Förderung bis 30 % der Kosten
⇒ Maßnahmen zur Luftreinhaltung – Förderung bis 35 % der Kosten
⇒ Maßnahmen zur Vermeidung von betrieblichen Abwasseremissionen – Förderung bis 35 % der Kosten
⇒ Maßnahmen zur Vermeidung oder Behandlung von gefährlichen Abfällen, soferne gesetzliche Umweltnormen übertroffen werden – Förderung bis 35 % der Kosten
⇒ Maßnahmen gegen Lärmbelastungen – Förderung bis 18 % der Kosten

Sonderprogramme für:

- HKW-Aktion (unbefristet)
- Solaraktion (bis 31. 12. 2005)
- Umstellung auf Fernwärme (unbefristet)
- Thermische Gebäudesanierung (Ausschreibung)
- Wärmerückgewinnung und Wärmepumpen (unbefristet)
- Biologische Abluftreinigung (bis 30. 6. 1999)
- Öko-Audit (bis 31. 12. 1998)
- Öko-Audit Branchenerweiterung (bis 31. 12. 1999)
- Lackieranlagen für KFZ-Unternehmen (bis 30. 6. 1999)
- Sanierung und Revitalisierung von Kleinwasserkraftwerken (unbefristet)
- Biomassekleinanlagen (Ausschreibung)
- Biogasanlagen (unbefristet)
- Biomasse und Biomasse-KWK (unbefristet)
- Austausch von Biomassekesseln (unbefristet)
- Photovoltaik (unbefristet)
- Erdgas-KWK (unbefristet)
- Windkraft (Ausschreibung)
- Betriebliche Energiesparmaßnahmen (unbefristet)
- Geothermie (unbefristet)
- Deponiegas (unbefristet)

### Förderart

Investitionszuschüsse, Annuitätenzuschüsse, Zinsenzuschüsse
Förderhöhe: bis max. 35 % der förderbaren umweltrelevanten Kosten
Auszahlung der Förderung erst nach Endabrechnung des Projektes und Erfüllung der Umweltauflagen

### Kombinationsmöglichkeiten mit anderen Aktionen

Konsortialförderung mit EU, Ländern und Gemeinden erwünscht; eine Mehrfachförderung durch andere Bundesförderstellen ist nur dann möglich, wenn das Projekt für den Schutz der Umwelt von außerordentlicher Bedeutung ist

### Beispiele aus der Förderpraxis

⇒ Durchführung des Öko-Audits in einem KMU
⇒ Solaranlage zur Warmwasseraufbereitung
⇒ Umstellung eines holzverarbeitenden Unternehmens auf Biomassefeuerung
⇒ Einbau eines Staubfilters in ein Zementwerk
⇒ Sanierung eines Kleinwasserkraftwerkes

❍ österreichweit
✰ Umweltschutz
✰ Internationalisierung
❐ Zuschüsse

## Kommunalkredit im Rahmen des Umweltförderungsgesetzes (UFG)

# Umweltförderung im Ausland („Ost-Ökofonds")

### Förderbare Kosten

⇒ materielle und immaterielle Leistungen (z.B. Bauüberwachung) zur Durchführung von Umweltschutzprojekten im angrenzenden Ausland (Tschechische Republik, Slowakische Republik, Slowenien, Ungarn), die Österreichs Umwelt positiv beeinflussen

### Förderart

nicht rückzahlbare Zuschüsse

Förderhöhe:
**materielle Projekte**
– mit Internationalen Finanzierungsinstitutionen max. 15 %
– ohne Internationale Finanzierungsinstitutionen max. 10 %
**immaterielle Projekte**
– mit Internationalen Finanzierungsinstitutionen max. 75 %
– ohne Internationale Finanzierungsinstitutionen max. 50 %
der Bemessungsbasis

### Kombinationsmöglichkeiten mit anderen Aktionen

grundsätzlich erwünscht, insbesondere mit Programmen nationaler oder internationaler Umweltschutzfördereinrichtungen (bei Förderung materieller Leistungen Voraussetzung)

### Beispiele aus der Förderpraxis

⇒ Umsetzung von Energiekonzepten im Bezirk Budweis
⇒ Errichtung von Rauchgasreinigungsanlagen (Sostanj)
⇒ Errichtung von betrieblichen und kommunalen Abwasserreinigungsanlagen zur Reinhaltung von Grenzgewässern (Kläranlagen Brünn, Znaim)

❍ österreichweit
✰ Umweltschutz
❒ Fördermix

## Kommunalkredit im Rahmen des Umweltförderungsgesetzes (UFG)

# Betriebliche Abwassermaßnahmen

### Förderbare Kosten

⇒ Maßnahmen zur Abwasservermeidung und geordneten Abwasserentsorgung
⇒ Maßnahmen zur Minimierung der für die Produktion notwendigen Wassermengen und der anfallenden Abwassermengen
⇒ Maßnahmen zur Minimierung der Schadstoffbelastung der Klärschlämme
⇒ Maßnahmen zur weitestgehenden betriebsinternen Verwertung und Reinigung nicht vermeidbarer Produktionsabwässer

Maßnahmen bei KFZ-Werkstätten und Waschstraßen sind aufgrund eines Beschlusses der Europäischen Kommission nicht förderbar.

### Förderart

Investitionszuschüsse
Annuitätenzuschüsse
Zinsenzuschüsse

Förderhöhe:
- **bis max.** 20 % bei Durchführung der Maßnahme **innerhalb der letzten 2 Jahre** vor dem Zeitpunkt, ab dem die Grenzwerte der heranzuziehenden Abwasseremissionsverordnung einzuhalten sind
- **bis max.** 25 % bei Durchführung der Maßnahme **spätestens 2 Jahre** vor dem Zeitpunkt, ab dem die Grenzwerte der heranzuziehenden Abwasseremissionsverordnung einzuhalten sind
- **bis max.** 35 %, wenn durch die Maßnahme die **Grenzwerte** der heranzuziehenden Abwasseremissionsverordnung **maßgeblich unterschritten** werden

Die Auszahlung der Förderung erfolgt erst nach Endabrechnung des Projektes und Erfüllung der Umweltauflagen.

### Kombinationsmöglichkeiten mit anderen Aktionen

Konsortialförderungen mit EU, Ländern und Gemeinden sind grundsätzlich erwünscht

### Beispiele aus der Förderpraxis

⇒ Reinigungsanlagen mit geschlossenem Kreislauf im Metallbau
⇒ Geschlossene Bewässerungssysteme in Gärtnereien
⇒ Abwasseraufbereitung bei Restbetonrecyclinganlagen

❍ österreichweit
✰ Internationalisierung
✰ Klein- und Mittelunternehmen
❒ zinsgünstige Kredite

## ERP-Fonds

# ERP-Osteuropaprogramm

### Förderbare Kosten

⇒ Errichtung/Erweiterung von Produktionsniederlassungen bzw. -tochterfirmen
⇒ Errichtung von Produktions-Joint Ventures
⇒ Übernahme einer qualifizierten Beteiligung (mind. 25 %)
⇒ Errichtung/qualifizierte Beteiligung von/an kommerziell orientierten Umweltprojekten zur Vermeidung grenzüberschreitender negativer Einflüsse auf Österreich (nur in angrenzenden Reformstaaten möglich)

Kaufpreis der Beteiligung, Beteiligungskapital, Gesellschafterdarlehen und sonstige mit investiven Maßnahmen unmittelbar verbundene Kosten; die Kosten müssen zumindest zu 2/3 für investive Maßnahmen verwendet werden

von Klein- und Mittelunternehmen gemäß KMU-Definition des EU-Beihilfenrechtes
Großunternehmen: Einzelnotifizierung

### Förderart

zinsgünstige Kredite zu 2,5 % p.a. fix in der tilgungsfreien Zeit, 4 % p.a. in der Tilgungszeit
Kreditlaufzeit: 8 Jahre, davon 2 Jahre tilgungsfrei
Kredithöhe: ATS 5 bis ATS 100 Mio. (max. 75 % der förderbaren Kosten)
Risk-Sharing: bei einem – bei Vertragsabschluß definierten – Projektscheitern kann eine Tilgungsaussetzung und Ausdehnung der Laufzeit vereinbart werden

### Kombinationsmöglichkeiten mit anderen Aktionen

grundsätzlich möglich, z.B.
⇒ FGG/Ost-West-Fonds-Finanzierungsgarantie

### Beispiele aus der Förderpraxis

⇒ Errichtung eines Joint Ventures in Ungarn
⇒ Beteiligung an einem Metallverarbeitungsunternehmen in Tschechien

❍ österreichweit
✰ Klein- und Mittelunternehmen
✰ Internationalisierung
❒ Haftungen

**BÜRGES Förderungsbank**

# Förderung der Internationalisierung von Klein- und Mittelbetrieben durch Garantien

## Förderbare Kosten

⇒ Beteiligung (oder beteiligungsähnliche Darlehen) von österreichischen Unternehmen an Unternehmen mit Sitz im Ausland zur Wettbewerbsstärkung

von Klein- und Mittelunternehmen gemäß Definition des EU-Beihilfenrechtes (gültig für Beteiligungsinvestitionen im EWR/EU-Raum). Für Beteiligungsinvestitionen außerhalb des EWR/EU-Raumes gilt als Klein- und Mittelunternehmen ein Unternehmen mit max. 500 Mitarbeitern.

Projektsobergrenze: ATS 10 Mio. pro Projekt und ATS 20 Mio. pro Antragsteller

## Förderart

Projektsgarantie: max. 50 % für die Abdeckung des wirtschaftlichen Risikos
Finanzierungsgarantie: für max. 80 % eines gewährten Kredites zur Finanzierung des Beteiligungsprojektes

Haftungsentgelt:
Projektsgarantie: 1 % p.a. vom jeweils garantierten Betrag
Finanzierungsgarantie: 0,5 % p.a. (wird bei Kombination mit Projektsgarantie auf deren Haftungsentgelt angerechnet)
Haftungslaufzeit: max. 10 Jahre
politische Absicherung: kann via BÜRGES bei der Kontrollbank (G 4) erschlossen werden

## Kombinationsmöglichkeiten mit anderen Aktionen

grundsätzlich möglich, z.B. mit
⇒ Kontrollbank-Exportfinanzierungsverfahren
⇒ Wirtschaftskammer, Kontrollbank, Kreditaktion zur Förderung von Vertriebseinrichtungen

## Beispiele aus der Förderpraxis

⇒ Aufbau einer Produktions- und Vertriebsstätte in Ungarn
⇒ Kauf eines bestehenden ausländischen Produktionsunternehmens

❍ österreichweit
✰ Internationalisierung
✰ Klein- und Mittelunternehmen
❐ zinsgünstige Kredite

**Wirtschaftskammer, ERP-Fonds**
**Gestion durch Kontrollbank**

# Starthilfekredit zur Finanzierung exportfördernder Investitionen in Entwicklungsländern

## Förderbare Kosten

⇒ Beteiligung (oder beteiligungsähnliche Darlehen) von österreichischen Unternehmen in einem Entwicklungsland zur Erschließung und/oder Erhaltung von Märkten in Entwicklungsländern

## Förderart

zinsgünstige Kredite zu dzt. 3 % fix p.a. mit Bundeshaftung und dzt. 5 % fix p.a. ohne Bundeshaftung
Kreditlaufzeit: 20 Jahre, davon max. 5 Jahre tilgungsfrei in außereuropäischen Ländern
10 Jahre, davon max. 5 Jahre tilgungsfrei in europäischen Ländern
Kredithöhe: max. ATS 6 Mio. (max. 50 % bis 80 % der förderbaren Kosten)

## Kombinationsmöglichkeiten mit anderen Aktionen

grundsätzlich möglich, z.B.
⇒ bei Großvorhaben Ausfinanzierung im Rahmen des Kontrollbank-Exportfinanzierungsverfahrens bzw. anderer Internationalisierungsaktionen

## Beispiele aus der Förderpraxis

⇒ Errichtung einer Niederlassung in Pakistan
⇒ Aufbau einer Assemblingstätte für österreichische Produkte in Indien

❍ österreichweit
✰ Internationalisierung
❒ zinsgünstige Kredite

## Wirtschaftskammer
## Gestion durch Kontrollbank

# Kreditaktion zur Förderung von Vertriebseinrichtungen österreichischer Exportfirmen in Industrieländern

### Förderbare Maßnahmen

⇒ Vorhaben, die dem Vertrieb, der Wartung und dem Aufstellen von in Österreich erzeugten Waren oder der Absatzförderung österreichischer Dienstleistungen dienen

### Förderart

zinsgünstige Kredite zu dzt. 4,5 % p.a. fix (3 % unter dem Verfahrenszinssatz der Kontrollbank, mind. 4,5 % p.a.)
Kreditlaufzeit: max. 8 Jahre, davon 2 Jahre tilgungsfrei
Kredithöhe: max. ATS 5 Mio. (max. 50 % der förderbaren Kosten) aus Außenhandelsbeitragsfördermitteln, weitere Kredite im Rahmen des Exportfinanzierungsverfahrens auf Garantie- oder Wechselbürgschaftsbasis

### Kombinationsmöglichkeiten mit anderen Aktionen

grundsätzlich möglich, z.B.
⇒ Ergänzungsfinanzierung im Rahmen des Kontrollbank-Exportfinanzierungsverfahrens

### Beispiele aus der Förderpraxis

⇒ Beteiligung an einer Vertriebsgesellschaft in Deutschland

❍ österreichweit
✰ Internationalisierung
❐ Haftungen

## Kontrollbank

# G4 Garantie zur Deckung von politischen Risken bei Beteiligungsinvestitionen

### Finanzierbare Kosten

⇒ Beteiligung (oder beteiligungsähnliche Darlehen), Sachinvestitionen von österreichischen Exportunternehmen an Unternehmen mit Sitz im Ausland (in Nicht-OECD-Ländern sowie in der Türkei, in der Tschechischen Republik, in Ungarn, in Mexiko, in Polen und in Südkorea)

### Garantieart

Absicherung des politischen Risikos (90 % bis 95 %)
Haftungslaufzeit: max. 25 Jahre (üblich 5 bis 10 Jahre)
Haftungsentgelt: abhängig vom Investitionszielland

### Kombinationsmöglichkeiten mit anderen Aktionen

grundsätzlich möglich, z.B.
⇒ mit den Finanzierungsinstrumenten des Kontrollbank-Exportfinanzierungsverfahrens und des ERP-Fonds sowie mit den Garantien von FGG/Ost-West-Fonds und BÜRGES

### Beispiele aus der Praxis

⇒ Errichtung einer Vertriebsniederlassung in der Türkei
⇒ Einmalige Ausstattung eines ausländischen Unternehmens mit österreichischen Maschinen

❍ österreichweit
✰ Internationalisierung
❒ Wechselbürgschaft

## Kontrollbank

# Wechselbürgschaft des Bundes für Beteiligungen

### Refinanzierbare Kosten

⇒ Beteiligung (oder beteiligungsähnliche Darlehen) von österreichischen Exportunternehmen an Unternehmen mit Sitz im Ausland bei entsprechendem Leistungsbilanzeffekt

### Instrument

Wechselbürgschaft bis 100 % der förderbaren Kosten
Laufzeit: 8 Jahre, davon 2 Jahre tilgungsfrei
Wechselbürgschaftsentgelt: 0,2 % bis 0,5 % p.a. in Abhängigkeit von der Besicherung
Die Wechselbürgschaft ist kein Absicherungsinstrument, sondern eine Refinanzierungsbasis für das Kontrollbank-Exportfinanzierungsverfahren

### Kombinationsmöglichkeiten mit anderen Aktionen

grundsätzlich möglich, z.B.
⇒ mit den Finanzierungsinstrumenten des Kontrollbank-Exportfinanzierungsverfahrens und des ERP-Fonds sowie mit den Garantien von FGG/Ost-West-Fonds und BÜRGES

### Beispiele aus der Praxis

⇒ Beteiligung an einer Vertriebsgesellschaft in Frankreich
⇒ Beteiligung an einer ausländischen Gesellschaft vorwiegend für Vertriebszwecke sowie Assemblinganteile

❍ österreichweit
✰ Internationalisierung
❒ zinsgünstige Kredite

## Kontrollbank

# Exportfinanzierungsverfahren für Beteiligungen

### Finanzierbare Kosten

⇒ Beteiligung (oder beteiligungsähnliche Darlehen) von österreichischen Unternehmen an Unternehmen mit Sitz im Ausland

### Finanzierungsinstrument

zinsgünstige Kredite
Zinssatz: setzt sich aus einem variablen und einem fixen Teil zusammen (Mischzinssatz abhängig von der Laufzeit, dzt. ca. 3,2 % bis 5,23 % p.a.)
Laufzeit: für die Sockelsätze sind max. 5 bzw. 10 Jahre möglich (richtet sich nach Abnehmerland), Restlaufzeit wird zum variablen Satz des Exportfinanzierungsverfahrens finanziert

### Kombinationsmöglichkeiten mit anderen Aktionen

⇒ Voraussetzung für eine Finanzierung ist eine Garantie G4 bzw. Wechselbürgschaft des Bundes, eine FGG/Ost-West-Fonds-Garantie oder eine BÜRGES-Garantie

### Beispiele aus der Praxis

⇒ Errichtung einer Produktionsstätte in Ungarn

❍ österreichweit
✰ Investitionen
✰ Eigenkapitalstärkung
❐ Haftungen

## Finanzierungsgarantie-Gesellschaft m.b.H. (FGG)/Ost-West-Fonds

# Technologie-Finanzierungsprogramm

### Förderbare Kosten

⇒ Beteiligungsinvestitionen und Kreditfinanzierungen im Rahmen folgender Projekte:
- Forschungsvorhaben (vorwettbewerbliche Entwicklung)
- Investitionsvorhaben
- Ausbildungs- und Beratungsvorhaben

### Förderart

⇒ Beteiligungsgarantien gegenüber Venture Capital-Gesellschaften, mit denen eine Rahmengarantievereinbarung abgeschlossen wurde, für Beteiligungsinvestitionen in technologieorientierten KMUs in den Phasen Start-Up und Expansion; beim erstmaligen Erwerb der Beteiligung ATS 2,5 Mio. bis ATS 10 Mio.; insgesamt sollen ATS 25 Mio. nicht überstiegen werden

⇒ Kreditgarantien gegenüber Kreditgebern für Kreditfinanzierungen in gleicher Höhe wie die garantierelevanten Beteiligungsmittel, die zusammen mit Beteiligungsmitteln flüssiggestellt werden

Laufzeit Beteiligungs-Garantie: 5 Jahre
Laufzeit Kreditgarantie: max. 12 Jahre
Garantiequote: Beteiligung: 50 % gegenüber dem Fonds
Kredit: max. 85 %, bei Nachrangigkeit: max. 100 %

Garantieentgelt: Beteiligung: 1 % p.a.
Kredit: 0,6 % p.a. bzw. 1 % p.a. bei nachrangigen Krediten
Profit-Sharing-Entgelt: zum Zeitpunkt der Abschichtung bzw. Ende der Fonds-Laufzeit
Beteiligung: zumindest 5 % des Veräußerungsgewinnes
Kredit: erfolgsabhängiges Entgelt

### Kombinationsmöglichkeiten mit anderen Aktionen

grundsätzlich möglich, z.B. mit
⇒ ERP-Fonds (auf Unternehmensebene)

### Beispiele aus der Förderpraxis

⇒ Wachstumsfinanzierung eines Softwareunternehmens zur Vorbereitung der Börseneinführung

❍ österreichweit
✰ Investitionen
✰ Internationalisierung
✰ Eigenkapitalstärkung
❒ Haftungen

## Finanzierungsgarantie-Gesellschaft m.b.H. (FGG)/Ost-West-Fonds

# Kapitalmarktbezogene und fondsgebundene Garantien

### Finanzierbare Kosten

Inland:

⇒ Unterstützung der Aufbringung von Eigenkapital zur Verbesserung der Finanzierungsstruktur durch eine Beteiligungsfinanzierung

⇒ Aufbringung von langfristigem Fremdkapital zur Finanzierung von
- Investitionen einschließlich nicht-aktivierungsfähiger Projektaufwendungen
- Forschungs- und Entwicklungsprojekten
- Umweltschutz- oder Energieeinsparungsinvestitionen
- Verbesserung der Finanzierungsstruktur, auch durch nachrangiges Kapital

Ausland:

⇒ Finanzierung von Beteiligungen in Form von Eigen- oder Fremdkapital, insbesondere außerhalb der EWR/EU mit folgenden Schwerpunkten:
- Erwerb von Beteiligungen
- Anteils- und Kapitalerhöhungen
- Gewährung von Gesellschaftermitteln

### Garantieart

Kapitalgarantien im Zusammenhang mit langfristigen Eigen- oder Fremdkapitalfinanzierungen durch Finanzanleger und/oder bei der Veranlagung in generell definierte Projekte, die in einem Rechnungskreis, einer juristisch selbständigen Gesellschaft oder einem Fonds zusammengefaßt sind.

Ausgestaltung der Kapitalgarantie: kann als Ausfallsbürgschaft, Garantie oder sonstiges Sicherungsgeschäft, insbesondere als Put-Option auf die Fondsanteile ausgestellt werden.

Garantielaufzeit: 5 bis max. 20 Jahre

Garantieentgelt: wird risken- und aufwandsdeckend kalkuliert, daher liegt keine Förderung im Sinne des EU-Beihilfenrechtes vor. Die Entgelte können in Form von fixen oder erfolgsabhängigen Entgeltsätzen festgelegt werden.

*Kapitalmarktbezogene und fondsgebundene Garantien zählen nicht als Förderung im Sinne des EU-Beihilfenrechtes.*

### Kombinationsmöglichkeiten mit anderen Aktionen

grundsätzlich nicht möglich

### Beispiele aus der Praxis

⇒ Verbesserung der Risikokapitalausstattung bei einer Betriebserweiterung

❍ österreichweit
✰ Internationalisierung
❒ Zuschüsse

## Finanzierungsgarantie-Gesellschaft m.b.H. (FGG)/Ost-West-Fonds

# Förderungen aus dem Studienfonds

### Förderbare Kosten

⇒ Kosten der Antragstellung für die Inanspruchnahme europäischer und internationaler Studienfinanzierungen im Zusammenhang mit Direktinvestitionen und dem Erwerb von Beteiligungen im Ausland

⇒ Durchführung von Studien, soweit europäische und internationale Programme nicht zur Verfügung stehen, zur Analyse von Projektvoraussetzungen, zur Schaffung und Entwicklung von Projektmöglichkeiten und zur Vorbereitung von konkreten Projekten.

Primär für Auslandsinvestitionen von Klein- und Mittelunternehmen gemäß Definition des EU-Beihilfenrechtes in den Sektoren Umwelt, Energie und kommunale Infrastruktur. Förderungen von Großunternehmen fallen unter die de minimis-Bestimmung.

### Förderart

Zuschüsse

### Förderhöhe:

- bei internationalen Programmen: Pauschalbetrag von ATS 40.000,–
  bei externen Konsulentenkosten von mehr als ATS 80.000,– max. 50 % der externen Gesamtkosten, max. jedoch ATS 100.000,–
- bei Studienförderungen max. 50 % der externen Konsulentenkosten, max. jedoch ECU 100.000

### Kombinationsmöglichkeiten mit anderen Aktionen

in Hinblick auf den Subsidiaritätscharakter des Programmes grundsätzlich nicht vorgesehen

### Beispiele aus der Förderpraxis

⇒ Anträge auf Unterstützung im Rahmen der Fazilitäten 2 der JOP-, ECIP- oder JEV-Programme

⇒ Studie zur Abwasserentsorgung in einer ungarischen Kleinstadt, initiiert von einem österreichischen im kommunalen Dienstleistungsbereich tätigen Unternehmen

❍ österreichweit
✰ Internationalisierung
❑ Haftungen

## Finanzierungsgarantie-Gesellschaft m.b.H.(FGG)/Ost-West-Fonds

# Ost-West-Fonds Finanzierungsgarantie mit Risk-Sharing

### Förderbare Kosten

Beteiligungsinvestitionen im Ausland mit folgenden Schwerpunkten:
⇒ Erwerb von Beteiligungen
⇒ Anteils- und Kapitalerhöhung
⇒ Gewährung von Gesellschaftermitteln
sofern positive Rückwirkungen auf das österreichische Unternehmen zu erwarten sind

Beteiligungsinvestitionen von Großunternehmen sind nur außerhalb der EWR/EU förderbar oder im Rahmen der de minimis-Regelung; Beteiligungsinvestitionen von KMUs sind auch in der EWR/EU förderbar, allerdings muß auch das Beteiligungsunternehmen ein KMU sein oder in einem Regionalfördergebiet liegen; Garantien zu kommerziellen Konditionen sind jedoch möglich.

### Förderart

Übernahme von Haftungen gegenüber der finanzierenden Bank
Risk-Sharing zur teilweisen Absicherung des wirtschaftlichen Risikos
Kredithöhe: ab ca. ATS 10 Mio., nicht mehr als 90 % des Projektpräliminares
Haftungsquote: 90 % des Kredites, bei ERP-Krediten 100 %
Haftungslaufzeit: max. 15 Jahre
Haftungsentgelt: 0,6 % (jährlich)
Risk-Sharing-Entgelt: 0,4 % (jährlich)

### Kombinationsmöglichkeiten mit anderen Aktionen

grundsätzlich möglich, z.B. mit
⇒ Finanzierungsinstrumenten der Kontrollbank, ERP-Fonds

### Beispiele aus der Förderpraxis

⇒ Gründung eines Produktions-Joint Ventures in Ungarn

❍ österreichweit
✰ Internationalisierung
❒ Haftungen

## Finanzierungsgarantie-Gesellschaft m.b.H.(FGG)/Ost-West-Fonds

# Ost-West-Fonds Direktgarantie

### Förderbare Kosten

Beteiligungsinvestitionen im Ausland mit folgenden Schwerpunkten:
⇒ Erwerb von Beteiligungen
⇒ Anteils- und Kapitalerhöhung
⇒ Gewährung von Gesellschaftermitteln
sofern positive Rückwirkungen auf das österreichische Unternehmen zu erwarten sind

Beteiligungsinvestitionen von Großunternehmen sind nur außerhalb der EWR/EU förderbar oder im Rahmen der de minimis-Regelung; Beteiligungsinvestitionen von KMUs sind auch in der EWR/EU förderbar, allerdings muß auch das Beteiligungsunternehmen ein KMU sein oder in einem Regionalfördergebiet liegen; Garantien zu kommerziellen Konditionen sind jedoch möglich

### Förderart

Direktgarantie gegenüber dem Unternehmen
Haftungsquote: max. 50 % der förderbaren Kosten
Haftungslaufzeit: max. 12 Jahre
Haftungsentgelt: in der Regel 1 % (jährlich)
besondere Vereinbarungen zum Riskenausgleich (höhere Haftungskosten) sind vorgesehen

### Kombinationsmöglichkeiten mit anderen Aktionen

grundsätzlich möglich, z.B. mit
⇒ Finanzierungsinstrumenten der Kontrollbank, ERP-Fonds (jedoch keine Besicherung für den ERP-Fonds direkt)

### Beispiele aus der Förderpraxis

⇒ Erwerb einer Beteiligung an einem ausländischen Produktionsunternehmen zur weiteren Diversifizierung

❍ österreichweit
✰ Internationalisierung
❒ Haftungen

## Finanzierungsgarantie-Gesellschaft m.b.H.(FGG)/Ost-West-Fonds

# Ost-West-Fonds Kofinanzierungsgarantie

### Förderbare Kosten

Beteiligungsinvestitionen außerhalb der EWR/EU mit folgenden Schwerpunkten:
⇒ Erwerb von Beteiligungen
⇒ Anteils- und Kapitalerhöhung
⇒ Gewährung von Gesellschaftermitteln
sofern positive Rückwirkungen auf das österreichische Unternehmen zu erwarten sind

### Förderart

Die FGG/Ost-West-Fonds verpflichtet sich, den garantierten Beteiligungsanteil zu den Anschaffungskosten auf erste Anforderung zu übernehmen (PUT-Option), die Haftungsansprüche können an Banken zur Besicherung der Finanzierung abgetreten werden.
Garantiequote: max. 50 % der Anschaffungskosten der Gesamtbeteiligung (Anteilserwerb plus Gesellschaftermittel)
Garantielaufzeit: 5 bis max. 12 Jahre
Garantieentgelt: 1 % (jährlich) der Anschaffungskosten des garantierten Beteiligungsanteils; besondere Vereinbarungen zum Riskenausgleich (höheres Haftungsentgelt) sind vorgesehen
Profit-Sharing-Vereinbarungen: sind generell vorgesehen; sind in jedem Fall bei Großunternehmen (das sind Unternehmen mit mehr als 500 Mitarbeitern und einem Nettosachanlagevermögen von mehr als ATS 980 Mio.) oder bei Unternehmen, deren Kapital zu mehr als 1/3 von einem Unternehmen gehalten wird, das diese Schwellenwerte überschreitet, zu treffen

### Kombinationsmöglichkeiten mit anderen Aktionen

grundsätzlich möglich, z.B.
⇒ Finanzierungsinstrumente der Kontrollbank, ERP-Fonds (jedoch keine Besicherung für den ERP-Fonds direkt), JOP-Programm, Kofinanzierungen u.a. mit EIB, EBRD, Weltbank

### Beispiele aus der Förderpraxis

⇒ Beteiligung an einer ungarischen Gasgesellschaft im Zuge der Privatisierung

❍ österreichweit
✰ Investitionen
❒ Haftungen

## Finanzierungsgarantie-Gesellschaft m.b.H. (FGG)

# Garantien der Finanzierungsgarantie-Gesellschaft m.b.H.

### Förderbare Kosten

Übernahme eines Teiles des Finanzierungsrisikos folgender Projekte:
⇒ Investitionen in Regionalfördergebieten
⇒ Investitionen von Klein- und Mittelunternehmen gemäß Definition des EU-Beihilfenrechts bzw. für Großunternehmen im Rahmen der de minimis-Regelung
⇒ Forschungs- und Entwicklungsvorhaben
⇒ Umweltschutz- oder Energieeinsparungsinvestitionen
⇒ Unternehmensrestrukturierung

### Förderart

Haftungen für langfristige Kredite mit Tilgungsplänen
Haftungen für langfristige gegenüber übrigen Gläubigern nachrangige Kredite mit Tilgungsplänen
Haftungen für Beteiligungsfinanzierungen
<u>Haftungsquote:</u> i.d.R. max. 85 %, bei F&E-Projekten und nachrangigen Finanzierungen max. 100 %
<u>Haftungslaufzeit:</u> max. 20 Jahre
<u>Haftungsentgelt:</u> 0,6 % (jährlich) bei Kredithaftungen
1 % (jährlich) bei Beteiligungshaftungen und Haftungen für nachrangige Kredite

### Kombinationsmöglichkeiten mit anderen Aktionen

grundsätzlich möglich, z.B. mit
⇒ ERP-Fonds

### Beispiele aus der Förderpraxis

⇒ Durchführung eines Investitionsprojektes am Produktionsstandort im Burgenland
⇒ Finanzierung eines Produktentwicklungsprojektes

❍ österreichweit
✰ Investitionen
✰ Sanierung
❒ Fördermix

## Bundesministerium für Arbeit, Gesundheit und Soziales (BMAGS)

# Restrukturierungs- bzw. Umstrukturierungsbeihilfen

für kleine und mittlere Unternehmen gemäß § 27a AMFG und für Unternehmen in Problemgebieten gemäß § 35a AMFG

### Förderbare Maßnahmen

- **Rettungsbeihilfen** zur Prüfung der Umstrukturierungs- und Umstellungsmöglichkeiten (begrenzte Zeitdauer zur Weiterführung des Unternehmens)
- **Begleitbeihilfen** zur Überbrückung der Zeitspanne, bis Umstrukturierungs- und Umstellungsmaßnahmen positive Ergebnisse erzielen; Kriterien u.a.:
  ⇒ plausibles, prüffähiges, längerfristiges Unternehmens- bzw. Umstrukturierungskonzept für den Leistungs- und Finanzbereich
  ⇒ begründete positive Erfolgsaussichten für das Projekt
  ⇒ Steigerung der Unternehmensdynamik
  ⇒ Gesamtkonzeption durch Unternehmen und Altgläubiger (Restrukturierung der Finanzierung)

Arbeitsmarktpolitische, volkswirtschaftliche und betriebswirtschaftliche Kriterien sind Voraussetzung für die Gewährung von Förderungen.Finanzielle Leistungen der Eigentümer (Eigenmittelzufuhr) bzw. der Altgläubiger (Forderungsverzichte) zur Bewältigung der finanziellen Vergangenheit werden vorausgesetzt.
Bei Vorliegen des Tatbestandes der Insolvenz existiert keine Unterstützungsmöglichkeit. Es existiert ein enger Konnex zur „Förderung von kleinen und mittleren Unternehmen aus arbeitsmarktpolitischen Gründen gemäß § 27a AMFG" und „Förderung von Unternehmen in Problemgebieten aus arbeitsmarktpolitischen Gründen gemäß § 35a AMFG".

### Förderart

**Rettungsbeihilfe:** Liquiditätsbeihilfe in Form von Kreditbürgschaften oder Kredite zu Marktzinssätzen
Dauer: i.d.R. 6 Monate, bis die notwendigen und möglichen Sanierungsmaßnahmen festgelegt sind
Begründung: soziale Gründe; die Weiterführung des Unternehmens darf die Lage der Industrie in den anderen Mitgliedstaaten nicht aus dem Gleichgewicht bringen
**Begleitbeihilfe:** ist unmittelbar an Umstrukturierungs- bzw. Umstellungsprogramm gebunden, das die Wettbewerbsfähigkeit der Produktion wiederherstellt.
I.d.R. Darlehensgewährungen oder Haftungsübernahmen
Die Förderintensität orientiert sich neben dem betriebswirtschaftlichen Erfordernis des Unternehmens am arbeitsmarktpolitischen Interesse und an den EU-Wettbewerbsregeln.
Einzelnotifizierungspflicht für Großunternehmen.
Grundsätzlich Vereinbarung einer Beschäftigungsgarantie über mindestens 3 Jahre

### Kombinationsmöglichkeiten mit anderen Aktionen

grundsätzlich im Zusammenwirken mit Eigentümern und Altgläubigern, Einbindung der FGG; die Beteiligung des Bundeslandes wird vorausgesetzt

### Beispiele aus der Förderpraxis

⇒ Sanierung eines Maschinenbauunternehmens im Waldviertel

❍ österreichweit
✰ Humanressourcen
❐ Zuschüsse

## Arbeitsmarktservice (AMS) Österreich und Europäischer Sozialfonds (ESF)

# Beihilfe zur MitarbeiterInnenqualifikation im Rahmen des Europäischen Sozialfonds (Ziel 4)

### Förderbare Maßnahmen

Förderung der Qualifizierung von ArbeitnehmerInnen und Modelle der Jobrotation; insbesondere in KMUs; bei Großunternehmen mit besonderer struktureller Begründung.
Förderbarer Personenkreis

- ArbeitnehmerInnen über 45 Jahre
- unqualifizierte und niedrig qualifizierte ArbeitnehmerInnen
- ArbeitnehmerInnen mit abgeschlossener Berufsausbildung und höher Qualifizierte (Matura, akademischer Abschluß)
- Saisonbeschäftigte

Nicht förderbar sind ArbeitnehmerInnen in definitiv gestellten Dienstverhältnissen, Lehrlinge, geringfügig Beschäftigte, selbständig Erwerbstätige sowie Geschäftsführer/Vorstände.
Unterschiedliche bundesländerspezifische Umsetzungen: individuell passende Fördervereinbarungen zwischen Antragstellern und Landesgeschäftsstellen des AMS. Antragstellung durch das Unternehmen vor Kursbeginn.
Geförderte Qualifizierungsmaßnahmen im Rahmen der Jobrotation setzen voraus, daß Arbeitslose als Stellvertreter eingestellt werden. Eine Förderung der Stellvertreter ist möglich.
Bildungsmaßnahmen sind auch zu einem Maßnahmenpaket zusammengefaßte Einzelmaßnahmen.

### Förderart

nicht rückzahlbare Zuschüsse
Förderbasis: Kursgebühren
Förderhöhe: max. 2/3 der Förderbasis; 1/3 der anerkannten Kosten ist vom Arbeitgeber zu übernehmen

### Kombinationsmöglichkeiten mit anderen Aktionen

nicht vorgesehen

### Beispiele aus der Förderpraxis

⇒ Höherqualifizierung von MitarbeiterInnen im EDV-Bereich eines KMU bei einem externen Weiterbildungsinstitut

❍ österreichweit
✰ Humanressourcen
❒ Zuschüsse

## Arbeitsmarktservice (AMS) Österreich

# Beihilfe für die Förderung von Innovativen Modellprojekten zur Verbesserung von Aus- und Weiterbildungssystemen im Rahmen des Europäischen Sozialfonds (Ziel 4, Schwerpunkt 3) (IMQU)

### Förderbare Maßnahmen

⇒ innovative Projekte im Rahmen von Unternehmenskooperationen mit dem Ziel, Aus- und Weiterbildungs- sowie Qualifizierungs- oder Personalentwicklungsmaßnahmen aufzubauen oder weiter zu entwickeln und zu erproben. Das Ergebnis muß überbetrieblich verwertbar sein. Reine Produktschulungen sind ausgeschlossen. Die Förderung richtet sich primär an ArbeitnehmerInnen von KMUs. Nicht förderbar sind ArbeitnehmerInnen in definitiv gestellten Dienstverhältnissen, geringfügig Beschäftigte, selbständig Erwerbstätige sowie Geschäftsführer und Vorstandsmitglieder

Voraussetzungen:

- Antragsteller: KMU, Weiterbildungseinrichtung, Beratungseinrichtung, Großunternehmen (nur im Fall von Qualifizierungsverbünden)
- Durchführung im „Verbund" der Antragsteller, wobei mind. 2 der 4 Organisationen beteiligt sein müssen. Grundsätzlich muß 1 KMU beteiligt sein
- „Qualifizierungsverbünde": mind. 2 Unternehmen schließen sich zur Entwicklung, Konzipierung, Realisierung und gegebenenfalls Evaluierung von Projekten zusammen. Bei solchen Verbünden kann der Anteil an Großunternehmen an der Gesamtzahl der beteiligten Unternehmen max. 50 % betragen

### Förderart

nicht rückzahlbare Zuschüsse

Förderbasis: Personal- und Sachkosten für Entwicklungsarbeiten, Personal- und Sachkosten für eine begleitende Dokumentation und Evaluierung, Kosten für die Erstumsetzung der Qualifizierungsmaßnahme

Förderhöhe: max. 90 % der Förderbasis

### Kombinationsmöglichkeiten mit anderen Aktionen

nicht vorgesehen

### Beispiele aus der Förderpraxis

⇒ Förderung eines regionalen „Verbundes" von KMUs mit der Zielsetzung der Entwicklung und Erprobung eines Personalentwicklungskonzeptes für die Autozulieferindustrie

❍ regionale Zielgebiete
✰ Humanressourcen
❒ Zuschüsse

## Arbeitsmarktservice (AMS) Österreich

# Beihilfe zur MitarbeiterInnenqualifikation im Rahmen des Europäischen Sozialfonds (Ziel 1, 2 und 5b) Schulung von Beschäftigten (MQU)

### Förderbare Maßnahmen

⇒ Schulungsmaßnahmen, wobei sich die Schwerpunkte aus den Zielprogrammen der Region ableiten

Förderbar sind ArbeitnehmerInnen von Unternehmen mit Betriebsstandort in Zielgebieten
Ein vollversicherungspflichtiges Arbeitsverhältnis oder Elternkarenzurlaub während der Schulungsmaßnahme ist Voraussetzung

### Förderart

nicht rückzahlbare Zuschüsse
Förderbasis: Kursgebühren
Durchführungsbestimmungen durch die AMS-Landesdirektionen, die Höhe und Ausmaß der Förderung festlegen

### Kombinationsmöglichkeiten mit anderen Aktionen

nicht vorgesehen

### Beispiele aus der Förderpraxis

⇒ Höherqualifizierung von MitarbeiterInnen eines Maschinenbauunternehmens in Neufeld, Burgenland

## 4.3. Förderaktionen in den Bundesländern

❍ Burgenland
✰ Forschung und Entwicklung
✰ Klein- und Mittelunternehmen
❒ Zuschüsse

### Wirtschaftsservice Burgenland AG (WIBAG)

# Maßnahmen zur Gewährleistung der wirtschaftlichen Entwicklung im Burgenland, „Innovation und Technologie"

### Förderbare Kosten

⇒ 1. Neuinvestitionen und zu aktivierende Eigenleistungen für Maschinen und Betriebsanlagen
⇒ 2. Baukosten bis max. 25 % der förderbaren Kosten (aus Pkt. 1)
⇒ 3. immaterielle Investitionen (100 % aus der Summe von Pkt. 1 und 2)

### Förderart

nicht rückzahlbare Zuschüsse in Höhe von 10 % der förderbaren Kosten, bei KMUs 15 %, in Ausnahmefällen bis 20 % der förderbaren Kosten
Förderwerber: kleine und mittlere Unternehmen, die Sitz oder Niederlassung im Burgenland haben bzw. ein Unternehmen im Burgenland gründen, mit weniger als 50 Beschäftigten und deren Jahresumsatz ECU 7 Mio. bzw. die Jahresbilanzsumme ECU 5 Mio. nicht übersteigt.

### Kombinationsmöglichkeiten mit anderen Aktionen

grundsätzlich möglich, jedoch „Subsidiaritätsprinzip", d.h. vorwiegend Anschlußförderung zu Bundesaktionen, z.B. mit
⇒ ERP-Fonds, ITF und RIP

### Beispiele aus der Förderpraxis

⇒ Maschinelle Investitionen zur Erzeugung eines neuartigen Produktes

## Wirtschaftsservice Burgenland AG (WIBAG)

# Maßnahmen zur Gewährleistung der wirtschaftlichen Entwicklung im Burgenland, „Forschung und Entwicklung"

### Förderbare Kosten

⇒ immaterielle Investitionen (z.B. Personalkosten, Software, Schulungskosten, projektsbezogene Gründungs- und Beteiligungskosten)
⇒ Sachinvestitionen in Forschungs- und Laborausrüstung, Meß- und Prüfgeräte, Maschinen (jedoch keine Grundlagenforschung), Pilot- und Demonstrationsvorhaben bis zur Produktionsaufnahme

### Förderart

nicht rückzahlbare Zuschüsse in Höhe von 20 % der förderbaren Kosten
<u>bei industrieller Grundlagenforschung:</u> max. 50 % der förderbaren Kosten (in Ausnahmefällen)
<u>bei angewandter Forschung:</u> max. 25 % der förderbaren Kosten (in Ausnahmefällen)

### Kombinationsmöglichkeiten mit anderen Aktionen

grundsätzlich möglich, jedoch „Subsidiaritätsprinzip", d.h. vorwiegend Anschlußförderung zu Bundesaktionen, z.B. mit
⇒ FFF, ERP-Fonds und ITF

### Beispiele aus der Förderpraxis

⇒ Aufbau eines Forschungslabors mit entsprechender gerätetechnischer Ausstattung

## Wirtschaftsservice Burgenland AG (WIBAG)

# Maßnahmen zur Gewährleistung der wirtschaftlichen Entwicklung im Burgenland, „Verbesserung der Wirtschaftsstruktur burgenländischer Klein- und Mittelunternehmen"

### Förderbare Kosten

⇒ geschlossene Kleinprojekte mit einem Investitionsvolumen von ATS 0,5 Mio.
⇒ aktivierungsfähige Investitionen
⇒ Baukosten bis zu 30 % der förderbaren Kosten
jedoch nicht:
– Ankauf von Grundstücken
– Ankauf von gebrauchten Wirtschaftsgütern und Fahrzeugen
– Telefonanlagen (außer Jungunternehmer, bei Neugründungen bzw. bei Betriebsansiedlungen, jedoch auf keinen Fall Handys, Faxgeräte, Modems etc.)
– Hard- und Software (außer Jungunternehmer, bei Neugründungen bzw. bei Betriebsansiedlungen und branchenspezifische Investitionen)
– Büroeinrichtung (außer Dienstleistungsunternehmen, Jungunternehmer und bei Neugründungen bzw. bei Betriebsansiedlungen)
⇒ Hilfe besonderer Art für den Weiterbestand des Unternehmens („Rettungsphase")

von Klein- und Mittelunternehmen gemäß Definition des EU-Beihilfenrechtes

### Förderart

nicht rückzahlbare Zuschüsse in Höhe von 10 % der förderbaren Kosten
in Ausnahmefällen bis zu 20 % der förderbaren Kosten
in der „Rettungsphase" nur bis zur de minimis-Regel

### Kombinationsmöglichkeiten mit anderen Aktionen

grundsätzlich möglich, jedoch „**Subsidiaritätsprinzip**", d.h. vorwiegend Anschlußförderung zu Bundesaktionen, z.B. mit
⇒ BÜRGES

### Beispiele aus der Förderpraxis

⇒ Maschinelle Investitionen eines burgenländischen mittelständischen Unternehmens

❍ Burgenland
✰ Umweltschutz
❒ Zuschüsse

## Wirtschaftsservice Burgenland AG (WIBAG)

# Maßnahmen zur Gewährleistung der wirtschaftlichen Entwicklung im Burgenland, „Umwelt und Ökologie"

### Förderbare Kosten

⇒ Errichtung von Anlagen zur Verringerung von Umweltbelastungen (Luft, Lärm, Abfall)
⇒ Errichtung von Anlagen zur Optimierung (Stand der Wissenschaft) des Energieverbrauchs
⇒ Grundsatzkonzepte, Regionalstudien
⇒ geschlossene Projekte von Unternehmen, die umweltrelevante Dienstleistungen anbieten, deren Erbringung im volkswirtschaftlichen Interesse liegt (Entsorgungsbetriebe)

Voraussetzung: Übersteigen der gesetzlichen Auflagen

### Förderart

nicht rückzahlbare Zuschüsse von 10 %, bei KMUs 15 % der förderbaren Kosten
in Ausnahmefällen max. 20 % der förderbaren Kosten

### Kombinationsmöglichkeiten mit anderen Aktionen

grundsätzlich möglich, jedoch „**Subsidiaritätsprinzip**", d.h. vorwiegend Anschlußförderung zu Bundesaktionen, z.B. mit
⇒ Kommunalkredit und RIP

### Beispiele aus der Förderpraxis

⇒ Investitionsmaßnahmen zur Verringerung der betrieblich verursachten Lärmbelastungen

❍ Burgenland
✰ Investitionen/Infrastruktur
❒ Zuschüsse

## Wirtschaftsservice Burgenland AG (WIBAG)

# Maßnahmen zur Gewährleistung der wirtschaftlichen Entwicklung im Burgenland, „Infrastruktur"

### Förderbare Kosten

⇒ Bereitstellung technischer und wissenschaftlicher Infrastruktur
⇒ Schaffung von Industrie- und Gewerbezonen
- Straßenprojekte in Industrie- und Gewerbezonen („Stichstraßen")
- Gleisanschlüsse in Industrie- und Gewerbezonen, Zubringer nur als „Stichgleis"
- Kanalprojekte in Industrie- und Gewerbezonen
- Trafostationen, Beleuchtung, Gas- und Wasseranschlüsse in Industrie- und Gewerbezonen
- Kommunikationsverbindungen (sofern von Gemeinden und Sondergesellschaften getragen)
- Anschaffung von Grundstücken und Errichtung von Gebäuden in Industrie- und Gewerbezonen

Förderwerber können auch Gemeinden und Sondergesellschaften sein.

### Förderart

nicht rückzahlbare Zuschüsse in Höhe von 10 % der förderbaren Kosten
max. 20 % bei Technologiezentren und Technologietransferzentren

### Kombinationsmöglichkeiten mit anderen Aktionen

grundsätzlich möglich, jedoch „**Subsidiaritätsprinzip**", d.h. vorwiegend Anschlußförderung zu Bundesaktionen, z.B. mit
⇒ ERP-Infrastrukturprogramm

### Beispiele aus der Förderpraxis

⇒ Errichtung eines Industrie- und Gewerbezentrums im Burgenland und die damit verbundenen Aufschließungsmaßnahmen

❍ Burgenland
☆ Internationalisierung
❒ Zuschüsse

## Wirtschaftsservice Burgenland AG (WIBAG)

# Maßnahmen zur Gewährleistung der wirtschaftlichen Entwicklung im Burgenland, „Internationalisierung"

### Förderbare Kosten

⇒ Markterschließungskosten
⇒ Ausgaben für Messebeteiligungen im Ausland

*im EU-Raum zukünftig fraglich*

### Förderart

nicht rückzahlbare Zuschüsse in Höhe von 10 % der förderbaren Kosten
in Ausnahmefällen bis zu 20 % der förderbaren Kosten

### Kombinationsmöglichkeiten mit anderen Aktionen

grundsätzlich möglich, jedoch „**Subsidiaritätsprinzip**", d.h. vorwiegend Anschlußförderung zu Bundesaktionen, z.B. mit

⇒ ERP-Fonds, Kontrollbank-Exportfinanzierungsverfahren, Kontrollbank-Vertriebseinrichtungen

### Beispiele aus der Förderpraxis

⇒ Aufbau des süddeutschen Absatzgebietes durch Einrichtung einer Vertriebsorganisation und verstärkte Messepräsenz

## Wirtschaftsservice Burgenland AG (WIBAG)

# Bürgschaftsrichtlinien

### Förderbare Kosten

Haftungen für Kredite in den Schwerpunktbereichen
⇒ Innovation und Technologie
⇒ Forschung und Entwicklung
⇒ Klein- und Mittelunternehmen
⇒ Umwelt und Ökologie
⇒ Infrastruktur
⇒ Internationalisierung

### Förderart

Übernahme von Haftungen (Ausfallsbürgschaften)
Haftungsquote: max. 50 % des Kredites

### Kombinationsmöglichkeiten mit anderen Aktionen

grundsätzlich möglich, jedoch „**Subsidiaritätsprinzip**", d.h. vorwiegend Anschlußförderung zu Bundesaktionen, z.B. mit
⇒ ERP-Fonds, FFF, Kommunalkredit

### Beispiele aus der Förderpraxis

⇒ Durchführung eines Innovationsvorhabens mit entsprechendem Produktions-Start-Up
⇒ Neugründung eines Industriebetriebes

## Kärntner Wirtschaftsförderungsfonds (KWF)

# Generelle Richtlinie – Industrie und Gewerbe

### Förderbare Kosten

⇒ analog FFF, ERP-Fonds, ITF, BÜRGES, Kommunalkredit und sonstigen Bundesaktionen
⇒ Unternehmensgründung und Betriebsansiedlung
⇒ Investitionen in das Sachanlagevermögen sowie F&E-Investitionen (mindestens Jahres-AfA plus Miet- und Leasingaufwendungen); nicht jedoch: Ersatzinvestitionen, Ankauf von Grundstücken und gebrauchten Wirtschaftsgütern
⇒ wirtschaftlich bedeutende Vorhaben im Bereich Infrastruktur und Regionalentwicklung mit Innovationsgehalt
⇒ Innovations- und Technologieprojekte

<u>für Industrie und Gewerbe muß eines der folgenden Ziele erreicht werden:</u>

- Erzeugung eines neuen Produktes
- Einführung eines neuen Produktionsverfahrens
- Einführung einer neuen Dienstleistung
- Kooperation mit anderen Unternehmen
- deutliche Verminderung der Umweltbelastungen

<u>außerdem gilt:</u> Mindestumsatz: ATS 10 Mio. oder mind. 10 Beschäftigte (laut Planung nach Projektsdurchführung)

### Förderart

nicht rückzahlbare Zuschüsse
zinsgünstige Kredite
Zinsenzuschüsse
<u>Förderhöhe:</u>
<u>Forschung und Entwicklung, Innovationen:</u> max. 30 % der förderbaren Kosten
<u>sonstige Investitionen:</u> max. 10 % der förderbaren Kosten
<u>BSÄ:</u> max. 27 % (kein KMU-Zuschlag bei Investitionen)
<u>Eigenmittelanteil:</u> 30 % (bei zusätzlichen Bundesförderungen 10 %) der förderbaren Kosten

### Kombinationsmöglichkeiten mit anderen Aktionen

grundsätzlich möglich, jedoch „**<u>Subsidiaritätsprinzip</u>**", d.h. vorwiegend Anschlußförderung zu Bundesaktionen

### Beispiele aus der Förderpraxis

⇒ Aufbau einer neuen Produktionslinie für die Erzeugung einer selbstentwickelten Strohverbrennungsanlage

## Kärntner Wirtschaftsförderungsfonds (KWF)

# Schwerpunktprogramm „Forschungs- und Entwicklungsvorhaben"

(bis 31. 12. 1999)

### Förderbare Kosten

⇒ industrielle Forschung
⇒ vorwettbewerbliche Entwicklung
sofern auch eine Förderung durch eine Bundesstelle oder die EU erfolgt.

Antrag spätestens 3 Monate nach Abschluß der Fördervereinbarung zwischen dem Förderwerber und der Bundes- oder EU-Fördereinrichtung.

### Förderart und -intensität

nicht rückzahlbare Zuschüsse des Landes in Höhe von max. 20 % der vom FFF, ITF oder einer anderen Fördereinrichtung des Bundes oder der EU anerkannten förderbaren Kosten, jedoch max. ATS 5 Mio. p.a. pro Förderwerber
BSÄ: max. 50 % bei industrieller Forschung, 25 % bei vorwettbewerblicher Entwicklung (plus Zuschläge gemäß EU-Schwerpunkten)

### Kombinationsmöglichkeiten mit anderen Aktionen

möglich, jedoch ausschließlich Anschlußförderung zu Bundesaktionen und EU-Förderungen

### Beispiele aus der Förderpraxis

⇒ Entwicklung umweltgerechter Produktionsplanungstechnologien
⇒ Entwicklungsarbeiten im Bereich Signalübertragung für ABS-integrierte Bremsbelagsverschleißanzeige

❍ Kärnten
✰ Forschung und Entwicklung
✰ Klein- und Mittelunternehmen
❒ Zuschüsse

## Kärntner Wirtschaftsförderungsfonds (KWF)

# Impulsprogramm „Technologietransfer"

(bis 31. 12. 1999)

### Förderbare Kosten

Zur Stärkung des technischen Know-hows und damit zur Verbesserung der Wettbewerbsfähigkeit von Kärntner Unternehmen soll der Technologietransfer intensiviert werden; das Technologietransferprojekt muß zumindest einen der folgenden Schwerpunkte erfüllen:

⇒ Forschung und Entwicklung
⇒ Technologieanwendung
⇒ Technologietransfer
⇒ Industrial Design
⇒ effiziente Produktions-, Organisations- und Managementformen

wobei die Personalkosten und die Konzept- und Studienkosten die förderbaren Kosten für Klein- und Mittelunternehmen gemäß Definition des EU-Beihilfenrechtes darstellen

### Förderart

nicht rückzahlbare Zuschüsse in Höhe von max. 30 % der förderbaren Kosten
Förderhöhe: max. ATS 300.000,–
für Projekte aus den Bereichen der Energie- und Umwelttechnik sowie Telematik und Industrial Design max. 50 % der förderbaren Kosten
Förderhöhe: max. ATS 500.000,–
es gelten die de minimis-Bestimmungen

### Kombinationsmöglichkeiten mit anderen Aktionen

grundsätzlich möglich, jedoch „**Subsidiaritätsprinzip**", d.h. vorwiegend Anschlußförderung zu Bundesaktionen

### Beispiele aus der Förderpraxis

⇒ Entwicklung eines allergiegetesteten Modeschmuckes in Zusammenarbeit mit universitären Forschungsinstituten

❍ Kärnten
✰ Klein- und Mittelunternehmen
❒ Zuschüsse

## Kärntner Wirtschaftsförderungsfonds (KWF)

# Impulsprogramm „Kooperation"

(bis 31. 12. 1999)

### Förderbare Kosten

Kooperationen, welche die Durchführung von wirtschaftlich bedeutenden Vorhaben zum Inhalt haben und aus mindestens drei Partnern bestehen

⇒ Ingangsetzungsmaßnahmen für Kooperationen, wie z.B. Organisationsentwicklung und -weiterentwicklung, Kommunikation, Produkt- und Dienstleistungsentwicklung, Marketingmaßnahmen, betriebswirtschaftliche Begleitung während eines Zeitraumes von max. 2 Jahren, Konzentration auf die Strategie- und Konzeptphase

⇒ Projekte im Rahmen von Kooperationen, wie z.B. Organisations-Check-up, Produkt- und Dienstleistungsinnovation und deren Umsetzung sowie Marktinnovation

von Klein- und Mittelunternehmen gemäß Definition des EU-Beihilfenrechtes

### Förderart

nicht rückzahlbare Zuschüsse bis max. 30 % der förderbaren Kosten, bei Beratung und Ausbildung bis zu 50%, Förderobergrenze ECU 100.000
es gelten die de minimis-Bestimmungen

### Kombinationsmöglichkeiten mit anderen Aktionen

grundsätzlich möglich, jedoch „**Subsidiaritätsprinzip**", d.h. vorwiegend Anschlußförderung zu Bundesaktionen und Landesaktionen

### Beispiele aus der Förderpraxis

⇒ Kooperationen von Klein- und Mittelbetrieben im Bereich der Produktion und der produktionsnahen Dienstleistung

❍ Kärnten
✰ Investitionen
❒ Zuschüsse

## Kärntner Wirtschaftsförderungsfonds (KWF)

# Schwerpunktprogramm „Ziel 5b-Programm Kärnten sowie EU-Gemeinschaftsinitiativen und Aktionsprogramme"

(bis 31. 12. 1999)

### Förderbare Kosten

⇒ Maßnahmen des Ziel 5b-Programmes Kärnten sowie der EU-Gemeinschaftsinitiativen „KMU", „INTERREG II, Kärnten-Slowenien sowie Kärnten-Friaul-Julisch-Venetien-Veneto" und „LEADER II-Programm Kärnten" und von EU-Aktionsprogrammen

### Förderart

Kofinanzierung von Projekten gemäß den Finanztabellen des jeweiligen Programmes

es gelten die de minimis-Bestimmungen

### Kombinationsmöglichkeiten mit anderen Aktionen

auf Bundesebene möglich, andere Landesaktionen sind ausgeschlossen

### Beispiele aus der Förderpraxis

⇒ Gemeinschaftsprojekt der Lavanttaler Tischlergemeinschaft

❍ Kärnten
✫ Investitionen
✫ Klein- und Mittelunternehmen
❐ Zuschüsse

## Kärntner Wirtschaftsförderungsfonds (KWF)

# Impulsprogramm „Technologieorientierte Unternehmen"

(bis 31. 12. 1999)

### Förderbare Kosten

⇒ Gründung und Ausbau von innovativen technologieorientierten Unternehmen, die in Technologieparks oder Gründerzentren der Technologieland Kärnten Ges.m.b.H. (TLK) ihren Sitz haben oder

⇒ in das TLK telematisch eingebunden sind und Dienstleistungen des TLK entgeltlich nutzen

Das Projekt muß in engem Zusammenhang mit folgenden Schwerpunkten stehen:
Energietechnologie, Informatik/Telematik, Mikroelektronik, Industrial Design, Umwelttechnologie

Gefördert werden:

⇒ Einrichtung und Adaptierung
⇒ Maschinen
⇒ EDV (Hardware und Software)

### Förderart

nicht rückzahlbare Zuschüsse bis max. 30 % der förderbaren Kosten (max. ECU 100.000)
förderbare Kosten mind. ATS 200.000,–
es gelten die de minimis-Bestimmungen

### Kombinationsmöglichkeiten mit anderen Aktionen

grundsätzlich möglich, jedoch „<u>**Subsidiaritätsprinzip**</u>", d.h. vorwiegend Anschlußförderung zu Bundesaktionen

### Beispiele aus der Förderpraxis

⇒ Neugründung eines Unternehmens im Gründerzentrum der Technologieland Kärnten Ges.m.b.H. mit dem Schwerpunkt Mikroelektronik

❍ Kärnten
✰ Klein- und Mittelunternehmen
❒ Fördermix

## Kärntner Sanierungsgesellschaft mbH

# Richtlinie im Kärntner Wirtschaftsförderungsfonds: „Unternehmenserhaltende Maßnahmen"

(bis 31. 12. 1999)

### Förderbare Kosten

⇒ Kosten von Restrukturierungskonzepten
⇒ Kosten eines Restrukturierungsprogrammes
⇒ Management auf Zeit

von Klein- und Mittelunternehmen gemäß Definition des EU-Beihilfenrechtes, wobei folgende Mindestgrößen gelten:
- Beschäftigung von mind. 25 Mitarbeitern auf Vollzeitbasis
- in Regionalfördergebieten mind. 20 Mitarbeiter

### Förderart

Darlehen und Zuschüsse bis zu einem BSÄ von max. 7,5 % (in Regionalfördergebieten bis max. 10 %)
max. zulässige Risikoübernahme: ATS 150.000,– je Arbeitsplatz

### Kombinationsmöglichkeiten mit anderen Aktionen

grundsätzlich möglich

### Beispiele aus der Förderpraxis

⇒ Finanzielle Restrukturierung eines kleinen Produktionsbetriebes, der aufgrund seiner Marktposition Überlebens- und Wachstumschancen hat, jedoch ein umfangreiches Restrukturierungsprogramm wegen seiner instabilen Finanzsituation nicht finanzieren konnte

## NÖ Wirtschaftsförderungs- und Strukturverbesserungsfonds

# Zinsenzuschußaktion für Innovation, Technologie, Forschung und Entwicklung

### Förderbare Kosten

⇒ **angewandte Forschung:** Forschungs- oder Experimentarbeiten auf der Basis der Ergebnisse der industriellen Grundlagenforschung mit dem Zweck, neue Erkenntnisse zu gewinnen, um die Erreichung spezifischer praktischer Ziele, wie die Kreation neuer Produkte, Produktionsverfahren oder Dienstleistungen, zu erleichtern (erster Prototyp)

⇒ **Entwicklung:** Arbeiten auf der Grundlage der angewandten Forschung mit dem Ziel der Einführung neuer oder wesentlich verbesserter Produkte, Produktionsverfahren oder Dienstleistungen bis hin zu – aber nicht einschließlich – der industriellen Anwendung und kommerziellen Nutzung (Pilot- und Demonstrationsvorhaben)

wobei insbesondere Personalkosten, sonstige Betriebskosten, Instrumente und Ausrüstungen, Forschungsgebäude und Beratungsleistungen anerkannt werden

### Förderart

**Zinsenzuschüsse:**
in Höhe von max. 6 % p.a.
Kredithöhe: max. ATS 10 Mio.
Zinsenzuschuß-Dauer: max. 5 Jahre (max. 2 Jahre tilgungsfrei)
**nicht rückzahlbare Zuschüsse:**
Förderhöhe: max. ATS 500.000,–
für Kooperationen Wissenschaft und Wirtschaft (KMU)
**EU-Zielgebietsprämie-Zuschuß:** für EU-kofinanzierte F&E-Projekte in Ziel 2- und 5b-Gebieten. Der Zuschuß wird max. bis zur Höhe der kumulierten Förderintensität von 40 % BSÄ gewährt.

### Kombinationsmöglichkeiten mit anderen Aktionen

grundsätzlich für Klein- und Mittelunternehmen möglich, z.B. mit
⇒ FFF, ITF

### Beispiele aus der Förderpraxis

⇒ Entwicklung einer asbestfreien Füllmasse
⇒ Entwicklung eines biologischen Dämmstoffes
⇒ Entwicklung und Fertigungserprobung von Sicherheits-Fahrwerksteilen

❍ Niederösterreich
✰ Klein- und Mittelunternehmen
❒ Beteiligungen

# NÖ Kapitalbeteiligungsgesellschaft m.b.H. (NÖBEG)

# NÖ Beteiligungsmodell

## Förderbare Kosten

Als Beteiligungsnehmer kommen mittelständische, nicht emissionsfähige Unternehmen des Gewerbes, der Industrie, des Verkehrs und des Handels in Frage, die in Niederösterreich ihren Sitz oder eine Betriebsstätte haben bzw. zu errichten beabsichtigen und einen der folgenden Schwerpunkte erfüllen:
⇒ Betriebsgründung
⇒ Betriebsübernahme/Zusammenschlüsse (außerhalb des Familien-/Konzernverbands)
⇒ Betriebsverlagerung/Standortwechsel (Nettoverlagerungskosten)
⇒ ausgewählte Strukturverbesserungsmaßnahmen
von Klein- und Mittelunternehmen gemäß Definition des EU-Beihilfenrechtes

## Förderart

echte stille Beteiligungen für einen Zeitraum von max. 10 Jahren zu stark geförderten Beteiligungskonditionen
Beteiligungshöhe: ATS 1 bis ATS 10 Mio.

## Kombinationsmöglichkeiten mit anderen Aktionen

grundsätzlich möglich mit
⇒ Bundes- oder Landesförderungen

## Beispiele aus der Förderpraxis

⇒ Verbesserung der Risikokapitalausstattung bei einer Betriebsgründung
⇒ Teilfinanzierung eines Großprojektes durch Beteiligungskapital bei einem Klein- und Mittelunternehmen

## NÖ Wirtschaftsförderungs- und Strukturverbesserungsfonds

# Landesinvestitionsförderung (Pro Industrie Aktion)

### Förderbare Kosten

materielle Investitionen, die unter anderem folgenden Zielsetzungen dienen:
⇒ Verbesserung der Wettbewerbsfähigkeit
⇒ Verbesserung des Dienstleistungsangebotes
⇒ Verbesserung der regionalen Wirtschaftsstruktur
von Klein- und Mittelunternehmen gemäß Definition des EU-Beihilfenrechtes; von Großunternehmen nur in Regionalfördergebieten

### Förderart

Zinsenzuschüsse: je nach Fördergebiet max. 2 %, 4 % oder 6 %
Zinsenzuschuß-Dauer: 5 Jahre
EU-Zielgebietsprämie-Zuschuß: für EU-kofinanzierte Projekte in Ziel 2- und 5b-Gebieten unter Beachtung der max. zulässigen Förderintensitäten gemäß EU-Beihilfenrecht
Kriterien: Qualität des Projektes, Schaffung von neuen Arbeitsplätzen
Kredithöhe: max. ATS 20 Mio. (bzw. 50 % der förderbaren Kosten)
nach Ausnützung der Kredithöchstgrenze kann nach Ablauf von 3 Jahren ein Neuantrag gestellt werden

### Kombinationsmöglichkeiten mit anderen Aktionen

grundsätzlich möglich, z.B. mit
⇒ ERP-Fonds, RIP, BÜRGES

### Beispiele aus der Förderpraxis

⇒ Errichtung eines neuen Produktionsgebäudes inkl. maschineller Investitionen
⇒ Maschinelle Investitionen in eine Produktions- und Verpackungslinie für Lebensmittel
⇒ Rechnergestützte Automatisierung und Rationalisierung in der Fertigung

❍ Niederösterreich
✰ Investitionen
❒ Fördermix

# NÖ Wirtschaftsförderungs- und Strukturverbesserungsfonds

# Landes-Betriebsansiedlungsaktion

## Förderbare Kosten

bauliche und maschinelle Investitionen von Unternehmen, die in Niederösterreich
⇒ eine Betriebsstätte errichten oder
⇒ ein Betriebsobjekt zur Ausübung der Betriebstätigkeit erwerben
Großunternehmen sind nur in Regionalfördergebieten förderbar.

Zielsetzung: Erzielung eines optimalen Wirtschaftswachstums, Verbesserung der regionalen Wirtschaftsstruktur, Schaffung von qualitativen Arbeitsplätzen, Schaffung von Unternehmens- bzw. Branchen-Clustern, Förderung der Netzwerkbildung

## Förderart

nicht rückzahlbare Zuschüsse
Direktdarlehen
Zinsenzuschüsse
unter Beachtung der max. zulässigen Förderintensitäten gemäß EU-Beihilfenrecht

## Kombinationsmöglichkeiten mit anderen Aktionen

grundsätzlich möglich, z.B.
⇒ ERP-Fonds, RIP

## Beispiele aus der Förderpraxis

⇒ Neugründung eines Softwareunternehmens in Gmünd
⇒ Errichtung eines Zweigbetriebes zur Herstellung von Schaltanlagen in St. Pölten

❍ Niederösterreich
✰ Umweltschutz
❒ Zinsenzuschüsse

## Amt der Niederösterreichischen Landesregierung

# Förderungsaktion des Landes Niederösterreich für Umweltschutzanlagen (Zinsenzuschußaktion)

### Förderbare Kosten

freiwillige und behördlich vorgeschriebene Umweltschutzinvestitionen
⇒ zur Vermeidung von Luft- und Wasserverunreinigungen
⇒ zur Vermeidung von Geruchs-, Staub-, Rauch- und Lärmbelästigungen
⇒ zur Abfallvermeidung
⇒ zum Ersatz fossiler Energieträger und der Einsparung von Energie
⇒ in Verbindung mit umweltbedingter Betriebsverlagerung

### Förderart

Zinsenzuschüsse in Höhe von max. 6 % p.a. für freiwillige Investitionen; max. 4 % p.a. für behördlich vorgeschriebene Investitionen
Zinsenzuschuß-Dauer: max. 10 Jahre oder fiktive Zinsenzuschüsse als Einmalbetrag (nur für Unternehmen in EU-Zielgebieten)
Kredithöhe: max. ATS 8 Mio. (max. 3 Jahre tilgungsfrei)

### Kombinationsmöglichkeiten mit anderen Aktionen

grundsätzlich möglich

### Beispiele aus der Förderpraxis

⇒ Einbau eines Luftfilters zur Vermeidung von Luftverunreinigungen

❍ Niederösterreich
✰ Klein- und Mittelunternehmen
❒ Beteiligungen

## NÖ Kapitalbeteiligungsgesellschaft m.b.H. (NÖBEG)

# Startfinanzierungsaktion

### Förderbare Kosten

⇒ Sachinvestitionen und Betriebsmittel anläßlich der Unternehmensgründung (ausgenommen Tourismus)

### Förderart

Echte stille Beteiligungen für einen Zeitraum von max. 10 Jahren zu geförderten Beteiligungskonditionen
Beteiligungshöhe: ATS 0,5 bis ATS 5 Mio.
Kombination mit Beratungspaket, vorzugsweise in einem Gründerzentrum

### Kombinationsmöglichkeiten mit anderen Aktionen

grundsätzlich möglich
⇒ mit Bundes- oder Landesförderungen

### Beispiele aus der Förderpraxis

⇒ Verbesserung der Risikokapitalausstattung bei einer Betriebsgründung unter begünstigten Rahmenbedingungen

❍ Niederösterreich
✰ Klein- und Mittelunternehmen
❒ Haftungen

# NÖ Kreditbürgschaftsgesellschaft m.b.H.
# Bürgschaftsrichtlinien

## Förderbare Kosten

Haftungen für
⇒ Investitions- und/oder Betriebsmittelkredite
von Klein- und Mittelunternehmen gemäß Definition des EU-Beihilfenrechtes

## Förderart und -intensität

Übernahme von Haftungen

| | | |
|---|---|---|
| **Investitionen:** | Kredithöhe: | mind. ATS 200.000,–, max. ATS 6 Mio. |
| | Kreditlaufzeit: | max. 10 bis 15 Jahre |
| **Betriebsmittel:** | Kredithöhe: | mind. ATS 200.000,–, max. ATS 2,5 Mio. |
| | Kreditlaufzeit: | max. 5 bis 8 Jahre |

Haftungsquote: max. 80 %
Haftungsentgelt: 0,5 % p.a.

## Kombinationsmöglichkeiten mit anderen Aktionen

grundsätzlich möglich, z.B.
⇒ Zinsenzuschüsse der Landesinvestitionsförderung
⇒ BÜRGES, ERP-Fonds

## Beispiele aus der Förderpraxis

⇒ Übernahme der Haftung für einen Investitionskredit zur Automatisierung der Fertigung
⇒ Übernahme der Haftung zur Erweiterung des Betriebsmittelrahmens

❍ Oberösterreich
✰ Investitionen
❒ Zuschüsse

## Amt der Oberösterreichischen Landesregierung

# Euro-Wirtschaftsförderungsprogramm (EWP)

### Förderbare Kosten

**materielle Investitionen**

⇒ zur Errichtung eines neuen Betriebes
⇒ zur Betriebserweiterung (wenn arbeitsmarktpolitisch bedeutsam)
⇒ für Produkt-/Verfahrensinnovationen
⇒ zur Errichtung/Verbesserung von Transporteinrichtungen
⇒ zur Erbringung neuer Dienstleistungen
⇒ für Übernahme schließungsbedrohter Betriebe

**immaterielle Investitionen**

⇒ für Technologietransfer (Erwerb Patente, Lizenzen; Zukauf Know-how)
⇒ für Marketing, Werbung und Kooperation
⇒ für Beratung, Ausbildung und Verbreitung von Kenntnissen

### Förderart

nicht rückzahlbare Zuschüsse (Höhe projektsabhängig):

**materielle Investitionen**

– außerhalb der Regionalfördergebiete:
  kleine Unternehmen: max. 15 % der förderbaren Kosten
  mittlere Unternehmen: max. 7,5 %
  große Unternehmen: de minimis-Regel
– innerhalb der Regionalfördergebiete (für Unternehmen jeder Größe):
  Innviertel und Mühlviertel: max. 20 % der förderbaren Kosten
  Steyr-Kirchdorf: max. 15 % der förderbaren Kosten

**immaterielle Investitionen**: de minimis-Regel

– Technologietransfer: kleine Unternehmen: max. 15 % der förderbaren Kosten
  mittlere Unternehmen: max. 7,5 % der förderbaren Kosten
  große Unternehmen: max. 3,5 % der förderbaren Kosten
– Marketing, Werbung, Kooperation/Beratung, Ausbildung:
  kleine und mittlere Unternehmen: max. 25 % der förderbaren Kosten
  große Unternehmen: max. 12,5 % der förderbaren Kosten

### Kombinationsmöglichkeiten mit anderen Aktionen:

grundsätzlich möglich, z.B. ERP-KMU-Technologieprogramm, RIP

### Beispiele aus der Förderpraxis

⇒ Maschinelle Investitionen zur Erzeugung qualitativ höherwertiger Produkte, Maßnahmen zur Erschließung neuer Märkte

## Amt der Oberösterreichischen Landesregierung, Kommunalkredit

# Betriebsansiedlungs-Impuls-Programm (BIP)

### Förderbare Kosten

⇒ Betriebsansiedlungen (Neugründungen) von regionalwirtschaftlicher Bedeutung
⇒ Errichtung und Ausbau von Technologie- und Gründerzentren, Forschungsparks
⇒ Errichtung und Ausbau von Außeninstituten technisch-naturwissenschaftlicher Universitäten
⇒ Betriebsverlegungen im überwiegenden öffentlichen Interesse
⇒ Infrastrukturinvestitionen
⇒ Betriebserweiterungen in nationalen Regionalfördergebieten

### Förderart

Zinsenzuschüsse des Landes
in den nationalen Regionalfördergebieten Oberösterreichs im 1. Jahr 5 %, im 2. Jahr 4 %, im 3. Jahr 3 % p.a.
in sonstigen Gebieten im 1. Jahr 3 %, im 2. Jahr 2 %, im 3. Jahr 1 %
Kredithöhe: max. ATS 20 Mio. (max. 70 % der förderbaren Kosten, davon 50 % durch regionale Banken, 50 % durch Kommunalkredit)
Zinsenzuschuß-Dauer: max. 3 Jahre

### Kombinationsmöglichkeiten mit anderen Aktionen

grundsätzlich möglich, z.B. mit
⇒ ERP-Fonds, RIP

### Beispiele aus der Förderpraxis

⇒ Errichtung eines Technologie- und Gründerzentrums
⇒ Betriebsverlegung des Produktionsstandortes im überwiegenden öffentlichen Interesse

❍ Oberösterreich
✰ Umweltschutz
❐ Zinsenzuschüsse

## Amt der Oberösterreichischen Landesregierung

# Förderung von Umweltschutzmaßnahmen

### Förderbare Kosten

Umweltschutzmaßnahmen vorrangig zur
⇒ Verringerung der Luftverschmutzung
⇒ geordneten Beseitigung bzw. Verwertung von Sonderabfällen (gefährlichen Abfällen)
⇒ Verringerung der Belastung durch Lärm und Erschütterung
⇒ Verringerung der Belastung durch Gewässer
⇒ Verringerung der Belastung des Bodens durch Schadstoffe
⇒ Erschließung alternativer heimischer Energiequellen
⇒ allgemeinen Umweltvorsorge
⇒ Förderung des Umweltbewußtseins

nicht gefördert werden Maßnahmen, die
⇒ auf Grund nachträglicher behördlicher Auflagen gesetzt werden müssen
⇒ nur dem Stand der Technik entsprechen
⇒ Neugründungen betreffen

### Förderart

fiktive Zinsenzuschüsse als Einmalbetrag
gegebenenfalls auch in Raten ausbezahlt
<u>Förderhöhe:</u>
Förderung durch mehrere Förderträger: 1 % p.a. (Ausnahme: bis max. 3 % p.a.)
alleinige Förderung durch das Land Oberösterreich: 1 % bis max. 6 % p.a.

### Kombinationsmöglichkeiten mit anderen Aktionen:

grundsätzlich möglich

### Beispiele aus der Förderpraxis:

⇒ Umweltrelevante Investitionen zur Verringerung der durch den Produktionsprozeß verursachten Luftverschmutzung

# Oberösterreichische Unternehmensbeteiligungsgesellschaft m.b.H.

# Beteiligungen

## Förderbare Maßnahmen

⇒ Betriebsneugründungen und -übernahmen
⇒ Finanzierung von innovativen technischen Entwicklungen und Investitionen
⇒ Markterschließungsprojekte und Marktwachstumsphase
⇒ wesentliche Strukturverbesserungen

Beteiligungsnehmer: Klein- und Mittelunternehmen gemäß Definition des EU-Beihilfenrechtes, Sanierungen sind ausgeschlossen

## Beteiligungsart

i.d.R. zeitlich begrenzte echte stille Gesellschaft; unechte stille Gesellschaft, Kommanditeinlagen oder GmbH-Stammkapitalanteile, Aktien als Minderheitsbeteiligung möglich
Höhe: mind. ATS 1 Mio.
max. ATS 5 Mio. (in Sonderfällen darüber möglich)
Laufzeit: 10 bis 20 Jahre (Abschichtungen nach Vereinbarung)
Konditionen: a) jährlich: Mindestverzinsung rd. 4,5 % p.a.
Gewinn- oder Verlustanteil max. 5 % pro Nominale p.a.
b) einmalig: Abschichtungsagio 3 % pro Nominale
Bearbeitungsgebühr 1 % pro Nominale, mind. ATS 25.000,–

## Kombinationsmöglichkeiten mit anderen Aktionen

im Zusammenhang mit Innovationsprojekten grundsätzlich möglich, z.B. mit
⇒ FFF, ERP-Fonds

## Beispiele aus der Förderpraxis

⇒ Finanzierung der Entwicklungskosten eines innovativen neuen Produktes (Elektronik)

❍ Oberösterreich
✰ Klein- und Mittelunternehmen
❒ Haftungen

## Oberösterreichische Kreditgarantiegesellschaft m.b.H.

# Bürgschaften für Investitions- und Betriebsmittelkredite

### Förderbare Kosten

Übernahme von Bürgschaften für Kredite österreichischer Banken
⇒ Investitionskredite zur Finanzierung von materiellen und immateriellen Investitionen (auch Auslandsinvestitionen)
⇒ Betriebsmittelkredite bei Neugründungen oder Neuübernahmen oder als Anschlußkredite an bereits verbürgte Investitionskredite
⇒ Betriebsmittelkredite zur Exportfinanzierung
⇒ Haftungskredite (auch zur Exportfinanzierung)
⇒ Konsolidierungskredite

### Förderart

Übernahme von Haftungen
Kredithöhe: ATS 500.000,– bis ATS 5 Mio. (bei Betriebsmittelkrediten und Krediten für immaterielle Investitionen max. ATS 1,5 Mio., bei Betriebsmittelkrediten für Exportproduktionen max. ATS 3 Mio.), und Konsolidierungskredite max. ATS 3 Mio.
Kreditlaufzeit: Investitionskredite: max. 12 Jahre (5 Jahre für immaterielle Investitionen)
Betriebsmittelkredite: max. 5 Jahre mit stufenweiser Rahmeneinschränkung
Exportfinanzierungskredite und Konsolidierungskredite: max. 7 Jahre mit stufenweiser Rahmeneinschränkung
Haftungsquote: bei ERP-Krediten 100 %, für Konsolidierungskredite max. 85 %, sonst (Stammaktion) max. 70 %
Haftungsprovision: 0,5 % p.a., 1 % p.a. bei Konsolidierungskrediten

### Kombinationsmöglichkeiten mit anderen Aktionen:

grundsätzlich möglich, z.B. mit
⇒ ERP-Fonds, Betriebsansiedlungs-Impuls-Programm, BÜRGES-Gewerbestrukturverbesserungsaktion

### Beispiele aus der Förderpraxis:

⇒ Investitionskredit zur Anschaffung einer Montagelinie (alle betrieblichen Sachinvestitionen)
⇒ Investitionskredit zur Einführung von CAD/CAM (immaterielle Investitionen)

❍ Salzburg
✰ Forschung und Entwicklung
❒ Fördermix

## Amt der Salzburger Landesregierung

# Förderung der betrieblichen Innovationen

### Förderbare Kosten

⇒ angewandte Forschung und Entwicklung
⇒ produkt- und prozeßtechnologische Entwicklung
⇒ innovative betriebliche Problemlösungen

### Förderart

Aufstockung der vom FFF gewährten nicht rückzahlbaren Zuschüsse (bis zu 30 % der vom FFF gewährten Beiträge)
oder
Zinsenzuschüsse in Höhe von 4 % p.a. für Bankkredite von höchstens ATS 500.000,–
Zinsenzuschuß-Dauer: 5 Jahre
in Sonderfällen der Innovationsförderung:
Gewährung eines nicht rückzahlbaren Zuschusses in Höhe von max. ATS 100.000,–

### Kombinationsmöglichkeiten mit anderen Aktionen

grundsätzlich möglich, jedoch „**Subsidiaritätsprinzip**", d.h. vorwiegend Anschlußförderung zu Bundesaktionen, z.B. mit
⇒ FFF, ITF, ERP-Fonds, BÜRGES

### Beispiele aus der Förderpraxis

⇒ Neuentwicklung einer EDV-Branchenlösung für Textilhandel und -industrie

❍ Salzburg
✰ Investitionen
❒ Fördermix

## TECH-INVEST Salzburg, Gesellschaft für Betriebsansiedlung, Wirtschaft und Technologie mbH

# Betriebsstandortförderung im Land Salzburg

### Förderbare Kosten

⇒ Betriebsansiedlungsprojekte neuer Betriebe, wenn eine hohe technologische Qualität, eine regionalpolitische Relevanz und eine entsprechende Qualität der geschaffenen Arbeitsplätze gegeben ist

⇒ Betriebssicherungsprojekte: Betriebsverlegungen und/oder Betriebserweiterungen, wenn der neue Standort den Anforderungen der Raumordnung entspricht

Diese Förderung soll dazu beitragen, die Kosten für einen neuen Betriebsstandort im Bundesland Salzburg zugunsten der Betriebe zu verbilligen.

### Förderart

- Ankauf einer Betriebsliegenschaft durch die Tech-Invest und Weitervermietung an den Betrieb zu einer „Fördermiete“
- Bei Direkt-Ankauf einer Betriebsliegenschaft durch das Unternehmen →Beschaffung eines zinsgünstigen Kredites mit einem Zinsenzuschuß

Kredithöhe: max. ATS 5 Mio.
max. ATS 8 Mio. bei Betriebsansiedlungsprojekten
Zinsenzuschuß: 4 % p.a. des Landes Salzburg
Zinsenzuschuß-Dauer: 5 Jahre

### Kombinationsmöglichkeiten mit anderen Aktionen

grundsätzlich möglich

### Beispiele aus der Förderpraxis

⇒ Betriebsansiedlung eines Baumaschinen-Herstellers in Salzburg

❍ Salzburg
✰ Internationalisierung
❐ Zuschüsse

## Salzburger Strukturverbesserungsfonds

# Schwerpunktförderung „Strategische Allianzen für Salzburger Unternehmen"

(bis 31. 12. 1999)

Verstärkung der internationalen Verankerung der Salzburger Produktionsbetriebe durch die Initiierung Strategischer Allianzen (wie Joint Ventures) mit Unternehmen aus technologieproduzierenden Ländern (z.B. USA, Japan) vor allem in den Stärkefeldern Telekommunikationstechnologien, Umwelttechnologien und Holztechnologien

### Förderbare Kosten

⇒ Kosten zum Aufbau von Strategischen Allianzen mit ausländischen Partnern, Analyse der Voraussetzungen und externe Beraterkosten
⇒ Strategiefindung, Maßnahmenkatalog, Markt- und Machbarkeitsstudien
⇒ externe Kosten der Partnersuche

Die Verlagerung von Betriebsaktivitäten aus dem Land Salzburg in andere Regionen innerhalb und außerhalb Österreichs ist von der Förderung ausgeschlossen

### Förderart

nicht rückzahlbare Zuschüsse

Förderhöhe: gefördert werden alle externen Kosten der Partnersuche

a) in außereuropäischen Zielländern mit einem Zuschuß bis zu 50 % der Projektskosten
b) in den Stärkefeldern Telekommunikations-/Umwelt-/Holztechnologien mit einem Zuschuß bis zu 50 % der Projektskosten
c) in europäischen Zielländern mit einem Zuschuß bis zu 30 % der Projektskosten, max. jedoch mit einem Zuschuß bis zu ATS 500.000,-, wenn die externen Gesamtprojektskosten zumindest einen Betrag von ATS 250.000,- pro Projekt übersteigen

Förderv oraussetzung: Vorlage eines Geschäftsplanes, welcher die strategischen und ökonomischen Auswirkungen der angestrebten Partnerschaft darstellt und erläutert.

### Kombinationsmöglichkeiten mit anderen Aktionen

grundsätzlich möglich, jedoch „**Subsidiaritätsprinzip**", d.h. zuerst Antragstellung bei Bundesaktionen wie z.B. bei

⇒ FFF, ITF, ERP, BÜRGES

### Beispiele aus der Förderpraxis

⇒ Kooperation mit einem US-amerikanischen Geschäftspartner zur gemeinsamen Gründung von Niederlassungen in den USA

❍ Salzburg
✰ Klein- und Mittelunternehmen
❒ Haftungen

## Salzburger Kreditgarantie-Gesellschaft mbH

# Bürgschaften für Investitionskredite und zur Betriebsfestigung

### Förderbare Kosten

Übernahme von Haftungen für
⇒ Investitionskredite
⇒ Betriebsmittelkredite
⇒ Kredite zur Unternehmensübernahme und Unternehmensneugründung
⇒ Kredite zur Umwandlung von kurzfristigen Finanzierungen
⇒ Konsolidierungskredite
⇒ bisher nicht besicherte Bankkredite im Zuge der Sanierung
⇒ Kapitalersatz an durch Insolvenz eines anderen Unternehmens geschädigte Betriebe

### Förderart

Übernahme von Haftungen
Kredithöhe: Insgesamt max. ATS 7,5 Mio.
bei Unternehmensneugründungen max. ATS 2,5 Mio. Gesamtsumme, davon Betriebsmittelkredite max. ATS 500.000,–
Haftungsquote: max. 60 % bis 70 %
Haftungsentgelt: 0,5 % p.a. bis 1 % p.a.

### Kombinationsmöglichkeiten mit anderen Aktionen

grundsätzlich möglich, z.B.
⇒ BÜRGES und
⇒ andere kreditpolitische Instrumentarien des Landes Salzburg

### Beispiele aus der Förderpraxis

⇒ Neugründung eines Maschinenbauunternehmens in Salzburg
⇒ Aufstockung des Betriebsmittelrahmens im Zuge der Unternehmensexpansion
⇒ Sanierung einer insolvenzgefährdeten Tischlerei, bei welcher die Lieferanten und die Kreditinstitute nennenswerte Nachlässe gewährten

## Amt der Steiermärkischen Landesregierung

# Richtlinien zur Förderung von Forschungsprojekten

### Förderbare Kosten

Zielsetzung ist die Förderung der Innovationstätigkeit von Unternehmen, insbesondere auch der Zusammenarbeit von Unternehmen mit universitären und außeruniversitären Forschungsinstitutionen. Gefördert werden die Kosten der Grundlagenforschung, der industriellen Forschung und der vorwettbewerblichen Entwicklung.

⇒ Personalkosten
⇒ Instrumente und Ausrüstung
⇒ F&E-relevante Grundstücke und Gebäude
⇒ Beratungskosten etc.
⇒ Sonstige Betriebskosten (Materialkosten, Ausstattung etc.)

### Förderart

<u>Zuschüsse:</u> max. in Höhe der zulässigen Förderintensitäten gemäß EU-Beihilfenrecht

### Kombinationsmöglichkeiten mit anderen Aktionen

grundsätzlich möglich, jedoch „**<u>Subsidiaritätsprinzip</u>**", vorwiegend in Zusammenhang mit
⇒ Aktionen des Bundes (FFF, ERP-Fonds etc.)

### Beispiele aus der Förderpraxis

⇒ Entwicklung eines Prüfgerätes für den Motorenbau in Zusammenarbeit mit einer Forschungsanstalt

## Steirische Wirtschaftsförderungsgesellschaft m.b.H.

# Richtlinie für die Steirische Wirtschaftsförderung

Dienstleistungspaket für Unternehmen im Wachstum und Investoren

### Förderbare Kosten

Projekte, die eine Innovation erwarten lassen, mit folgenden Kostenpositionen:
⇒ Planung
⇒ Maschinen und maschinelle Anlagen
⇒ Betriebs- und Geschäftsausstattung
⇒ Forschung und Entwicklung
⇒ Immaterielle Investitionen (z.B. Patente, Lizenzen; nur bei KMU)
⇒ Sonstige projektbezogene Leistungen (z.B. Beratung, Marketing)
⇒ Baulichkeiten (bis zu 25 % der übrigen förderbaren Projektskosten bei Produktionsunternehmen, bei unternehmensbezogenen Dienstleistungsbetrieben auch mehr)

von Klein- und Mittelunternehmen gemäß Definition des EU-Beihilfenrechtes; von Großunternehmen nur in Regionalfördergebieten; Ausnahmen im Rahmen der de minimis-Regel möglich

### Förderart

Projektskostenzuschuß: zwischen 5 % und 20 % der förderbaren Kosten
Beratungskostenzuschuß: max. 50 % der Beratungskosten, max. ATS 1 Mio.
F&E-Zuschuß: Projektskostenzuschuß bis zu 60 % (bei industrieller Grundlagenforschung) bzw. 35 % (bei angewandter Forschung und Entwicklung) der anrechenbaren Kosten, max. ATS 10 Mio. (nur für KMU)
Umweltzuschuß: Projektskostenzuschuß zwischen 25 % und 40 % (je nach Höhe des erreichten Umweltschutzniveaus) der umweltrelevanten Kosten, max. ATS 10 Mio.

**Sonderaktionen:**
Aktionsprogramm für gewerbliche Kleinbetriebe: Projektskostenzuschuß zwischen 5 % und 15 % bzw. Beratungskostenzuschuß zwischen 10 % und 50 % der anrechenbaren Kosten (besondere Definition für Kleinbetriebe)
Nahversorgungsförderungsaktion: für Lebensmittelhandel, Fleischer und Bäcker; Projektskostenzuschuß zwischen 10 % und 30 % der anrechenbaren Kosten

### Kombinationsmöglichkeiten mit anderen Aktionen

grundsätzlich möglich, jedoch „Subsidiaritätsprinzip", vorwiegend in Zusammenhang mit
⇒ Aktionen des Bundes (FFF, ERP-Fonds, BÜRGES etc.) bzw.
⇒ gemeinsamen Bund/Land-Förderaktionen (z.B. RIP) bzw. mit EU-Gemeinschaftsinitiativen (KMU, RESIDER, RECHAR, RETEX)

### Beispiele aus der Förderpraxis

⇒ Investitionen in die Ultra- und Nanofiltration für Früchtepressen
⇒ Entwicklung einer visuellen Programmiersprache

## Steirische Wirtschaftsförderungsgesellschaft m.b.H.

# Richtlinie für die Steirische Wirtschaftsförderung

## Dienstleistungspaket für Unternehmsgründer
## Dienstleistungspaket für Regionen

### Förderbare Kosten

⇒ Planung
⇒ Maschinen und maschinelle Anlagen
⇒ Geschäftsausstattung
⇒ Marketing
⇒ Beratungsleistungen
⇒ Baukosten (bei Gründern bis zu 25 % der übrigen förderbaren Kosten)

### Förderart

**für gewerbliche Gründer:** (Produktions-, Dienstleistungs- und Handelsunternehmen) in Höhe von 10 % der förderbaren Kosten, max. ATS 100.000,– (in regionalen Zielgebieten wird der EU-Kofinanzierungsanteil zusätzlich gewährt)
**für Gründer von innovativen Produktions- und Dienstleistungsunternehmen:**
<u>Beratungskostenzuschuß:</u> max. 50 % der anrechenbaren Kosten, max. ATS 100.000,–
<u>Gründungsprämie:</u> max. ATS 300.000,–
<u>Projektskostenzuschuß:</u> zwischen 5 und 20 % der anrechenbaren Kosten, max. ATS 2 Mio.
**Unterstützung regionaler Initiativen:** für Gemeinden, Körperschaften öffentlichen Rechts und sonstige Rechtssubjekte
<u>Beratungskostenzuschuß:</u> max. 50 % der Kosten, max. ATS 300.000,– für Errichtung und Ausbau von Technologietransfer-, Innovations-, Technologiezentren, Science Parks und Industrieparks

### Kombinationsmöglichkeiten mit anderen Aktionen

grundsätzlich möglich, jedoch „Subsidiaritätsprinzip“, vorwiegend in Zusammenhang mit
⇒ Aktionen des Bundes (FFF, ERP-Fonds, BÜRGES etc.) bzw.
⇒ gemeinsamen Bund/Land-Förderaktionen (z.B. RIP) bzw. mit EU-Gemeinschaftsinitiativen (KMU, RESIDER, RECHAR, RETEX)

### Beispiele aus der Förderpraxis

⇒ Gründungsprojekt im Bereich Meßtechnik für die Automobilindustrie

❍ Steiermark
✰ Umweltschutz
❐ Zuschüsse

## Amt der Steiermärkischen Landesregierung

# Förderung von betrieblichen Abwassermaßnahmen mit Mitteln des Landes Steiermark

(Antragstellung bis 31. 12. 1999)

### Förderbare Kosten

Investitionen in Abwassermaßnahmen
⇒ zur vorzeitigen Umsetzung bestehender Normen
⇒ zur Erreichung eines höheren Umweltschutzniveaus, als in gültigen Normen vorgeschrieben ist (z.B. innerbetriebliche Abwasserreduktionen)
das sind Kosten für Gebäude, Anlagen, Ausrüstung, Planung, Bauaufsicht, Gutachten
Förderwerber: Eigentümer oder Betreiber einer wasserrechtlich, gewerberechtlich relevanten oder einer solchen gleichartigen Betriebsanlage

Voraussetzung für die Landesförderung ist die Förderung der Maßnahme durch die Kommunalkredit (Betriebliche Abwassermaßnahmen).

### Förderart

nicht rückzahlbarer Investitionskostenzuschuß
max. 10 % der umweltrelevanten Investitionsmehrkosten

### Kombinationsmöglichkeiten mit anderen Aktionen

im Rahmen des EU-Wettbewerbsrechts durch mehrere Fördergeber möglich

### Beispiele aus der Förderpraxis

⇒ Senkung des Frischwasserverbrauches in einem Steinmetzunternehmen durch Schließung des Wasserkreislaufs
⇒ Abwasserreduktion durch eine Produktionsumstellung von Pasteurisierung auf Kaltsterilisation bei einem Getränkehersteller

❍ Tirol
✰ Investitionen
❐ Zuschüsse

## Amt der Tiroler Landesregierung

# Impulspaket Tirol

### Förderbare Kosten

⇒ Ansiedlung und Entwicklung von Schlüsselunternehmen (Betriebsansiedlung, Betriebsneugründung, Produkt- oder Verfahrensinnovation, wesentliche Kapazitätserweiterungen mit strukturellen Verbesserungen, produktionsnahe Dienstleistungen)
⇒ Jungunternehmerinvestitionen
⇒ Technologieprojekte (F&E, Telekommunikation)
⇒ betriebliche Umweltschutzinvestitionen (vor allem alternative Energienutzung, Umweltschutzinvestitionen in den Bereichen Abfall, Abwasser, Abluft, Lärm)

für Klein- und Mittelunternehmen gemäß EU-Beihilfenrecht; bei Technologie- und Umweltschutzinvestitionen auch für Großunternehmen; in nationalen Regionalfördergebieten auch für Großunternehmen

### Förderart

nicht rückzahlbare Zuschüsse bis zu 15 % der förderbaren Kosten individuell nach Schwerpunkt
Ansiedlung und Entwicklung von Schlüsselunternehmen/Jungunternehmerinvestitionen
5 % der Investitionen, im nationalen Regionalfördergebiet max. 10 %
Arbeitsplatzprämie: 5 % der Investitionen, max. ATS 50.000,– je neuen Arbeitsplatz
Gesamtausmaß: 15 % der Investitionen, max. ATS 5 Mio.
<u>Technologieprojekte:</u> max. 15 % der Investitionen
<u>Umweltschutz:</u> 7,5 % der Investitionen bei Einhaltung der Umweltstandards
15 % der Investitionen bei Überschreitung der Umweltstandards
Untergrenze der förderbaren Investitionen: ATS 2,5 Mio. bei Schlüsselunternehmen
ATS 1,0 Mio. bei Jungunternehmern

### Kombinationsmöglichkeit mit anderen Aktionen

grundsätzlich möglich

### Beispiele aus der Förderpraxis

⇒ Neugründung eines metallverarbeitenden Unternehmens
⇒ Umweltschutzinvestitionen in einem mittelständischen Unternehmen

❍ Tirol
✰ Regionalfördergebiete
❒ Fördermix

## Amt der Tiroler Landesregierung

# Sonderprogramm für die Nationalparkregion Hohe Tauern in Tirol

### Förderbare Kosten

Ausgehend vom Entwicklungsprogramm für die Nationalparkregion Hohe Tauern gelten folgende Schwerpunkte:
⇒ Betriebliche Investitionen inkl. Umweltschutzmaßnahmen
⇒ Informations- und Kommunikationseinrichtungen
⇒ touristische Maßnahmen
in der Nationalparkregion Hohe Tauern in Tirol (Regionalfördergebiet)

### Förderart

nicht rückzahlbare Zuschüsse
Zinsenzuschüsse
Darlehen
<u>Förderhöhe:</u>
gewerbliche Wirtschaft: max. 30 % der förderbaren Kosten
nicht ertragsorientierte Projekte: max. 70 % der förderbaren Kosten
Regionalbetreuung: max. 100 % der förderbaren Kosten

### Kombinationsmöglichkeit mit anderen Aktionen

grundsätzlich möglich

### Beispiele aus der Förderpraxis

⇒ Qualitätsverbessernde Maßnahmen bei einem produzierenden Unternehmen

❍ Tirol
✰ Klein- und Mittelunternehmen
❒ Zuschüsse

## Amt der Tiroler Landesregierung

# Förderung von Forschung, Entwicklung, Innovation und flexibler Automation

### Förderbare Kosten

⇒ F&E gemäß den Förderrichtlinien von FFF bzw. ITF
⇒ Produkt- bzw. Verfahrensinnovation, Kosten der Fertigungsüberleitung
⇒ flexible Automation, ausschließlich Softwarekosten
⇒ Innovationsberatung im Zusammenhang mit flexibler Automation bzw. technischem Umweltschutz

von Klein- und Mittelunternehmen gemäß Definition des EU-Beihilfenrechtes

### Förderart

nicht rückzahlbare Zuschüsse
F&E: Aufstockung der FFF- bzw. ITF-Mittel bis zu 25 % bzw. 30 %
Innovation: 10 % der Innovationskosten
flexible Automation: max. 40 % der technischen Softwarekosten, max. jedoch ATS 150.000,–
Innovationsberatung: bis zu 30 % der Gesamtkosten, max. ATS 10.000,–

### Kombinationsmöglichkeit mit anderen Aktionen

bei Innovation, flexibler Automation und Innovationsberatung nicht möglich; im Rahmen der F&E im Bereich der genannten Aktion

### Beispiele aus der Förderpraxis

⇒ Implementierung eines CAD/CAM-Softwarepaketes in einem Mittelunternehmen in Igls

## Amt der Tiroler Landesregierung

# Aktion zur Förderung betrieblicher Umweltschutzprojekte

### Förderbare Kosten

Investitionsprojekte, die eine ökologisch verträgliche Wirtschaftsentwicklung ermöglichen (nur umweltrelevante Mehrkosten)

### Förderart

Zinsenzuschüsse in Höhe von 2 % bis 4 % p.a.
Kredithöhe: max. ATS 10 Mio.
Kreditlaufzeit: nach Vereinbarung
Zinsenzuschuß-Dauer: 5 Jahre

### Kombinationsmöglichkeit mit anderen Aktionen

grundsätzlich möglich, sofern das Projekt eine umweltrelevante Komponente aufweist; gilt auch für Anschlußförderungen für Projekte, die bereits im Rahmen der Kommunalkredit gefördert wurden

### Beispiele aus der Förderpraxis

⇒ Maßnahmen zur Verminderung von Lärm- und Staubemissionen
⇒ Anschaffung einer biologischen Abwasservorreinigungsanlage
⇒ Produktentwicklung aus wiederverwertbaren Abfällen

❍ Tirol
✰ Umweltschutz
✰ Klein- und Mittelunternehmen
❒ Zinsenzuschüsse

## Amt der Tiroler Landesregierung

# Tiroler Zinsenzuschußaktion für Ziel 5b-Gebiete

### Förderbare Kosten

⇒ Investitionen mit hoher struktur- und leistungsbilanzpolitischer Relevanz
⇒ Erwerb, Errichtung, Erweiterung und Umbau von Betriebsgebäuden
⇒ Anschaffung von Maschinen und technischen Einrichtungen
⇒ Maßnahmen der Energieeinsparung und des Umweltschutzes
⇒ Betriebsverlegungen im öffentlichen Interesse
von Klein- und Mittelunternehmen (max. 150 Mitarbeiter) mit Betriebsstandort im Ziel 5b-Gebiet Tirols

### Förderart

Bemessungsgrundlage: Kredithöhe max. 70 % der Neuinvestitionen bzw. 50 % bei gebrauchten Gütern, mind. jedoch ATS 300.000,–, max. ATS 5 Mio., die Inanspruchnahme dieses Höchstbetrages ist nur einmal innerhalb von 5 Jahren möglich
Zinsenzuschuß: 2 % bis 3 % p.a. für die Dauer von 5 Jahren

### Kombinationsmöglichkeit mit anderen Aktionen

subsidiär zu den Bundesförderungen

### Beispiele aus der Förderpraxis

⇒ Erweiterungsinvestitionen eines Maschinenbauunternehmens in Sillian
⇒ Betriebsverlegung einer Schlosserei aus dem touristischen Zentrum der Wildschönau in eine nahegelegene Gewerbezone

## Amt der Tiroler Landesregierung, Wirtschaftskammer Tirol

# Übernahme von Bürgschaften durch die Tiroler Bürgschaftsgemeinschaft (TBG)

### Förderbare Kosten

Haftungen zur Besicherung von Krediten für
⇒ Investitionszwecke

Im Falle der Sicherung des Fortbestandes von Unternehmen für
⇒ Betriebsmittel
⇒ Konsolidierungszwecke
⇒ Beteiligungen

### Förderart

Übernahme von Haftungen
Kredithöhe: mind. ATS 200.000,– bis max. ATS 4 Mio.
Kreditlaufzeit: bis 10 Jahre (Investitionen)
bis 5 Jahre (Betriebsmittel)
Haftungsquote: max. 70 %
Haftungsprovision: 0,25 % p.a.

### Kombinationsmöglichkeit mit anderen Aktionen

grundsätzlich möglich, z.B. mit
⇒ BÜRGES

### Beispiele aus der Förderpraxis

⇒ Durchführung eines Investitionsprogrammes mit entsprechender Fremdmittelausweitung
⇒ Überbrückungskredit zur Vermeidung von Insolvenzfolgen eines Geschäftspartners

❍ Vorarlberg
✰ Investitionen
✰ Forschung und Entwicklung
❐ Zinsenzuschüsse

## Amt der Vorarlberger Landesregierung

# Aktion zur Stärkung der Wirtschaftsstruktur Vorarlbergs

(bis 31. 12. 1999)

### Förderbare Kosten

⇒ Produkt- und Verfahrensinnovationen
⇒ Einführung von Qualitätssicherungssystemen
⇒ Bearbeitung neuer Märkte bzw. Substitution von Importen
⇒ Überleitung von Forschungs- und Entwicklungsprojekten in die Fertigung (inkl. Markterschließung)
⇒ Beseitigung oder Minderung schädlicher Einflüsse auf die Umwelt
⇒ Verbesserung der Qualität bestehender Produkte
⇒ Schaffung qualifizierter Arbeits- oder Ausbildungsplätze
⇒ Stärkung durch immaterielle Investitionen

### Förderart

Zinsenzuschüsse in Höhe von 2 % p.a.
Kredithöhe: max. ATS 10 Mio. (auch in Fremdwährung)
Zinsenzuschuß-Dauer: 5 Jahre
nicht rückzahlbare Zuschüsse: 10 % des geförderten Kredites bei der Schaffung von zusätzlichen Arbeitsplätzen

### Kombinationsmöglichkeiten mit anderen Aktionen

grundsätzlich möglich, z.B. mit
⇒ ERP-Fonds, BÜRGES

### Beispiele aus der Förderpraxis

⇒ Investitionen in Meßgeräte und Datenerfassungseinrichtungen zum Aufbau eines Qualitätssicherungssystems
⇒ Maschinelle Erneuerungen in einem Textilunternehmen

## Amt der Vorarlberger Landesregierung

# Förderung der betrieblichen Forschung und Entwicklung (Vorarlberger F&E-Projektsförderung)

### Förderbare Kosten

⇒ materielle und immaterielle Investitionen im Bereich Forschung und Entwicklung (Aufstockung der von Fördereinrichtungen des Bundes gewährten Förderbeiträge)

### Förderart

nicht rückzahlbare Zuschüsse: Aufstockung der Förderbeiträge des Bundes (insbesondere FFF und ITF) um bis zu 25 % bzw. um bis zu 30 % der gewährten Förderbeiträge des Bundes bei überdurchschnittlich hohem Personalkostenanteil
Darlehen: Aufstockung der auf Bundesebene gewährten Darlehen um bis zu 25 % bzw. um bis zu 30 % bei überdurchschnittlich hohem Personalkostenanteil
teilweise oder gänzliche Übernahme von Zinsen für Darlehen von Fördereinrichtungen auf Bundesebene

### Kombinationsmöglichkeiten mit anderen Aktionen

grundsätzlich möglich, insbesondere mit
⇒ FFF, ITF

### Beispiele aus der Förderpraxis

⇒ Entwicklung einer neuen Maschine für den Einsatz in der Lebensmittelindustrie

## Wiener Wirtschaftsförderungsfonds (WWFF)

# Wiener Innovations- und Technologieförderung

### Förderbare Kosten

⇒ F&E-Aufwendungen für gewerbliche Grundlagen- und Anwendungsforschung im Bereich von Produkt- und Prozeßinnovationen
⇒ wirtschaftliche Umsetzung der Innovation (nur für Unternehmen bis 250 Mitarbeiter und im Zusammenhang mit F&E-Aufwendungen)

Einreichung **vor** Investitionsbeginn

Jungunternehmen (Bestand kürzer als 2 Jahre) erst nach einer Unternehmensberatung durch das Innovations- und Technologieservice des WIFI antragsberechtigt

### Förderart

nicht rückzahlbare Zuschüsse

**Forschung und Entwicklung:**
30 % der förderbaren Kosten für Unternehmen bis 250 Mitarbeiter
20 % der förderbaren Kosten für Unternehmen über 250 Mitarbeiter

**Umsetzung der Innovation:**
15 % der förderbaren Kosten für Unternehmen bis 50 Mitarbeiter
7,5 % der förderbaren Kosten für Unternehmen bis 250 Mitarbeiter

Förderhöhe: insgesamt (inkl. F&E) ATS 20 Mio. p.a. und Unternehmensgruppe

### Kombinationsmöglichkeiten mit anderen Aktionen

grundsätzlich möglich, z.B. mit
⇒ FFF, ITF, ERP-Fonds

### Beispiele aus der Förderpraxis

⇒ Durchführung eines Projektes der vorwettbewerblichen Entwicklung am Standort Wien

❍ Wien
✰ Investitionen
❒ Zuschüsse

# Wiener Wirtschaftsförderungsfonds (WWFF)

# Wiener Strukturverbesserungsaktion

(Nachfolgeaktion der Wiener Struktur- und Umweltverbesserungsaktion per 1. 7. 1998)

## Förderbare Kosten

⇒ Ankauf von Grundstücken mit Betriebsobjekten
⇒ Ankauf von Grundstücken zwecks Errichtung von Betriebsobjekten
⇒ Neuerrichtung, bauliche Erweiterung oder Adaptierung von Betriebsobjekten für Produktion, Großhandel und produktionsorientierte Dienstleistungen

Nicht förderbar ist der Ankauf von Grundstücken bzw. Objekten, die vom antragstellenden Unternehmen bereits genützt werden

Einreichung **vor** Investitionsbeginn

Erfüllung diverser Förderkriterien, wie Anhebung des Beschäftigtenstandes, Schaffung von Forschungs- und Entwicklungseinrichtungen, von Schulungsräumen, Öko-Aufwendungen beim Bau etc.

## Förderart

nicht rückzahlbare Zuschüsse

15 % der förderbaren Kosten für Kleinunternehmen bis 50 Mitarbeiter (Mindestinvestitionsvolumen ATS 2 Mio.)

7,5 % der förderbaren Kosten für Mittelunternehmen bis 250 Mitarbeiter (Mindestinvestitionsvolumen ATS 5 Mio.)

Förderhöhe: max. ATS 11 Mio. pro Unternehmen und Standort innerhalb von 10 Jahren

## Kombinationsmöglichkeiten mit anderen Aktionen

grundsätzlich möglich, z.B. mit
⇒ ERP-Fonds, BÜRGES, ITF

## Beispiele aus der Förderpraxis

⇒ Errichtung eines Forschungszentrums in Wien

❍ Wien
✰ Klein- und Mittelunternehmen
❐ Zuschüsse

## Wiener Wirtschaftsförderungsfonds (WWFF)

# Telematik & C-Tech Wien

### Förderbare Kosten

Investitionen, die für das Unternehmen einen „Technologiesprung“ darstellen
⇒ im Bereich der Telematik (angewandte Telekommunikations- und EDV-Technologie) sowie
⇒ fortschrittlicher C-Techniken (rechnergesteuerte Technologien zur Unterstützung technisch-betrieblicher Abläufe)

von Klein- und Mittelunternehmen gemäß Definition des EU-Beihilfenrechtes
Einreichung **vor** Investitionsbeginn

Konventionelle Bürosysteme, einfache CAD/CAM-Systeme, Telekommunikations- und Standardausstattungen sind nicht förderbar.

### Förderart

nicht rückzahlbare Zuschüsse, insgesamt max. ATS 1,35 Mio.
- Beratung und Schulung: 40 %, max. ATS 250.000,–
- Investitionen: 30 %, max. ATS 1 Mio.
- Personalkosten bei einem Aufwand von
  - mind. 2 Mitarbeitermonaten: Pauschalzuschuß ATS 50.000,–
  - mind. 4 Mitarbeitermonaten: Pauschalzuschuß ATS 100.000,–

### Kombinationsmöglichkeiten mit anderen Aktionen

grundsätzlich möglich, z.B. mit
⇒ BÜRGES

### Beispiele aus der Förderpraxis

⇒ Einführung eines EDV-gestützen Kommunikationssystems in einem Wiener Unternehmen

## Wiener Wirtschaftsförderungsfonds (WWFF)

# Initiative „Qualifizierte Mitarbeiter"

### Förderbare Maßnahmen

⇒ Förderung der Aufnahme von zusätzlichen hochqualifizierten Mitarbeitern im Zusammenhang mit der Durchführung eines Projektes im Organisations-, Informations-, Forschungs- und Entwicklungs- oder Marketing-Bereich (z.B. Umstellung auf EDV, CAD/CAM-Einführung, Produktneuentwicklung, Erschließung neuer Exportmärkte)

Für Wiener Gewerbebetriebe mit max. 100 Mitarbeitern (im Unternehmen bzw. in der Unternehmensgruppe).

Voraussetzungen: – Antragstellung vor Aufnahme des neuen Mitarbeiters
– expansive Entwicklung des Unternehmens
– das Unternehmen muß bereits mind. 2 Jahre existieren

### Förderart

Gehaltszuschuß: 35 % der Bemessungsgrundlage; Maximalzuschuß ATS 600.000,–
Bemessungsgrundlage: Differenz zwischen Bruttojahresgehalt des neuen hochqualifizierten Mitarbeiters und einem Pauschalbetrag von ATS 160.000,– (fiktiver, festgesetzter Wert für minderqualifizierte Tätigkeiten); das jährliche Bruttogehalt des neuen Mitarbeiters muß mind. ATS 320.000,– betragen
Auszahlung der Förderung erfolgt in zwei Tranchen (nach dem 1. und 2. Beschäftigungsjahr).

### Kombinationsmöglichkeiten mit anderen Aktionen

grundsätzlich möglich, z.B. mit
⇒ Aktionen des AMS

### Beispiele aus der Förderpraxis

⇒ Ein metallverarbeitendes Unternehmen in Wien stellt einen zusätzlichen CAD/CAM-Techniker ein

❍ Wien
✰ Investitionen
❒ Haftungen

# Wiener Kreditbürgschaftsgesellschaft m.b.H.
# Bürgschaftsrichtlinien

## Förderbare Kosten

Haftungen für folgende Investitions- bzw. Betriebsmittelkredite
⇒ Investitionen zur Umstellung der Produktionsstruktur (Rationalisierung und Erweiterung)
⇒ F&E-Vorhaben
⇒ Verbesserung der Stadtstruktur
⇒ Betriebsverlagerungen und -gründungen innerhalb Wiens
⇒ Betriebsübernahmen

## Förderart

Übernahme von Haftungen
Kredithöhe: ATS 250.000,– bis ATS 7,5 Mio. (Ausnahmen möglich)
für Betriebsmittel: ATS 3 Mio. Obergrenze
Haftungsquote: max. 80 %
Haftungsentgelt: 0,5 % p.a.
Haftungslaufzeit: bis zu 10 Jahre (Ausnahmen möglich)

## Kombinationsmöglichkeiten mit anderen Aktionen

grundsätzlich möglich, z.B. mit
⇒ ERP-Fonds, BÜRGES, FFF, ITF

## Beispiele aus der Förderpraxis

⇒ Aufnahme eines Investitionskredites zur Finanzierung des Maschinenparks am Unternehmensstandort Wien
⇒ Produktion und Marktentwicklung eines neuen pharmazeutischen Präparates in Wien
⇒ Betriebsübernahme (Management Buy Out) eines Wiener Unternehmens

## 4.4. Zusammenfassender Überblick

Die folgende *Übersicht* zeigt die ausgewählten Förderaktionen für österreichische Unternehmen im industriell-gewerblichen Bereich. Außerdem sind die mit der Abwicklung betrauten Institutionen angegeben.

Die **Reichweite** kann sich bei einer Förderaktion auf Österreich bzw. ein Bundesland bzw. auf Regionalfördergebiete (nationale Wettbewerbskulisse) erstrecken.

Die **Schwerpunkte** umfassen im wesentlichen die von der EU gesetzten wirtschaftspolitischen Akzente. Zusätzliche Angaben beziehen sich auf spezielle **Branchen** (Nahrungs- und Genußmittelindustrie) und **Förderbare Kosten** bzw. **Maßnahmen** (Investitionen, Infrastruktur, Internationalisierung, Sanierung, Humanressourcen). Hinsichtlich der **Förderart** werden die zum Einsatz kommenden **Instrumente** dargestellt.

| Institution/Aktion | Reichweite | Schwerpunkte | Instrumente |
|---|---|---|---|
| **Österreichweite Förderaktionen** | | | |
| FFF; Generelle Richtlinie | österreichweit | Forschung und Entwicklung | Fördermix |
| FFF; FFF-Einstiegsförderung für österreichische Beteiligungen an EU-Projekten | österreichweit | Forschung und Entwicklung | Zuschüsse |
| FFF; Lebensmittelinitiative Österreich | österreichweit | Forschung und Entwicklung<br>Lebensmittelwirtschaft | Fördermix |
| FFF und Kommunalkredit; Forschungsprojekte Siedlungswasserwirtschaft | österreichweit | Forschung und Entwicklung | Fördermix |
| ITF; Generelle Richtlinie | österreichweit | Forschung und Entwicklung | Zuschüsse |
| ERP-Fonds; Technologie- und Strukturoffensive – Qualitätssicherung | österreichweit | Forschung und Entwicklung<br>Klein- und Mittelunternehmen | Zuschüsse |
| ERP-Fonds; Technologie- und Strukturoffensive – Produktfindung | österreichweit | Forschung und Entwicklung | Zuschüsse |
| ERP-Fonds; ERP-Technologieprogramm | österreichweit | Forschung und Entwicklung | zinsgünstige Kredite |
| ERP-Fonds; ERP-Infrastrukturprogramm | österreichweit | Forschung und Entwicklung<br>Investitionen | zinsgünstige Kredite |
| ERP-Fonds; ERP-Sonderprogramm für eine Wachstums- und Technologieoffensive<br>Teilbereich: F&E-Kooperationsprojekte | österreichweit | Forschung und Entwicklung | zinsgünstige Kredite |
| ERP-Fonds; ERP-Sonderprogramm für eine Wachstums- und Technologieoffensive<br>Teilbereich: FTE-Wachstumsprogramm | österreichweit | Forschung und Entwicklung | zinsgünstige Kredite |
| ERP-Fonds; ERP-Sonderprogramm für eine Wachstums- und Technologieoffensive<br>Teilbereich: KMU-Tech-Wachstumsprogramm | österreichweit | Klein- und Mittelunternehmen<br>Forschung und Entwicklung | zinsgünstige Kredite |
| ERP-Fonds; ERP-KMU-Technologieprogramm | österreichweit | Klein- und Mittelunternehmen<br>Forschung und Entwicklung | zinsgünstige Kredite |

| Institution/Aktion | Reichweite | Schwerpunkte | Instrumente |
|---|---|---|---|
| BÜRGES Förderungsbank; Gewerbestrukturverbesserungsaktion | österreichweit | Klein- und Mittelunternehmen<br>Investitionen<br>Eigenkapitalstärkung | Fördermix |
| BMAGS; Förderung von kleinen und mittleren Unternehmen aus arbeitsmarktpolitischen Gründen gemäß § 27a AMFG | österreichweit | Klein- und Mittelunternehmen<br>Investitionen | Fördermix |
| EIB im Rahmen eines Globaldarlehens zwischen EIB und Investkredit; EIB-Europakredit der Investkredit | österreichweit | Investitionen | zinsgünstige Kredite |
| Fachverband der Maschinen- und Stahlbauindustrie Österreichs (FMS); Investitionskreditaktion des Fachverbandes der Maschinen- und Stahlbauindustrie Österreichs | österreichweit | Klein- und Mittelunternehmen<br>Investitionen | zinsgünstige Kredite |
| KfW im Rahmen einer Kooperationsvereinbarung mit der Investkredit; KfW-Mittelstandsprogramm/KfW-Mittelstandsprogramm-Ausland | österreichweit | Investitionen<br>Klein- und Mittelunternehmen | zinsgünstige Kredite |
| ERP-Fonds; Sektorplanförderung | österreichweit | Nahrungs- und Genußmittelindustrie; Investitionen | Zuschüsse |
| ERP-Fonds; Regionale Innovationsprämie (RIP) | österreichweit | Regionalfördergebiete<br>Investitionen | Zuschüsse |
| ERP-Fonds; ERP-Regionalprogramm (inkl. ERP-Regional-Tech) | österreichweit | Regionalfördergebiete<br>Investitionen | zinsgünstige Kredite |
| ERP-Fonds; Regionale Infrastrukturförderung (RIF) | österreichweit | Regionalfördergebiete<br>Investitionen/Infrastruktur | Zuschüsse |
| BMAGS; Förderung von Unternehmen in Problemgebieten aus arbeitsmarktpolitischen Gründen gemäß § 35a AMFG | österreichweit | Regionalfördergebiete<br>Investitionen | Fördermix |
| KfW im Rahmen einer Kooperationsvereinbarung mit der Investkredit; KfW-Umweltprogramm/KfW-Umweltprogramm-Ausland | österreichweit | Umweltschutz | zinsgünstige Kredite |
| Kommunalkredit im Rahmen des Umweltförderungsgesetzes (UFG); Umweltförderung im Inland | österreichweit | Umweltschutz | Fördermix |
| Kommunalkredit im Rahmen des Umweltförderungsgesetzes (UFG); Umweltförderung im Ausland („Ost-Ökofonds“) | österreichweit | Umweltschutz<br>Internationalisierung | Zuschüsse |
| Kommunalkredit im Rahmen des Umweltförderungsgesetzes (UFG); Betriebliche Abwassermaßnahmen | österreichweit | Umweltschutz | Fördermix |
| ERP-Fonds; ERP-Osteuropaprogramm | österreichweit | Internationalisierung<br>Klein- und Mittelunternehmen | zinsgünstige Kredite |
| BÜRGES Förderungsbank; Förderung der Internationalisierung von Klein- und Mittelbetrieben durch Garantien | österreichweit | Klein- und Mittelunternehmen<br>Internationalisierung | Haftungen |

| Institution/Aktion | Reichweite | Schwerpunkte | Instrumente |
|---|---|---|---|
| Wirtschaftskammer, ERP-Fonds; Gestion durch Kontrollbank; Starthilfekredit zur Finanzierung exportfördernder Investitionen in Entwicklungsländern | österreichweit | Internationalisierung Klein- und Mittelunternehmen | zinsgünstige Kredite |
| Wirtschaftskammer; Gestion durch Kontrollbank; Kreditaktion zur Förderung von Vertriebseinrichtungen österreichischer Exportfirmen in Industrieländern | österreichweit | Internationalisierung | zinsgünstige Kredite |
| Kontrollbank; G4 Garantie zur Deckung von politischen Risken bei Beteiligungsinvestitionen | österreichweit | Internationalisierung | Haftungen |
| Kontrollbank; Wechselbürgschaft des Bundes für Beteiligungen | österreichweit | Internationalisierung | Wechselbürgschaft |
| Kontrollbank; Exportfinanzierungsverfahren für Beteiligungen | österreichweit | Internationalisierung | zinsgünstige Kredite |
| FGG/Ost-West-Fonds; Technologie-Finanzierungsprogramm | österreichweit | Investitionen Eigenkapitalstärkung | Haftungen |
| FGG/Ost-West-Fonds; Kapitalmarktbezogene und fondsgebundene Garantien | österreichweit | Investitionen Internationalisierung Eigenkapitalstärkung | Haftungen |
| FGG/Ost-West-Fonds; Förderungen aus dem Studienfonds | österreichweit | Internationalisierung | Zuschüsse |
| FGG/Ost-West-Fonds; Ost-West-Fonds Finanzierungsgarantie mit Risk-Sharing | österreichweit | Internationalisierung | Haftungen |
| FGG/Ost-West-Fonds; Ost-West-Fonds Direktgarantie | österreichweit | Internationalisierung | Haftungen |
| FGG/Ost-West-Fonds; Ost-West-Fonds Kofinanzierungsgarantie | österreichweit | Internationalisierung | Haftungen |
| FGG/Ost-West-Fonds; Garantien der Finanzierungsgarantie-Gesellschaft m.b.H. | österreichweit | Investitionen | Haftungen |
| BMAGS; Restrukturierungs- bzw. Umstrukturierungsbeihilfen für kleine und mittlere Unternehmen gemäß § 27a AMFG und für Unternehmen in Problemgebieten gemäß § 35a AMFG | österreichweit | Investitionen Sanierung | Fördermix |
| AMS Österreich und ESF; Beihilfe zur MitarbeiterInnenqualifikation im Rahmen des Europäischen Sozialfonds (Ziel 4) | österreichweit | Humanressourcen | Zuschüsse |
| AMS Österreich; Beihilfe für die Förderung von Innovativen Modellprojekten zur Verbesserung von Aus- und Weiterbildungssystemen im Rahmen des Europäischen Sozialfonds (Ziel 4, Schwerpunkt 3) (IMQU) | österreichweit | Humanressourcen | Zuschüsse |
| AMS Österreich; Beihilfe zur MitarbeiterInnenqualifikation im Rahmen des Europäischen Sozialfonds (Ziel 1, 2 und 5b) Schulung von Beschäftigten (MQU) | regionale Zielgebiete | Humanressourcen | Zuschüsse |

| Institution/Aktion | Reichweite | Schwerpunkte | Instrumente |
|---|---|---|---|
| **Förderaktionen in den Bundesländern** | | | |
| **Burgenland** | | | |
| WIBAG; Maßnahmen zur Gewährleistung der wirtschaftlichen Entwicklung im Burgenland, „Innovation und Technologie“ | Burgenland | Forschung und Entwicklung<br>Klein- und Mittelunternehmen | Zuschüsse |
| WIBAG; Maßnahmen zur Gewährleistung der wirtschaftlichen Entwicklung im Burgenland, „Forschung und Entwicklung“ | Burgenland | Forschung und Entwicklung | Zuschüsse |
| WIBAG; Maßnahmen zur Gewährleistung der wirtschaftlichen Entwicklung im Burgenland, „Verbesserung der Wirtschaftsstruktur burgenländischer Klein- und Mittelunternehmen“ | Burgenland | Klein- und Mittelunternehmen | Zuschüsse |
| WIBAG; Maßnahmen zur Gewährleistung der wirtschaftlichen Entwicklung im Burgenland, „Umwelt und Ökologie“ | Burgenland | Umweltschutz | Zuschüsse |
| WIBAG; Maßnahmen zur Gewährleistung der wirtschaftlichen Entwicklung im Burgenland, „Infrastruktur“ | Burgenland | Investitionen/Infrastruktur | Zuschüsse |
| WIBAG; Maßnahmen zur Gewährleistung der wirtschaftlichen Entwicklung im Burgenland, „Internationalisierung“ | Burgenland | Internationalisierung | Zuschüsse |
| WIBAG; Bürgschaftsrichtlinien | Burgenland | Investitionen | Haftungen |
| **Kärnten** | | | |
| KWF; Generelle Richtlinie – Industrie und Gewerbe | Kärnten | Forschung und Entwicklung<br>Investitionen | Fördermix |
| KWF; Schwerpunktprogramm „Forschungs- und Entwicklungsvorhaben“ | Kärnten | Forschung und Entwicklung | Zuschüsse |
| KWF; Impulsprogramm „Technologietransfer“ | Kärnten | Forschung und Entwicklung<br>Klein- und Mittelunternehmen | Zuschüsse |
| KWF; Impulsprogramm „Kooperation“ | Kärnten | Klein- und Mittelunternehmen | Zuschüsse |
| KWF; Schwerpunktprogramm „Ziel 5b-Programm Kärnten sowie EU-Gemeinschaftsinitiativen und Aktionsprogramme“ | Kärnten | Investitionen | Zuschüsse |
| KWF; Impulsprogramm „Technologieorientierte Unternehmen“ | Kärnten | Investitionen<br>Klein- und Mittelunternehmen | Zuschüsse |
| Kärntner Sanierungsgesellschaft mbH; Richtlinie im KWF: „Unternehmenserhaltende Maßnahmen“ | Kärnten | Klein- und Mittelunternehmen | Fördermix |
| **Niederösterreich** | | | |
| NÖ Wirtschaftsförderungs- und Strukturverbesserungsfonds; Zinsenzuschußaktion für Innovation, Technologie, Forschung und Entwicklung | Niederösterreich | Forschung und Entwicklung | Zinsenzuschüsse |

| Institution/Aktion | Reichweite | Schwerpunkte | Instrumente |
|---|---|---|---|
| NÖBEG; NÖ Beteiligungsmodell | Niederösterreich | Klein- und Mittelunternehmen | Beteiligungen |
| NÖ Wirtschaftsförderungs- und Strukturverbesserungsfonds; Landesinvestitionsförderung (Pro Industrie Aktion) | Niederösterreich | Investitionen | Fördermix |
| NÖ Wirtschaftsförderungs- und Strukturverbesserungsfonds; Landes-Betriebsansiedlungsaktion | Niederösterreich | Investitionen | Fördermix |
| Amt der Niederösterreichischen Landesregierung; Förderungsaktion des Landes Niederösterreich für Umweltschutzanlagen (Zinsenzuschußaktion) | Niederösterreich | Umweltschutz | Zinsenzuschüsse |
| NÖBEG; Startfinanzierungsaktion | Niederösterreich | Klein- und Mittelunternehmen | Beteiligungen |
| NÖ Kreditbürgschaftsgesellschaft m.b.H.; Bürgschaftsrichtlinien | Niederösterreich | Klein- und Mittelunternehmen | Haftungen |
| **Oberösterreich** | | | |
| Amt der Oberösterreichischen Landesregierung; Euro-Wirtschaftsförderungsprogramm (EWP) | Oberösterreich | Investitionen | Zuschüsse |
| Amt der Oberösterreichischen Landesregierung, Kommunalkredit; Betriebsansiedlungs-Impuls-Programm (BIP) | Oberösterreich | Investitionen | Zinsenzuschüsse |
| Amt der Oberösterreichischen Landesregierung; Förderung von Umweltschutzmaßnahmen | Oberösterreich | Umweltschutz | Zinsenzuschüsse |
| Oberösterreichische Unternehmensbeteiligungsgesellschaft m.b.H.; Beteiligungen | Oberösterreich | Klein- und Mittelunternehmen | Beteiligungen |
| Oberösterreichische Kreditgarantiegesellschaft m.b.H.; Bürgschaften für Investitions- und Betriebsmittelkredite | Oberösterreich | Klein- und Mittelunternehmen | Haftungen |
| **Salzburg** | | | |
| Amt der Salzburger Landesregierung; Förderung der betrieblichen Innovationen | Salzburg | Forschung und Entwicklung | Fördermix |
| TECH-INVEST Salzburg, Gesellschaft für Betriebsansiedlung, Wirtschaft und Technologie mbH; Betriebsstandortförderung im Land Salzburg | Salzburg | Investitionen | Fördermix |
| Salzburger Strukturverbesserungsfonds; Schwerpunktförderung „Strategische Allianzen für Salzburger Unternehmen“ | Salzburg | Internationalisierung | Zuschüsse |
| Salzburger Kreditgarantie-Gesellschaft mbH; Bürgschaften für Investitionskredite und zur Betriebsfestigung | Salzburg | Klein- und Mittelunternehmen | Haftungen |
| **Steiermark** | | | |
| Amt der Steiermärkischen Landesregierung, Richtlinien zur Förderung von Forschungsprojekten | Steiermark | Forschung und Entwicklung | Zuschüsse |

| Institution/Aktion | Reichweite | Schwerpunkte | Instrumente |
|---|---|---|---|
| Steirische Wirtschaftsförderungs-gesellschaft m.b.H.; Richtlinie für die Steirische Wirtschaftsförderung Dienstleistungspaket für Unternehmen im Wachstum und Investoren | Steiermark | Investitionen | Fördermix |
| Steirische Wirtschaftsförderungs-gesellschaft m.b.H.; Richtlinie für die Steirische Wirtschaftsförderung; Dienst-leistungspaket für Unternehmensgründer Dienstleistungspaket für Regionen | Steiermark | Investitionen | Fördermix |
| Amt der Steiermärkischen Landes-regierung; Förderung von betrieb-lichen Abwassermaßnahmen mit Mitteln des Landes Steiermark | Steiermark | Umweltschutz | Zuschüsse |
| **Tirol** | | | |
| Amt der Tiroler Landesregierung; Impulspaket Tirol | Tirol | Investitionen | Zuschüsse |
| Amt der Tiroler Landesregierung; Sonderprogramm für die Nationalpark-region Hohe Tauern in Tirol | Tirol | Regionalfördergebiete | Fördermix |
| Amt der Tiroler Landesregierung; Förderung von Forschung, Entwicklung, Innovation und flexibler Automation | Tirol | Klein- und Mittelunternehmen | Zuschüsse |
| Amt der Tiroler Landesregierung; Aktion zur Förderung betrieblicher Umweltschutzprojekte | Tirol | Umweltschutz | Zinsen-zuschüsse |
| Amt der Tiroler Landesregierung; Tiroler Zinsenzuschußaktion für Ziel 5b-Gebiete | Tirol | Umweltschutz<br>Klein- und Mittelunternehmen | Zinsen-zuschüsse |
| Amt der Tiroler Landesregierung, Wirtschaftskammer Tirol; Übernahme von Bürgschaften durch die Tiroler Bürgschaftsgemeinschaft (TBG) | Tirol | Investitionen | Haftungen |
| **Vorarlberg** | | | |
| Amt der Vorarlberger Landes-regierung; Aktion zur Stärkung der Wirtschaftsstruktur Vorarlbergs | Vorarlberg | Investitionen<br>Forschung und Entwicklung | Zinsen-zuschüsse |
| Amt der Vorarlberger Landes-regierung; Förderung der betrieblichen Forschung und Entwicklung (Vorarlberger F&E-Projektsförderung) | Vorarlberg | Forschung und Entwicklung | Fördermix |
| **Wien** | | | |
| WWFF; Wiener Innovations- und Technologieförderung | Wien | Forschung und Entwicklung | Zuschüsse |
| WWFF; Wiener Struktur-verbesserungsaktion | Wien | Investitionen | Zuschüsse |
| WWFF; Telematik & C-Tech Wien | Wien | Klein- und Mittelunternehmen | Zuschüsse |
| WWFF; Initiative „Qualifizierte Mitarbeiter" | Wien | Humanressourcen | Zuschüsse |
| Wiener Kreditbürgschaftsgesell-schaft m.b.H., Bürgschaftsrichtlinien | Wien | Investitionen | Haftungen |

# 5. Die Strukturfonds der EU. Zielgebietskulisse nach Bundesländern

**Finanzielle Interventionen** der EU im Rahmen der **gemeinsamen Struktur- und Regionalpolitik** haben in den letzten beiden Jahrzehnten **an Bedeutung gewonnen.**Die Struktur- und Regionalpolitik wurde 1988 inhaltlich neu definiert und in einer Reform von 1993 erneut ausgeweitet. Vor dem Hintergrund der EU-Osterweiterung sind Reformen bis zum Jahr 2000 geplant.

Für die **Programmperiode 1994 bis 1999** wurden **ECU 141,5 Mrd.** für Strukturmaßnahmen vorgesehen. Zusammen mit dem Kohäsionsfonds (für Griechenland, Spanien, Portugal und Irland) nehmen strukturpolitische Maßnahmen rund **ein Drittel des EU-Budgets** in Anspruch. Nach den Mitteln für die Gemeinsame Agrarpolitik (rund 50 %) bilden sie den zweitwichtigsten Ausgabenposten der Union.

Seit dem Beitritt zur EU partizipiert **Österreich** an diesen Förderinstrumenten. Österreich erhält gemäß Beitrittsvertrag vom 12. April 1994 im Zeitraum **1995 bis 1999 insgesamt ECU 1.623 Mio.** an Fördermitteln. Dies sind rund ATS 21,1 Mrd. insgesamt, bei einem Umrechnungskurs von 1 ECU = ATS 13 bzw. rund ATS 4,2 Mrd. oder etwa 0,15 % des Bruttoinlandsproduktes pro Jahr *(vgl. Übersicht 7)*.

Übersicht 7: **Strukturfondsmittel für Österreich: Finanzrahmen 1995 bis 1999**

| Ziele | in ECU Mio. | in ATS Mio. | in % | Ausnutzung per 31. 12. 97 in %[1] |
|---|---|---|---|---|
| Ziel 1 | 165,6 | 2.152,8 | 10,2 | 30 |
| Ziel 2 | 101,4 | 1.318,2 | 6,3 | 55 |
| Ziel 3 | 334,0 | 4.342,0 | 20,6 | 58 |
| Ziel 4 | 61,0 | 793,0 | 3,7 | 32 |
| Ziel 5a | 388,0 | 5.044,0 | 23,9 | 46 |
| Ziel 5b | 411,0 | 5.343,0 | 25,3 | 32 |
| Ziel 6 | – | – | – | – |
| **Summe** | **1.461,0** | **18.993,0** | **90,0** | **43** |
| Gemeinschaftsinitiativen | 146,0 | 1.898,0 | 9,0 | 43 |
| Pilotaktionen | 16,0 | 208,0 | 1,0 | |
| **Gesamtrahmen** | **1.623,0** | **21.099,0** | **100,0** | **43** |

Quelle: BKA, seit Genehmigung der Zielprogramme erfolgten Änderungsanträge bzw. Änderungsentscheidungen, die in den Übersichten 11 bis 22 eingearbeitet wurden. Diese sind hier nicht berücksichtigt.
Kurs: 1 ECU = ATS 13
1) Ausnutzung per 31. 12. 1997, dargestellt als an Österreich überwiesene EU-Mittel in % des Finanzrahmens
Pilotaktionen sind statistisch nicht erfaßt

## 5.1. Die Finanzinstrumente

Fördermittel für strukturpolitische Ziele werden im wesentlichen aus **vier Finanzinstrumenten** bereitgestellt. Zur Unterstützung können zusätzlich auch Mittel der Europäischen Investitionsbank (EIB) und der anderen Finanzinstrumente eingesetzt werden.

- Der **Europäische Fonds für Regionale Entwicklung** (EFRE) finanziert und fördert
  - produktive Investitionen
  - Infrastrukturmaßnahmen
    Ziel 1: infrastrukturelle Voraussetzungen zum Wachstum des Wirtschaftspotentials und zur Strukturanpassung, transeuropäische Netze (Verkehr, Telekommunikation, Energie), Gesundheits- und Bildungswesen
    Ziel 2: Restrukturierung von Industriezonen, infrastrukturelle Voraussetzungen für neue wirtschaftliche Aktivitäten
    Ziel 5b: infrastrukturelle Voraussetzungen für die Entwicklung nichtlandwirtschaftlicher Wirtschaftszweige
  - Maßnahmen zur Erschließung des endogenen Potentials (lokale Initiativen, KMUs)
  - Forschung und Entwicklung
  - Umweltschutzinvestitionen
  - Technische Hilfe (Planung und Evaluierungsstudien)

- Der **Europäische Sozialfonds (ESF)** finanziert und fördert Maßnahmen zur
  - Erleichterung des Zugangs zum Arbeitsmarkt
  - Förderung der Chancengleichheit
  - Qualifikationsentwicklung
  - Schaffung neuer Arbeitsplätze

  Zu diesem Zweck finanziert der ESF Anstellungsbeihilfen, berufliche Bildung, Systeme der allgemeinen und beruflichen Ausbildung sowie Forschung und Entwicklung, Innovationen im jeweils relevanten Bereich. Regionsspezifische Maßnahmen werden bei den regionalen Zielen 1, 2 und 5b zur Förderung von Wachstum und Stabilität der Beschäftigung sowie zur Verstärkung des Arbeitskräftepotentials in Forschung, Wissenschaft und Technologie gesetzt. Im Rahmen von Ziel 1 finanziert der ESF außerdem den Ausbau des Bildungssystems sowie die Ausbildung öffentlich Bediensteter.

- Der **Europäische Ausrichtungs- und Garantiefonds für die Landwirtschaft – Abteilung Ausrichtung (EAGFL-Abteilung Ausrichtung)** finanziert und fördert
  - im Rahmen von Ziel 5a insbesondere
    Ausgleichszahlungen für Landwirte in benachteiligten Regionen
    effizienzsteigernde, strukturverbessernde Maßnahmen
    Maßnahmen zur Förderung der Niederlassung von Junglandwirten
    Maßnahmen zur Verbesserung der Verarbeitung und Vermarktung landwirtschaftlicher Produkte
  - im Rahmen der Ziele 1 und 5b insbesondere
    Umstellung, Diversifizierung und Neuausrichtung der Produktion
    Absatzförderung für hochwertige Erzeugnisse der Region
    Verbesserung der ländlichen Infrastruktur, Branchendiversifizierung, Dorfentwicklung (subsidiär zum EFRE)
    Flurbereinigung, Bodenmelioration, Be- und Entwässerungssysteme

Entwicklungsmaßnahmen von Handwerk und Tourismus
Schutz der Landwirtschaft vor Naturkatastrophen
Waldentwicklung, Umweltschutz und Landschaftspflege (subsidiär zur Gemeinschaftlichen Agrarpolitik)
land- und forstwirtschaftliche Beratung und Berufsfortbildung

- Das in der Reform 1993 neu geschaffene **Finanzinstrument für die Ausrichtung der Fischerei (FIAF)** wird in Österreich nicht eingesetzt.

Ein Teil der Strukturfondsmittel wird im Rahmen von Spezialprogrammen der EU, den **Gemeinschaftinitiativen** *(siehe Kapitel 6)* und bestimmten **Aktionsprogrammen**, vergeben. **Aktionsprogramme** werden über die Kommission abgewickelt. Thematisch konzentrieren sie sich auf die Bereiche Forschung und Technologieentwicklung, KMUs, Osthilfe, Aus- und Weiterbildung, Soziales, Kultur und Umwelt (Detailinformationen siehe „Aktionsprogramme und transnationale Netzwerke der Europäischen Union", ÖROK 1996).

Die Strukturfonds der EU sind das zentrale Instrument zur Unterstützung des **Zieles des wirtschaftlichen und sozialen Zusammenhaltes der EU** (Art. 130a Vertrag über die Europäische Union). Durch besondere Förderungen soll verhindert werden, daß wirtschaftsschwächere Regionen und wirtschaftlich benachteiligte Bevölkerungsgruppen vom allgemeinen Wohlstand ausgeschlossen werden. Damit möchte die EU allfälligen negativen Folgen der Binnenmarktpolitik und der Gemeinschaftlichen Agrarpolitik entgegenwirken.

In Österreich stehen den drei Strukturfonds als **„fondskorrespondierende" Ressorts**
- das Bundeskanzleramt (BKA) für den EFRE,
- das Bundesministerium für Arbeit, Gesundheit und Soziales (BMAGS) für den ESF sowie
- das Bundesministerium für Land- und Forstwirtschaft (BMLF) für den EAGFL

zur Seite. Sie haben im wesentlichen die Koordination der finanziellen Administration der Fondsmittel in Österreich zur Aufgabe.

## 5.2. Die vier Grundsätze der Mittelvergabe

Seit der Strukturfondsreform 1988 hat die Mittelvergabe **vier Grundsätzen** zu folgen:
- **Konzentration der Mittel**
- **Programmplanung**
- **Partnerschaft**
- **Zusätzlichkeit der Mittel**

Nach dem **Grundsatz der Konzentration** haben Maßnahmen ausschließlich folgenden genau definierten regional-, arbeitsmarkt- und agrarpolitischen **Zielen** zu entsprechen:

**Ziel 1:** Förderung der Entwicklung und strukturellen Anpassung der Regionen mit erheblichem Entwicklungsrückstand
**Ziel 2:** Umstellung von Regionen, die von einer rückläufigen industriellen Entwicklung schwer betroffen sind
**Ziel 3:** Bekämpfung der Langzeitarbeitslosigkeit und Erleichterung der Eingliederung von Jugendlichen und sonstigen Problemgruppen in das Erwerbsleben
**Ziel 4:** Erleichterung der Anpassung der Arbeitskräfte an den industriellen Wandel
**Ziel 5a:** Förderung der Entwicklung des ländlichen Raumes durch beschleunigte Anpassung der Agrarstrukturen im Rahmen der Reform der Gemeinsamen Agrarpolitik

**Ziel 5b:** Förderung der Entwicklung des ländlichen Raumes durch Erleichterung der Entwicklung und der Strukturanpassung der ländlichen Gebiete
**Ziel 6:** Förderung „subarktischer“ Regionen (für Schweden und Finnland)

Während sich die **Ziele 3, 4 und 5a** auf das **gesamte Gemeinschaftsgebiet** beziehen, besteht für die **Ziele 1, 2, 5b und 6 eine ausdrückliche räumliche Ausrichtung.** Die Auswahl der für eine Förderung qualifizierten Regionen richtet sich nach konkreten Kriterien, die im nächsten *Abschnitt 5.3.* „Die Kriterien für Zielgebiete“ dargestellt sind. Ein geographischer Überblick über die europäische Zielgebietskulisse findet sich auf der *Karte* „Regionale Zielgebiete in Europa“.

Zusätzlich zu dieser Bündelung auf definierte Ziele kann auch die besondere Ausrichtung der Maßnahmen auf erheblich benachteiligte Regionen gemäß Ziel 1 als Ausdruck des Prinzips der Konzentration verstanden werden. Diesen Regionen stehen in der laufenden Programmperiode rund 70 % der Mittel zur Verfügung. Einen Großteil davon erhalten die Kohäsionsländer Spanien, Portugal, Griechenland und Irland.

Die drei Strukturfonds konzentrieren sich auf die in *Übersicht 8* dargestellten Schwerpunkte in den einzelnen Zielen.

Übersicht 8: **Förderschwerpunkte der Strukturfonds nach Zielen**

| Fonds | Kofinanzierung | Ziel 1 | Ziel 2 | Ziel 3 | Ziel 4 | Ziel 5a | Ziel 5b |
|---|---|---|---|---|---|---|---|
| EFRE | Basisinfrastruktur | • | | | | | |
| | wirtschaftsnahe Infrastruktur | •• | • | | | | • |
| | Wirtschaftsförderung | •• | • | | | | • |
| ESF | Beschäftigungsbeihilfen | • | | •• | •• | | |
| | Ausbildung und Beratung | • | • | •• | •• | | • |
| | sonstige Ausbildung | • | | | | | |
| EAGFL | LW-Förderungen | • | | | | •• | • |
| | ländliche Infrastruktur | • | | | | | • |
| | LW-Ausbildung und Beratung | • | | | | | • |

Quelle: BKA 1995

Nach dem **Grundsatz der mehrjährigen Programmplanung** gibt es **seit 1988** keine Einzelprojektförderung mehr. Die Förderung wird als **Kofinanzierung für zielorientierte, mehrjährige Maßnahmenprogramme (Zielprogramme)** ausgezahlt. Die Zielprogramme werden von den Mitgliedstaaten konzipiert und gemeinsam mit der Kommission evaluiert (*vgl. Abschnitt* 5 dieses Kapitels). Innerhalb dieser Programme werden einzelne Förderprojekte gefördert. Ihre Auswahl liegt bei den Mitgliedstaaten. Darin kommt das von der Kommission verfolgte **Subsidiaritätsprinzip** zum Ausdruck.

Nach dem **Grundsatz der Partnerschaft** wird auf allen Stufen der Programmplanung eine enge **Abstimmung** zwischen der **Kommission und allen zuständigen** – vom jeweiligen Mitgliedstaat benannten – **nationalen, regionalen und lokalen Behörden** hergestellt. Eine Ausdehnung dieses Prinzips auf die **Wirtschafts- und Sozialpartner** ist möglich. Strukturpolitik wird nicht einseitig verordnet. Die Form und Ausgestaltung der Strukturpolitik entsteht vielmehr im Zusammenwirken der an ihrer Durchführung beteiligten und von ihr betroffenen Akteure. Trotzdem bleiben gegenüber der EU als Ansprechpartner ausschließlich die Mitgliedstaaten (und nicht die Regionen) für die ordnungsgemäße Durchführung der Zielprogramme verantwortlich.

Der **Grundsatz der Zusätzlichkeit der Mittel** verpflichtet die Mitgliedstaaten bei der Strukturfondsförderung, ihre **öffentlichen Förderausgaben in allen betroffenen Gebieten mindestens in der Höhe des vorangegangenen Programmplanungszeitraumes aufrecht zu erhalten.** Diese Bestimmung soll sicherstellen, daß Gemeinschaftsmittel der Strukturfonds nationale Subventionen nicht ersetzen, sondern zu einer Aufstockung dieser Mittel **im Sinne einer Kofinanzierung** führen („**Additionalität**").

## 5.3. Die Kriterien für Zielgebiete

Für die Strukturfondsziele mit räumlichem Bezug (Ziele 1, 2, 5b und 6) werden zwischen der Kommission und den Mitgliedstaaten entsprechende Gebietslisten verhandelt. Zur Festlegung dieser **Zielgebiete** hat die EU für die Periode 1994 bis 1999 folgende **Kriterien** festgelegt:

- **Ziel 1-Regionen** sind Regionen der Ebene NUTS II (in Österreich: Bundesländer), deren Bruttoinlandsprodukt pro Kopf in den letzten drei Jahren weniger als 75 % des EU-Durchschnitts betrug

- **Ziel 2-Regionen** sind im wesentlichen Gebiete der Ebene NUTS III (in Österreich: zusammengefaßte Bezirke), in denen
  - die durchschnittliche Arbeitslosenquote in den letzten drei Jahren höher als der EU-Durchschnitt war sowie
  - der Anteil der Erwerbstätigen in der Industrie in einem beliebigen Bezugsjahr seit 1975 über oder um den EU-Durchschnitt lag und
  - ein Rückgang der Erwerbstätigen in der Industrie im Vergleich zu diesem Bezugsjahr feststellbar ist.

- **Ziel 5b-Regionen** sind Gebiete mit niedrigem wirtschaftlichen und sozialen Entwicklungsstand, die mindestens zwei der drei folgenden Kriterien erfüllen:
  - einen hohen Anteil in der Landwirtschaft Beschäftigter,
  - ein niedriges Agrareinkommen sowie
  - eine geringe Bevölkerungsdichte und/oder eine starke Tendenz zur Abwanderung.

- **Ziel 6-Regionen** sind „subarktische" Gebiete in den Mitgliedstaaten **Schweden und Finnland.**

Angesichts des Verzichts auf konkrete Schwellenwerte – vor allem in der Abgrenzung der Ziel 5b-Gebiete – lassen diese Kriterien **breite Verhandlungsspielräume** durch die Mitgliedstaaten zu.

**Österreich** konnte schon im **Beitrittsvertrag** vom 12. April 1994 die Zulassung des **Burgenlandes** als **Ziel 1-Region** (Kompetenz des Rats der EU) verankern. **1995** wurde mit der Kommission eine **Einigung über die weitere Gebietskulisse** Österreichs bis 1999 erzielt. Die dabei vereinbarten Zielgebiete können für jedes Bundesland detailliert den *Landkarten* am Ende des Kapitels entnommen werden.

Noch breiter als die Wettbewerbskulisse mit 35,2 % umfaßt die **Zielgebietskulisse der Strukturfonds 40,9 % der österreichischen Bevölkerung.** Die von Österreich als Verhandlungsposition eingereichte „Maximalliste“ betrug 44,1 %. Mit Ausnahme von **Wien** können alle Bundesländer bis 1999 Zielgebiete für sich beanspruchen. Angesichts der in Österreich vergleichsweise günstigen Arbeitsmarktlage gibt es relativ wenige **Ziel 2-Regionen.** Die Liste ländlicher Gebiete, die Mittel zur Strukturanpassung nach **Ziel 5b** erhalten, ist dagegen mit einem Bevölkerungsanteil von 29,2 % im EU-Vergleich (8,2 %) **lang.**

## 5.4. Die Mittelverteilung in Österreich

Gemäß dem am 17. Jänner 1995 von der EU **auch** im Detail festgelegten Finanzrahmen *(vgl. Übersicht 7)* behielt sich die Kommission 10 % der in der Programmperiode **1995 bis 1999** für Österreich abrufbaren Mittel für die Dotierung von **Gemeinschaftsinitiativen und Aktionsprogrammen** vor. Die verbleibende Tranche von **ECU 1.461 Mio.** wird für Maßnahmen im Rahmen der **Strukturziele** verwendet.

Übersicht 9: **Verteilung der Strukturfondsmittel nach regionalen Zielen 1995 bis 1999 auf Bundesländer**

| Bundesland | | in ECU Mio. | in ATS Mio. | in % | Ausnutzung per 31. 12. 97 in % 1) |
|---|---|---|---|---|---|
| Burgenland | Ziel 1 | 165,6 | 2.152,8 | 10,2 | 30 |
| Kärnten | Ziel 5b | 58,0 | 754,0 | 3,6 | 30 |
| Niederösterreich | Ziel 2 | 22,4 | 291,2 | 1,4 | 78 |
| | Ziel 5b | 111,6 | 1.450,8 | 6,9 | 30 |
| | | 134,0 | 1.742,0 | 8,3 | |
| Oberösterreich | Ziel 2 | 10,8 | 140,4 | 0,7 | 77 |
| | Ziel 5b | 98,5 | 1.280,5 | 6,0 | 34 |
| | | 109,3 | 1.420,9 | 6,7 | |
| Salzburg | Ziel 5b | 16,0 | 208,0 | 1,0 | 32 |
| Steiermark | Ziel 2 | 58,0 | 754,0 | 3,6 | 38 |
| | Ziel 5b | 85,3 | 1.108,9 | 5,2 | 34 |
| | | 143,3 | 1.862,9 | 8,8 | |
| Tirol | Ziel 5b | 34,4 | 447,2 | 2,1 | 28 |
| Vorarlberg | Ziel 2 | 9,9 | 128,7 | 0,6 | 77 |
| | Ziel 5b | 7,2 | 93,6 | 0,5 | 21 |
| | | 17,1 | 222,3 | 1,1 | |
| **SUMME Ziel 1, Ziel 2, Ziel 5b** | | **677,7** | **8.810,1** | **41,8** | **35** |
| Gemeinschaftsinitiativen und Pilotaktionen | | 162,3 | 2.109,9 | 10,0 | |
| Ziel 3 | | 334,0 | 4.342,0 | 20,6 | 58 |
| Ziel 4 | | 61,0 | 793,0 | 3,7 | 32 |
| Ziel 5a | | 388,0 | 5.044,0 | 23,9 | 46 |
| **Rahmen** | | **1.623,0** | **21.099,0** | **100,0** | **43** |

Quelle: BKA, seit Genehmigung der Zielprogramme erfolgte Änderunganträge bzw. Änderungsentscheidungen, die in den Übersichten 11 bis 22 eingearbeitet wurden, sind hier nicht berücksichtigt.
Kurs: 1 ECU = ATS 13
1) Ausnutzung per 31. 12. 1997, dargestellt als an Österreich überwiesene EU-Mittel in % des Finanzrahmens
Pilotaktionen sind statistisch nicht erfaßt

Schon im Beitrittsvertrag wurde jener Rahmenbetrag reserviert, der dem Burgenland als **Ziel 1-Förderung** zufließen soll. Die EU stellt dafür **bis 1999 ECU 165,6 Mio.** (das sind rund 10 % der Strukturfondsmittel) bereit. Die damit erreichte Förderung pro Kopf entspricht mit jährlich ECU 611 etwa jener in anderen westeuropäischen Ziel 1-Gebieten.

Je rund ein Viertel der Fördermittel für Österreichs Zielgebiete werden für **agrarische Problemschwerpunkte** gemäß den **Zielen 5a und 5b** dotiert. Die **arbeitsmarktpolitisch orientierten Ziele** binden mit rund **24 % (Ziele 3 und 4)** einen geringeren Anteil der Strukturfondsmittel. Rund 6 % sind den industriellen Problemregionen gemäß Ziel 2 gewidmet.

Die Verteilung dieser Zielmittel auf die Bundesländer ist *Übersicht 9* zu entnehmen.

**Burgenland** kann sowohl absolut als auch relativ die höchsten Förderungen aus den regionalen Strukturzielen lukrieren. Auch die **Steiermark und Kärnten** können relativ stärker auf Strukturfondsmittel zurückgreifen. Im **Westen Österreichs** bleiben Interventionen der EU gering. **Wien** muß als Zentralraum auf Zielmittel der Strukturfonds ganz verzichten. Wien kann allerdings auch Gemeinschaftsinitiativen wie beispielsweise URBAN beanspruchen.

## 5.5. Die Einheitlichen Dokumente der Programmplanung (Zielprogramme)

Die Mittelvergabe erfolgt im Rahmen inhaltlich koordinierter **Zielprogramme**. Diesbezügliche Programmdokumente werden auf der Ebene des Mitgliedstaates erarbeitet und bei der Kommission eingereicht. Nach einem Abstimmungsprozeß zwischen Kommission und Mitgliedstaat werden sie genehmigt. *Übersicht 10* enthält die Kooperationsstrukturen Österreichs in der gemeinsamen Regionalpolitik im Überblick.

Gemäß Vorgaben der EU müssen die **Programmdokumente** – basierend auf den **Regionalwirtschaftlichen Konzepten** (mit regionalen Stärken-Schwächen-Profilen, Entwicklungsperspektiven und Maßnahmenvorschlägen) – folgende **Inhalte** aufweisen (siehe Vortrag an den Ministerrat, 19. April 1995):

- eine möglichst konzise Darstellung der regionalen Probleme
- eine plausible Strategie zur Problembewältigung
- operationale Ziele
- ein Umweltprofil des Programmgebietes sowie eine Beurteilung der Umweltwirkungen des Programmes
- das „**Operationelle Programm**", d.h. einen Maßnahmenkatalog, der mit den angeführten Problemen und Zielen konsistent ist und hinsichtlich der in der Programmperiode erwarteten Wirkungen zu bewerten ist
- **Finanztabellen** über den in den Jahren 1995 bis 1999 geplanten Einsatz der Strukturfonds und der nationalen Kofinanzierungsmittel

In den Programmdokumenten werden Prioritätsachsen, Maßnahmenbereiche, Förderaktionen und Einzelprojekte unterschieden. Entwürfe wurden seit Herbst 1994 für die sektoralen Ziele 3, 4 und 5a von den zuständigen Ministerien, für die regionalen Ziele 1, 2 und 5b von den betroffenen Ländern erarbeitet. Diese wurden mit den zuständigen Ressorts und den betroffenen Akteuren auf regionaler und lokaler Ebene abgestimmt. Nach entsprechenden Beschlüssen auf Regierungsebene wurden sie als **Einheitliche Dokumente der**

Übersicht 10: **Kooperationsstrukturen in der Gemeinsamen Regionalpolitik**

**EU-Ebene**

**Bund**

| **Bundeskanzleramt, Sektion IV** | **Begleitausschüsse** | **ÖROK-Unterausschuß** |
|---|---|---|
| Focal Point<br>Außenvertretung in Fragen der EU-Regionalpolitik | (Ausschuß pro Ziel und für Gemeinschaftsinitiativen)<br>*Besetzung:* Kommission, zuständige Bundesressorts, betroffene Länder, Städte- und Gemeindebund, Interessenvertretungen | Regionalwirtschaft<br>innerösterreichische Abstimmung<br>*Besetzung:* ÖROK-Mitglieder |

**Land**

**9 Programmgruppen**
*Besetzung:* zuständige Bundesressorts, Land (Vorsitz), angrenzende Länder beratend, Gemeinde- und Regionalvertreter, Interessenvertretungen
*Geschäftsstellenfunktion:* Land

**Region**

**Regionale Arbeitsgruppen**
*Besetzung:* Land, Gemeinden, regionale Büros der Interessenvertretungen, sonstige regionale Träger
*Geschäftsstellenfunktion:* Land, Regionalbüro, Regionalmanager

Quelle: Mayerhofer, 1995; eigene Adaptionen

**Programmplanung (EDPPs, EPPDs bzw. Zielprogramme)** am 26. April 1995 in Brüssel eingereicht. Dies ermöglichte die rückwirkende Anrechnung von Maßnahmen ab 1. Jänner 1995. Die inhaltliche und finanzielle Genehmigung der Zielprogramme erfolgte durch die Kommission im Jahr 1995. Gleichzeitig erfolgte die Festlegung der finanziellen Beteiligung der einzelnen Fonds.

Eine Anpassung der Programme an sich ändernde Erfordernisse während der Programmlaufzeit ist möglich. Kleinere Modifikationen können flexibel von den nach EU-Recht einzurichtenden Koordinationsgremien – den **Begleitausschüssen** – vorgenommen werden. Von diesen Möglichkeiten wird in Österreich Gebrauch gemacht. Sie umfassen Vertreter der zuständigen Dienststellen der Kommission, der nationalen Ministerien und Regionen. Größere Änderungen bedürfen eines Beschlusses der Kommission selbst.

Insgesamt hat Österreich für die Ziele 1 bis 5b **fünfzehn Zielprogramme** eingereicht (ein Ziel 1-Programm für Burgenland, vier Ziel 2-Programme für Niederösterreich, Oberösterreich, Steiermark, Vorarlberg, je ein Ziel 3- und Ziel 4-Programm, ein Ziel 5a-Programm und sieben Ziel 5b-Programme für Kärnten, Niederösterreich, Oberösterreich, Salzburg, Steiermark, Tirol und Vorarlberg). Auch die Inanspruchnahme von Mitteln aus Gemeinschaftsinitiativen erfordert solche Programme *(siehe Kapitel 6)*.

Die **agrarpolitischen Fördermaßnahmen gemäß Ziel 5a** wurden vom Bundesministerium für Land- und Forstwirtschaft in Abstimmung mit den Ländern und den Landwirtschaftskammern erarbeitet. Die Fördermaßnahmen konzentrieren sich auf die Entwicklung des ländlichen Raumes durch Anpassung der Agrarstrukturen. Für die Verarbeitung und Vermarktung landwirtschaftlicher Produkte wurden **Sektorpläne** ebenfalls als Programmplanungsdokument verabschiedet.

Die **arbeitsmarktpolitischen Maßnahmenprogramme gemäß den Zielen 3 (Arbeitslose und Problemgruppen des Arbeitsmarktes) und 4 (Qualifizierungsmaßnahmen für Beschäftigte)** wurden vom Bundesministerium für Arbeit, Gesundheit und Soziales und den Landesstellen des Arbeitsmarktservice vorbereitet.

- **Schwerpunkte im Ziel 3-Programm**
  - Unterstützung der vom Strukurwandel betroffenen Arbeitnehmer (Arbeitsstiftungen, regionale Reintegrationsmaßnahmen)
  - Integration von Langzeitarbeitslosen, von Älteren und von Ausgrenzung aus dem Arbeitsmarkt bedrohten Personen (Maßnahmen der beruflichen Orientierung, Beratung, aktiven Arbeitssuche und Qualifizierung)
  - Integration von Behinderten
  - Erleichterung der beruflichen Eingliederung von Jugendlichen
  - Förderung der Chancengleichheit von Frauen und Männern
  - Technische Hilfe

- **Schwerpunkte im Ziel 4-Programm**
  - Antizipation von Arbeitsmarkttrends und Qualifikationsanforderungen
  - Berufliche Bildung
    Weiterbildung für Personen mit allgemeinen Qualifikationsproblemen
    Qualifizierungsmaßnahmen für Arbeitnehmer in Schlüsselpositionen
    Qualifizierungsmaßnahmen für Zolldeklaranten
    Weiterbildung im Rahmen von Kurzarbeit
    Schulung von Saisonarbeitskräften
  - Verbesserung und Entwicklung der Ausbildungssysteme
    Förderung innovativer Konzepte und Modelle zur Weiterentwicklung der beruflichen Weiterbildung
    Weiterentwicklung von Qualifikationsberatung und Förderung einer unternehmensinternen Weiterbildungskultur
    Anwendung neuer Ausbildungsinhalte in der Praxis
    Entwicklung neuer Ausbildungsformen
  - Technische Hilfe

Die **Koordination der Zielprogramme für die regionalen Ziele 1, 2 und 5b** erfolgt seitens des Bundes durch das BKA und seitens der Länder durch jeweils unterschiedliche Stellen. Die Österreichische Raumordnungskonferenz (ÖROK) fungiert als gemeinsame österreichweite Plattform. Auf Länderebene wurden zur Koordination Programmgruppen (unter Einbindung von Bundesdienststellen, Sozialpartnern und Gemeinden) institutionalisiert *(siehe Übersicht 10)*.

In den regionalen Zielprogrammen (für Ziel 1, 2 und 5b) sind folgende Schwerpunkte vorgesehen:

- **Schwerpunkte im Ziel 1-Programm**
  - Industrie und Gewerbe (betriebsbezogene Förderungen, unterstützende Infrastruktur, Industrie- und Gewerbezonen, Ausbildungsinfrastruktur)
  - Forschung und Entwicklung (Technologie- und Innovationstransfer für KMUs, Telekommunikationsinfrastruktur, Technologietransferzentren)
  - Tourismus (Verbesserung der Angebots- und Organisationsstruktur, Kulturtourismus, begleitende Infrastruktur)
  - Landwirtschaft und Naturschutz (Verbesserung der Verarbeitung und Vermarktung, Bioenergie, ländliche Infrastruktur, Naturschutz und Erhaltung der Kulturlandschaft, Ausbildung und Beratung)
  - Humanressourcen (Aus- und Weiterbildung von Arbeitskräften, Eingliederung benachteiligter Gruppen am Arbeitsmarkt, Fachhochschulen)
  - Regionalmanagement
- **Schwerpunkte in den Ziel 2-Programmen**
  - Industrie- und Gewerbeförderung
  - Technologie- und Innovationsförderung
  - Umweltverbesserungen in der Produktion und Sanierung von betrieblichen Altlasten
  - Tourismus
  - betriebliche Beratung und Forschung
  - Ausbau wirtschaftsnaher Dienstleistungen und unternehmensnaher Infrastruktur
  - Regionsmanagement
  - Beratung und Qualifizierungsmaßnahmen für Beschäftigte
  - Schaffung von Beschäftigung für Arbeitslose
  - Fachhochschulen
- **Schwerpunkte in den Ziel 5b-Programmen**
  - Diversifizierung und Vermarktung agrarischer Produkte
  - Verbesserung der Kulturlandschaft, Landentwicklung und Dorferneuerung
  - Energie und Forstwirtschaft
  - Qualifizierung und Beratung in der Landwirtschaft
  - Industrie- und Gewerbeförderung
  - Technologie- und Innovationsförderung
  - betriebliche Beratung und Forschung
  - Tourismus
  - unternehmensnahe Infrastruktur
  - sektorübergreifendes Regionsmanagement
  - Beratung und Qualifizierung für Beschäftigte
  - Schaffung von Beschäftigung für Arbeitslose

Inhaltlich liegt der **Schwerpunkt** der Zielprogramme für die regionalen Strukturziele in allen Bundesländern auf der **Entwicklung und Diversifizierung der gewerblichen Wirtschaft** über Mittel des EFRE. Durchschnittlich sind dafür bei **regional äußerst heterogenen Maßnahmenprogrammen mehr als 50 % der Gesamtmittel vorgesehen.** In Salzburg und Tirol reichen die Mittel zur Anpassung der Agrarstrukturen an den Finanzierungsrahmen für die gewerbliche Wirtschaft heran. Arbeitsmarktpolitische Maßnahmen zur Entwicklung der Humanressourcen binden vor allem in der Steiermark und in Vorarlberg einen großen Anteil der Strukturfondsmittel.

Angesichts der unterschiedlichen Schwerpunkte in den Förderprogrammen ist auch die **Aufteilung der gesamten Finanzierungsanteile auf die beteiligten Körperschaften nicht einheitlich.** Im Durchschnitt stellt die EU rund 40 % aller öffentlichen Mittel für die gemeinsame Strukturförderung in Österreich bereit. Rund 60 % werden national aufgebracht. Bund, Länder und sonstige Träger (vor allem Gemeinden) teilen sich diese Mittel.

Die **Mittelherkunfts- und Verwendungsrechnungen** für die **zwölf regionalen Zielprogramme** der einzelnen Bundesländer sind den *Übersichten 11 bis 22* zu entnehmen. Diese Übersichten zeigen die geplante **Mittelherkunft** aus nationalen Budgets (Bund, Länder und Gemeinden), EU-Kofinanzierungen und geplanten privaten Finanzierungen sowie die geplante **Mittelverwendung** nach zielprogrammspezifischen Schwerpunkten. Basis für die Finanzflußrechnungen sind die Finanztabellen der jeweiligen Zielprogramme für den Zeitraum 1995 bis 1999. Die einzelnen Schwerpunkte enthalten eine Vielzahl unterschiedlichster bundesländer- und programmspezifischer Maßnahmen, die detailliert den Zielprogrammen zu entnehmen sind. Etwaige Mittelumschichtungen können im Rahmen der Begleitausschüsse beschlossen werden. Die *Übersichten* sind per 31. 12. 1997 aktualisiert.

Übersicht 11: **Burgenland (Ziel 1): Geplante Finanzierungen und Maßnahmen 1995 bis 1999**

| Mittelherkunft | Zielprogramm in ECU Mio. | Plan Stand 1997 in ECU Mio. | Plan Stand 1997 in ATS Mio. | Plan Stand 1997 in % |
|---|---|---|---|---|
| EU-Beteiligung | 165,6 | 171,4 | 2.228,2 | 20,3 |
| davon EFRE | 107,6 | 112,3 | 1.459,9 | 13,3 |
| ESF | 33,1 | 33,1 | 430,3 | 3,9 |
| EAGFL | 24,9 | 26,0 | 338,0 | 3,1 |
| Nationale Beteiligung | 283,6 | 248,1 | 3.225,3 | 29,4 |
| davon Bund | 129,7 | 130,4 | 1.695,2 | 15,5 |
| Land | 109,8 | 113,1 | 1.470,3 | 13,4 |
| Andere | 44,1 | 4,6 | 59,8 | 0,5 |
| Private | 382,2 | 424,7 | 5.521,1 | 50,3 |
| **Summe** | **831,4** | **844,2** | **10.974,6** | **100,0** |

| Mittelverwendung | Zielprogramm in ECU Mio. | Plan Stand 1997 in ECU Mio. | Plan Stand 1997 in ATS Mio. | Plan Stand 1997 in % |
|---|---|---|---|---|
| Industrie und Gewerbe | 360,9 | 377,4 | 4.906,2 | 44,7 |
| Forschung und Entwicklung | 82,6 | 83,4 | 1.084,2 | 9,9 |
| Tourismus | 191,5 | 191,9 | 2.494,7 | 22,7 |
| Land- und Forstwirtschaft, Naturschutz | 125,0 | 127,5 | 1.657,5 | 15,1 |
| Förderung des Wachstums und der Stabilität der Beschäftigung | 63,0 | 56,1 | 729,3 | 6,7 |
| Technische Hilfe und Evaluierung | 8,4 | 7,9 | 102,7 | 0,9 |
| **Summe** | **831,4** | **844,2** | **10.974,6** | **100,0** |

Quelle: Ziel 1, Burgenland, Einheitliches Programmplanungsdokument 1995–1999, beantragte Programmänderung und vorgeschlagene Verwendung der Indexierungsmittel 1996 und 1997, Begleitausschuß 16. 12. 1997. Kurs: 1 ECU = ATS 13

Übersicht 12: **Kärnten (Ziel 5b): Geplante Finanzierungen und Maßnahmen 1995 bis 1999**

| Mittelherkunft | Zielprogramm in ECU Mio. | Plan Stand 1997 in ECU Mio. | Plan Stand 1997 in ATS Mio. | Plan Stand 1997 in % |
|---|---|---|---|---|
| EU-Beteiligung | 58,0 | 58,0 | 754,0 | 13,6 |
| davon EFRE | 28,0 | 28,9 | 375,7 | 6,8 |
| ESF | 8,2 | 8,2 | 106,6 | 1,9 |
| EAGFL | 20,9 | 20,9 | 271,7 | 4,9 |
| Nationale Beteiligung | 101,3 | 104,3 | 1.355,9 | 24,5 |
| davon Bund | 53,5 | 56,7 | 737,1 | 13,3 |
| Land | 46,3 | 45,4 | 590,2 | 10,7 |
| Andere | 1,5 | 2,2 | 28,6 | 0,5 |
| Private | 245,5 | 263,1 | 3.420,3 | 61,9 |
| **Summe** | **404,8** | **425,4** | **5.530,2** | **100,0** |

| Mittelverwendung | Zielprogramm in ECU Mio. | Plan Stand 1997 in ECU Mio. | Plan Stand 1997 in ATS Mio. | Plan Stand 1997 in % |
|---|---|---|---|---|
| Entwicklung der Land- und Forstwirtschaft | 111,3 | 111,3 | 1.446,9 | 26,2 |
| Entwicklung des Tourismus | 132,2 | 129,6 | 1.684,8 | 30,5 |
| Entwicklung von Gewerbe und Industrie | 129,6 | 152,8 | 1.986,4 | 35,9 |
| Eigenständige Regionalentwicklung | 7,3 | 7,3 | 94,9 | 1,7 |
| Aktive Arbeitsmarkt- und Beschäftigungspolitik | 24,4 | 24,4 | 317,2 | 5,7 |
| **Summe** | **404,8** | **425,4** | **5.530,2** | **100,0** |

Quelle: Einheitliches Programmplanungsdokument, Ziel 5b, Kärnten, beantragte Programmänderung, Begleitausschuß 31. 10. 1997, BKA. Kurs: 1 ECU = ATS 13

Übersicht 13: **Niederösterreich (Ziel 2): Geplante Finanzierungen und Maßnahmen 1995 bis 1999**

| Mittelherkunft | Zielprogramm in ECU Mio. | Plan Stand 1997 in ECU Mio. | Plan Stand 1997 in ATS Mio. | Plan Stand 1997 in % |
|---|---|---|---|---|
| EU-Beteiligung | 22,4 | 22,4 | 291,2 | 11,3 |
| davon EFRE | 17,9 | 17,9 | 232,7 | 9,0 |
| ESF | 4,5 | 4,5 | 58,5 | 2,3 |
| Nationale Beteiligung | 33,8 | 33,7 | 438,1 | 16,9 |
| davon Bund | 15,2 | 15,6 | 202,8 | 7,8 |
| Land | 17,8 | 17,3 | 224,9 | 8,7 |
| Andere | 0,8 | 0,8 | 10,4 | 0,4 |
| Private | 143,0 | 143,0 | 1.859,0 | 71,8 |
| **Summe** | **199,2** | **199,1** | **2.588,3** | **100,0** |

| Mittelverwendung | Zielprogramm in ECU Mio. | Plan Stand 1997 in ECU Mio. | Plan Stand 1997 in ATS Mio. | Plan Stand 1997 in % |
|---|---|---|---|---|
| Unterstützung der Umstrukturierung und Modernisierung | 89,7 | 90,9 | 1.181,7 | 45,7 |
| Erneuerung und Revitalisierung der traditionellen Tourismusgebiete | 71,9 | 70,8 | 920,4 | 35,5 |
| Wirtschafts-, Innovations-, Ökologische Betriebs- und Jungunternehmerberatung | 2,3 | 2,3 | 29,9 | 1,2 |
| Wirtschaftsnahe Infrastukturen und Dienstleistungen, Alternativenergien | 22,3 | 22,2 | 288,6 | 11,1 |
| Flexibilisierung der Beschäftigung in Industrie, Gewerbe, Dienstleistungen, Fachhochschulausbildung | 6,0 | 9,3 | 120,9 | 4,7 |
| Innovative Qualifizierungsmaßnahmen im Tourismus | 2,3 | 0,5 | 6,5 | 0,3 |
| Qualifizierungsmaßnahmen für Frauen in Problemgebieten | 2,5 | 1,0 | 13,0 | 0,5 |
| Technische Hilfe, begleitende Studien und Evaluierung (ESF) | 0,5 | 0,4 | 5,2 | 0,2 |
| Technische Hilfe, regionales Programmmanagement und Evaluierung (EFRE) | 1,7 | 1,7 | 22,1 | 0,8 |
| **Summe** | **199,2** | **199,1** | **2.588,3** | **100,0** |

Quelle: Ziel 2, Niederösterreich, Einheitliches Programmplanungsdokument 1995–1999, Änderungsentscheidung der Kommission 5. 2. 1998, BKA. Kurs: 1 ECU = ATS 13

Übersicht 14: **Niederösterreich (Ziel 5b): Geplante Finanzierungen und Maßnahmen 1995 bis 1999**

| Mittelherkunft | Zielprogramm in ECU Mio. | Plan Stand 1997 in ECU Mio. | Plan Stand 1997 in ATS Mio. | Plan Stand 1997 in % |
|---|---|---|---|---|
| EU-Beteiligung | 111,6 | 111,6 | 1.450,8 | 14,6 |
| davon EFRE | 46,7 | 46,7 | 607,1 | 6,1 |
| ESF | 20,3 | 20,3 | 263,9 | 2,7 |
| EAGFL | 44,6 | 44,6 | 579,8 | 5,8 |
| Nationale Beteiligung | 184,5 | 182,7 | 2.375,1 | 24,0 |
| davon Bund | 92,8 | 95,8 | 1.245,4 | 12,6 |
| Land | 89,2 | 84,4 | 1.097,2 | 11,1 |
| Andere | 2,5 | 2,5 | 32,5 | 0,3 |
| Private | 466,6 | 468,4 | 6.089,2 | 61,4 |
| **Summe** | **762,7** | **762,7** | **9.915,1** | **100,0** |

| Mittelverwendung | Zielprogramm in ECU Mio. | Plan Stand 1997 in ECU Mio. | Plan Stand 1997 in ATS Mio. | Plan Stand 1997 in % |
|---|---|---|---|---|
| EAGFL Diversifizierung, Neuausrichtung und Anpassung der Land- und Forstwirtschaft und des ländlichen Raumes | 219,2 | 219,2 | 2.849,6 | 28,8 |
| EFRE Diversifizierung der außerlandwirtschaftlichen Sektoren | 492,9 | 492,9 | 6.407,7 | 64,6 |
| ESF Entwicklung der Humanressourcen | 50,6 | 50,6 | 657,8 | 6,6 |
| **Summe** | **762,7** | **762,7** | **9.915,1** | **100,0** |

Quelle: Programm für die Entwicklung und Strukturanpassung des ländlichen Raumes in Niederösterreich gemäß Ziel 5b der EU-Strukturfonds, Einheitliches Dokument für die Programmplanung 1995–1999, beantragte Programmänderung 29. 10. 1997.
Kurs: 1 ECU = ATS 13

Übersicht 15: **Oberösterreich (Ziel 2): Geplante Finanzierungen und Maßnahmen 1995 bis 1999**

| Mittelherkunft | Zielprogramm in ECU Mio. | Plan Stand 1997 in ECU Mio. | Plan Stand 1997 in ATS Mio. | Plan Stand 1997 in % |
|---|---|---|---|---|
| EU-Beteiligung | 10,8 | 10,8 | 140,4 | 16,1 |
| davon EFRE | 7,2 | 7,2 | 93,6 | 10,7 |
| ESF | 3,6 | 3,6 | 46,8 | 5,4 |
| Nationale Beteiligung | 18,7 | 18,6 | 241,8 | 27,8 |
| davon Bund | 10,0 | 10,0 | 130,0 | 14,9 |
| Land | 6,6 | 6,5 | 84,5 | 9,7 |
| Andere | 2,1 | 2,1 | 27,3 | 3,1 |
| Private | 37,5 | 37,5 | 487,5 | 56,1 |
| **Summe** | **67,0** | **66,9** | **869,7** | **100,0** |

| Mittelverwendung | Zielprogramm in ECU Mio. | Plan Stand 1997 in ECU Mio. | Plan Stand 1997 in ATS Mio. | Plan Stand 1997 in % |
|---|---|---|---|---|
| Investitionen für Betriebs- und Existenzgründungen, Betrieberweiterungen und -verlagerungen | 21,2 | 21,2 | 275,6 | 31,7 |
| Einrichtung der technologischen Infrastruktur sowie Aus- und Weiterbildungsstätten | 17,7 | 17,7 | 230,1 | 26,5 |
| Forschung und technologische Entwicklung einschließlich Produkt- und Verfahrensinnovation | 19,6 | 19,5 | 253,5 | 29,1 |
| Technische Hilfe (EFRE) | 0,4 | 0,4 | 5,2 | 0,6 |
| Berufliche Aus- und Weiterbildung | 7,9 | 7,9 | 102,7 | 11,8 |
| Technische Hilfe (ESF) | 0,2 | 0,2 | 2,6 | 0,3 |
| **Summe** | **67,0** | **66,9** | **869,7** | **100,0** |

Quelle: Einheitliches Programmplanungsdokument 1995–1999, Ziel 2, Oberösterreich, Änderungsentscheidung der Europäischen Kommission 5. 2. 1998. Kurs: 1 ECU = ATS 13

### Übersicht 16: **Oberösterreich (Ziel 5b): Geplante Finanzierungen und Maßnahmen 1995 bis 1999**

| Mittelherkunft | Zielprogramm in ECU Mio. | Plan Stand 1997 in ECU Mio. | Plan Stand 1997 in ATS Mio. | Plan Stand 1997 in % |
|---|---|---|---|---|
| EU-Beteiligung | 98,5 | 98,5 | 1.280,5 | 17,9 |
| davon EFRE | 41,3 | 41,3 | 536,9 | 7,5 |
| ESF | 15,9 | 15,9 | 206,7 | 2,9 |
| EAGFL | 41,3 | 41,3 | 536,9 | 7,5 |
| Nationale Beteiligung | 129,8 | 129,8 | 1.687,4 | 23,6 |
| davon Bund | 76,3 | 77,3 | 1.004,9 | 14,0 |
| Land | 50,5 | 49,5 | 643,5 | 9,0 |
| Andere | 3,0 | 3,0 | 39,0 | 0,6 |
| Private | 311,0 | 322,0 | 4.186,0 | 58,5 |
| **Summe** | **539,3** | **550,3** | **7.153,9** | **100,0** |

| Mittelverwendung | Zielprogramm in ECU Mio. | Plan Stand 1997 in ECU Mio. | Plan Stand 1997 in ATS Mio. | Plan Stand 1997 in % |
|---|---|---|---|---|
| Diversifizierung, Neuausrichtung und Anpassung des Agrarbereiches (EAGFL) | 216,6 | 216,6 | 2.815,7 | 39,4 |
| Ausbau und Modernisierung touristischer Infrastruktur (EFRE) | 133,0 | 133,0 | 1.729,0 | 24,2 |
| Qualitative und quantitative Entwicklung der gewerblichen Wirtschaft (EFRE) | 140,9 | 151,9 | 1.974,8 | 27,6 |
| Maßnahmen zur Abwehr von Belastungen für die Umwelt, Nutzung alternativer Energie (EFRE) | 13,5 | 13,5 | 175,5 | 2,4 |
| Entwicklung menschlicher Ressourcen (ESF) | 35,3 | 35,3 | 458,9 | 6,4 |
| **Summe** | **539,3** | **550,3** | **7.153,9** | **100,0** |

Quelle: Einheitliches Programmplanungsdokument 1995–1999, Ziel 5b, Oberösterreich, beantragte Programmänderung vom 28. 10. 1997. Kurs: 1 ECU = ATS 13

Übersicht 17: **Salzburg (Ziel 5b): Geplante Finanzierungen und Maßnahmen 1995 bis 1999**

| Mittelherkunft | Zielprogramm in ECU Mio. | Plan Stand 1997 in ECU Mio. | Plan Stand 1997 in ATS Mio. | Plan Stand 1997 in % |
|---|---|---|---|---|
| EU-Beteiligung | 16,0 | 16,0 | 208,0 | 15,3 |
| davon EFRE | 7,0 | 7,0 | 91,0 | 6,7 |
| ESF | 2,6 | 2,6 | 33,8 | 2,5 |
| EAGFL | 6,4 | 6,4 | 83,2 | 6,1 |
| Nationale Beteiligung | 28,3 | 28,3 | 367,9 | 27,2 |
| davon Bund | 15,4 | 15,4 | 200,2 | 14,8 |
| Land | 12,0 | 12,0 | 156,0 | 11,5 |
| Andere | 0,9 | 0,9 | 11,7 | 0,9 |
| Private | 60,0 | 60,0 | 780,0 | 57,5 |
| **Summe** | **104,3** | **104,3** | **1.355,9** | **100,0** |

| Mittelverwendung | Zielprogramm in ECU Mio. | Plan Stand 1997 in ECU Mio. | Plan Stand 1997 in ATS Mio. | Plan Stand 1997 in % |
|---|---|---|---|---|
| Diversifizierung, Neuausrichtung und Anpassung der Landwirtschaft und des ländlichen Raumes | 37,8 | 37,8 | 491,4 | 36,2 |
| Diversifizierung der außerlandwirtschaftlichen Sektoren | 60,7 | 60,7 | 789,1 | 58,2 |
| Entwicklung menschlicher Ressourcen | 5,8 | 5,8 | 75,4 | 5,6 |
| **Summe** | **104,3** | **104,3** | **1.355,9** | **100,0** |

Quelle: Einheitliches Dokument für die Programmplanung, Ziel 5b, Salzburg, Programmänderung Begleitausschuß 30. 10. 1997; geringfügige Umschichtungen im Bereich „Entwicklung menschlicher Ressourcen". Kurs: 1 ECU = ATS 13

## Übersicht 18: **Steiermark (Ziel 2): Geplante Finanzierungen und Maßnahmen 1995 bis 1999**

| Mittelherkunft | Zielprogramm in ECU Mio. | Plan Stand 1997 in ECU Mio. | Plan Stand 1997 in ATS Mio. | Plan Stand 1997 in % |
|---|---|---|---|---|
| EU-Beteiligung | 58,0 | 58,0 | 754,0 | 12,3 |
| davon EFRE | 38,8 | 38,8 | 504,4 | 8,2 |
| ESF | 19,2 | 19,2 | 249,6 | 4,1 |
| Nationale Beteiligung (Bund, Land, Andere) | 123,7 | 123,7 | 1.608,1 | 26,2 |
| Private | 281,7 | 290,2 | 3.772,6 | 61,5 |
| **Summe** | **463,4** | **471,9** | **6.134,7** | **100,0** |

| Mittelverwendung | Zielprogramm in ECU Mio. | Plan Stand 1997 in ECU Mio. | Plan Stand 1997 in ATS Mio. | Plan Stand 1997 in % |
|---|---|---|---|---|
| Förderung von Investitionen in Industrie und Tourismus | 319,3 | 332,1 | 4.317,3 | 70,4 |
| Förderung von Technologie und Innovationstransfer, Beratung und andere Softwareaktivitäten | 56,7 | 56,7 | 737,1 | 12,0 |
| Schaffung, Verbesserung und Erweiterung der infrastrukturellen Standortvoraussetzungen | 36,6 | 32,3 | 419,9 | 6,8 |
| Entwicklung der Humanressourcen | 47,7 | 47,7 | 620,1 | 10,1 |
| Technische Hilfe (EFRE) | 3,1 | 3,1 | 40,3 | 0,7 |
| **Summe** | **463,4** | **471,9** | **6.134,7** | **100,0** |

Quelle: Ziel 2, Steiermark, Einheitliches Programmplanungsdokument 1995–1999, Änderungsentscheidung der Europäischen Kommission 22. 12. 1997. Kurs: 1 ECU = ATS 13

Übersicht 19: **Steiermark (Ziel 5b): Geplante Finanzierungen und Maßnahmen 1995 bis 1999**

| Mittelherkunft | Zielprogramm in ECU Mio. | Plan Stand 1997 in ECU Mio. | Plan Stand 1997 in ATS Mio. | Plan Stand 1997 in % |
|---|---|---|---|---|
| EU-Beteiligung | 85,3 | 85,3 | 1.108,9 | 13,4 |
| davon EFRE | 34,1 | 34,1 | 443,3 | 5,4 |
| ESF | 17,1 | 17,1 | 222,3 | 2,6 |
| EAGFL | 34,1 | 34,1 | 443,3 | 5,4 |
| Nationale Beteiligung (Bund, Land, Andere) | 169,9 | 169,9 | 2.206,1 | 26,7 |
| Private | 373,9 | 380,1 | 4.941,3 | 59,9 |
| **Summe** | **463,4** | **471,9** | **6.134,7** | **100,0** |

| Mittelverwendung | Zielprogramm in ECU Mio. | Plan Stand 1997 in ECU Mio. | Plan Stand 1997 in ATS Mio. | Plan Stand 1997 in % |
|---|---|---|---|---|
| Diversifizierung, Neuausrichtung und Anpassung des Agrarbereiches | 181,7 | 181,7 | 2.362,1 | 28,6 |
| Entwicklung und Diversifizierung der außerlandwirtschaftlichen Sektoren | 409,6 | 415,6 | 5.402,8 | 65,4 |
| Entwicklung der Humanressourcen | 37,8 | 37,8 | 491,4 | 6,0 |
| **Summe** | **629,1** | **635,1** | **8.256,3** | **100,0** |

Quelle: Ziel 5b, Steiermark, Einheitliches Programmplanungsdokument 1995–1999, Programmänderungsanträge September 1997 und 30. 10. 1997. Kurs: 1 ECU = ATS 13

Übersicht 20: **Tirol (Ziel 5b): Geplante Finanzierungen und Maßnahmen 1995 bis 1999**

| Mittelherkunft | Zielprogramm in ECU Mio. | Plan Stand 1997 in ECU Mio. | Plan Stand 1997 in ATS Mio. | Plan Stand 1997 in % |
|---|---|---|---|---|
| EU-Beteiligung | 34,4 | 34,4 | 447,2 | 18,6 |
| davon EFRE | 13,8 | 13,8 | 179,4 | 7,5 |
| ESF | 6,8 | 6,8 | 88,4 | 3,7 |
| EAGFL | 13,8 | 13,8 | 179,4 | 7,4 |
| Nationale Beteiligung | 58,0 | 57,4 | 746,2 | 31,1 |
| davon Bund | 33,5 | 32,9 | 427,7 | 17,8 |
| Land | 24,5 | 23,7 | 308,1 | 12,8 |
| Andere | 0,0 | 0,8 | 10,4 | 0,5 |
| Private | 88,8 | 92,9 | 1.207,7 | 50,3 |
| **Summe** | **181,2** | **184,7** | **2.401,1** | **100,0** |

| Mittelverwendung | Zielprogramm in ECU Mio. | Plan Stand 1997 in ECU Mio. | Plan Stand 1997 in ATS Mio. | Plan Stand 1997 in % |
|---|---|---|---|---|
| Diversifizierung, Neuausrichtung, Anpassung des Agrarbereiches im ländlichen Raum | 68,6 | 68,6 | 891,8 | 37,1 |
| Entwicklung der Sektoren außerhalb der Landwirtschaft | 97,0 | 100,5 | 1.306,5 | 54,4 |
| Entwicklung der Humanressourcen | 15,6 | 15,6 | 202,8 | 8,5 |
| **Summe** | **181,2** | **184,7** | **2.401,1** | **100,0** |

Quelle: Plan für die Entwicklung des ländlichen Raumes in Tirol nach dem Ziel 5b 1995–1999, Programmänderungsanträge 8. 10. 1997 und 28. 10. 1997. Kurs: 1 ECU = ATS 13

## Übersicht 21: **Vorarlberg (Ziel 2): Geplante Finanzierungen und Maßnahmen 1995 bis 1999**

| Mittelherkunft | Zielprogramm in ECU Mio. | Plan Stand 1997 in ECU Mio. | Plan Stand 1997 in ATS Mio. | Plan Stand 1997 in % |
|---|---|---|---|---|
| EU-Beteiligung | 9,9 | 9,9 | 128,7 | 11,6 |
| davon EFRE | 6,4 | 6,4 | 83,2 | 7,5 |
| ESF | 3,5 | 3,5 | 45,5 | 4,1 |
| Nationale Beteiligung | 12,0 | 11,8 | 153,4 | 13,8 |
| davon Bund | 7,7 | 7,7 | 100,1 | 9,0 |
| Land | 3,7 | 3,7 | 48,1 | 4,3 |
| Andere | 0,6 | 0,4 | 5,2 | 0,5 |
| Private | 64,7 | 63,7 | 828,1 | 74,6 |
| **Summe** | **86,6** | **85,4** | **1.110,2** | **100,0** |

| Mittelverwendung | Zielprogramm in ECU Mio. | Plan Stand 1997 in ECU Mio. | Plan Stand 1997 in ATS Mio. | Plan Stand 1997 in % |
|---|---|---|---|---|
| Investitionen und F&E-Projekte | 56,8 | 51,3 | 666,9 | 60,0 |
| Know-how-Verbesserung | 5,9 | 5,9 | 76,7 | 6,9 |
| Überbetriebliche Investitionen und Betriebsansiedlung | 14,2 | 18,5 | 240,5 | 21,7 |
| Orientierung, Beratung, Qualifizierung | 2,9 | 2,9 | 37,7 | 3,4 |
| Reintegration, Neuorientierung | 2,9 | 2,9 | 37,7 | 3,4 |
| Fachhochschulausbildung | 3,6 | 3,6 | 46,8 | 4,2 |
| Programmumsetzung (technische Hilfe) | 0,3 | 0,3 | 3,9 | 0,4 |
| **Summe** | **86,6** | **85,4** | **1.110,2** | **100,0** |

Quelle: Ziel 2 Vorarlberg, Änderungsentscheidung der Europäischen Kommission, 17. 2. 1998. Kurs: 1 ECU = ATS 13

Übersicht 22: **Vorarlberg (Ziel 5b): Geplante Finanzierungen und Maßnahmen 1995 bis 1999**

| Mittelherkunft | Zielprogramm in ECU Mio. | Plan Stand 1997 in ECU Mio. | Plan Stand 1997 in ATS Mio. | Plan Stand 1997 in % |
|---|---|---|---|---|
| EU-Beteiligung | 7,2 | 7,2 | 93,6 | 12,3 |
| davon EFRE | 3,1 | 3,1 | 40,3 | 5,3 |
| ESF | 1,0 | 1,0 | 13,0 | 1,7 |
| EAGFL | 3,1 | 3,1 | 40,3 | 5,3 |
| Nationale Beteiligung | 10,1 | 9,9 | 128,7 | 17,0 |
| davon Bund | 5,1 | 5,4 | 70,2 | 9,3 |
| Land | 4,8 | 4,0 | 52,0 | 6,9 |
| Andere | 0,2 | 0,5 | 6,5 | 0,8 |
| Private | 41,0 | 41,2 | 535,6 | 70,7 |
| **Summe** | **58,3** | **58,3** | **757,9** | **100,0** |

| Mittelverwendung | Zielprogramm in ECU Mio. | Plan Stand 1997 in ECU Mio. | Plan Stand 1997 in ATS Mio. | Plan Stand 1997 in % |
|---|---|---|---|---|
| Land- und Forstwirtschaft | 16,3 | 16,3 | 211,9 | 28,0 |
| Tourismus | 22,7 | 22,7 | 295,1 | 38,9 |
| KMU | 17,0 | 17,0 | 221,0 | 29,2 |
| Humanressourcen | 2,3 | 2,3 | 29,9 | 3,9 |
| **Summe** | **58,3** | **58,3** | **757,9** | **100,0** |

Quelle: Einheitliches Programmplanungsdokument, Ziel 5b, Vorarlberg für die Jahre 1995–1999. Abtausch der nationalen Kofinanzierung zwischen Bund und Land mit dem INTERREG II-Programm Alpenrhein-Bodensee-Hochrhein sowie Änderungsantrag Oktober 1997. Kurs: 1 ECU = ATS 13

Bei einer Analyse der EU-Kofinanzierungen für die Ziele 1 bis 5b zeigt sich, daß rund ein Viertel der Mittel beim EFRE budgetiert sind. Die verbleibenden drei Viertel der Mittel fließen zu etwa gleichen Teilen aus dem ESF und dem EAGFL nach Österreich.

## 5.6. Die finanzielle Abwicklung

Die Abwicklung der Fördermittel der Strukturfonds in Österreich ist in der *Übersicht 23* schematisch dargestellt. Im wesentlichen sind beteiligt:

- das Bundesministerium für Finanzen als für das Bundesbudget verantwortliche Stelle,
- die als „fondskorrespondierenden Ressorts" für die Koordination der finanziellen Abwicklung zwischen Strukturfonds und Österreich vorgesehenen Bundesministerien,
- die für die Durchführung der Maßnahmen zuständigen Stellen im Bereich des Bundes, der Länder und sonstige öffentliche Stellen.

Übersicht 23: **Finanzielle Abwicklung der Zielprogramme (Kofinanzierung aus Mitteln der Strukturfonds)**

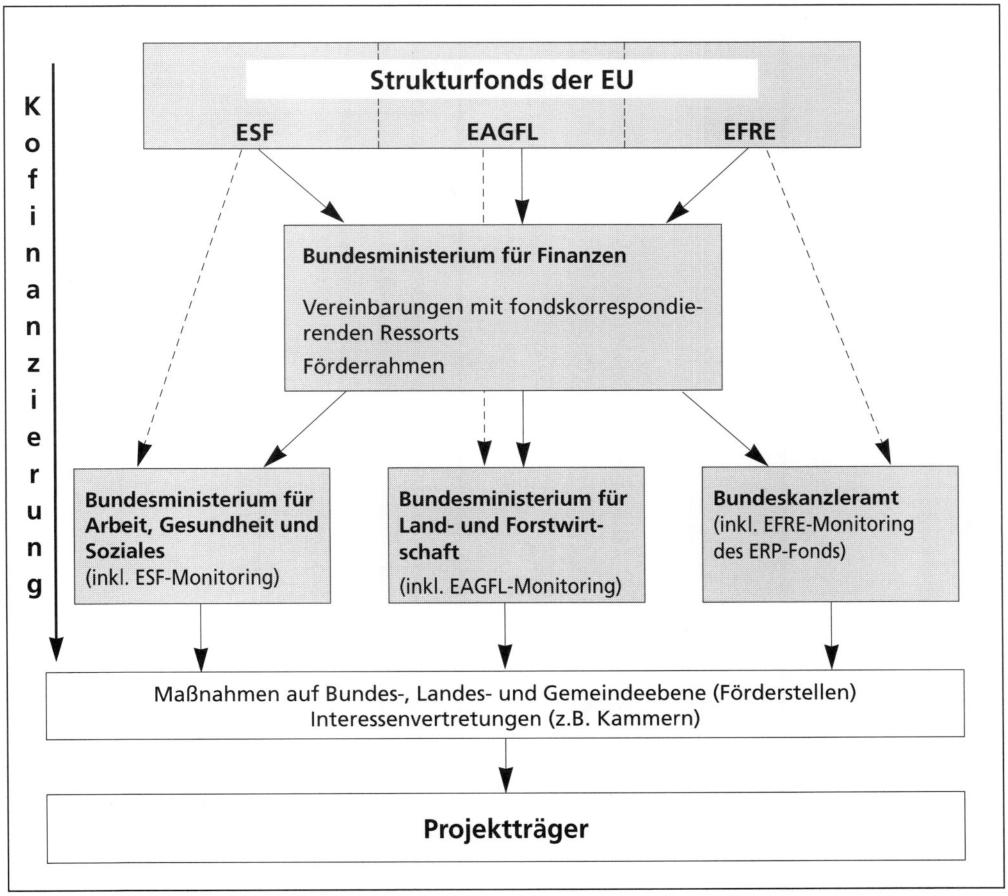


Quelle: Vortrag an den Ministerrat am 19. 4. 1995

Alle Strukturfondsmittel werden zunächst im Bundeshaushalt beim Bundesministerium für Finanzen vereinnahmt. Auf Grundlage der **genehmigten Zielprogramme** vereinbaren die für die Gewährung zuständigen Ressorts sodann mit dem Finanzministerium Fördergesamtrahmen und Fördermaßnahmen für die Dauer des Programmes sowie eine Aufteilung auf die einzelnen Jahre. Innerhalb dieses Rahmens dürfen die Ressorts Förderzusagen abgeben. Die Ausnützung der Rahmen wird von den für die Koordination der Förderungen zuständigen Ressorts gemeinsam mit dem Finanzministerium dokumentiert.

Für die im Kontext dieses Handbuches dargestellten Förderungen ist insbesondere die Kofinanzierung aus dem EFRE von Bedeutung. *Übersicht 24* gibt einen Einblick in die **finanzielle Abwicklung der Mittel aus dem EFRE.** Eine zentrale Funktion hat dabei das **Bundeskanzleramt** als fondskorrespondierendes Ressort. Seine **Koordinationsaufgabe** beschreibt das BKA folgendermaßen: „Rasche, möglichst plankonforme Inanspruchnahme der EU-Mittel, reibungslose Weiterleitung an bzw. Aufteilung auf Endbegünstigte unter Vermeidung unnötiger Transaktionen, Sicherung voller Transparenz über den Stand der finanziellen Abwicklung der Programme.“ (BKA, Regionalpolitik & EU, 1996)

Übersicht 24: **Finanzielle Abwicklung der Mittel aus dem EFRE*)**

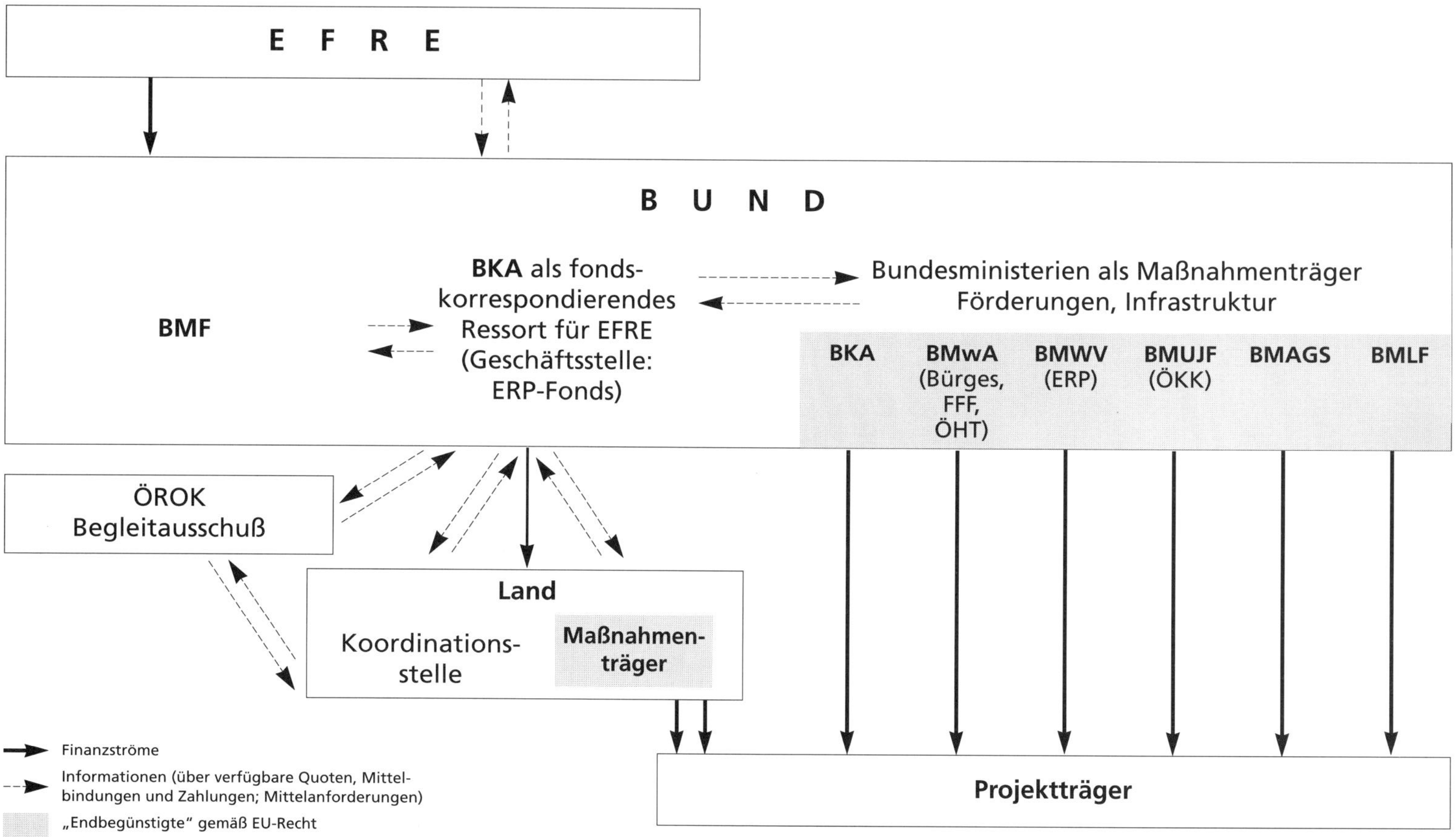


Finanzströme

Informationen (über verfügbare Quoten, Mittelbindungen und Zahlungen; Mittelanforderungen)

„Endbegünstigte" gemäß EU-Recht

*) Ähnliche, aber vereinfachte Abwicklungsstruktur bei ESF und EAGFL

Quelle: BKA 1995, eigene Adaptionen

Die **finanzielle Abwicklung** ist wie folgt organisiert:

- Die Finanzierungstranchen des EFRE für die einzelnen Zielprogramme werden vom BKA vom EFRE abgerufen, wobei die Zuzählung der Tranchen in mehreren Raten erfolgt:
  - bis zu 50 Prozent als A-conto-Zahlung (1. Rate, 1. Vorschuß)
  - sobald mindestens die Hälfte der 1. Rate verwendet ist (2. Rate, 2. Vorschuß), insgesamt maximal 80 Prozent der Jahrestranche
  - nach Endabrechnung der Tranche (Restzahlung)

Wenn mindestens 60 Prozent der ersten Jahrestranche verbraucht sind, sind Zahlungen aus der zweiten Jahrestranche möglich.

- Die EFRE-Mittel werden auf ein Konto des BMF bei der Österreichischen Postsparkasse AG in ECU überwiesen.
- Die EFRE-Mittel werden beim BMF im Bundeshaushalt vereinnahmt; das BMF informiert das BKA vom Eingang der Mittel.
- Über das BKA wird die Aufteilung auf die einzelnen Maßnahmenträger veranlaßt; dabei wird zwischen kofinanzierten Bundes- und Landesmaßnahmen unterschieden.
- Die Verbuchung erfolgt für Bundesmaßnahmen unter den jeweiligen finanzgesetzlichen Ansätzen der einzelnen Fachressorts; die „EFRE-Landesmittel" werden beim BKA als Ausgabe verbucht und in den Haushalten der Länder vereinnahmt.
- Die Maßnahmenträger (Bundes-, Landesstellen) liefern in zumindest halbjährlichen Abständen **Berichte** (mit Angaben über den Stand der Genehmigungen und Auszahlungen) an das **BKA**; auf Basis dieser Berichte gewährleistet das **BKA** unter Einbindung des **ERP-Fonds** als **EFRE-Monitoring-Stelle**, daß die Programmkoordinationsstellen und die Begleitausschüsse über einen vollständigen und möglichst aktuellen Überblick über den Stand der finanziellen Abwicklung der einzelnen Zielprogramme und der Erreichung der darin festgelegten Erfolgsindikatoren für die spätere Evaluierung der Förderungen verfügen (**Zielprogramm-Monitoring**).
- Das BKA veranlaßt die weitere Zuzählung aus den EFRE-Tranchen gemäß EU-Vorschriften.

Die **Aufgaben des Monitoring-Systems** im Zusammenhang mit der Kofinanzierung betreffen das Controlling, das Berichtswesen und die Evaluierung.

Folgende **Controllingaufgaben** sind dabei wahrzunehmen: Erhebung des Auszahlungsstandes nationaler Förderungen, Mittelanforderungen bei den Strukturfonds, laufende Überwachung der Programmumsetzung, Datenaufbereitung für die Begleitausschüsse und Mittelauszahlungen durch die EU-Strukturfonds.

Das **Berichtswesen** umfaßt die Aufbereitung der Daten für die Begleitausschüsse und die Halbjahres- und Jahresberichte.

Die **Evaluierung** betrifft die Datenaufbereitung für die Jahresberichte und insbesondere für eine Ex-post-Evaluierung der Zielprogramme.

Während der ERP-Fonds als EFRE-Monitoringstelle fungiert, wurde das **ESF-Monitoring** in das EDV-gestützte Berichtswesen des **Arbeitsmarktservice Österreich** integriert. Für den **EAGFL** ist das Monitoring im **Bundesministerium für Land- und Forstwirtschaft** angesiedelt.

Die Koordinationserfordernisse sind angesichts der differenzierten Verteilung der regionalpolitisch relevanten Maßnahmen auf verschiedenste Maßnahmenträger sowie die EU-spezifischen Neuerungen groß. Vom Einzelprojekt bis zur österreichweiten Koordination der Regionalpolitik sind folgende **Koordinationsebenen** zu unterscheiden:

- Projektkoordination (Koordination zwischen Projektträger und staatlichen Förderstellen sowie zwischen komplementären Projekten)
- Projektentscheidungen mehrerer Financiers (Koordination mehrerer staatlicher Stellen auf Bundes- und Landesebene)
- Auswahl von EU-kofinanzierten Projekten (Koordination zwischen Projektentscheidungen in den einzelnen Förderaktionen und Maßnahmen gemäß Zielprogrammen; die Förderstellen entscheiden eigenverantwortlich über die EU-Kofinanzierung von Projekten; als Grundlage dient ein vorläufiger, unveröffentlichter Finanzplan der Fördermittel, bezogen auf die Förderstellen und ihre Aktionen auf Bundes- und Landesebene)
- Fondsspezifische Finanzkoordination (Koordination der Finanzströme zwischen den EU-Strukturfonds und den durchführenden Stellen)
- Koordination des Gesamtprogrammes (inhaltliche und finanzielle Gesamtkoordination der einzelnen Zielprogramme)
- österreichweite Gesamtkoordination (ziel- und zielprogrammübergreifende Abstimmung und Weiterentwicklung der Regionalpolitik in Österreich, Verknüpfung mit dem Österreichischen Raumordnungskonzept)

Eine wichtige Funktion bei der Kofinanzierung spielen die **Begleitausschüsse.** Insgesamt wurden in Österreich über 30 Begleitausschüsse für die Zielprogramme und Gemeinschaftsinitiativen mit jeweils durchschnittlich 20 bis 30 Teilnehmern eingerichtet. Teilnehmer seitens der Kommission sind Vertreter der drei fördernden Generaldirektionen der Kommission (GD V, GD VI, GD XVI) sowie der Generaldirektion IV als Beobachter. Von österreichischer Seite nehmen die Vertreter der fördernden Ministerien, der betroffenen Landesstellen und der Sozialpartner teil. Als Geschäftsstelle für die Begleitausschüsse fungiert die ÖROK, die die Sitzungen organisiert und protokolliert.

Die Aufgaben dieser Ausschüsse betreffen die **Steuerung der Programme** und nicht die Behandlung einzelner Projekte. Neben Berichten über die Programmumsetzung und Besprechung abwicklungstechnischer Details werden **Finanzmittelumschichtungen** beschlossen. Darüber hinaus können zusätzliche Förderaktionen als kofinanzierungsfähig in die bereits genehmigten Programme aufgenommen werden. Die Begleitausschüsse tagen rund zweimal pro Jahr.

Angesichts der für Österreich charakteristischen **Fördervielfalt auf Bundes-, Landes- und EU-Ebene** ist es für die Unternehmen als Hauptzielgruppe der wirtschaftsnahen Förderungen sowie deren Berater (z.B. Banken, Unternehmensberater) kommunikationsintensiv, den aktuellen Stand möglicher Förderungen in Erfahrung zu bringen. Vor dem Hintergrund des systembedingt notwendigen gemeinsamen Agierens von Bundes-, Landes- und EU-Stellen ist die Abwicklung der EU-konformen Förderungen in Österreich eine große Aufgabe.

In *Übersicht 25* wird dargestellt, wie ein **investierendes Unternehmen** Kofinanzierungsmittel beanspruchen kann. Wesentlich ist, daß diese Mittel nur in Verbindung mit österreichischen Förderaktionen lukriert werden können und daß die Förderanträge nicht in Brüssel, sondern bei den österreichischen Förderstellen einzureichen sind.

Übersicht 25: **Ablauf der Kofinanzierung aus der Sicht eines Projektträgers**

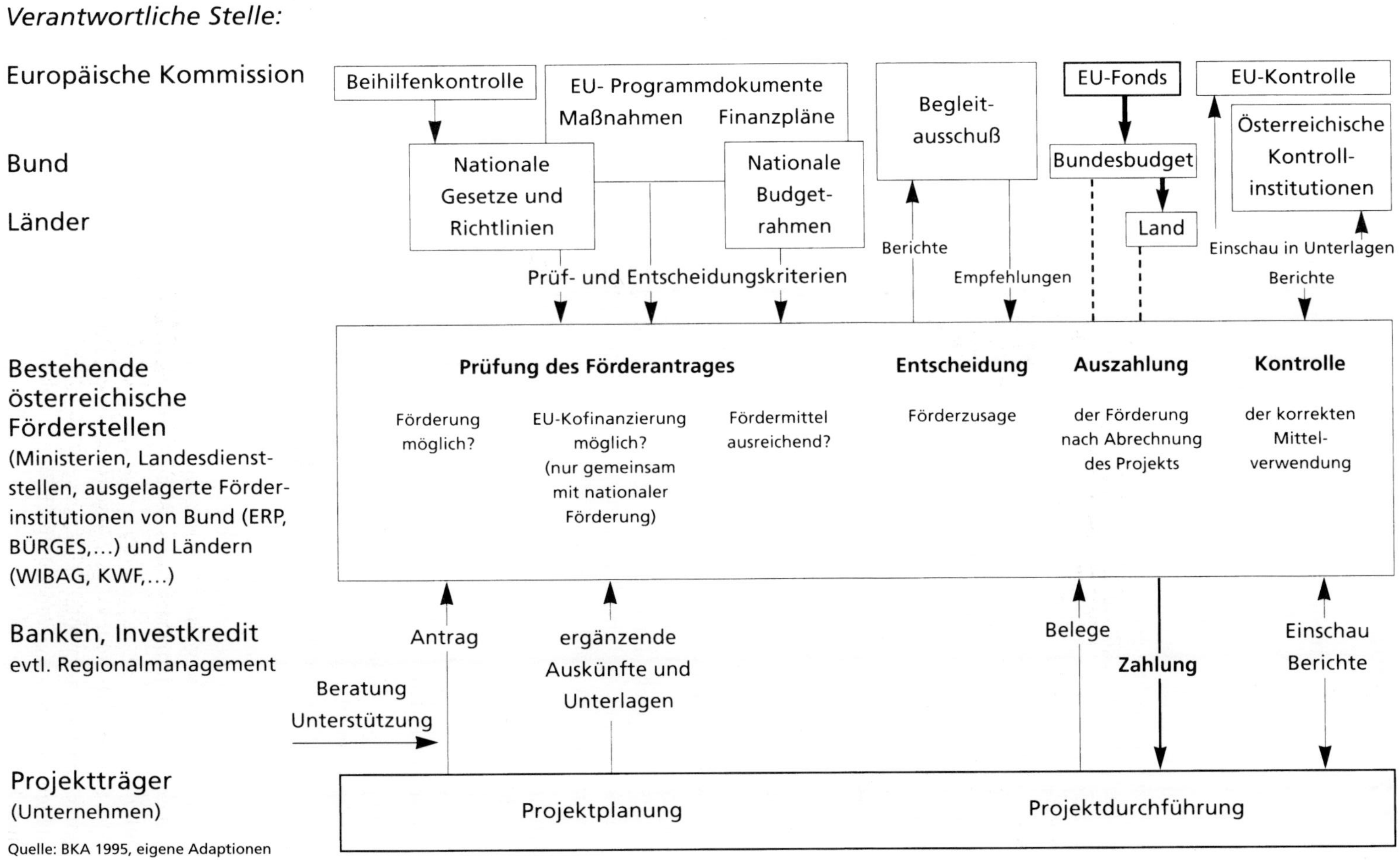


Quelle: BKA 1995, eigene Adaptionen

## 5.7. Zur Strukturfondsreform

Anlaß für eine Reform der Strukturfonds ist einerseits das Auslaufen der gegenwärtigen Periode mit Jahresende 1999 und andererseits die Anforderungen an den EU-Haushalt im Zusammenhang mit der EU-Erweiterungsstrategie.

Im Gesamtdokument über die Osterweiterung – der Agenda 2000 – sind erste Ansatzpunkte für die neue Strukturfondsperiode enthalten. Die Reformvorschläge konzentrieren sich auf folgende Bereiche:

- Thematische und geographische Konzentration der Mittel.
- Vereinfachung und Transparenz des Fördersystems sowie klare Aufteilung der Zuständigkeiten.
- Reduktion der Ziele von derzeit 7 auf 3 sowie Reduktion der Gemeinschaftsinitiativen.
- Finanzrahmen für die Strukturfonds 2000 bis 2006: ECU 210 Mrd. (zu Preisen von 1997), davon ECU 140 Mrd. für Ziel 1-Gebiete.

Vordringlich im Vergleich zur Neuordnung der Europäischen Agrarpolitik ist die Strukturfondspolitik, da die derzeitigen Fonds Ende 1999 auslaufen. Es gibt allerdings bereits Überlegungen dahingehend, interimistische Lösungen zu realisieren. In Diskussion ist beispielsweise eine Verlängerung der laufenden Strukturfondsperiode, sollte das geplante Procedere nicht eingehalten werden können.

Am 18. März 1998 präsentierte die Europäische Kommission neue Verordnungsentwürfe auch betreffend Strukturfonds. Sie beinhalten im wesentlichen qualitative Elemente, wie die Festsetzung von Grundsätzen und Kriterien.

**Gesamtbetrag für die Strukturpolitik**
Zu Preisen von 1997 sollen 2000 bis 2006 ECU 275 Mrd. bereitgestellt werden, was 0,46 % des BSP entspricht. Davon entfallen ECU 210 Mrd. auf die Strukturfonds, ECU 20 Mrd. auf den Kohäsionsfonds und ECU 45 Mrd. auf die Bewerberländer (inkl. einer Heranführungshilfe in Höhe von ECU 7 Mrd.)

**Grundlegende Festlegungen zum Kohäsionsfonds**
Der Kohäsionsfonds soll mit geringfügigen Veränderungen fortgeführt werden. So ist an eine stärkere Einbindung der Privatwirtschaft, neue Finanzierungsmodelle zur Maximierung der Hebelwirkung der Gemeinschaftsfinanzierung sowie ein einfacheres Finanzmanagement gedacht.

**Die künftigen 3 Ziele**
Im Zusammenhang mit der Reduktion der Ziele ist eine Neubewertung aller Regionen der EU erforderlich (neue Zielgebietskulisse). Auch das neue Ziel 1 betrifft die Förderung von benachteiligten Regionen, deren Entwicklungsrückstand anhand des BIP pro Kopf der letzten 3 Jahre mit weniger als 75 % des Gemeinschaftsdurchschnitts festgestellt wird. Alle Strukturfonds werden zur Förderung der Ziel 1-Gebiete eingesetzt.

Die Unterstützung jener derzeitigen Ziel 1-Gebiete, die den Schwellenwert überschreiten, soll über 6 bis 7 Jahre auslaufen (Abbau bestehender Strukturfondsansprüche – „Phasing-out").

Im Rahmen des neuen Ziel 2 wird die EU wirtschaftliche und soziale Strukturanpassungen fördern. Dazu gehören Regionen mit rückläufiger industrieller Entwicklung, ländliche Gebiete, die mit gravierenden Problemen wie der Landflucht der Bevölkerung konfrontiert sind, Krisenviertel in Städten und andere stark von der Fischerei abhängige Regionen.

Den neuen Vorschlägen zufolge sollen auch dicht besiedelte städtische Gebiete für eine Förderung in Ziel 2 in Betracht kommen, wenn sie mit Problemen wie einer stark verbreiteten Armut, einer hohen Kriminalitätsrate oder einem niedrigen Bildungsstand konfrontiert sind. Es ist damit zu rechnen, daß die geographische Ausdehnung von Ziel 2 höchstens ein Drittel der Fläche der derzeitigen Ziel 2- und 5b-Gebiete umfaßt.

Die Hauptpunkte der Verhandlungen in und für Österreich beziehen sich auf das neue Ziel 2, das die bisherigen Ziele 2 und 5b integrieren soll.

Das neue Ziel 3 umfaßt alle Maßnahmen im Bereich der Humanressourcen. Damit verbunden ist eine grundlegende Änderung der Bestimmungen des ESF, für den 5 Tätigkeitsbereiche vorgeschlagen werden:

- Aktive Arbeitsmarktpolitik zur Bekämpfung der Arbeitslosigkeit
- Bekämpfung der sozialen Ausgrenzung
- Lebenslanges Lernen und Fortbildungssysteme zur Verbesserung der Beschäftigungsfähigkeit
- Antizipation und Erleichterung des wirtschaftlichen und sozialen Wandels
- Verbesserung der Einbeziehung von Frauen in den Arbeitsmarkt

Das neue Ziel 3 bietet den Bezugsrahmen für Interventionen des ESF im Rahmen der Ziele 1, 2 und 3 und trägt damit zu einer Synchronisierung der gemeinschaftlichen und einzelstaatlichen Strategien im Bereich der Beschäftigungspolitik bei.

**Umsetzung**

Die Kommission fordert eine klare Aufteilung der Zuständigkeiten und eine stärkere Dezentralisierung. Die Funktion der Kommission soll sich stärker auf die strategischen Aspekte der Programmplanung und die Budgetierung konzentrieren. In den Mitgliedstaaten soll eine einzige Behörde je Programm mit der Programmverwaltung betraut werden, die zusammen mit den Begleitausschüssen über Einzelheiten des Programms entscheiden würde.

Die quantitativen Schlußfolgerungen, die sich daraus ergeben, konkret die Fragen der indikativen Verteilung der Strukturfondsmittel auf die Mitgliedstaaten und ihre Ziele, werden erst dann in Angriff genommen, wenn der Europäische Rat die Grundsatzentscheidung über die künftige Strukturfondspolitik getroffen hat. Es wird angestrebt, diese Grundsatzfragen im Rahmen des Europäischen Rates von Wien im Herbst 1998 zu entscheiden. Bis dahin sind Verhandlungen auf Ebenen der Mitgliedstaaten – vertreten durch die Außenminister – zu führen, die in Arbeitsgruppen auf Beamtenebene vorbereitet werden.

In der zeitlichen Abfolge der Entscheidungen ist auch zu berücksichtigen, daß das Europäische Parlament ein offizielles Mitbefassungsrecht hat. Vor dem Hintergrund der Neuwahlen voraussichtlich im Juni 1999 ist eine frühzeitige Befassung mit der Strukturfondsthematik notwendig. Rechtskräftige Strukturfondsverordnungen dürfte es daher vermutlich erst knapp vor dem 1. 1. 2000 geben.

## Karte: **Regionale Zielgebiete in Europa**

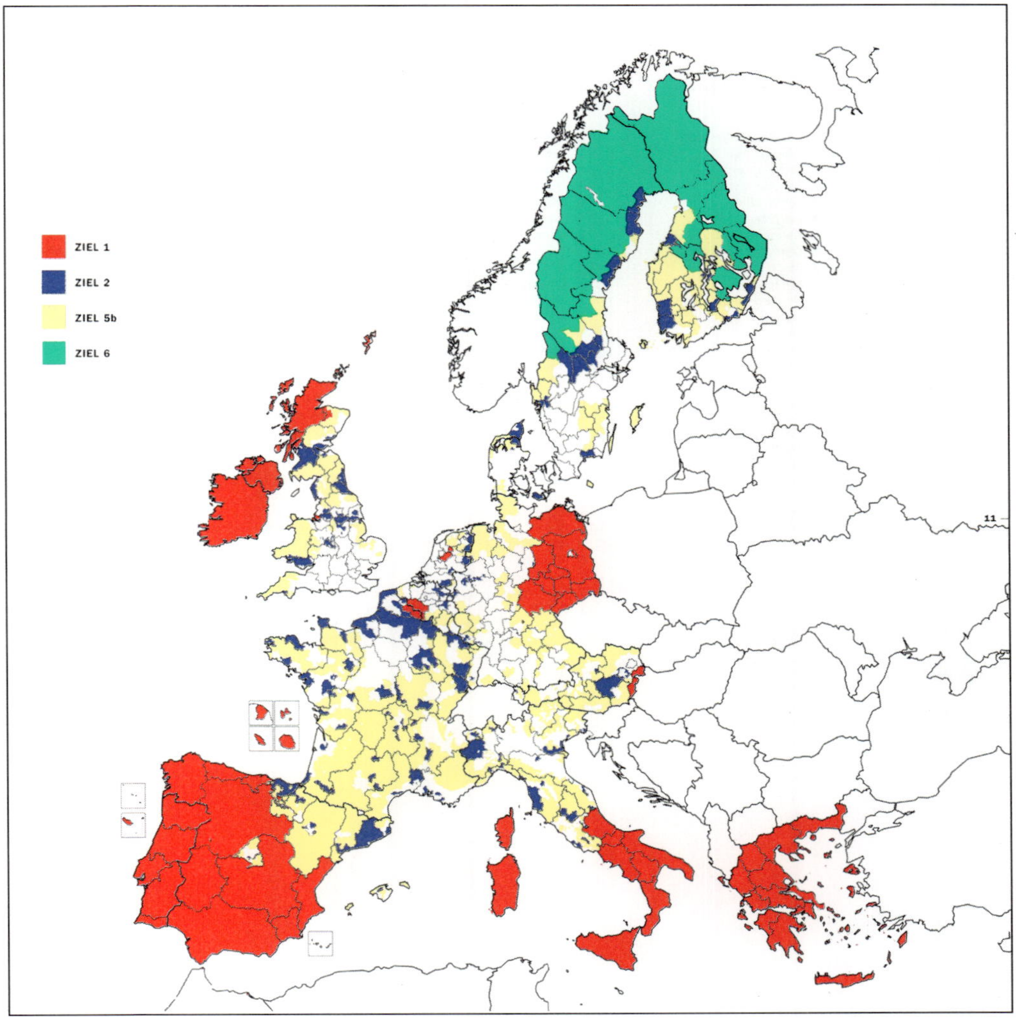


Quelle: Europäische Kommission, Der Europäische Sozialfonds, Luxemburg 1995.

# 5.7. Landkarten nach Bundesländern

## Burgenland

Zielgebiete gemäß EU-Strukturfonds

**Ziel 1-Gebiete**

**RD111 Mittelburgenland**

108 Pol. Bez. Oberpullendorf
1 Deutschkreutz
2 Draßmarkt
3 Frankenau - Unterpullendorf
4 Großwarasdorf
5 Horitschon
6 Kaisersdorf
7 Kobersdorf
8 Lackenbach
9 Lockenhaus
10 Lutzmannsburg
11 Mannersdorf an der Rabnitz
12 Markt Sankt Martin
13 Neckenmarkt
14 Neutal
15 Nikitsch
16 Oberpullendorf
17 Pilgersdorf
18 Piringsdorf
19 Raiding
20 Ritzing
21 Steinberg - Dörfl
22 Stoob
23 Weppersdorf
24 Lackendorf
25 Unterfrauenhaid
26 Unterrabnitz - Schwendgraben
27 Weingraben

**RD112 Nordburgenland**

101 Pol. Bez. Eisenstadt (Stadt)
1 Eisenstadt

102 Pol. Bez. Rust (Stadt)
2 Rust (Stadt)

103 Pol. Bez. Eisenstadt-Umgebung
1 Breitenbrunn
2 Donnerskirchen
3 Großhöflein
4 Hornstein
5 Klingenbach
6 Leithaprodersdorf
7 Mörbisch am See
8 Müllendorf
9 Neufeld an der Leitha
10 Oggau
11 Oslip
12 Purbach am Neusiedler See
13 Sankt Margarethen im Burgenland
14 Schützen am Gebirge
15 Siegendorf
16 Steinbrunn
17 Trausdorf an der Wulka
18 Wimpassing an der Leitha
19 Wulkaprodersdorf
20 Loretto
21 Stotzing
22 Zillingtal
23 Zagersdorf

106 Pol. Bez. Mattersburg
1 Draßburg
2 Forchtenstein
3 Hirm
4 Loipersbach im Burgenland
5 Marz
6 Mattersburg
7 Neudörfl
8 Pöttelsdorf
9 Pöttsching
10 Rohrbach bei Mattersburg
11 Bad Sauerbrunn
12 Schattendorf
13 Sieggraben
14 Sigleß
15 Wiesen
16 Antau
17 Baumgarten
18 Zemendorf - Stöttera

107 Pol. Bez. Neusiedl am See
1 Andau
2 Apetlon
3 Bruckneudorf
4 Deutsch Jahrndorf
5 Frauenkirchen
6 Gattendorf
7 Gols
8 Halbturn
9 Illmitz
10 Jois
11 Kittsee
12 Mönchhof
13 Neusiedl am See
14 Nickelsdorf
15 Pama
16 Pamhagen
17 Parndorf
18 Podersdorf am See
19 Sankt Andrä am Zicksee
20 Tadten
21 Wallern im Burgenland
22 Weiden am See
23 Winden am See
24 Zurndorf
25 Neudorf
26 Potzneusiedl
27 Edelstal

**RD113 Südburgenland**

104 Pol. Bez. Güssing
1 Bocksdorf
2 Burgauberg-Neudauberg
3 Eberau
4 Gerersdorf - Sulz
5 Güssing
6 Güttenbach
7 Heiligenbrunn
8 Kukmirn
9 Neuberg im Burgenland
10 Neustift bei Güssing
11 Olbendorf
12 Ollersdorf im Burgenland
13 Sankt Michael im Burgenland
14 Stegersbach
15 Stinatz
16 Strem
17 Tobaj
18 Hackerberg
19 Wörterberg
20 Großmürbisch
21 Inzenhof
22 Kleinmürbisch
23 Tschanigraben
24 Heugraben
25 Rohr im Burgenland
26 Bildein
27 Rauchwart

105 Pol. Bez. Jennersdorf
1 Deutsch Kaltenbrunn
2 Eltendorf
3 Heiligenkreuz im Lafnitztal
4 Jennersdorf
5 Minihof-Liebau
6 Mogersdorf
7 Neuhaus am Klausenbach
8 Rudersdorf
9 Sankt Martin an der Raab
10 Weichselbaum
11 Königsdorf
12 Mühlgraben

109 Pol. Bez. Oberwart
1 Bad Tatzmannsdorf
2 Bernstein
3 Deutsch Schützen - Eisenberg
4 Grafenschachen
5 Großpetersdorf
6 Hannersdorf
7 Kemeten
8 Kohfidisch
9 Litzelsdorf
10 Loipersdorf - Kitzladen
11 Mariasdorf
12 Markt Allhau
13 Markt Neuhodis
14 Mischendorf
15 Oberdorf im Burgenland
16 Oberschützen
17 Oberwart
18 Pinkafeld
19 Rechnitz
20 Riedlingsdorf
21 Rotenturm an der Pinka
22 Schachendorf
23 Stadtschlaining
24 Unterkohlstätten
25 Unterwart
26 Weiden bei Rechnitz
27 Wiesfleck
28 Wolfau
29 Neustift an der Lafnitz
30 Jabing
31 Badersdorf

## Burgenland

Zielgebiete gemäß EU-Strukturfonds im Burgenland
(laut Beschluß des Rats der Europäischen Union, mit EU-Beitritt 1.1.1995)

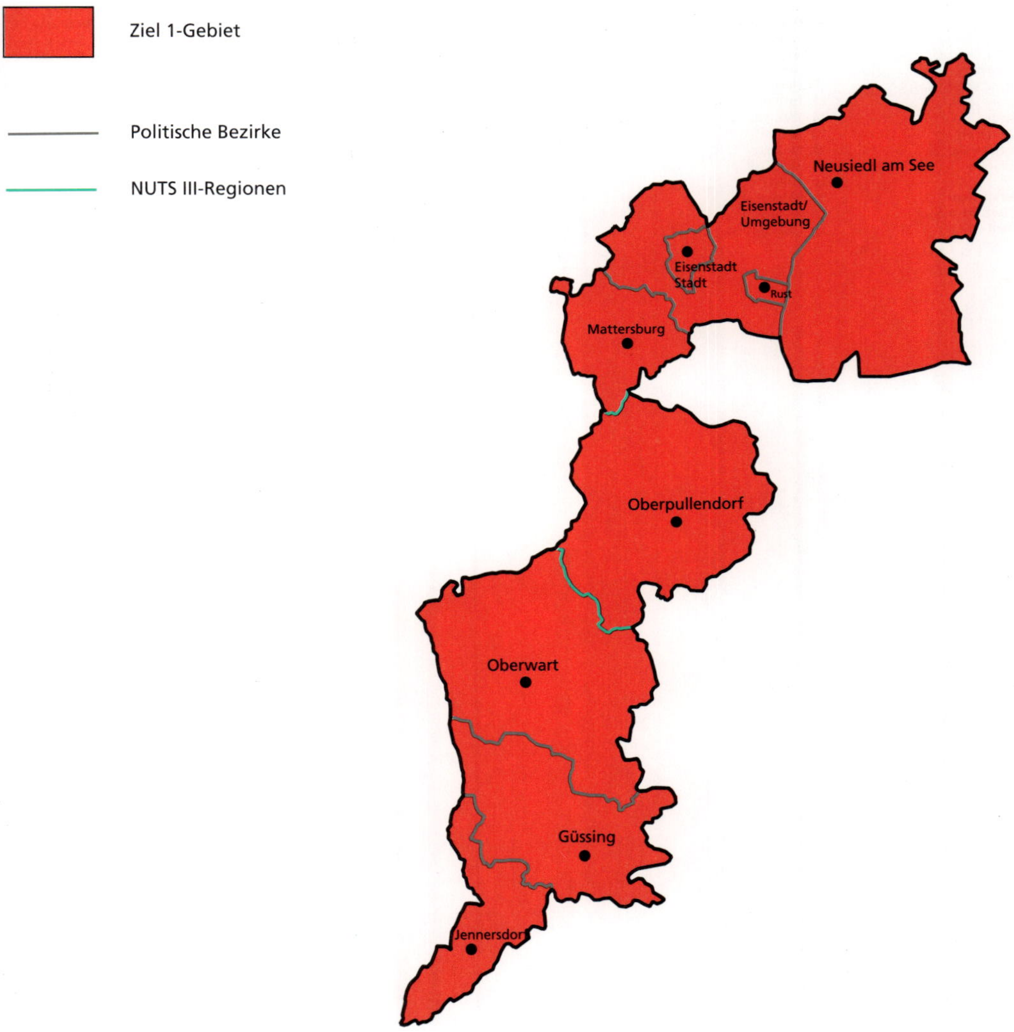


Quelle: ÖROK, ÖIR

# Kärnten

## Zielgebiete gemäß EU-Strukturfonds

**Ziel 5b-Gebiete**

**RD211 Klagenfurt – Villach**

204 Pol. Bez. Klagenfurt Land (Teil)
3 Feistritz im Rosental
5 Ferlach
28 Sankt Margareten im Rosental
41 Zell

207 Pol. Bez. Villach Land (Teil)
1 Afritz
2 Arnoldstein
3 Arriach
5 Bad Bleiberg
7 Feistritz an der Gail
8 Feld am See
12 Fresach
13 Hohenthurn
19 Nötsch im Gailtal
23 Stockenboi

**RD212 Oberkärnten**

203 Pol. Bez. Hermagor
2 Dellach
5 Hermagor – Pressegger See
6 Kirchbach
7 Kötschach-Mauthen
16 Sankt Stefan im Gailtal
20 Gitschtal
21 Lesachtal

206 Pol. Bez. Spittal an der Drau
1 Bad Kleinkirchheim
2 Baldramsdorf
3 Berg im Drautal
4 Dellach im Drautal
5 Großkirchheim
7 Flattach
8 Gmünd
9 Greifenburg
10 Heiligenblut
11 Irschen
13 Kleblach-Lind
16 Lendorf
18 Mallnitz
19 Malta
20 Millstatt
22 Mörtschach
24 Mühldorf
25 Oberdrauburg
27 Obervellach
30 Radenthein
31 Rangersdorf
32 Rennweg am Katschberg
33 Sachsenburg
34 Seeboden
35 Spittal an der Drau
36 Stall
37 Steinfeld
38 Trebesing
39 Weißensee
40 Winklern
42 Krems in Kärnten
43 Lurnfeld
44 Reißeck

210 Pol. Bez. Feldkirchen
1 Albeck
2 Feldkirchen in Kärnten
3 Glanegg
4 Gnesau
5 Himmelberg
6 Ossiach
7 Reichenau
8 Sankt Urban
9 Steindorf am Ossiacher See
10 Steuerberg

**RD213 Unterkärnten**

205 Pol. Bez. Sankt Veit an der Glan
1 Althofen
2 Brückl
3 Deutsch-Griffen
4 Eberstein
5 Friesach
6 Glödnitz
8 Gurk
9 Guttaring
11 Hüttenberg
12 Kappel am Krappfeld
13 Klein Sankt Paul
15 Liebenfels
18 Metnitz
19 Micheldorf
20 Mölbling
23 Sankt Georgen am Längsee
27 Sankt Veit an der Glan
30 Straßburg
31 Weitensfeld-Flattnitz
34 Frauenstein

208 Pol. Bez. Völkermarkt
1 Bleiburg
2 Diex
3 Eberndorf
4 Eisenkappel-Vellach
5 Feistritz ob Bleiburg
6 Gallizien
7 Globasnitz
8 Griffen
10 Neuhaus
12 Ruden
13 Sankt Kanzian am Klopeiner See
15 Sittersdorf
17 Völkermarkt

209 Pol. Bez. Wolfsberg
1 Bad Sankt Leonhard im Lavanttal
9 Lavamünd
11 Preitenegg
12 Reichenfels
13 Sankt Andrä
14 Sankt Georgen im Lavanttal
18 Sankt Paul im Lavanttal
23 Wolfsberg

## Kärnten

Zielgebiete gemäß EU-Strukturfonds in Kärnten
(laut Beschluß der Europäischen Kommission vom Februar 1995)

Ziel 5b-Gebiete

Politische Bezirke

NUTS III-Regionen

Quelle: ÖROK, ÖIR

# Niederösterreich

## Zielgebiete gemäß EU-Strukturfonds

**Ziel 2-Gebiete**

**RD122 Niederösterreich – Süd**

304 Pol. Bez. Wiener Neustadt (Stadt)
1 Wiener Neustadt (Stadt)

306 Pol. Bez. Baden (Teil)
2 Altenmarkt an der Triesting
5 Berndorf
8 Enzesfeld – Lindabrunn
14 Hernstein
15 Hirtenberg
27 Pottenstein
45 Weissenbach an der Triesting

314 Pol. Bez. Lilienfeld (Teil)
3 Hainfeld
4 Hohenberg
5 Kaumberg
7 Lilienfeld
10 Rohrbach an der Gölsen
11 Sankt Aegyd am Neuwalde
12 Sankt Veit an der Gölsen
13 Traisen

318 Pol. Bez. Neunkirchen (Teil)
4 Breitenau
5 Breitenstein
6 Buchbach
10 Gloggnitz
17 Natschbach – Loipersbach
18 Neunkirchen
21 Payerbach
29 Reichenau an der Rax
33 Schottwien
38 Semmering
39 Ternitz
44 Wartmannstetten
46 Wimpassing im Schwarzatale

323 Pol. Bez. Wiener Neustadt (Land) (Teil)
1 Bad Fischau – Brunn
19 Markt Piesting
23 Pernitz
31 Waidmannsfeld
32 Waldegg
34 Weikersdorf am Steinfelde
36 Winzendorf – Muthmannsdorf
37 Wöllersdorf – Steinabrückl

**Ziel 5b-Gebiete**

**RD121 Mostviertel Eisenwurzen**

303 Pol. Bez. Waidhofen an der Ybbs (Stadt)
1 Waidhofen an der Ybbs (Stadt)

305 Pol. Bez. Amstetten
1 Allhartsberg
2 Amstetten*
3 Ardagger
4 Aschbach-Markt
6 Behamberg
7 Biberbach
8 Ennsdorf
9 Ernsthofen
10 Ertl
11 Euratsfeld
12 Ferschnitz
14 Haag
15 Haidershofen
16 Hollenstein an der Ybbs
17 Kematen an der Ybbs
20 Neuhofen an der Ybbs
21 Neustadtl an der Donau
22 Oed – Oehling
24 Opponitz
26 Sankt Georgen am Reith
27 Sankt Georgen am Ybbsfelde
29 Sankt Pantaleon – Erla
30 Sankt Peter in der Au
31 Sankt Valentin
32 Seitenstetten
33 Sonntagberg
34 Strengberg
36 Viehdorf
38 Wallsee – Sindelburg
39 Weistrach
41 Winklarn
42 Wolfsbach
43 Ybbsitz
44 Zeillern

315 Pol. Bez. Melk
2 Artstetten – Pöbring
3 Bergland
4 Bischofstetten
5 Blindenmarkt
6 Dorfstetten
7 Dunkelsteinerwald
8 Erlauf
9 Golling an der Erlauf
11 Hofamt Priel
13 Hürm
14 Kilb
15 Kirnberg an der Mank
16 Klein-Pöchlarn
17 Krummnußbaum
19 Leiben
20 Loosdorf
21 Mank
22 Marbach an der Donau
23 Maria Taferl
24 Melk
25 Mönichreith – Laimbach
27 Neumarkt an der Ybbs
28 Nöchling
30 Persenbeug – Gottsdorf
31 Petzenkirchen
33 Pöchlarn
34 Pöggstall
35 Raxendorf
37 Ruprechtshofen
39 Sankt Leonhard am Forst
40 Sankt Martin – Karlsbach
41 Sankt Oswald
42 Schönbühel – Aggsbach
43 Schollach
46 Weiten
49 Ybbs an der Donau
50 Zelking – Matzleinsdorf
51 Texingtal
52 Yspertal
53 Emmersdorf an der Donau

320 Pol. Bez. Scheibbs
1 Gaming
2 Göstling an der Ybbs
3 Gresten
4 Gresten-Land
5 Lunz am See
6 Oberndorf an der Melk
7 Puchenstuben
8 Purgstall an der Erlauf
9 Randegg
10 Reinsberg
11 Sankt Anton an der Jeßnitz
12 Sankt Georgen an der Leys
13 Scheibbs
14 Steinakirchen am Forst
15 Wang
16 Wieselburg
17 Wieselburg-Land
18 Wolfpassing

**RD122 Niederösterreich – Süd**

306 Pol. Bez. Baden (Teil)
9 Furth an der Triesting

314 Pol. Bez. Lilienfeld (Teil)
1 Annaberg
2 Eschenau
6 Kleinzell
8 Mitterbach am Erlaufsee
9 Ramsau
14 Türnitz

318 Pol. Bez. Neunkirchen (Teil)
1 Altendorf
2 Aspang-Markt
3 Aspangberg – Sankt Peter
7 Edlitz
8 Enzenreith
9 Feistritz am Wechsel
11 Grafenbach – Sankt Valentin
12 Grimmenstein
13 Grünbach am Schneeberg
14 Kirchberg am Wechsel
15 Mönichkirchen
20 Otterthal
25 Prigglitz
26 Puchberg am Schneeberg
27 Raach am Hochgebirge
30 Sankt Corona am Wechsel
31 Sankt Egyden am Steinfeld
32 Scheiblingkirchen – Thernberg
34 Schrattenbach
36 Schwarzau im Gebirge
40 Thomasberg
41 Trattenbach
42 Vöstenhof
43 Warth
45 Willendorf
47 Würflach
48 Zöbern
49 Höflein an der Hohen Wand

323 Pol. Bez. Wiener Neustadt (Land) (Teil)
2 Bad Schönau
8 Gutenstein
9 Hochneukirchen – Gschaidt
10 Hochwolkersdorf
11 Hohe Wand
12 Hollenthon
14 Kirchschlag in der Buckligen Welt
15 Krumbach
17 Lichtenegg
21 Miesenbach
22 Muggendorf
24 Rohr im Gebirge
25 Bromberg
26 Schwarzenbach
35 Wiesmath

**RD123 Sankt Pölten**

319 Pol. Bez. Sankt Pölten (Land) (Teil)
6 Frankenfels
9 Grünau
18 Kirchberg an der Pielach
20 Loich
35 Rabenstein an der Pielach
39 Schwarzenbach an der Pielach

**RD124 Waldviertel**

301 Pol. Bez. Krems an der Donau (Stadt)
1 Krems an der Donau*

309 Pol. Bez. Gmünd
2 Amaliendorf – Aalfang
3 Brand – Nagelberg
4 Eggern
6 Eisgarn
8 Gmünd
9 Großdietmanns
10 Bad Großpertholz
12 Großschönau
13 Moorbad Harbach
15 Haugschlag
16 Heidenreichstein
17 Hirschbach
20 Hoheneich
21 Kirchberg am Walde
25 Litschau
29 Reingers
32 Sankt Martin
35 Schrems
39 Unserfrau-Altweitra
40 Waldenstein
42 Weitra

311 Pol. Bez. Horn
1 Altenburg
2 Brunn an der Wild
3 Burgschleinitz – Kühnring
4 Drosendorf – Zissersdorf
5 Eggenburg
6 Gars am Kamp
7 Geras
9 Horn
10 Irnfritz
11 Japons
13 Langau
14 Meiseldorf
17 Pernegg
19 Röhrenbach
20 Röschitz
21 Rosenburg – Mold
23 Sankt Bernhard – Frauenhofen
24 Sigmundsherberg
29 Weitersfeld
30 Straning – Grafenberg

313 Pol. Bez. Krems (Land)
1 Aggsbach
2 Albrechtsberg an der Großen Krems
3 Bergern im Dunkelsteinerwald
4 Dürnstein
8 Etsdorf – Haitzendorf
9 Furth bei Göttweig
10 Gedersdorf
11 Gföhl
15 Hadersdorf – Kammern
19 Jaidhof
21 Krumau am Kamp
22 Langenlois
23 Lengenfeld
24 Lichtenau im Waldviertel
26 Maria Laach am Jauerling
27 Mautern an der Donau
30 Mühldorf
33 Paudorf
36 Rastenfeld
37 Rohrendorf bei Krems
38 Rossatz – Arnsdorf
40 Sankt Leonhard am Hornerwald
43 Senftenberg
44 Spitz
46 Straß im Straßertale
47 Stratzing
50 Weinzierl am Walde
51 Weißenkirchen in der Wachau
55 Schönberg am Kamp
56 Droß

322 Pol. Bez. Waidhofen an der Thaya
2 Dietmanns
3 Dobersberg
6 Gastern
7 Groß-Siegharts
9 Karlstein an der Thaya
10 Kautzen
12 Ludweis – Aigen
14 Pfaffenschlag bei Waidhofen an der Thaya
16 Raabs an der Thaya
17 Thaya
19 Vitis
20 Waidhofen an der Thaya
21 Waidhofen an der Thaya-Land
22 Waldkirchen an der Thaya
23 Windigsteig

325 Pol. Bez. Zwettl
1 Allentsteig
2 Arbesbach
3 Bärnkopf
4 Echsenbach
5 Göpfritz an der Wild
6 Grafenschlag
8 Groß-Gerungs
9 Großgöttfritz
11 Gutenbrunn
14 Kirchschlag
15 Kottes-Purk
16 Langschlag
17 Martinsberg
18 Ottenschlag
19 Altmelon
20 Pölla
21 Rappottenstein
22 Sallingberg
23 Schönbach
24 Schwarzenau
25 Schweiggers
28 Traunstein
29 Waldhausen
30 Zwettl, Niederösterreich

**RD125 Weinviertel**

308 Pol. Bez. Gänserndorf (Teil)
10 Drösing
11 Dürnkrut
26 Hauskirchen
27 Hohenau an der March
29 Jedenspeigen
41 Neusiedl an der Zaya
45 Palterndorf – Dobermannsdorf
50 Ringelsdorf – Niederabsdorf
57 Sulz im Weinviertel
63 Zistersdorf

310 Pol. Bez. Hollabrunn
1 Alberndorf im Pulkautal
8 Göllersdorf
9 Grabern
14 Guntersdorf
15 Hadres
16 Hardegg
18 Haugsdorf
19 Heldenberg
21 Hohenwarth – Mühlbach a. M.
22 Hollabrunn
25 Mailberg
26 Maissau
28 Nappersdorf – Kammersdorf
33 Pernersdorf
35 Pulkau
36 Ravelsbach
37 Retz
38 Retzbach
41 Schrattenthal
42 Seefeld – Kadolz
43 Sitzendorf an der Schmida
51 Wullersdorf
52 Zellerndorf
53 Ziersdorf

316 Pol. Bez. Mistelbach (Teil)
1 Altlichtenwarth
3 Asparn an der Zaya
4 Bernhardsthal
6 Drasenhofen
8 Falkenstein
9 Fallbach
12 Gaweinstal
13 Gnadendorf
16 Großharras
17 Großkrut
20 Hausbrunn
21 Herrnbaumgarten
29 Laa an der Thaya
30 Ladendorf
33 Mistelbach
34 Neudorf bei Staatz
36 Niederleis
44 Poysdorf
45 Rabensburg
46 Schrattenberg
49 Staatz
50 Stronsdorf
53 Wildendürnbach
54 Wilfersdorf
57 Gartenbrunn
58 Ottenthal

* Wohngebiete ausgenommen

# Niederösterreich

## Zielgebiete gemäß EU-Strukturfonds in Niederösterreich (laut Beschluß der Europäischen Kommission vom Februar 1995)

Ziel 2-Gebiete

Ziel 5b-Gebiete

In den Städten Krems und Amstetten sind die Wohngebiete ausgenommen

Politische Bezirke

NUTS III-Regionen

Quelle: ÖROK, ÖIR

# Oberösterreich

## Zielgebiete gemäß EU-Strukturfonds

**Ziel 2-Gebiete**

**RD314 Steyr-Kirchdorf**

402 Pol. Bez. Steyr (Stadt)
1 Steyr (Stadt)

415 Pol. Bez. Steyr-Land (Teil)
2 Aschach an der Steyr
4 Dietach
6 Garsten
14 Sankt Ulrich bei Steyr
15 Schiedlberg
16 Sierning
17 Ternberg
21 Wolfern

**Ziel 5b-Gebiete**

**RD311 Innviertel**

404 Pol. Bez. Braunau
1 Altheim
2 Aspach
3 Auerbach
4 Braunau am Inn
5 Burgkirchen
6 Eggelsberg
7 Feldkirchen bei Mattighofen
8 Franking
9 Geretsberg
10 Gilgenberg am Weilhart
11 Haigermoos
12 Handenberg
13 Helpfau – Uttendorf
14 Hochburg – Ach
15 Höhnhart
16 Jeging
17 Kirchberg bei Mattighofen
18 Lengau
19 Lochen
20 Maria Schmolln
21 Mattighofen
22 Mauerkirchen
23 Mining
24 Moosbach
25 Moosdorf
26 Munderfing
27 Neukirchen an der Enknach
28 Ostermiething
29 Palting
30 Perwang am Grabensee
31 Pfaffstätt
32 Pischelsdorf am Engelbach
33 Polling im Innkreis
34 Roßbach
35 Sankt Georgen am Fillmannsbach
36 Sankt Johann am Walde
37 Sankt Pantaleon
38 Sankt Peter am Hart
39 Sankt Radegund
40 Sankt Veit im Innkreis
41 Schalchen
42 Schwand im Innkreis
43 Tarsdorf
44 Treubach
45 Überackern
46 Weng im Innkreis

408 Pol. Bez. Grieskirchen (Teil)
1 Aistersheim
3 Bruck – Waasen
4 Eschenau im Hausruckkreis
6 Gaspoltshofen
7 Geboltskirchen
9 Haag am Hausruck
10 Heiligenberg
12 Kallham
16 Natternbach
17 Neukirchen am Walde
19 Peuerbach
22 Pram
23 Rottenbach
24 Sankt Agatha
28 Steegen
31 Waizenkirchen
33 Weibern
34 Wendling

412 Pol. Bez. Ried im Innkreis
1 Andrichsfurt
2 Antiesenhofen
3 Aurolzmünster
4 Eberschwang
5 Eitzing
6 Geiersberg
7 Geinberg
8 Gurten
9 Hohenzell
10 Kirchdorf am Inn
11 Kirchheim im Innkreis
12 Lambrechten
13 Lohnsburg am Kobernaußerwald
14 Mehrnbach
15 Mettmach
16 Mörschwang
17 Mühlheim am Inn
18 Neuhofen im Innkreis
19 Obernberg am Inn
20 Ort im Innkreis
21 Pattigham
22 Peterskirchen
23 Pramet
24 Reichersberg
25 Ried im Innkreis
26 Sankt Georgen bei Obernberg am Inn
27 Sankt Marienkirchen am Hausruck
28 Sankt Martin im Innkreis
29 Schildorn
30 Senftenbach
31 Taiskirchen im Innkreis
32 Tumeltsham
33 Utzenaich
34 Waldzell
35 Weilbach
36 Wippenham

414 Pol. Bez. Schärding
1 Altschwendt
2 Andorf
3 Brunnenthal
4 Diersbach
5 Dorf an der Pram
6 Eggerding
7 Engelhartszell
8 Enzenkirchen
9 Esternberg
10 Freinberg
11 Kopfing im Innkreis
12 Mayrhof
13 Münzkirchen
14 Raab
15 Rainbach im Innkreis
16 Riedau
17 Sankt Aegidi
18 Sankt Florian am Inn
19 Sankt Marienkirchen bei Schärding
20 Sankt Roman
21 Sankt Willibald
22 Schärding
23 Schardenberg
24 Sigharting
25 Suben
26 Taufkirchen an der Pram
27 Vichtenstein
28 Waldkirchen am Wesen
29 Wernstein am Inn
30 Zell an der Pram

**RD312 Linz – Wels**

416 Pol. Bez. Urfahr-Umgebung (Teil)
1 Alberndorf in der Riedmark
2 Altenberg bei Linz
4 Eidenberg
6 Feldkirchen an der Donau
8 Goldwörth
9 Gramastetten
11 Hellmonsödt
12 Herzogsdorf
13 Kirchschlag bei Linz
14 Lichtenberg
21 Sankt Gotthard im Mühlkreis
23 Sonnberg im Mühlkreis
26 Walding

**RD313 Mühlviertel**

406 Pol. Bez. Freistadt
1 Freistadt
2 Grünbach
3 Gutau
4 Hagenberg im Mühlkreis
5 Hirschbach im Mühlkreis
6 Kaltenberg
7 Kefermarkt
8 Königswiesen
9 Lasberg
10 Leopoldschlag
11 Liebenau
12 Neumarkt im Mühlkreis
13 Pierbach
14 Pregarten
15 Rainbach im Mühlkreis
16 Sandl
17 Sankt Leonhard bei Freistadt
18 Sankt Oswald bei Freistadt
19 Schönau im Mühlkreis
20 Tragwein
21 Unterweißenbach
22 Unterweitersdorf
23 Waldburg
24 Wartberg ob der Aist
25 Weitersfelden
26 Windhaag bei Freistadt
27 Bad Zell

411 Pol. Bez. Perg (Teil)
1 Allerheiligen im Mühlkreis
2 Arbing
3 Baumgartenberg
4 Dimbach
5 Grein
7 Klam
8 Bad Kreuzen
12 Mitterkirchen im Machland
13 Münzbach
14 Naarn im Machlande
15 Pabneukirchen
16 Perg
17 Rechberg
19 Sankt Georgen am Walde
21 Sankt Nikola an der Donau
22 Sankt Thomas am Blasenstein
23 Saxen
25 Waldhausen im Strudengau
26 Windhaag bei Perg

413 Pol. Bez. Rohrbach
1 Afiesl
2 Ahorn
3 Aigen im Mühlkreis
4 Altenfelden
5 Arnreit
6 Atzesberg
7 Auberg
8 Berg bei Rohrbach
9 Haslach an der Mühl
10 Helfenberg
11 Hörbich
12 Hofkirchen im Mühlkreis
13 Julbach
14 Kirchberg ob der Donau
15 Klaffer am Hochficht
16 Kleinzell im Mühlkreis
17 Kollerschlag
18 Lembach im Mühlkreis
19 Lichtenau im Mühlkreis
20 Nebelberg
21 Neufelden
22 Niederkappel
23 Niederwaldkirchen
24 Oberkappel
25 Oepping
26 Peilstein im Mühlviertel
27 Pfarrkirchen im Mühlkreis
28 Putzleinsdorf
29 Neustift im Mühlkreis
30 Rohrbach in Oberösterreich
31 Sankt Johann am Wimberg
32 Sankt Martin im Mühlkreis
33 Sankt Oswald bei Haslach
34 Sankt Peter am Wimberg
35 Sankt Stefan am Walde
36 Sankt Ulrich im Mühlkreis
37 Sankt Veit im Mühlkreis
38 Sarleinsbach
39 Schlägl
40 Schönegg
41 Schwarzenberg am Böhmerwald
42 Ulrichsberg

416 Pol. Bez. Urfahr-Umgebung (Teil)
3 Bad Leonfelden
10 Haibach im Mühlkreis
15 Oberneukirchen
16 Ottenschlag im Mühlkreis
19 Reichenau im Mühlkreis
20 Reichenthal
22 Schenkenfelden
25 Vorderweißenbach
27 Zwettl an der Rodl

**RD314 Steyr – Kirchdorf**

409 Pol. Bez. Kirchdorf an der Krems (Teil)
1 Edlbach
2 Grünburg
3 Hinterstoder
4 Inzersdorf im Kremstal
5 Kirchdorf an der Krems
6 Klaus an der Pyhrnbahn
8 Micheldorf in Oberösterreich
9 Molln
10 Nußbach
11 Oberschlierbach
12 Pettenbach
14 Rosenau am Hengstpaß
15 Roßleithen
16 Sankt Pankraz
17 Schlierbach
18 Spital am Pyhrn
19 Steinbach am Ziehberg
20 Steinbach an der Steyr
21 Vorderstoder
23 Windischgarsten

415 Pol. Bez. Steyr-Land (Teil)
1 Adlwang
5 Gaflenz
7 Großraming
8 Laussa
9 Losenstein
10 Maria Neustift
12 Reichraming
18 Waldneukirchen
19 Weyer Land
20 Weyer Markt

**RD315 Traunviertel**

407 Pol. Bez. Gmunden (Teil)
2 Bad Goisern
6 Gosau
9 Hallstatt
12 Obertraun

417 Pol. Bez. Vöcklabruck (Teil)
2 Attersee
6 Berg im Attergau
8 Fornach
9 Frankenburg am Hausruck
10 Frankenmarkt
12 Innerschwand
15 Mondsee
18 Nußdorf am Attersee
19 Oberhofen am Irrsee
21 Oberwang
23 Pfaffing
26 Pöndorf
29 Redleiten
34 Sankt Georgen im Attergau
35 Sankt Lorenz
41 Straß im Attergau
42 Tiefgraben
45 Unterach am Attersee
47 Vöcklamarkt
48 Weißenkirchen im Attergau
51 Zell am Moos

## Oberösterreich

Zielgebiete gemäß EU-Strukturfonds in Oberösterreich
(laut Beschluß der Europäischen Kommission vom Februar 1995)

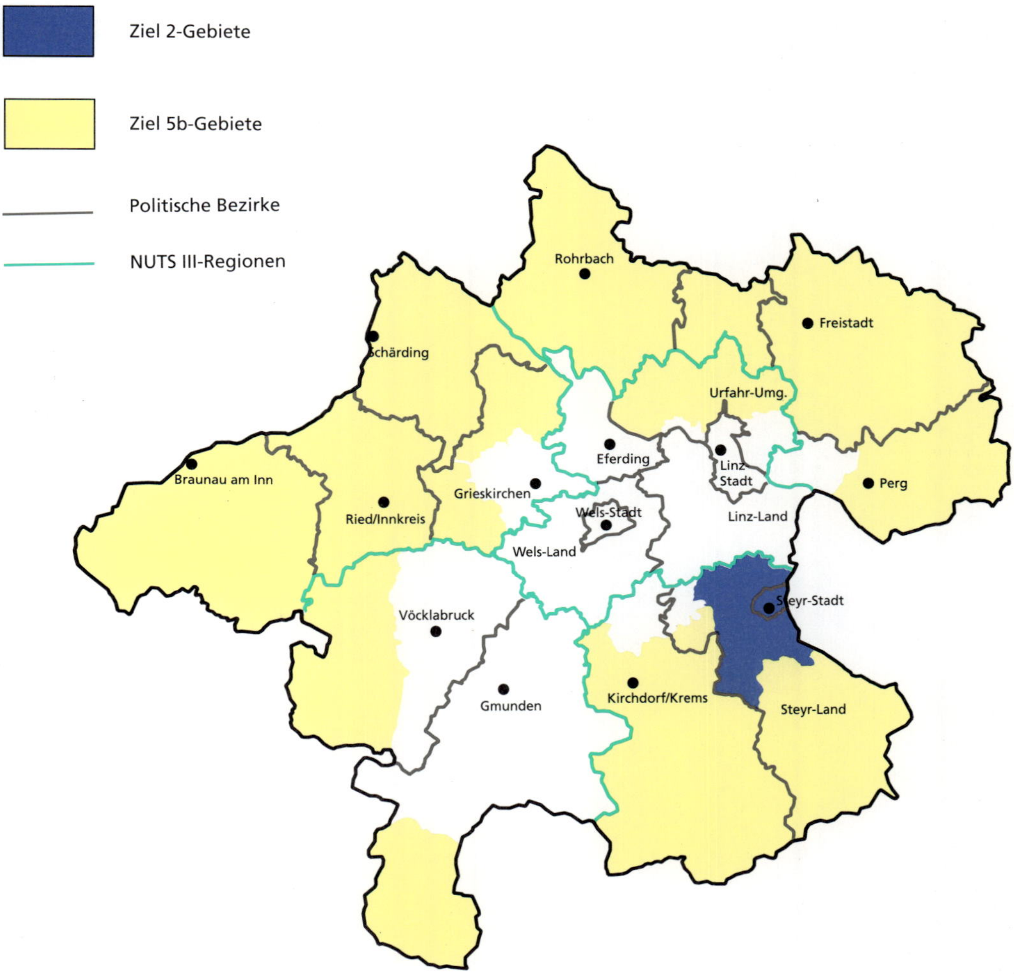


Quelle: ÖROK, ÖIR

# Salzburg

## Zielgebiete gemäß EU-Strukturfonds

**Ziel 5b-Gebiete**

**RD321 Lungau**

505 Pol. Bez. Tamsweg
1 Göriach
2 Lessach
3 Mariapfarr
4 Mauterndorf
5 Muhr
6 Ramingstein
7 Sankt Andrä im Lungau
8 Sankt Margarethen im Lungau
9 Sankt Michael im Lungau
10 Tamsweg
11 Thomatal
12 Tweng
13 Unternberg
14 Weißpriach
15 Zederhaus

**RD322 Pinzgau – Pongau**

504 Pol. Bez. Sankt Johann im Pongau (Teil)
9 Forstau
10 Goldegg
11 Großarl
12 Hüttau
13 Hüttschlag
14 Kleinarl
15 Mühlbach am Hochkönig
16 Pfarrwerfen
19 Sankt Martin am Tennengebirge
20 Sankt Veit im Pongau
21 Schwarzach im Pongau
22 Untertauern
24 Werfen
25 Werfenweng

506 Pol. Bez. Zell am See (Teil)
1 Bramberg am Wildkogel
3 Dienten am Hochkönig
4 Fusch an der Großglocknerstraße
5 Hollersbach im Pinzgau
7 Krimml
8 Lend
10 Lofer
13 Mittersill
14 Neukirchen am Großvenediger
15 Niedernsill
17 Rauris
20 Sankt Martin bei Lofer
21 Stuhlfelden
22 Taxenbach
23 Unken
24 Uttendorf
26 Wald im Pinzgau
27 Weißbach bei Lofer

**RD323 Salzburg und Umgebung**

502 Pol. Bez. Hallein (Teil)
1 Abtenau
3 Annaberg – Lungötz
10 Rußbach am Paß Gschütt

## Salzburg

Zielgebiete gemäß EU-Strukturfonds in Salzburg
(laut Beschluß der Europäischen Kommission vom Februar 1995)

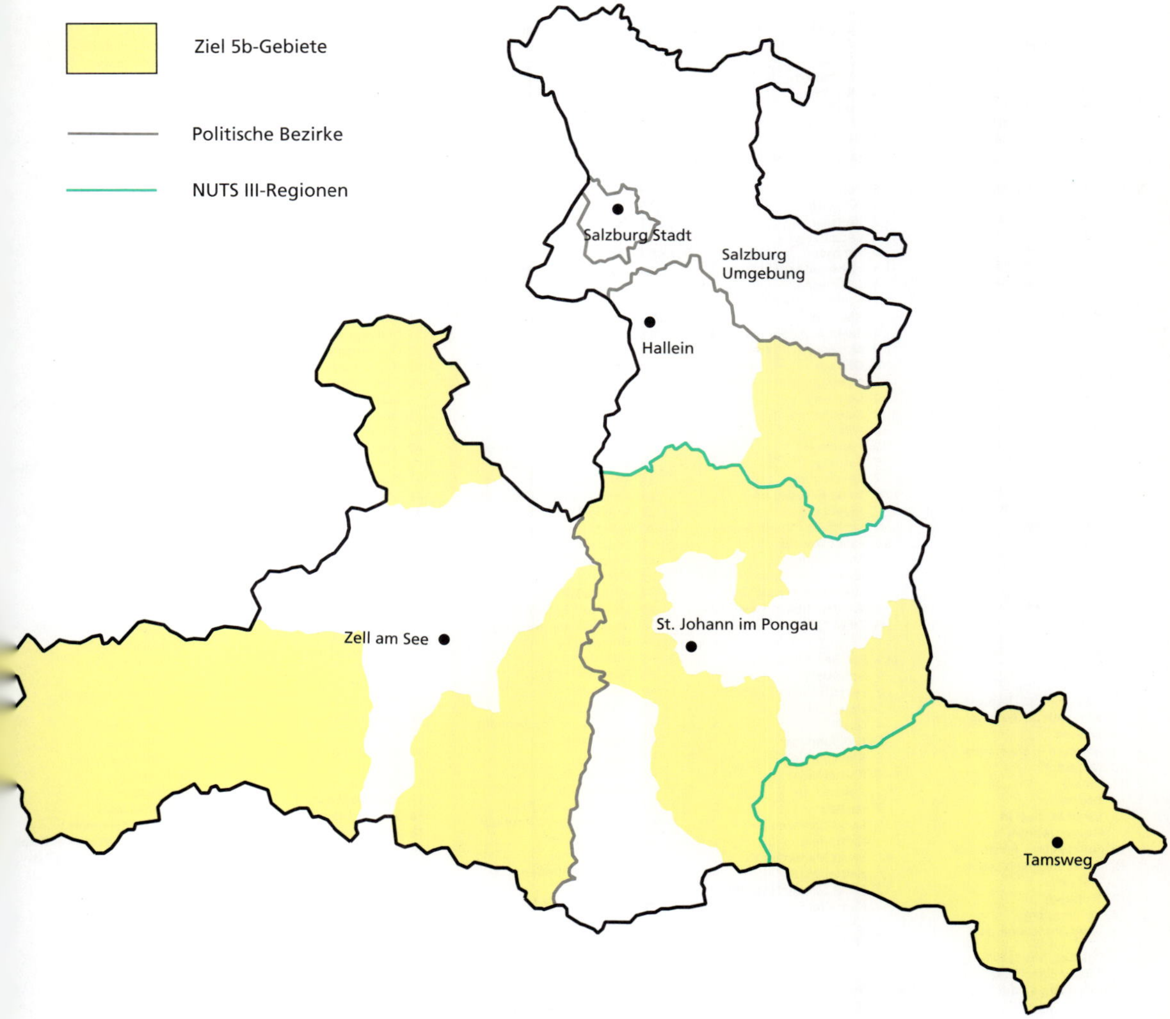


Quelle: ÖROK, ÖIR

# Steiermark

## Zielgebiete gemäß EU-Strukturfonds

**Ziel 2-Gebiete**

**RD222 Liezen**

612 Pol. Bez. Liezen (Teil)
1 Admont
5 Altenmarkt bei Sankt Gallen
6 Ardning
10 Gaishorn am See
11 Gams bei Hieflau
16 Hall
19 Johnsbach
21 Landl
22 Lassing
23 Liezen
29 Oppenberg
30 Palfau
38 Rottenmann
39 Sankt Gallen
43 Selzthal
46 Treglwang
47 Trieben
48 Weißenbach an der Enns
49 Weißenbach bei Liezen
50 Weng bei Admont
51 Wildalpen

**RD223 Östliche Obersteiermark**

602 Pol. Bez. Bruck an der Mur
1 Aflenz Kurort
2 Aflenz Land
3 Breitenau am Hochlantsch
4 Bruck an der Mur
5 Etmißl
6 Frauenberg
7 Gußwerk
8 Halltal
9 Kapfenberg
10 Mariazell
11 Oberaich
12 Parschlug
13 Pernegg an der Mur
14 Sankt Ilgen
15 Sankt Katharein an der Laming
16 Sankt Lorenzen im Mürztal
17 Sankt Marein im Mürztal
18 Sankt Sebastian
19 Thörl
20 Tragöß
21 Turnau

611 Pol. Bez. Leoben
1 Eisenerz
2 Gai
3 Hafning bei Trofaiach
4 Hieflau
5 Kalwang
6 Kammern im Liesingtal
7 Kraubath an der Mur
8 Leoben
9 Mautern in Steiermark
10 Niklasdorf
11 Proleb
12 Radmer
13 Sankt Michael in Obersteiermark
14 Sankt Peter – Freienstein
15 Sankt Stefan ob Leoben
16 Traboch
17 Trofaiach
18 Vordernberg
19 Wald am Schoberpaß

613 Pol. Bez. Mürzzuschlag
1 Allerheiligen im Mürztal
2 Altenberg an der Rax
3 Ganz
4 Kapellen
5 Kindberg
6 Krieglach
7 Langenwang
8 Mitterdorf im Mürztal
9 Mürzhofen
10 Mürzsteg
11 Mürzzuschlag
12 Neuberg an der Mürz
13 Spital am Semmering
14 Stanz im Mürztal
15 Veitsch
16 Wartberg im Mürztal

**RD225 West- und Südsteiermark**

616 Pol. Bez. Voitsberg
1 Bärnbach
2 Edelschrott
3 Gallmannsegg
4 Geistthal
5 Gößnitz
6 Graden
7 Hirschegg
8 Kainach bei Voitsberg
9 Köflach
10 Kohlschwarz
11 Krottendorf – Gaisfeld
12 Ligist
13 Maria Lankowitz
14 Modriach
15 Mooskirchen
16 Pack
17 Piberegg
18 Rosental an der Kainach
19 Salla
20 Sankt Johann – Köppling
21 Sankt Martin am Wöllmißberg
22 Söding
23 Södingberg
24 Stallhofen
25 Voitsberg

**RD226 Westliche Obersteiermark**

608 Pol. Bez. Judenburg
1 Amering
2 Bretstein
3 Eppenstein
4 Fohnsdorf
5 Hohentauern
6 Judenburg
7 Sankt Wolfgang – Kienberg
8 Sankt Anna am Lavantegg
9 Maria Buch – Feistritz
10 Obdach
11 Oberkurzheim
12 Oberweg
13 Oberzeiring
14 Pöls
15 Pusterwald
16 Reifling
17 Reisstraße
18 Sankt Georgen ob Judenburg
19 Sankt Johann am Tauern
20 Sankt Oswald – Möderbrugg
21 Sankt Peter ob Judenburg
22 Unzmarkt – Frauenburg
23 Weißkirchen in Steiermark
24 Zeltweg

609 Pol. Bez. Knittelfeld
1 Apfelberg
2 Feistritz bei Knittelfeld
3 Flatschach
4 Gaal
5 Großlobming
6 Kleinlobming
7 Knittelfeld
8 Kobenz
9 Rachau
10 Sankt Lorenzen bei Knittelfeld
11 Sankt Marein bei Knittelfeld
12 Sankt Margarethen bei Knittelfeld
13 Seckau
14 Spielberg bei Knittelfeld

**Ziel 5b-Gebiete**

**RD222 Liezen**

612 Pol. Bez. Liezen (Teil)
2 Aich
3 Aigen im Ennstal
4 Altaussee
7 Bad Aussee
8 Donnersbach
9 Donnersbachwald
12 Gössenberg
13 Gröbming
14 Großsölk
15 Grundlsee
17 Haus
18 Irdning
20 Kleinsölk
24 Michaelerberg
25 Mitterberg
26 Bad Mitterndorf
27 Niederöblarn
28 Öblarn
32 Pichl – Preunegg
33 Pichl – Kainisch
34 Pruggern
35 Pürgg – Trautenfels
36 Ramsau am Dachstein
37 Rohrmoos – Untertal
40 Sankt Martin am Grimming
41 Sankt Nikolai im Sölktal
42 Schladming
44 Stainach
45 Tauplitz
52 Wörschach

**RD224 Oststeiermark**

604 Pol. Bez. Feldbach
1 Auersbach
2 Aug – Radisch
3 Bad Gleichenberg
4 Bairisch Kölldorf
5 Baumgarten bei Gnas
6 Breitenfeld an der Rittschein
7 Edelsbach bei Feldbach
8 Edelstauden
9 Eichkögl
10 Fehring
11 Feldbach
12 Fladnitz im Raabtal
13 Frannach
14 Frutten – Gießelsdorf
15 Glojach
16 Gnas
17 Gniebing – Weißenbach
18 Gossendorf
19 Grabersdorf
20 Hatzendorf
21 Hohenbrugg – Weinberg
22 Jagerberg
23 Johnsdorf – Brunn
24 Kapfenstein
25 Kirchbach in Steiermark
26 Kirchberg an der Raab
27 Kohlberg
28 Kornberg bei Riegersburg
29 Krusdorf
30 Leitersdorf im Raabtal
31 Lödersdorf
32 Maierdorf
33 Merkendorf
34 Mitterlabill
35 Mühldorf bei Feldbach
36 Oberdorf am Hochegg
37 Oberstorcha
38 Paldau
39 Perlsdorf
40 Pertlstein
41 Petersdorf II
42 Pirching am Traubenberg
43 Poppendorf
44 Raabau
45 Raning
47 Riegersburg
48 Sankt Anna am Aigen
49 Sankt Stefan im Rosental
50 Schwarzau im Schwarzautal
51 Stainz bei Straden
52 Studenzen
53 Trautmannsdorf in Oststeiermark
54 Unterauersbach
55 Unterlamm
56 Zerlach

605 Pol. Bez. Fürstenfeld
1 Altenmarkt bei Fürstenfeld
2 Blumau in Steiermark
3 Burgau
4 Fürstenfeld
5 Großsteinbach
6 Großwilfersdorf
7 Hainersdorf
8 Ilz
9 Loipersdorf bei Fürstenfeld
10 Nestelbach im Ilztal
11 Ottendorf an der Rittschein
12 Söchau
13 Stein
14 Übersbach

607 Pol. Bez. Hartberg
1 Blaindorf
2 Buch – Geiseldorf
3 Dechantskirchen
4 Dienersdorf
5 Ebersdorf
6 Friedberg
7 Grafendorf bei Hartberg
8 Greinbach
9 Großhart
10 Hartberg
11 Hartberg Umgebung
12 Hartl
13 Hofkirchen bei Hartberg
14 Kaibing
15 Kaindorf
16 Kleinschlag
17 Lafnitz
18 Limbach bei Neudau
19 Mönichwald
20 Neudau
21 Pinggau
22 Pöllau
23 Pöllauberg
24 Puchegg
25 Rabenwald
26 Riegersberg
27 Rohr bei Hartberg
28 Rohrbach an der Lafnitz
29 Saifen – Boden
30 Sankt Jakob im Walde
31 Sankt Johann bei Herberstein
32 Sankt Johann in der Haide
33 Sankt Lorenzen am Wechsel
34 Sankt Magdalena am Lemberg
35 Schachen bei Vorau
36 Schäffern
37 Schlag bei Thalberg
38 Schönegg bei Pöllau
39 Sebersdorf
40 Siegersdorf bei Herberstein
41 Sonnhofen
42 Stambach
43 Stubenberg
44 Tiefenbach bei Kaindorf
45 Vorau
46 Vornholz
47 Waldbach
48 Bad Waltersdorf
49 Wenigzell
50 Wörth an der Lafnitz

615 Pol. Bez. Radkersburg
1 Bierbaum am Auersbach
2 Deutsch Goritz
3 Dietersdorf am Gnasbach
4 Eichfeld
5 Gosdorf
6 Halbenrain
8 Hof bei Straden
9 Klöch
10 Mettersdorf am Saßbach
11 Mureck
12 Murfeld
13 Bad Radkersburg
14 Radkersburg Umgebung
15 Ratschendorf
16 Sankt Peter am Ottersbach
17 Straden
18 Tieschen
19 Trössing
20 Weinburg am Saßbach

617 Pol. Bez. Weiz
1 Albersdorf – Prebuch
2 Anger
3 Arzberg
4 Baierdorf bei Anger
5 Birkfeld
6 Etzersdorf – Rollsdorf
7 Feistritz bei Anger
8 Fischbach
9 Fladnitz an der Teichalm
10 Floing
11 Gasen
12 Gersdorf an der Feistritz
13 Gleisdorf
14 Gschaid bei Birkfeld
15 Gutenberg an der Raabklamm
16 Markt Hartmannsdorf
17 Haslau bei Birkfeld
18 Hirnsdorf
19 Hofstätten an der Raab
20 Hohenau an der Raab
21 Ilztal
22 Koglhof
23 Krottendorf
24 Kulm bei Weiz
25 Labuch
26 Laßnitzthal
27 Ludersdorf – Wilfersdorf
28 Miesenbach bei Birkfeld
29 Mitterdorf an der Raab
30 Mortantsch
31 Naas
32 Naintsch
33 Neudorf bei Passail
34 Nitscha
35 Oberrettenbach
36 Passail
37 Pischelsdorf in der Steiermark
39 Preßguts
40 Puch bei Weiz
41 Ratten
42 Reichendorf
43 Rettenegg
44 Sankt Kathrein am Hauenstein
45 Sankt Kathrein am Offenegg
46 Sankt Margarethen an d[...] Raab
47 Sankt Ruprecht an der Raab
48 Sinabelkirchen
49 Stenzengreith
50 Strallegg
51 Thannhausen
52 Ungerdorf
53 Unterfladnitz
54 Waisenegg
55 Weiz

**RD225 West- und Südsteiermark**

603 Pol. Bez. Deutschlandsbe[...]
1 Aibl
2 Deutschlandsberg
3 Eibiswald
5 Frauental an der Laßnitz
6 Freiland bei Deutschlandsberg
7 Bad Gams
8 Garanas
9 Georgsberg
10 Greisdorf
11 Gressenberg
12 Groß Sankt Florian
13 Großradl
14 Gundersdorf
15 Hollenegg
16 Kloster
18 Lannach
19 Limberg bei Wies
20 Marhof
21 Osterwitz
22 Pitschgau
23 Pölfing – Brunn
24 Preding
25 Rassach
26 Sankt Josef (Weststeiermark)
27 Sankt Martin im Sulmtal
28 Sankt Oswald ob Eibisw[...]
29 Sankt Peter im Sulmtal
30 Sankt Stefan ob Stainz
31 Schwanberg
32 Soboth
33 Stainz
34 Stainztal
35 Stallhof
36 Sulmeck-Greith
38 Trahütten
39 Unterbergla
40 Wernersdorf
41 Wettmannstätten
42 Wielfresen
43 Wies

610 Pol. Bez. Leibnitz
1 Allerheiligen bei Wildon
2 Arnfels
3 Berghausen
4 Breitenfeld am Tannenriegel
5 Ehrenhausen
6 Eichberg-Trautenburg
7 Empersdorf
8 Gabersdorf
9 Gamlitz
10 Glanz

# Steiermark

## Zielgebiete gemäß EU-Strukturfonds in der Steiermark (laut Beschluß der Europäischen Kommission vom Februar 1995)

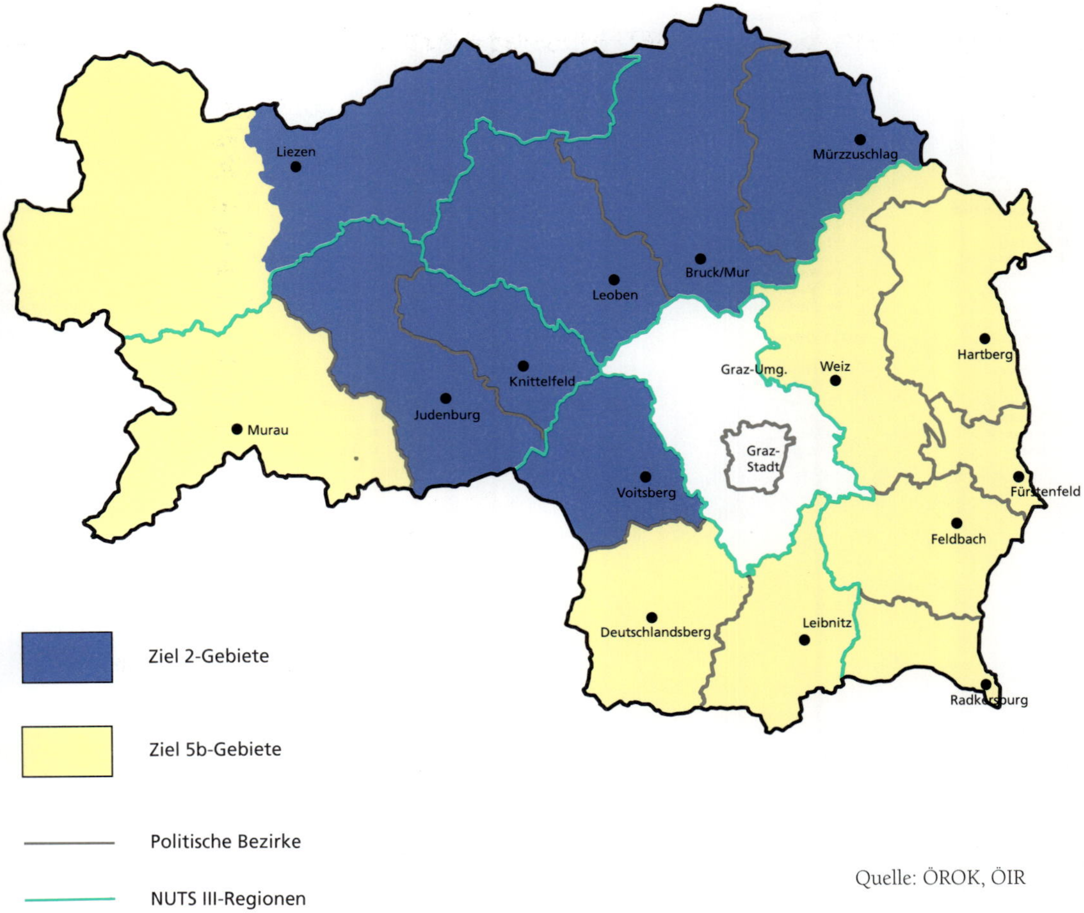


Quelle: ÖROK, ÖIR

11 Gleinstätten
12 Gralla
13 Großklein
14 Hainsdorf im Schwarzautal
15 Heiligenkreuz am Waasen
16 Heimschuh
17 Hengsberg
18 Kaindorf an der Sulm
19 Kitzeck im Sausal
20 Lang
21 Lebring – Sankt Margarethen
22 Leibnitz
23 Leutschach
24 Oberhaag
25 Obervogau
26 Pistorf
27 Ragnitz
28 Ratsch an der Weinstraße
29 Retznei
30 Sankt Andrä-Höch
31 Sankt Georgen an der Stiefing
32 Sankt Johann im Saggautal
33 Sankt Nikolai im Sausal
34 Sankt Nikolai ob Draßling
35 Sankt Ulrich am Waasen
36 Sankt Veit am Vogau
37 Schloßberg
38 Seggauberg
39 Spielfeld
40 Stocking
41 Straß in Steiermark
42 Sulztal an der Weinstraße
43 Tillmitsch
44 Vogau
45 Wagna
46 Weitendorf
47 Wildon
48 Wolfsberg im Schwarzautal

**RD226 Westliche Obersteiermark**

614 Pol. Bez. Murau
1 Dürnstein in der Steiermark
2 Falkendorf
3 Frojach – Katsch
4 Krakaudorf
5 Krakauhintermühlen
6 Krakauschatten
7 Kulm am Zirbitz
8 Laßnitz bei Murau
9 Mariahof
10 Mühlen
11 Murau
12 Neumarkt in Steiermark
13 Niederwölz
14 Oberwölz Stadt
15 Oberwölz Umgebung
16 Perchau am Sattel
17 Predlitz – Turrach
18 Ranten
19 Rinegg
20 Sankt Blasen
21 Sankt Georgen ob Murau
22 Sankt Lambrecht
23 Sankt Lorenzen bei Scheifling
24 Sankt Marein bei Neumarkt
25 Sankt Peter am Kammersberg
26 Sankt Ruprecht ob Murau
27 Scheifling
28 Schöder
29 Schönberg – Lachtal
30 Stadl an der Mur
31 Stolzalpe
32 Teufenbach
33 Triebendorf
34 Winklern bei Oberwölz
35 Zeutschach

# Tirol

## Zielgebiete gemäß EU-Strukturfonds

**Ziel 5b-Gebiete**

**RD331 Außerfern**

708 Pol. Bez. Reutte (Teil)
1 Bach
2 Berwang
3 Biberwier
4 Bichlbach
6 Ehenbichl
7 Ehrwald
8 Elbigenalp
9 Elmen
10 Forchach
11 Grän
12 Gramais
13 Häselgehr
14 Heiterwang
15 Hinterhornbach
16 Höfen
17 Holzgau
18 Jungholz
19 Kaisers
20 Lechaschau
21 Lermoos
22 Musau
23 Namlos
24 Nesselwängle
25 Pfafflar
26 Pflach
27 Pinswang
29 Schattwald
30 Stanzach
31 Steeg
32 Tannheim
33 Vils
34 Vorderhornbach
35 Wängle
36 Weißenbach am Lech
37 Zöblen

**RD332 Innsbruck**

703 Pol. Bez. Innsbruck-Land (Teil)
13 Gries am Brenner
14 Gries im Sellrain
17 Gschnitz
27 Matrei am Brenner
30 Mühlbachl
33 Navis
36 Obernberg am Brenner
41 Pfons
47 Sankt Sigmund im Sellrain
49 Schmirn
52 Sellrain
55 Steinach am Brenner
59 Trins
62 Vals
68 Wildermieming

**RD333 Osttirol**

707 Pol. Bez. Lienz
1 Abfaltersbach
2 Ainet
3 Amlach
4 Anras
5 Assling
6 Außervillgraten
7 Dölsach
8 Gaimberg
9 Hopfgarten in Defereggen
10 Innervillgraten
11 Iselsberg – Stronach
12 Kals am Großglockner
13 Kartitsch
14 Lavant
15 Leisach
16 Lienz
17 Matrei in Osttirol
18 Nikolsdorf
19 Nußdorf – Debant
20 Oberlienz
21 Obertilliach
23 Prägraten
24 Sankt Jakob in Defereggen
25 Sankt Johann im Walde
26 Sankt Veit in Defereggen
27 Schlaiten
28 Sillian
29 Strassen
31 Thurn
32 Tristach
33 Untertilliach
34 Virgen
35 Heinfels

**RD334 Tiroler Oberland**

702 Pol. Bez. Imst
1 Arzl im Pitztal
2 Haiming
3 Imst
4 Imsterberg
5 Jerzens
6 Karres
7 Karrösten
8 Längenfeld
9 Mieming
10 Mils bei Imst
11 Mötz
12 Nassereith
13 Obsteig
14 Oetz
15 Rietz
16 Roppen
17 Sankt Leonhard im Pitztal
18 Sautens
19 Silz
20 Sölden
21 Stams
22 Tarrenz
23 Umhausen
24 Wenns

706 Pol. Bez. Landeck
1 Faggen
2 Fendels
3 Fiss
4 Fließ
5 Flirsch
6 Galtür
7 Grins
8 Ischgl
9 Kappl
10 Kaunerberg
11 Kaunertal
12 Kauns
13 Ladis
14 Landeck
15 Nauders
16 Pettneu am Arlberg
17 Pfunds
18 Pians
19 Prutz
20 Ried im Oberinntal
21 Sankt Anton am Arlberg
22 Schönwies
23 See
24 Serfaus
25 Spiss
26 Stanz bei Landeck
27 Strengen
28 Tobadill
29 Tösens
30 Zams

**RD334 Tiroler Unterland**

704 Pol. Bez. Kitzbühel (Teil)
3 Fieberbrunn
5 Hochfilzen
15 Sankt Jakob in Haus
17 Sankt Ulrich am Pillersee

705 Pol. Bez. Kufstein (Teil)
1 Alpbach
4 Brandenberg
27 Thiersee
30 Wildschönau

709 Pol. Bez. Schwaz (Teil)
29 Steinberg am Rofan

# Tirol

## Zielgebiete gemäß EU-Strukturfonds in Tirol
## (laut Beschluß der Europäischen Kommission vom Februar 1995)

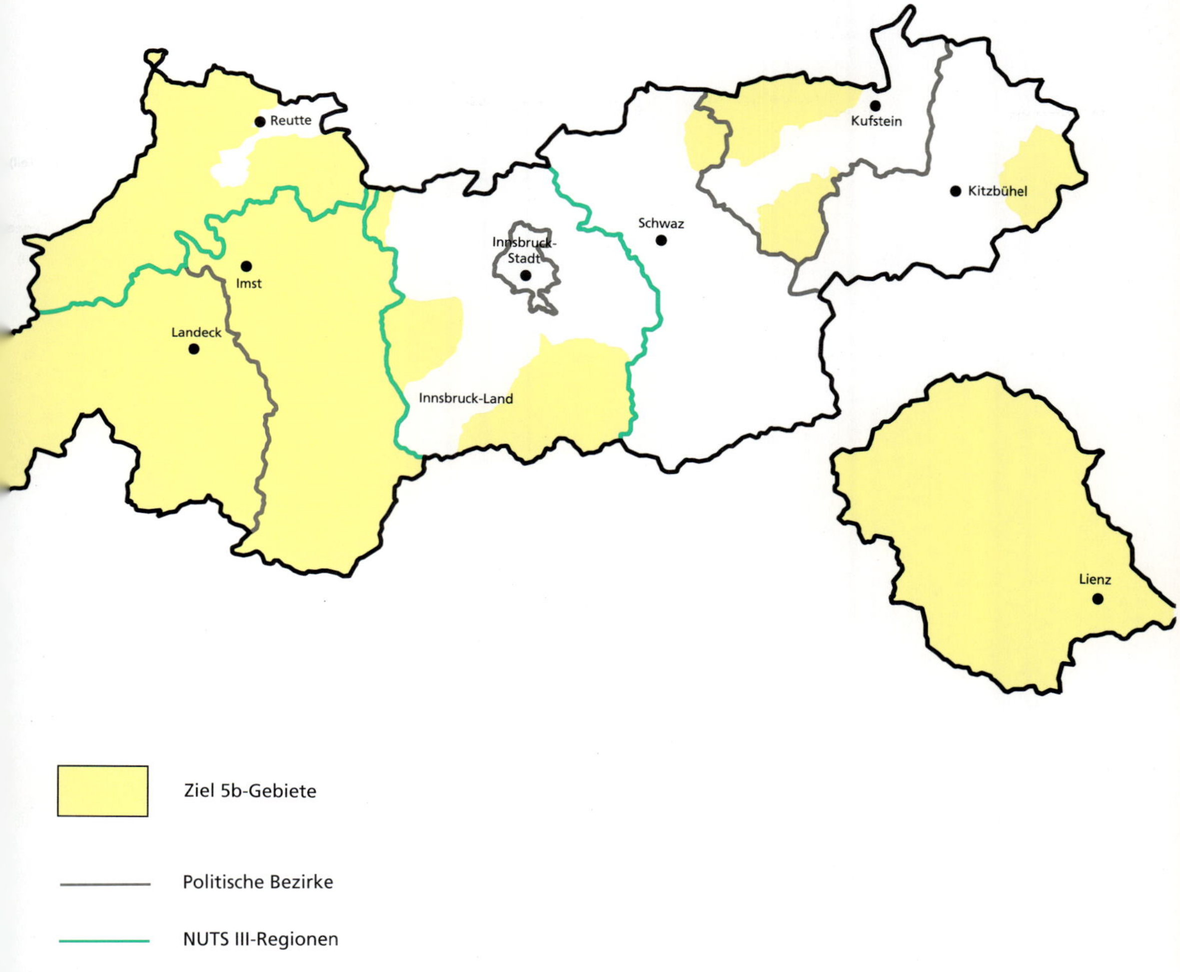


Quelle: ÖROK, ÖIR

# Vorarlberg

## Zielgebiete gemäß EU-Strukturfonds

**Ziel 2-Gebiete**

**RD343 Rheintal-Bodenseegebiet**

803 Pol. Bez. Dornbirn
1 Dornbirn
2 Hohenems
3 Lustenau

**Ziel 5b-Gebiete**

**RD341 Bludenz – Bregenzer Wald**

801 Pol. Bez. Bludenz (Teil)
1 Bartholomäberg
2 Blons
8 Dalaas
9 Fontanella
11 Innerbraz
18 Raggal
21 Sankt Gerold
23 Silbertal
24 Sonntag
27 Thüringerberg

802 Pol. Bez. Bregenz (Teil)
2 Andelsbuch
3 Au
4 Bezau
6 Bizau
11 Egg
16 Hittisau
21 Krumbach
23 Langenegg
25 Lingenau
32 Schnepfau
33 Schoppernau
36 Schwarzenberg
37 Sibratsgfäll

**RD343 Rheintal – Bodenseegebiet**

802 Pol. Bez. Bregenz (Teil)
1 Alberschwende
5 Bildstein
8 Buch
10 Doren
12 Eichenberg
19 Hohenweiler
22 Langen bei Bregenz
29 Möggers
31 Riefensberg
38 Sulzberg

804 Pol. Bez. Feldkirch (Teil)
2 Düns
3 Dünserberg
11 Laterns
19 Schnifis
21 Übersaxen

## Vorarlberg

Zielgebiete gemäß EU-Strukturfonds in Vorarlberg
(laut Beschluß der Europäischen Kommission vom Februar 1995)

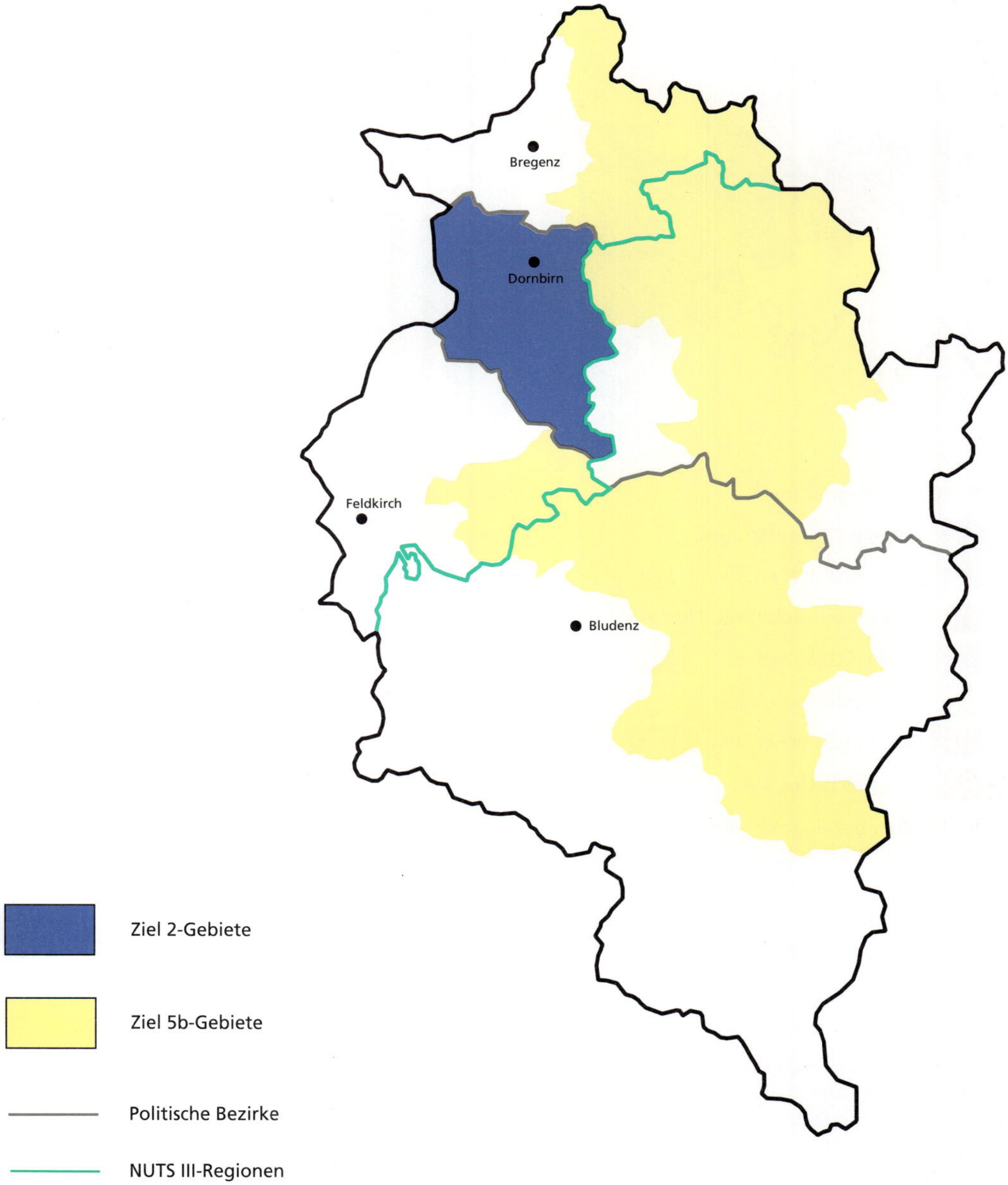


Quelle: ÖROK, ÖIR

Karte: **Gemeinschaftsinitiative INTERREG II – Kulisse für Österreich**

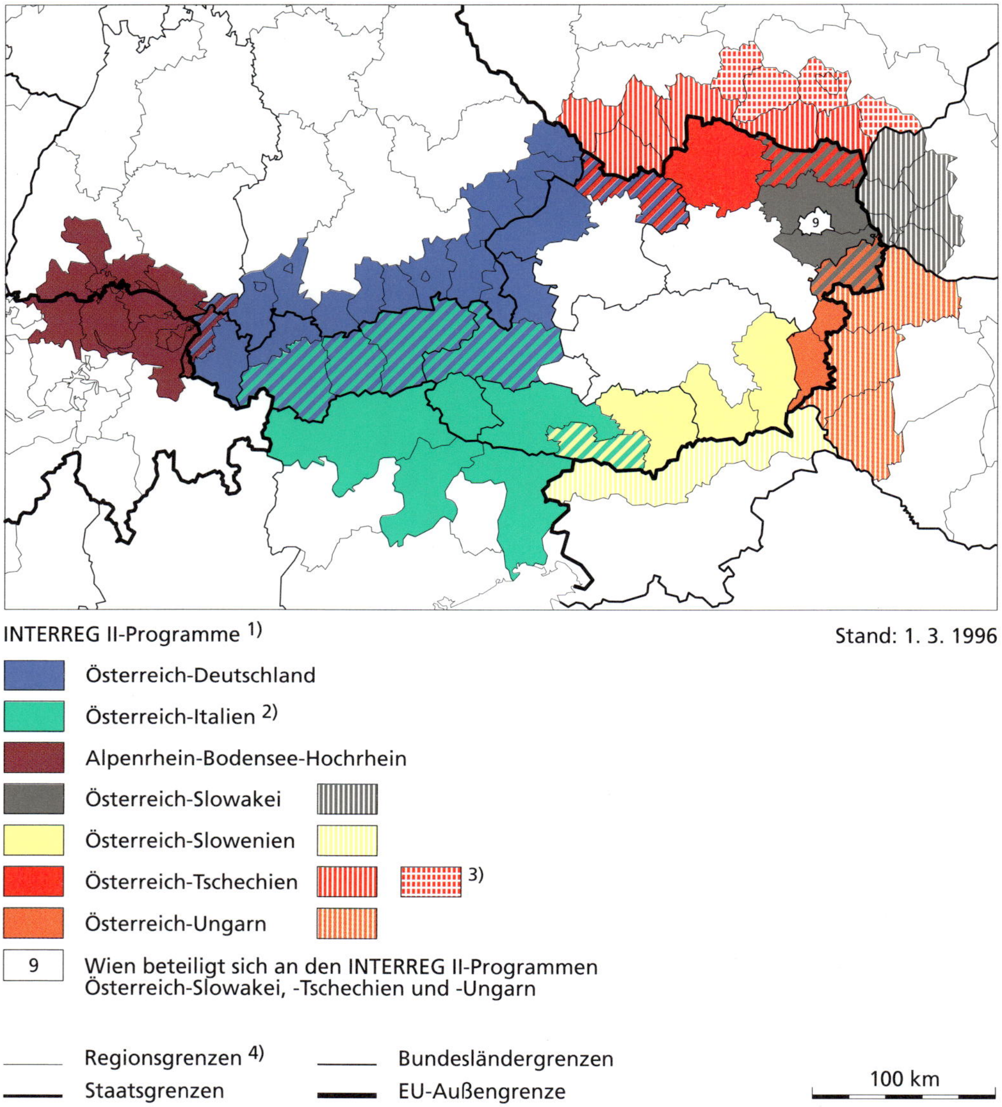


1) Entlang der EU-Außengrenze werden in den mittel- und osteuropäischen Reformstaaten gemeinsame grenzüberschreitende Programme in Abstimmung mit den CBC-Programmen im Rahmen des EU-Osthilfeprogramms PHARE erarbeitet und durchgeführt.

2) In Tirol sind Osttirol, südliche Teile des Tiroler Ober- und Unterlandes und Innsbruck betroffen.

3) Unterstützung im Rahmen des PHARE-CBC-Programms, wenn eine Aktion eine bedeutende grenzüberschreitende Wirkung aufweist.

4) Programmgebiete: Österreich und EU-Staaten NUTS III-Einheiten; außerhalb der EU entsprechende Regionen; in Slowenien Abgrenzung nach Gemeinden. Außerhalb der Programmgebiete und in den EU-Nachbarstaaten: NUTS II-Einheiten bzw. adäquate Regionen.

Quelle: ÖROK-Atlas, ÖIR

Karte: **Regionalisierte Gemeinschaftsinitiativen in Österreich**

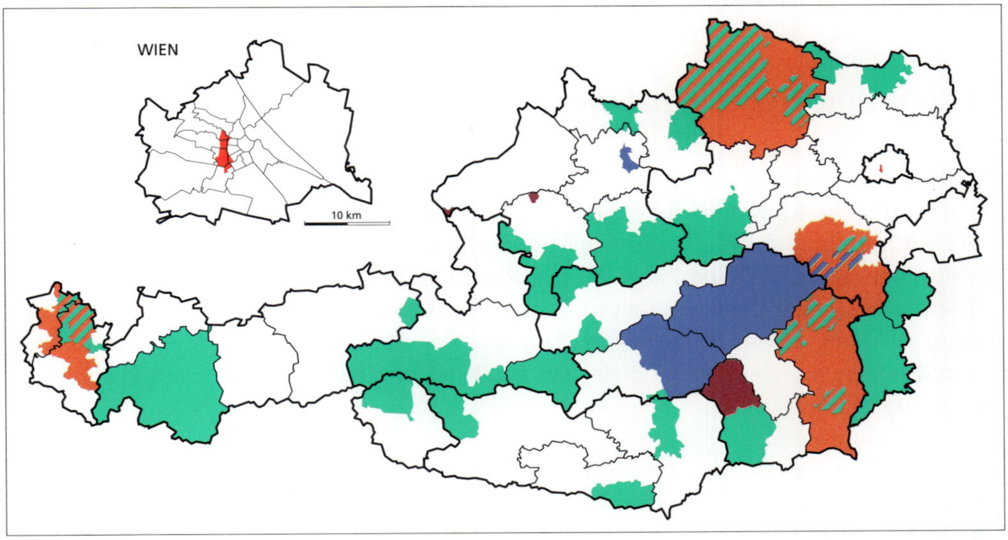


Stand: 1. 3. 1996

LEADER II [1]
Förderung von Aktionen im ländlichen Raum

URBAN [1]
Förderung von Maßnahmen in städtischen Problemgebieten

Industrieller Wandel

RETEX [1]
Förderung zur wirtschaftlichen Umstellung von Textilgebieten

RECHAR II [1]
Förderung zur wirtschaftlichen Umstellung von Kohlegebieten

RESIDER II [1]
Förderung zur wirtschaftlichen Umstellung von Stahlgebieten

Bezirksgrenzen Wien

NUTS-III-Einheiten

NUTS-II-Einheiten (Bundesländer)

100 km

1) Gebietsabgrenzung nach den von Österreich bei der EU-Kommission beantragten bzw. von dieser genehmigten Programmen.

Quelle: ÖROK-Atlas, ÖIR

# 6. Die Gemeinschaftsinitiativen

## 6.1 Ziele und Programmabwicklung

Die Gemeinschaftsinitativen sind **spezifische strukturpolitische Instrumente** der EU-Regionalpolitik. Die Kommission konzipierte sie in Ergänzung zu den Zielen der Strukturfonds. Im Mittelpunkt stehen Aktionen, die zur Lösung von Problemen europäischer Dimension beitragen. Der zusätzliche Nutzen der Gemeinschaftsinitiativen gegenüber den anderen, von den Strukturfonds finanzierten Maßnahmen, soll sich nach Ansicht der Kommission aus ihrer Ausrichtung auf die Förderung der **transnationalen, grenzübergreifenden und interregionalen Zusammenarbeit** ergeben. Ihre Durchführung erfolgt nach dem „bottom-up"-Prinzip.

Innerhalb europäischer Themenvorgaben können und sollen die Mitgliedstaaten regionsspezifische Schwerpunkte setzen. Für Aktionen von grenzüberschreitendem Interesse können zwei oder mehrere Mitgliedstaaten einen gemeinsamen Antrag auf Beteiligung an den Gemeinschaftsinitiativen vorlegen. Die Kommission faßt in Abstimmung mit den betreffenden Mitgliedstaaten für diese gemeinsam einen Beschluß über die Gewährung einer Beteiligung. Ein Teil der verfügbaren Mittel steht dabei auch Regionen außerhalb der regionalen Zielgebiete der Strukturfonds zur Verfügung.

Im Juni 1994 hat die Kommission Leitlinien für **13 Gemeinschaftsinitiativen** initiiert *(siehe Übersicht 26)*, die im Zeitraum **1994 bis 1999** durchgeführt werden und für die ursprünglich ein Budget von 9 % (ECU 13,45 Mrd.) **der gesamten Strukturfondsmittel** vorgesehen war. Eine Reserve von rund ECU 1,6 Mrd. wurde zurückgestellt und sollte im Laufe der Programmperiode nach Maßgabe der Erfahrungen und neuen Entwicklungen verteilt werden. Ein Jahr später kamen Mittel für die neue Gemeinschaftsinitiative PEACE dazu. Nach dem Beitritt Österreichs, Finnlands und Schwedens wurden im April 1995 Maßnahmen gesetzt, um die Gemeinschaftsinitiativen mit einem Gesamtbudget von ECU 427 Mio. in den drei neuen Mitgliedstaaten einzuleiten. Am 4. Oktober 1995 legte die Kommission einen Vorschlag für die Aufteilung der **Reserve** vor, die sich auf ECU 1,6 Mrd. für die Zwölfergemeinschaft und weitere, am 4. April 1995 zurückgestellte ECU 51 Mio. für die neuen Mitgliedstaaten belief. Die Reserve wurde sowohl auf die Gemeinschaftsinitiativen als auch auf die Mitgliedstaaten verteilt und deckt nun den gesamten Programmplanungszeitraum 1994 bis 1999 ab. Die für Regionen im industriellen Wandel bestimmten Initiativen RECHAR, RESIDER, KONVER und RETEX wurden wie die anderen Initiativen bis 1999 verlängert und finanziell aufgestockt, auch für LEADER und PESCA wurden zusätzliche Mittel vorgesehen. Die Initiative BESCHÄFTIGUNG – mit NOW, HORIZON und YOUTHSTART – wurde bei der Anpassung um einen vierten Teil INTEGRA ergänzt, der auf die berufliche Eingliederung benachteiligter Gruppen, insbesondere von Einwanderern und Flüchtlingen, abzielt. ADAPT erhielt einen weiteren Schwerpunkt im Bereich des Übergangs zur Informationsgesellschaft. Die Initiative INTERREG wurde um einen dritten Teil INTERREG II C erweitert, der im wesentlichen auf Fragen der grenzüberschreitenden Zusammenarbeit und Raumplanung abzielt.

Insgesamt beläuft sich das **Gesamtbudget** der Gemeinschaftsinitiativen im Programmplanungszeitraum **1994 bis 1999** nach diesen Adaptionen auf ECU 14,276 Mrd. *Übersicht 26* zeigt die Mittelverteilung 1994 bis 1999 nach Programmen (zu Preisen von 1995).

Übersicht 26: **Mittelverteilung der Gemeinschaftsinitiativen in der EU nach Programmen 1994 bis 1999**

| Gemeinschaftsinitiativen | außerhalb Ziel 1 und Ziel 6 in ECU Mio. | Ziel 1 und Ziel 6 in ECU Mio. | Summe in ECU Mio. | Summe in ATS Mio. |
|---|---|---|---|---|
| INTERREG II (Interregionale Zusammenarbeit) | 906 | 2.613 | 3.519 | 45.747 |
| LEADER (Ländliche Entwicklung) | 674 | 1.081 | 1.755 | 22.815 |
| REGIS (Unterstützung ultraperipherer Regionen) | – | 608 | 608 | 7.904 |
| BESCHÄFTIGUNG (NOW, HORIZON, YOUTHSTART, INTEGRA) | 880 | 955 | 1.835 | 23.855 |
| ADAPT | 1.166 | 460 | 1.626 | 21.138 |
| Industrieller Wandel | | | | |
| RECHAR | 317 | 142 | 459 | 5.967 |
| RESIDER | 424 | 151 | 575 | 7.475 |
| KONVER | 455 | 280 | 735 | 9.555 |
| RETEX | 170 | 434 | 603 | 7.839 |
| KMU | 239 | 840 | 1.079 | 14.027 |
| PESCA (Umstrukturierung Fischerei) | 152 | 146 | 297 | 3.861 |
| URBAN (Städtische Problemgebiete) | 321 | 564 | 885 | 11.505 |
| PEACE (für Nordirland) | – | 300 | 300 | 3.900 |
| **Gesamtrahmen** | **5.703** | **8.573** | **14.276** | **185.588** |

Quelle: GD XVI; Stand März 1998, Abweichungen in den Zwischensummen aufgrund von Rundungsdifferenzen. Kurs: 1 ECU = ATS 13

Insgesamt stehen damit 13 Gemeinschaftsinitiativen zur Verfügung. Sie haben europaweit zu über 400 Programmen geführt. Die Straffung und Konzentration des breiten Spektrums von Initiativen stand daher schon früh im Zentrum von **Reformüberlegungen** für die neue Programmperiode **2000 bis 2006**. In den von der Kommission am 18. März 1998 vorgelegten Reformvorschlägen wird daher eine **Reduktion der Gemeinschaftsinitiativen** auf **drei** vorgeschlagen:

- Transnationale, grenzübergreifende und interregionale Zusammenarbeit zur Förderung der regionalen Wirtschaftsentwicklung und zur Unterstützung einer ausgewogenen Raumordnung.
- Entwicklung des ländlichen Raums.
- Transnationale Zusammenarbeit zur Bekämpfung jeglicher Form von Diskriminierung und Ungleichheit beim Zugang zur Beschäftigung.

5 % (statt bisher 9 %) der Strukturfondsmittel sollen nach 1999 für Gemeinschaftsinitiativen vorgesehen sein, wobei im Falle der ersten beiden Initiativen auch Finanzierungen außerhalb der neuen Ziele 1 und 2 möglich sein sollen. Zum Zwecke der Vereinfachung soll jede Initiative nur aus einem einzigen Strukturfonds finanziert werden. Bei Bedarf soll eine

Ausweitung des Interventionsbereichs auf die anderen Fonds jedoch möglich sein. Die geplanten Änderungen sollen die Mittelkonzentration fördern und die Verwaltung vereinfachen.

## 6.2 Programme in Österreich

In Österreich stehen für Finanzierungen aus den Gemeinschaftsinitiativen **bis 1999** insgesamt **ATS 1,9 Mrd.** (ECU 146 Mio.) aus den Strukturfondsmitteln der EU zur Verfügung. Zusammen mit österreichischen Kofinanzierungen sind damit bis 1999 mehr als ATS 4 Mrd. abrufbar. *Übersicht 27* zeigt die vorgesehene Aufteilung der Mittel auf Programme und Regionen im Rahmen der durch die Kommission am 4. April 1995 festgelegten Finanzierungsquoten.

Übersicht 27: **Gemeinschaftsinitiativen in Österreich 1995 bis 1999**

| Gemeinschaftsinitiativen | EU-Mittel in ECU Mio. | EU-Mittel in ATS Mio. | in % |
|---|---|---|---|
| **INTERREG II A** | **42,7** | **555,1** | **29,3** |
| Österreich–Slowenien | 9,0 | 117,0 | 6,2 |
| Österreich–Ungarn | 11,0 | 143,0 | 7,5 |
| Österreich–Slowakei | 5,5 | 71,5 | 3,8 |
| Österreich–Tschechien | 4,5 | 58,5 | 3,1 |
| Österreich–Bayern | 6,4 | 83,2 | 4,4 |
| Bodensee–Alpenrhein | 1,9 | 24,7 | 1,3 |
| Österreich–Italien | 4,4 | 57,2 | 3,0 |
| **INTERREG II C** | **6,1** | **79,3** | **4,2** |
| **LEADER II** | **26,4** | **343,2** | **18,1** |
| Burgenland | 2,6 | 33,8 | 1,8 |
| Kärnten | 2,8 | 36,4 | 1,9 |
| Niederösterreich | 5,5 | 71,5 | 3,8 |
| Oberösterreich | 4,8 | 62,4 | 3,3 |
| Salzburg | 0,8 | 10,4 | 0,6 |
| Steiermark | 4,2 | 54,6 | 2,9 |
| Tirol | 1,7 | 22,1 | 1,1 |
| Vorarlberg | 0,3 | 3,9 | 0,2 |
| Netzwerke Ö+EU | 0,6 | 7,8 | 0,4 |
| Reserve | 3,1 | 40,3 | 2,1 |
| **URBAN** | **13,3** | **172,9** | **9,1** |
| Wien | 9,8 | 127,4 | 6,7 |
| Graz | 3,5 | 45,5 | 2,4 |
| **INDUSTRIELLER WANDEL** | | | |
| RESIDER II | 5,1 | 66,3 | 3,5 |
| RECHAR II | 1,8 | 23,4 | 1,2 |
| RETEX | 2,6 | 33,8 | 1,7 |
| KMU | 8,7 | 113,1 | 6,0 |
| **EMPLOYMENT** | **26,0** | **338,0** | **17,8** |
| **ADAPT** | **13,3** | **172,9** | **9,1** |
| **GESAMTRAHMEN** | **146,0** | **1.898,0** | **100,0** |

Quelle: BKA

Von den für die laufende Programmperiode geschaffenen 13 Gemeinschaftsinitiativen sind 9 auch für Österreich relevant:

• INTERREG II A: **Kooperationsprojekte in Grenzregionen**
Gefördert werden regionale Maßnahmenprogramme, die zur Verbesserung der grenzüberschreitenden Zusammenarbeit der Regionen an den Binnen- und Außengrenzen der EU beitragen. Die benachbarten Regionen der mittel- und osteuropäischen Staaten werden ergänzend über das Phare-Programm unterstützt. Die Verknüpfung mit INTERREG erfolgt über Rahmenverträge der jeweiligen Nachbarländer. In Abstimmung mit den Nachbarstaaten wurden in Österreich 7 Programme eingerichtet. Die regionale Gebietskulisse ist der *Karte* „Gemeinschaftsinitiative INTERREG II – Kulisse für Österreich" zu entnehmen.

Mit den den jeweiligen Grenzräumen angepaßten Programmen soll ein Bündel von Aktionen zur Entwicklung des gemeinsamen Grenzraumes und zur Förderung der bilateralen Kooperation auf regionaler und lokaler Ebene durch die Einrichtung von Kooperationsnetzwerken gefördert werden.

• LEADER II: **Regionale Initiativen zur ländlichen Entwicklung**
Neben der aufgrund der geopolitischen Lage Österreichs zentralen Initiative INTERREG ist LEADER die wichtigste Gemeinschaftsinitiative in Österreich. Die LEADER II-Mittel sollen lokalen Aktionsgruppen mit Partnern aus dem privaten und dem öffentlichen Sektor (Unternehmen, Landwirte, Vereine, Gemeinden etc.) zugute kommen, die innovative Maßnahmen zur Entwicklung des ländlichen Raumes setzen. Insgesamt wurden für Österreich mit 17. 7. 1995 Programme für 8 Bundesländer eingerichtet, wobei die Programme für Niederösterreich, Oberösterreich und die Steiermark aufgrund der hohen Bedeutung agrarischer Strukturen in diesen Bundesländern die meisten Mittel binden. Die Fördergebiete müssen vorwiegend in Ziel 1- und 5b-Gebieten liegen. Die Förderkulisse ist der *Karte* „Regionalisierte Gemeinschaftsinitiativen in Österreich" zu entnehmen.

• URBAN: **Revitalisierung städtischer Gebiete**
Die EU unterstützt Maßnahmen zur Sanierung, zur Arbeitsbeschaffung, zur Förderung der soziokulturellen Offenheit und zur Stärkung ökonomischer, sozialer und kultureller Initiativen in engbegrenzten städtischen Problemgebieten in Wien („Gürtel-Plus") und Graz (Stadtteil Gries). Die Gemeinschaft übernimmt 50 % (Wien) bzw. 15 % (Graz) der Projektskosten aus EFRE- und ESF-Mitteln.

• RESIDER II: **Projekte zur wirtschaftlichen Umstellung von Eisen- und Stahlregionen**
EU-Mittel stehen in Österreich zur wirtschaftlichen Umstellung der Stahlregionen zur Verfügung, die vom Rückgang der Stahlindustrie am härtesten betroffen wurden und die am stärksten mit dem Beschäftigungsabbau in diesem Sektor konfrontiert sind. In Österreich betrifft dies die östliche Obersteiermark und die Bezirke Judenburg und Knittelfeld in der Steiermark, den Bezirk Neunkirchen in Niederösterreich sowie die oberösterreichische Landeshauptstadt Linz. Hier wird die Diversifizierung und Modernisierung der Wirtschaftsstruktur unterstützt.

• RETEX: **Wirtschaftliche Umstellung von Regionen mit hohem Anteil der Textilindustrie**
In den Bundesländern Niederösterreich (Waldviertel, Teile von Niederösterreich-Süd), Steiermark (Oststeiermark) und Vorarlberg (Teile von Bludenz-Bregenzerwald sowie Rheintal-Bodensee) unterstützt die EU stark vom Textil- und Bekleidungssektor abhängige Gebiete. Ziele sind die Modernisierung und Weiterentwicklung der bestehenden Textil- und Bekleidungsindustrie sowie die Entwicklung von Wirtschaftssektoren im Tertiärbereich.

- RECHAR II: **Projekte zur wirtschaftlichen Umstellung von Kohlebergbaugebieten**
Mit dieser Gemeinschaftsinitiative sollen jene Probleme vermindert werden, die im Bezirk Voitsberg (Steiermark) sowie den Gemeinden St. Pantaleon und Ampflwang (Oberösterreich) aus dem Strukturbruch im Kohlebergbau entstanden sind. Dazu wird der Dienstleistungssektor gestärkt und Infrastruktur- und Umweltschäden aus der Bergbautätigkeit beseitigt.

- KMU: **Initiative zur Strukturanpassung von Klein- und Mittelunternehmen**
Die Initiative KMU fördert die Wettbewerbsfähigkeit der österreichischen KMUs in den regionalen Zielgebieten. Konkretes Ziel der hier finanzierbaren Maßnahmen ist es, KMUs beim Aufbau einer langfristigen und strategischen Planung zu unterstützen, die Nutzung von fortschrittlichen Telematikanwendungen in KMUs zu fördern und die Einführung von umweltfreundlichen und effizienten Produktionstechnologien zu erleichtern.

- **Beschäftigungsprogramme**
Bei EMPLOYMENT und ADAPT als österreichweiten Programmen stehen Arbeitsmarktaspekte im Vordergrund. EMPLOYMENT konzentriert sich auf die Integration von Frauen, Jugendlichen und Behinderten in den Arbeitsmarkt. ADAPT trägt in Ergänzung zum Ziel 4-Programm zur Anpassung von Arbeitskräften an den industriellen Wandel bei.

Zusätzlich zu diesen Gemeinschaftsinitiativen fördert die Kommission sogenannte „Innovative Maßnahmen" nach Artikel 10 der EFRE-Verordnung. Dabei werden Studien und Pilotprojekte gefördert, wobei die Zusammenarbeit von regionalen und lokalen Maßnahmenträgern erprobt wird.

Die **finanzielle Abwicklung** aller Gemeinschaftsinitiativen erfolgt analog zu den anderen Strukturfondsmaßnahmen im Wege der **Kofinanzierung** zu österreichischen Programmen und Initiativen:

- „Vereinnahmung" der Strukturfondsmittel im Bundeshaushalt beim BMF
- Koordination der finanziellen Administration (Anforderung der Mittel, Weiterleitung an die Länder, Sammlung der Berichte über Genehmigungen und Auszahlungen) durch die zuständigen Ressorts
- fondsübergreifende Koordination der finanziellen Abwicklung durch die Begleitausschüsse.

Erschwert wird die Abwicklung der Gemeinschaftsinitiativen in der Praxis durch das Fehlen eigener Budgetansätze für die nationale Kofinanzierung. Insofern die Anspruchnahme nicht über bestehende Förderaktionen erfolgen kann, sind daher Projektgenehmigungen im Einzelfall zu organisieren.

# 7. Die Erweiterung der EU

In der Erweiterung der Europäischen Union vor allem um die mittel- und osteuropäischen Länder (MOEL) sehen die Mitgliedstaaten eine Möglichkeit, zum Frieden, zur Sicherheit und zur Stabilität in Europa beizutragen. Positive wirtschaftliche Entwicklungen werden erwartet. Die EU ist bereits auf der Tagung des **Europäischen Rats in Kopenhagen im Dezember 1993** die **Verpflichtung zur Erweiterung** eingegangen. Seither geht es um die Fragen, wann und unter welchen Voraussetzungen **Beitrittskandidaten** in die EU integriert werden. Ein großer Teil der Vorbereitungsarbeiten liegt bei den Beitrittsländern. Aber auch die EU selbst ist gefordert, die Rahmenbedingungen für eine erfolgreiche Erweiterung zu schaffen. Dies betrifft Reformen des EU-Haushaltes, insbesondere der Strukturfonds und der Agrarmarktpolitik, aber auch institutionelle Reformen.

Die **Beziehungen der EU zu den Reformstaaten** haben sich in den letzten Jahren dynamisch entwickelt. Die Funktionsfähigkeiten ihrer Marktwirtschaften, Demokratie und Rechtsstaatlichkeit sowie Menschenrechte und Minderheitenschutz sind **Eintrittskriterien zur EU.** Differenzen in verschiedenen Systemfeldern – z.B. Wirtschaft, Soziales, Umwelt – sind vorhanden. Wesentliche Bereiche für eine Harmonisierung und damit Ansatzpunkte für eine erfolgreiche **EU-Erweiterung** sind: Wirtschaftskraft, Arbeitsmarkt, Lohnniveaus, Produktionsstruktur, Steuersysteme, Wettbewerbspolitik, Förderwesen, Finanzdienstleistungen, öffentliche Verwaltung, Umweltstandards, Sozialstandards, Aufbau sozialer Sicherungs- und Gesundheitssysteme, Entwicklung sozialpartnerschaftlicher Strukturen, Umsetzung des gemeinsamen Rechtsbestandes etc.

Österreich ist in einer besonders **exponierten geographischen Lage** – es grenzt an vier Kandidatenländer (davon drei in der ersten Beitrittsrunde) für die EU-Erweiterung an. Diese Zahl wird von keinem anderen Land der EU erreicht. Die gemeinsame Grenze Österreichs beträgt rund 1.300 km, das entspricht mehr als einem Drittel der gesamten Außengrenzen der EU zu den MOEL. Wichtige städtische Ballungszentren Österreichs liegen in Grenznähe. Über 60 Prozent der österreichischen Bevölkerung leben innerhalb von 100 km Entfernung zu einer MOEL-Grenze. Städte wie Wien, Graz, Klagenfurt, Linz befinden sich in Tagespendlerdistanz zu Beitrittsländern. Dies begründet die besonderen Risken, aber auch Chancen Österreichs in der Frage der EU-Osterweiterung.

Wegen dieser räumlichen Nähe und des Wirtschaftsgefälles sind erhebliche Teile Österreichs und der angrenzenden MOEL mit zusätzlichem Anpassungsdruck auf dem Arbeitsmarkt und einer Reihe von Gütermärkten konfrontiert. Einzelne Branchen wie zum Beispiel der Fremdenverkehr oder die Baubranche könnten besonders betroffen sein. In Österreich wird eine weitere Verlagerung von Arbeitsplätzen befürchtet. Bei den MOEL könnten verstärkte Migrationen vor allem qualifizierter Arbeitskräfte („brain drain") in die Gemeinschaft stattfinden. Auf dem österreichischen Arbeitsmarkt erhöht sich der Wettbewerbsdruck, insbesondere in den Grenzregionen. Eine zusätzliche Frage betrifft die **Zunahme des Transitverkehrs**, die nicht nur weitere Umweltbelastungen mit sich bringt, sondern beträchtliche Infrastrukturmaßnahmen erfordert. Auch die Sicherheitsstandards der **Kernkraftwerke** in den MOEL sind Thema in den Beitrittsverhandlungen.

Die EU-Öffnung der Ostgrenzen dürfte jedenfalls für Österreich eine schwierigere Aufgabe sein, als es die Westintegration war *(siehe Fischler 1997b, S. 7)*. Die vollständige Einbeziehung der östlichen Nachbarstaaten in den EU-Binnenmarkt bedeutet gegenüber dem Status quo vor allem die Verwirklichung der Dienstleistungsfreiheit und Freizügigkeit im

Übersicht 28: **Wirtschaftsentwicklung im Vergleich**

| Land | BIP 1997 in Kaufkraft-paritäten in ECU Mrd. | BIP/Kopf 1997 in Kaufkraft-paritäten ECU | BIP/Kopf 1997 in Kaufkraftpari-täten in % des EU-Durchschnitts | BIP-Wachs-tum real 1997 in % |
|---|---|---|---|---|
| Slowenien | 20,2 | 10.100 | 52,7 | 3,0 |
| Tschechien | 93,7 | 9.100 | 47,5 | 1,0 |
| Slowakei | 37,6 | 7.100 | 37,1 | 6,5 |
| Ungarn | 64,3 | 6.300 | 32,9 | 4,0 |
| Polen | 204,6 | 5.300 | 27,7 | 6,9 |
| Bulgarien | 35,3 | 4.200 | 21,9 | –7,5 |
| Rumänien | 93,1 | 4.100 | 21,4 | –6,6 |
| Estland | 5,8 | 3.900 | 20,4 | 10,0 |
| Litauen | 14,4 | 3.900 | 20,4 | 6,0 |
| Lettland | 7,8 | 3.100 | 16,2 | 6,0 |
| EU 15 | 7.145,8 | 19.150 | 100,0 | 2,7 |
| Luxemburg | 12,4 | 30.970 | 161,7 | 4,1 |
| Dänemark | 118,9 | 22.420 | 117,1 | 2,9 |
| Belgien | 220,7 | 21.640 | 113,0 | 2,7 |
| Österreich | 170,0 | 20.990 | 109,6 | 2,5 |
| Deutschland | 1.723,6 | 20.970 | 109,5 | 2,2 |
| Niederlande | 324,3 | 20.800 | 108,6 | 3,3 |
| Frankreich | 1.190,5 | 20.320 | 106,1 | 2,4 |
| Irland | 71,5 | 19.860 | 103,7 | 10,0 |
| Italien | 1.113,7 | 19.610 | 102,4 | 1,5 |
| Finnland | 97,3 | 19.070 | 99,6 | 5,9 |
| Schweden | 169,5 | 19.050 | 99,5 | 1,8 |
| Großbritannien | 1.091,3 | 18.500 | 96,6 | 3,5 |
| Spanien | 583,2 | 14.840 | 77,5 | 3,4 |
| Portugal | 124,6 | 13.250 | 69,2 | 3,7 |
| Griechenland | 134,3 | 12.680 | 66,2 | 3,5 |
| USA | 7.415,2 | 27.710 | 144,7 | 3,8 |
| Japan | 2.845,0 | 22.600 | 118,0 | 1,0 |

Quelle: Eurostat, Europäische Kommission, WIIW

Personenverkehr. Dadurch erhöht sich für die österreichische Ostregion der Strukturanpassungsdruck. **Chancen der Osterweiterung** ergeben sich vor allem für die österreichische Exportwirtschaft, die auf traditionell intensiven wirtschaftlichen Beziehungen zu einzelnen Beitrittskandidaten aufbauen kann. Für österreichische Klein- und Mittelunternehmen in den Grenzregionen eröffnen sich neue Märkte. Die Standortattraktivität Österreichs insgesamt verbessert sich durch den Wechsel von einer peripheren in eine zentrale Lage inmitten Europas.

Angesichts der Risken und der damit begründeten Ängste bedarf es für die notwendige gesellschaftspolitische Akzeptanz des Projektes EU-Erweiterung einer Reihe von begleitenden Maßnahmen. Psychologische Aspekte sind dabei besonders zu beachten. Wesentlich ist auch, daß die Begleitstrategie nicht nur defensive Maßnahmen enthält, sondern auch solche, die die Realisierung von Chancen der Erweiterung unterstützen.

Die Beitrittsländer müssen an EU-Wirtschafts- und Sozialstandards herangeführt werden. Der Erweiterungsprozeß der EU soll schrittweise erfolgen. Der gemeinsame Arbeitsmarkt braucht Übergangsregelungen. Diese **Grundsätze** sind wesentliche Elemente in der wirtschaftspolitischen Auseinandersetzung mit dem historischen **Beitrittsprozeß**. Die Formulierung und Vertretung österreichischer Positionen in den EU-Gremien ist eine wichtige Voraussetzung für die Schaffung von Übergängen.

## 7.1. Beitrittsvorbereitung

Seit der **Ostöffnung 1989** werden die Beziehungen zwischen der EU und den MOEL intensiviert. Ein wichtiger Schritt war die Abschaffung der Beschränkungen für den Export von Hochtechnologie. Das **Phare-Programm** zur Unterstützung des wirtschaftlichen und gesellschaftlichen Übergangsprozesses wurde eingerichtet. **Handels- und Kooperationsabkommen** folgten. **Europaabkommen (Assoziierungsabkommen)** mit Ungarn, Polen, der Tschechischen Republik, der Slowakei, Rumänien, Bulgarien, Litauen, Lettland, Estland und Slowenien wurden abgeschlossen. Diese Länder stellten in der Folge **Beitrittsanträge** zur EU.

Die Europaabkommen sehen die stufenweise Verwirklichung des freien Warenverkehrs vor. Der Geltungsbereich des EU-Wettbewerbsrechts wird auf die Partnerstaaten ausgedehnt und ein politischer Dialog begonnen.

Eine entscheidende Etappe wurde mit dem **Europäischen Rat in Kopenhagen im Dezember 1993** erreicht. Dort wurde beschlossen, daß alle MOEL-Beitrittskandidaten Mitglieder der EU werden können, wenn sie eine Reihe von Bedingungen – **„die Kopenhagener Kriterien“** – erfüllen:

1. institutionelle Stabilität als Garantie für eine demokratische und rechtsstaatliche Ordnung, für die Wahrung der Menschenrechte sowie die Achtung und den Schutz der Minderheiten,
2. das Bestehen einer funktionsfähigen Marktwirtschaft sowie die Fähigkeit, dem Wettbewerbsdruck und den Marktkräften innerhalb der EU standzuhalten,
3. die Fähigkeit, die aus einer Mitgliedschaft entstehenden Verpflichtungen zu übernehmen, um sich die politischen und wirtschaftlichen Ziele der Union zu eigen zu machen *(siehe Fischler 1997a, S. 2)*.

Ein möglicher **Beitrittszeitpunkt** ist mit der Erfüllung dieser Beurteilungskriterien gegeben. Gleichzeitig wird von der EU selbst verlangt, daß sie die Aufnahme neuer Mitglieder auch verkraften kann. Das Ziel besteht daher darin, die Beitrittskandidaten in die Lage zu versetzen, Mitglieder der Union zu werden. Die EU muß vorbereitet werden, die Bedingungen für die Erweiterung zu erfüllen. Es geht darum, den institutionellen Rahmen für eine effektive Koordination der Wirtschaftspolitik bei mehr als 20 Mitgliedstaaten zu schaffen. Beitrittskandidaten und EU sind gefordert, ihre Beiträge zu leisten.

Beim **Europäischen Rat in Essen im Dezember 1994** wurde die **Heranführungsstrategie** beschlossen. Sie umfaßt den gezielten Einsatz des Phare-Programms zur Vorbereitung des Beitritts, die Einführung eines **Strukturierten Dialogs** und das Weißbuch zum binnenmarktrelevanten Rechtsbestand der EU.

Im **Dezember 1995 hat der Europäische Rat in Madrid** die Europäische Kommission beauftragt, ein Gesamtdokument über die Osterweiterung der EU zu erarbeiten sowie Stellungnahmen zu den Beitrittsanträgen zu verfassen. Im **Juli 1997** wurde dieses Dokument als **Agenda 2000** in Form einer **Mitteilung der Europäischen Kommission an den Rat** vorgelegt. Behandelt werden folgende Themen: Längerfristige Orientierungen für die Politiken der EU (interne Politikbereiche, wirtschaftlicher und sozialer Zusammenhalt, Gemeinsame Agrarpolitik, Außenpolitik der EU), Chancen und Probleme im Zusammenhang mit der EU-Osterweiterung, Strategien für die Erweiterung, Beitrittsverhandlungen und Heranführungsstrategien, finanzielle Vorschau 2000 bis 2006, Stellungnahmen zu den einzelnen Beitrittsanträgen.

In den **Stellungnahmen zu den Beitrittsanträgen** wird untersucht, ob die Kandidaten die wirtschaftlichen Kopenhagener Kriterien mittelfristig erfüllen können. 1997 hat noch kein Beitrittskandidat die wirtschaftlichen Kriterien erfüllt. Aus heutiger Sicht ist es wahrscheinlich, daß einzelne Kandidaten zu unterschiedlichen Zeitpunkten beitreten werden. Zum Zeitpunkt der Erweiterung wird die Wirtschafts- und Währungsunion bereits Wirklichkeit sein. Jedenfalls sollte eine möglichst rasche Einbindung der Beitrittsländer in das Europäische Währungssystem angestrebt werden, um kompetitive Abwertungen zu vermeiden.

Beim **Europäischen Rat in Luxemburg im Dezember 1997** wurde die nächste Stufe der Erweiterung entschieden. Die **Erweiterung** wird als **Entwicklungsprozeß** verstanden, um eine Konvergenz der Ökonomien herbeizuführen. Eine **Europakonferenz** für die Mitgliedstaaten und die Beitrittskandidaten wird eingerichtet. Die Einladung zur ersten Tagung im März 1998 richtete sich an die mittel- und osteuropäischen Bewerberstaaten, Zypern und die Türkei.

In Luxemburg wurde weiters beschlossen, einen **Beitrittsprozeß zu beginnen**, der die **zehn MOEL sowie Zypern** umfaßt. Die Minister für auswärtige Angelegenheiten der 15 EU-Mitgliedstaaten intensivieren den Strukturierten Dialog.

Die verstärkte Heranführungsstrategie beinhaltet **Beitrittspartnerschaften** mit den 10 MOEL-Beitrittskandidaten. Maßnahmen und finanzielle Mittel – zunächst aus dem neu ausgerichteten Phare-Programm und ab dem Jahr 2000 ergänzend aus Vorbeitrittsfazilitäten im Bereich der Strukturfonds und der Gemeinsamen Agrarpolitik – werden für jeden Beitrittskandidaten vereinbart. Die Teilnahme an einigen Gemeinschaftsprogrammen wurde ermöglicht. Die Schlußfolgerungen von Luxemburg sehen vor, daß die Grundzüge der einzelnen Beitrittspartnerschaften bis 15. März 1998 vom Europäischen Rat beschlossen werden. Am 15. März wurde das System der Partnerschaften konkretisiert.

Die im Frühjahr 1998 begonnenen **bilateralen Regierungskonferenzen zur Aufnahme der Beitrittsverhandlungen mit Zypern, Ungarn, Polen, Estland, der Tschechischen Republik und Slowenien** gehen ebenfalls auf den EU-Gipfel in Luxemburg zurück.

Gleichzeitig wurden die **Vorbereitungen der Verhandlungen mit Rumänien, der Slowakei, Lettland, Litauen und Bulgarien beschleunigt.** Erstmals Ende 1998 wird die Kommission dem Rat für jeden dieser 5 MOEL-Bewerber einen Bericht vorlegen, der gegebenenfalls und nach den Kopenhagener Kriterien **Empfehlungen für die Eröffnung bilateraler Regierungskonferenzen** enthält.

Da die politischen und wirtschaftlichen Voraussetzungen für den Beginn der Beitrittsverhandlungen mit der **Türkei** nicht gegeben sind, wird die Festlegung einer Vorbereitungsstrategie vom Europäischen Rat für notwendig erachtet.

Vor der EU-Erweiterung muß sichergestellt sein, daß die Union diese Herausforderungen bewältigen kann. Eine Anpassung ihrer Strategien und deren Finanzierung ist notwendig. Der Europäische Rat hat hinsichtlich der Agenda 2000 die Kommission beauftragt, Vorschläge auszuarbeiten, welche im März 1998 veröffentlicht wurden. Bis zum Herbst 1998 wird ein Bericht über die **Eigenmittelaufbringung der Mitgliedsländer zum EU-Haushalt** vorliegen. In bezug auf die Gemeinsame Agrarpolitik hat der Europäische Rat in Luxemburg die Absicht bekräftigt, die europäische Landwirtschaft in Richtung mehr Wettbewerbsfähigkeit weiterzuentwickeln.

Zum **Zeitpunkt des Beitritts** müssen die Beitrittskandidaten den „**acquis communautaire**" übernehmen und anwenden. Ausnahmeregelungen sind grundsätzlich nicht vorgesehen. Sollten sie in Teilbereichen beschlossen werden, wie zum Beispiel in der Landwirtschaft oder im freien Personenverkehr, müssen sie temporär und begründet sein.

## 7.2. Reformen der EU

Die Beschlüsse der EU zur Erweiterung setzen **Reformen vor allem in der Strukturpolitik, der Agrarpolitk und den internen Strategien** innerhalb der EU voraus.

Ein vorrangiges Thema ist die **Reform der Strukturfonds.** Mehr als 30 Prozent der Budgetausgaben des EU-Haushalts sind diesem Bereich gewidmet. Durch den Beitritt der MOEL-Kandidaten wird ein Entwicklungsgefälle zwischen europäischen Regionen entstehen. Neue Schwerpunkte in der Strukturfondspolitik und andere Formen der Zusammenarbeit zwischen den Regionen sind gefragt. Der zukünftige Mittelbedarf und die Mittelaufbringung müssen rechtzeitig vor Beginn der nächsten Strukturfondsperiode 2000 geklärt sein.

**Reformvorschläge der Agenda 2000** beinhalten **eine thematische und geographische Konzentration der Mittel** und eine **Vereinfachung und Transparenz des Fördersystems.** Die gesamten Rückflüsse aus den Strukturfonds (inkl. Kohäsionsfonds) an einen Mitgliedstaat sollen künftig die Obergrenze von 4 Prozent seines BIP nicht übersteigen.

Die **Anzahl der Ziele** soll von derzeit sieben auf drei (davon zwei regionale Ziele) **reduziert** werden. An den Prinzipien der Ziel 1-Region wird festgehalten. Das neue Ziel 2 steht Regionen offen, die Teil der nationalen Fördergebietskulisse sind, überdurchschnittlich hohe Arbeitslosigkeit und großen Umstrukturierungsbedarf aufweisen. Aufgabe des neuen Ziel 3 ist die Bekämpfung der Arbeitslosigkeit.

Zur **Steigerung der Effizienz** der für Strukturmaßnahmen bereitgestellten Mittel sollen verstärkt Zinsenzuschüsse, Beteiligungen und Haftungen anstelle von Zuschüssen eingesetzt werden. Zur Funktionsfähigkeit der Strukturfonds schlägt die Kommission vor, die Anzahl der von der Union finanzierten Aktionen auf ein einziges mehrjähriges Programm pro Region zu beschränken.

Für Regionen mit Ziel 1- Status, deren Wirtschaftsdaten sich mittlerweile verbessert haben, soll ein Auslaufmechanismus wirksam werden. Der Gesamtförderbetrag für Ziel 1-Gebiete innerhalb der 15 Mitgliedstaaten soll zwei Drittel der gesamten künftigen Strukturfondsmittel betragen.

Eine Reduktion der 13 Gemeinschaftsinitiativen – mit rund 400 Programmen – wird angestrebt. Der **Kohäsionsfonds** soll unverändert weitergeführt werden.

Ein zusätzlicher Anpassungsdruck entsteht mit Erweiterung der EU um die Reformländer. Bei einer Beibehaltung des Kriteriums für Ziel 1-Regionen bedeutet diese Erweiterung – die mit einem sinkenden BIP-Durchschnittswert verbunden ist – eine beträchtliche Ausweitung der Ziel 1-Gebiete und einen stark erhöhten Bedarf an Strukturfondsmitteln.

Ab dem Jahr 2000 soll das Phare-Programm um zwei weitere Instrumente ergänzt werden. Ein neues Instrument bezieht sich auf die Anpassung der landwirtschaftlichen Strukturen. Das zweite Instrument soll die Strukturfondspolitiken unterstützen. Über dieses „ISPA" genannte strukturpolitische Instrument – mit einem geplanten Budget von jährlich ECU 1 Mrd. 2000 bis 2006 – sollen Großprojekte in den Bereichen Umwelt und Verkehr in enger Kooperation mit Phare und den Heranführungshilfen für die Landwirtschaft unterstützt werden. Insgesamt sollen zur Beitrittsvorbereitung Förderungen in Höhe von ECU 3 Mrd. jährlich bereit gestellt werden.

Für den Bereich der **Landwirtschaft** werden Reformziele in der Verbesserung der Wettbewerbsfähigkeit sowie der Produktqualität gesehen. Ein angemessener Lebensstandard für die ländliche Bevölkerung, die Anhebung der Umweltauflagen sowie Beiträge zur wirtschaftlichen Kohäsion werden in der Agenda 2000 hervorgehoben. In den großen Überschußbereichen Getreide, Rindfleisch, Milch sollen die marktwirtschaftlichen Elemente gestärkt und die garantierten Mindestpreise gesenkt werden. Eine Ausweitung der Umweltförderung wird vorgeschlagen. Eine Änderung der Agrarleitlinie ist nicht geplant. Über 50 Prozent der Budgetausgaben der EU insgesamt betreffen die Landwirtschaft.

Im Bereich der **Internen Politiken** sollen künftig stärker Wachstums- und Beschäftigungseffekte berücksichtigt werden. Besondere Bedeutung kommt der Wissensförderung – Forschung, Innovation, Bildung – zu. Das geplante **5. EU-Rahmenprogramm** wird höher dotiert werden als das laufende 4. EU-Rahmenprogramm *(siehe Kapitel 8)*.

Der **neue Finanzrahmen 2000 bis 2006** soll vor allem die Finanzierung neuer Aufgaben, die erste Erweiterungsrunde und die Notwendigkeit zur Vorbeitrittsunterstützung abdecken. Für Strukturmaßnahmen (Struktur- und Kohäsionspolitik) wird von der Kommission ein **Ausgabenrahmen von 0,46 Prozent des Bruttosozialprodukts der Union vorgeschlagen.** Das entspricht für **2000 bis 2006** einem Betrag von insgesamt rund **ECU 275 Mrd.** (zu Preisen 1997) gegenüber ECU 200 Mrd. (zu Preisen 1997). Davon sollen **ECU 210 Mrd. für die Strukturfonds und die 15 Mitgliedstaaten der EU** verwendet werden. Von diesen ECU 210 Mrd. sollen wiederum zwei Drittel – das sind rund ECU 140 Mrd. – in Ziel 1-Gebiete fließen. Für die **neuen Mitgliedstaaten** sollen **ECU 45 Mrd.** zur Verfügung stehen. Für den Kohäsionsfonds sind ECU 20 Mrd. geplant *(siehe Agenda 2000)*.

Die in der Agenda 2000 formulierten Vorschläge und der daraus abzuleitende Finanzbedarf würden im wesentlichen auf eine **Verschlechterung der Nettozahlerpositionen** und Verringerung der Positivsalden der Nettoempfänger hinauslaufen. Die Ursache dafür liegt in der Dotierung der Strukturfonds und im Finanzbedarf der Landwirtschaft.

Die **Bundesregierung** hat mit Beschluß vom 3. April 1997 Grundsätze zur österreichischen Position beschlossen. So soll die **Eigenmittelobergrenze** (Beitragsleistungen zum EU-Haushalt) den Wert von **1,27 % des BSP** der 15 EU-Mitgliedsländer nicht überschreiten. Die Nettoposition Österreichs *(siehe Übersicht 29)* sollte sich in der neuen Finanzplanungsperiode nicht weiter verschlechtern. Angesichts der Haushaltskonsolidierung in Österreich sind Reformen der Strukturfonds und der Landwirtschaft besonders wichtig. Damit die EU-Erweiterung ein Erfolg werden kann, müssen vorher entsprechende Reformen in Schlüsselbereichen erfolgen.

Übersicht 29: **Österreichs Beiträge an die EU 1995 bis 1999**

| in ATS Mio. | Erfolg 1995 | Erfolg 1996 | vorläufiger Erfolg 1997 | Plan 1998 | Plan 1999 |
|---|---|---|---|---|---|
| **Eigenmittel-Gutschriften** | **23.255** | **25.117** | **29.107** | **29.463** | **31.100** |
| in % vom BIP | 0,996 | 1,037 | 1,164 | 1,133 | 1,144 |
| EAGFL-G[1] | 1.154 | 16.286 | 11.803 | 9.569 | 10.383 |
| Strukturfonds[2] | 2.228 | 3.164 | 4.403 | 5.026 | 4.329 |
| Erstattung an Mitgliedstaaten[3] | 7.691 | 1.422 | 976 | 486 | 0 |
| Sonstige[4] | 244 | 594 | 500 | 500 | 500 |
| **Rückflüsse gesamt** | **11.317** | **21.466** | **17.682** | **15.581** | **15.212** |
| in % vom BIP | 0,485 | 0,886 | 0,707 | 0,599 | 0,560 |
| **Nettoposition nach EuRH-Kriterien** | **–11.938** | **–3.651** | **–11.425** | **–13.882** | **–15.888** |
| BIP (ATS Mrd.) | 2.334,4 | 2.421,6 | 2.499,8 | 2.600,4 | 2.717,4 |
| Nettoposition in % des BIP | –0,51 | –0,15 | –0,46 | –0,53 | –0,58 |

Anmerkung: Darstellung nach Rechnungsprinzipien des EU-Haushaltes. Eigenmittel-Gutschriften ohne Einhebungsvergütung.
Quelle: BMF, EuRH, Stand: 11. 2. 1998

1) EAGFL-G (Abteilung Garantie), im wesentlichen Gemeinsame Agrarpolitik
2) ESF, EFRE, EAGFL-A (Abteilung Ausrichtung)
3) In Art. 81 im Beitrittsvertrag Österreichs mit der EU vereinbarte Übergangszahlungen vorrangig für die Landwirtschaft
4) Außerstrukturelle Rückflüsse (überwiegend direkt von der Europäischen Kommission an die Empfänger in den Bereichen Forschung und Bildung; 1995/1996 gemäß EuRH-Jahresbericht, 1997 bis 1999 gemäß Grobschätzung BMF)

Die Kommission hat am 18. März 1998 Legislativvorschläge zur Agenda 2000 vorgelegt. Die Vorschläge lassen sich 4 Hauptgruppen zuordnen:
- Vorschläge für die Reform der Gemeinsamen Agrarpolitik
- Neuer rechtlicher Rahmen für die Strukturfonds und den Kohäsionsfonds
- Instrumente für die Heranführungshilfe der Beitrittskandidaten im Zusammenhang mit der EU-Erweiterung
- Neue finanzielle Vorschau für 2000 bis 2006

# 8. Die Europäischen Forschungs- und Technologieförderungen

Um die Ziele der Europäischen Union zu erreichen (internationale Wettbewerbsfähigkeit, Umweltschutz und Energieeinsparungen, Beschäftigung etc.), setzt die EU besonders auf die **Förderung von „produzierenden" Unternehmen** bzw. von öffentlichen und privaten Forschungseinrichtungen. Innovative Projekte in den Bereichen Forschung, Entwicklung und Demonstration sowie die Zusammenarbeit von Wissenschaft und Wirtschaft und die Umsetzung von Forschungsergebnissen in der Wirtschaft – insbesondere bei KMUs – werden dabei unterstützt.

Der wirtschaftspolitische Stellenwert für Forschung und Entwicklung zeigt sich auch im EU-Beihilfenrecht *(vgl. Kapitel 2)*, wo für industrielle Grundlagenforschung und angewandte Forschung und Entwicklung **höhere Fördergrenzen** gelten als beispielsweise für Investitionsprojekte.

Die Förderpolitik der EU konzentriert sich besonders auf die Koordination der verschiedenen Forschungsaktivitäten in den einzelnen EU-Ländern. Damit sollen **für die internationale Wettbewerbsfähigkeit kritische Technologiebereiche** – z.B. Informationstechnik, Telematik, Automatisierungstechnik – konsequent unterstützt werden. Grundsatz für EU-Förderprogramme und Aktionen ist das „Subsidiaritätsprinzip", wonach zunächst nationale Förderungen beansprucht werden sollen. Weiters fördert die EU nur **Projekte mit mehreren Partnern aus verschiedenen Ländern**, die gemeinsam Lösungen entwickeln und die **über den Stand der Technik** hinausgehen (europäische Dimension von Projekten). Damit wird gleichzeitig auch eine verstärkte Zusammenarbeit von Wissenschaft und Wirtschaft bzw. auch die Internationalisierung von Unternehmen (besonders KMUs) erreicht.

**EU-Förderungen** für gemeinschaftliche Forschungs-, Entwicklungs- und Demonstrationsprojekte werden überwiegend **direkt** bei der **Europäischen Kommission** in Brüssel **beantragt.** Informationen und Ausschreibungsunterlagen über die europäischen F&E-Förderungen erhalten Unternehmen vom Büro für Internationale Forschungs- und Technologiekooperation (BIT),Wien.

## 8.1. Vorschau auf das 5. EU-Rahmenprogramm

Zur Förderung von Forschungs-, Entwicklungs- und Demonstrationsprojekten, bzw. für Begleitmaßnahmen zur wirtschaftlichen Umsetzung von F&E-Ergebnissen, beschließt die Europäische Kommission „Rahmenprogramme" für jeweils vier Jahre. Das 4. EU-Rahmenprogramm endet 1998. Eine Kurzfassung ist in *Übersicht 30* dargestellt.

Seit Herbst 1997 werden Inhalte und Abwicklungsmodalitäten für das 5. EU-Rahmenprogramm in den zuständigen europäischen Gremien behandelt. Am 12. Februar 1998 einigte sich der Rat der europäischen Forschungsminister auf Struktur und Budgets für das 5. EU-Rahmenprogramm.

Für die **Durchführungsmodalitäten** sind bisher **keine Änderungen** im Vergleich zum 4. EU-Rahmenprogramm geplant. Es soll wie bisher **EU-Ausschreibungen** geben (15. März, 15. Juni, 15. September, 15. Dezember) mit der Aufforderung an Unternehmen und Forschungsinstitute, passende Projektvorschläge zur Förderung einzureichen. Der Einreich-

Übersicht 30: **Das 4. EU-Rahmenprogramm für Forschung und Entwicklung 1994 bis 1998**

| | Budget in ECU Mio. |
|---|---|
| **Aktionslinie 1**<br>**Forschungs-, Entwicklungs- und Demonstrationsprojekte**<br>Informatik; Telematik; Kommunikationstechnik; Industrie- und Werkstofftechnik; Normung, Messen und Prüfen; Umwelt und Klima; Meereswissenschaften und -technik; Biotechnologie; Biomedizin und Gesundheit; Landwirtschaft und Fischerei; Nichtnukleare Energie; Sicherheit der Kernspaltung; Kontrollierte Kernfusion; Verkehr und Transport; Gesellschaftspolitische Schwerpunktsforschung | **10.686** |
| **Aktionslinie 2**<br>**Zusammenarbeit mit Drittländern und internationalen Organisationen** | **540** |
| **Aktionslinie 3**<br>**Verbreitung und Nutzung von Forschungsergebnissen** | **330** |
| **Aktionslinie 4**<br>**Training und Mobilität von Forschern** | **744** |

Anmerkung: Das EU-Budget für das 4. EU-Rahmenprogramm wurde 1996 um ECU 0,7 Mrd. erhöht und beträgt insgesamt ECU 13 Mrd.
Quelle: Europäische Kommission

Übersicht 31: **Das 5. EU-Rahmenprogramm für Forschung und Entwicklung**

| | Budget in ECU Mio. |
|---|---|
| **Erste Aktivität**<br>**Thematische Programme** | **10.039** |
| 1. Verbesserung der Lebensqualität und des Managements der Ressourcen des Lebens | 2.239 |
| 2. Aufbau der benutzerfreundlichen Informationsgesellschaft | 3.363 |
| 3. Förderung des nachhaltigen Wachstums unter Wettbewerb | 2.389 |
| 4. Energie, Umwelt und nachhaltige Entwicklung | 2.048 |
| **Zweite Aktivität**<br>**Internationale Kooperationen** | **458** |
| **Dritte Aktivität**<br>**Innovation und KMU** | **350** |
| **Vierte Aktivität**<br>**Humankapital und sozioökonomische Forschung** | **1.205** |

Stand: 23. Februar 1998
Quelle: Europäische Kommission

zeitraum beträgt üblicherweise 3 Monate, mit einem definierten Einreichschluß (Datum und Uhrzeit für das Eintreffen der Unterlagen in Brüssel).

Diesem Vorschlag des Ministerrates müssen noch die Europäische Kommission und das Europäische Parlament zustimmen. Es wird damit gerechnet, daß das 5. EU-Rahmenprogramm bis Ende 1998 beschlossen ist und damit direkt an das 4. EU-Rahmenprogramm anschließen wird. Mit einer ersten EU-Ausschreibung für das 5. EU-Rahmenprogramm ist am 15. Dezember 1998 zu rechnen.

Österreichischen Unternehmen wird die Inanspruchnahme der EU-Rahmenprogramme empfohlen, obwohl der Aufwand für die Einreichung eines Projektantrages relativ hoch ist. Die **direkten Förderungen der EU übersteigen jedoch nationale und regionale Förderungen.** Inhaltlich hochwertige Projekte werden mit bis zu 50 % der förderbaren Kosten in Form von nicht rückzahlbaren Zuschüssen der Europäischen Kommission unterstützt.

Die erfolgreiche Einreichung und Durchführung eines EU-Projektes bietet den Unternehmen **Zusatznutzen.** Der offensive und exklusive Charakter des EU-Rahmenprogrammes – es werden bewußt die Besten gefördert – bringt neben internationalen Kontakten, Know-how-Austausch, zusätzlichen Forschungsergebnissen der Projektpartner auch wichtige Image-Effekte für die teilnehmenden Unternehmen.

**Voraussetzung für die Einreichung im EU-Rahmenprogramm sind folgende Kriterien:**

- Übereinstimmung mit den veröffentlichten EU-Ausschreibungen
- Innovativer (technologischer) Inhalt der Projektvorschläge
- Zusammensetzung der internationalen Projektpartner (EU/EWR/Drittländer)
- Realistisches Budget (Kostenschätzung) für Arbeits- und Nebenkosten
- Konkrete Pläne für die Umsetzung der F&E-Ergebnisse
- Know-how (und Praxis) für internationales Projektmanagement

**Die wichtigsten Schritte von der Antragstellung bis zur Projektabwicklung sind:**

**Antragstellung**

Basis für die Antragstellung bei der EU sind die Originalunterlagen der Europäischen Kommission (Information Package) mit den angebotenen Themenbereichen, Antragsrichtlinien und Terminen. Nach der Ausschreibung (15. März, 15. Juni, 15. September, 15. Dezember) bleiben üblicherweise 3 Monate Zeit für Partnersuche, Projektausarbeitung, Lobbying und Einreichung des Projektvorschlages (= Förderantrag) in Brüssel.

**Einreichtermin**

In der Ausschreibung der EU wird der Einreichschluß (Datum und Uhrzeit) publiziert, bis zu dem die Projektvorschläge bei der Europäischen Kommission in Brüssel eintreffen müssen.

**Evaluierung der Projektvorschläge**

Die Evaluierung erfolgt in mehreren Stufen. Die Mitarbeiter der Europäischen Kommission überprüfen die Einhaltung der formalen Kriterien. Externe Experten aus Industrie und Forschung bewerten die Inhalte, Projektpartner und Kostenaufstellungen.

**Fördervertrag der Europäischen Kommission**

Die durch die Evaluierung vorgeschlagenen Projekte werden von der Europäischen Kommission zu Vertragsverhandlungen eingeladen. Dabei werden der Projektinhalt und -umfang fixiert. Erst ab Unterzeichnung des Fördervertrages mit der Europäischen Kommission dürfen Projektkosten abgerechnet werden.

**Förderbare Kosten für das Projekt**

Forschungs- und Entwicklungspersonal, Verbrauchsmaterial, Drittleistungen, Reisekosten, Meß- und Prüfgeräte etc. werden detailliert im Fördervertrag festgehalten. Änderungen bei den Projektausgaben müssen vorher mit der Europäischen Kommission abgestimmt werden.

**Projektdurchführung**
EU-Projekte haben jeweils einen Projektkoordinator (coordinator), mehrere Projektpartner (partners) und eventuell Zulieferer (subcontractors). Die Koordinatoren sind für die Europäische Kommission primäre Ansprechpartner und verantwortlich für den planmäßigen Ablauf der Projekte. Sie teilen die Budgets den Partnern zu und liefern die Berichte an die Europäische Kommission. EU-Projekte haben einen Ansprechpartner von der Europäischen Kommission (scientific officer) und meistens einen externen Begleiter, der den Projektfortschritt dokumentiert.

**Förderung und Abrechnung**
Nach Unterzeichnung des Fördervertrages mit der Europäischen Kommission überweist die Kommission rund 30 % der Fördersumme als Vorauszahlung an den Koordinator des Projektes. Zu vereinbarten Terminen sind Zwischenberichte für die Europäische Kommission zu erarbeiten, nach deren Prüfung weitere Raten der Förderung ausbezahlt werden. Die letzten 10 % der Förderung werden nach Annahme des Endberichtes von der Europäischen Kommission überwiesen.

Die Europäische Kommission bietet für jeden Antragsteller geeignete Projekttypen an (für Industrie, KMUs, Forscher). Bei „**shared cost-Projekten**" fördert die Kommission bis zu 50 % aller einrechenbaren Projektkosten der Forschungspartner. Bei „**konzertierten Aktionen**" übernimmt die Kommission nur die Kosten für die Koordinierungsaufgaben zwischen zahlreichen Partnern (Reisespesen, Workshops, Erstellung, Druck und Verteilung von Berichten etc.). Diese Kosten werden zu 100 % von der Kommission finanziert.

**Wichtig für die Antragstellung ist das „information package" der Europäischen Kommission mit folgenden Unterlagen:**
- Zielsetzung der Ausschreibung
- Angebotene Themen für Projekte
- Teilnahmekriterien und Definitionen
- Mustervertrag (auf Anfrage)
- Einreichfristen
- Antragsformulare
- Checklisten für formale Kriterien und Inhalte

Diese Detailunterlagen sind möglichst frühzeitig vom BIT (Wien) oder von den BIT-Regionalbüros in den Bundesländern anzufordern, damit genügend Zeit für Partnersuche, Abstimmung der F&E-Inhalte und Ausarbeitung des Projektvorschlags zur Einreichung bleibt. Erfolgreiche Projektvorschläge erfordern erfahrungsgemäß einen Vorbereitungszeitraum von rund 3 Monaten.

**Der Projektvorschlag (Förderantrag) umfaßt 3 Abschnitte:**
1. Kurzfassung des Projektes auf dem EU-Formular (Titel, Partner, Kurzfassung)
2. Detailbeschreibung des F&E-Projektes (Inhalte, Kosten etc.)
3. Information über die Projektpartner, Lebensläufe, Verwertungspläne etc.

Die Vorlaufzeit von EU-Projekten beträgt von der Ausschreibung bis zur Förderzusage üblicherweise 10 bis 12 Monate.

## 8.2. Die Sonderaktion TSMS der EU für Klein- und Mittelunternehmen

**TSMS** (Technology Stimulation Measures for SMEs) ist ein Forschungs- und Förderprogramm der EU, speziell für **Klein- und Mittelunternehmen.** Ursprünglich konzentrierte sich die Aktion unter dem Titel „CRAFT" inhaltlich auf die Programmbereiche „Industrielle und Werkstofftechnologien" sowie auf „Normung, Meß- und Prüfverfahren". Sie wurde im 4. EU-Rahmenprogramm jedoch auf 11 Programmbereiche ausgeweitet:

- Informationstechnologien
- Telematikanwendungen
- Industrie- und Werkstofftechnik
- Normung, Meß- und Prüfverfahren
- Umwelt und Klima
- Meereswissenschaften und -technologien
- Biotechnologie
- Medizin und Gesundheitswesen
- Landwirtschaft und Fischerei
- Nichtnukleare Energie
- Verkehr und Transport

Antragsberechtigt sind Gewerbe- und Industrieunternehmen, die folgenden Kriterien entsprechen:

- weniger als 500 Mitarbeiter
- Jahresumsatz kleiner als ECU 38 Mio.
- Beteiligung eines Großunternehmens unter 33 %
- Haupttätigkeit (mind. 50 %) in den Bereichen Produktion, Verarbeitung, Bergbau oder Bauwesen

Gegenstand der Förderung ist die **Zusammenarbeit** von mindestens vier **Klein- und Mittelunternehmen** aus zwei verschiedenen EU- bzw. EFTA-Staaten, die ein gemeinsames Forschungsprojekt mit einem gemeinsamen **Forschungspartner** (Universitätsinstitut oder private Forschungseinrichtung) durchführen. Solche Projekte dürfen bis zu ECU 1 Mio. kosten. Die Kommission fördert davon max. 50 % der anerkannten Forschungsaufwendungen (das sind überwiegend die Kosten des gemeinsamen Forschungspartners) in Form von nicht rückzahlbaren Zuschüssen.

Die Klein- und Mittelunternehmen erhalten – die positive Förderentscheidung durch die Kommission vorausgesetzt – **100 % der Forschungsergebnisse** und tragen selbst nur max. 12,5 % der Projektskosten. In einer Vorstufe wird auch die Antragsvorbereitung (Step 1 Proposal; Expansion Award) gefördert.

Information und Beratung erteilen österreichischen Klein- und Mittelunternehmen das BIT und die BIT-Regionalbüros in den Bundesländern.

## 8.3. Die Forschungskooperationen COST und EUREKA

Für konzertierte Forschungskooperationen wurde 1971 COST ins Leben gerufen. Die Abkürzung „COST“ steht für „Coopération européenne scientifique et technique“ – **europäische Zusammenarbeit auf dem Gebiet der wissenschaftlichen und technischen Forschung.** Mitglieder sind alle EU- und EFTA-Staaten sowie Kroatien, Polen, die Slowakei, Slowenien, Tschechien, die Türkei und Ungarn.

Die Arbeitsweise von COST ist auf folgenden **Grundprinzipien** aufgebaut:
- Alle COST-Staaten sowie die Kommission können Forschungsvorhaben vorschlagen (COST-Aktionen).
- Die Teilnahme ist freiwillig, die einzelnen Staaten können die Vorhaben selbst wählen.
- Die Zusammenarbeit findet in Form von „konzertierten Aktionen“ statt, d.h. durch die Koordinierung nationaler Forschungsvorhaben.
- Die Forschungsprojekte werden auf nationaler Ebene gefördert.

Im Rahmen von COST gibt es keine a priori vorgegebenen Forschungsschwerpunkte wie in den EU-Rahmenprogrammen. Die Hauptaufgabe von COST liegt vielmehr in einer **Ergänzungsfunktion** zur Grundlagenforschung. Gegenwärtig umfaßt COST 11 Forschungsbereiche, die in 19 Partnerländern bearbeitet werden.

Österreichische Unternehmen wenden sich zur Erlangung von Förderungen in erster Linie an den Forschungsförderungsfonds für die gewerbliche Wirtschaft. Ansprechpartner von COST ist das Bundesministerium für Wissenschaft und Verkehr.

Die **Initiative EUREKA** wurde 1985 von Frankreich ins Leben gerufen und soll ebenfalls die grenzüberschreitende Zusammenarbeit fördern. EUREKA umfaßt 26 Vollmitglieder, die EU- und EFTA-Staaten, die Türkei, Rußland, Tschechien, Polen, Ungarn, Slowenien und die Kommission. 7 mittel- und osteuropäische Staaten arbeiten als assoziierte Mitglieder mit EUREKA zusammen. Ziel ist es, die Zusammenarbeit von Unternehmen und Forschungsinstitutionen auf dem Gebiet der anwendungsnahen **Hochtechnologie** zu fördern. Die Forschungsprojekte sollen auf die Entwicklung neuer Produkte, Produktionsverfahren, Informationssysteme und Dienstleistungen ausgerichtet sein. Die anwendungsnahe Forschung steht im Vordergrund.

Die **Charakteristika** von EUREKA sind:
- Grenzüberschreitende Zusammenarbeit von EUREKA-Projektpartnern,
- Festlegung der Forschungsinhalte ausschließlich durch die Projektträger (d.h. keine Vorgabe von Forschungsschwerpunkten „top down“),
- Einsatz moderner Technologien zur Erreichung der Projektziele,
- Marktnähe und Umsetzbarkeit der Forschungsergebnisse,
- Förderung der Forschungstätigkeiten durch die nationalen Förderstellen.

Die Forschungsinitiative EUREKA ist aufgrund ihrer Flexibilität in den Forschungsinhalten insbesondere für **Klein- und Mittelunternehmen** interessant. Ihnen bietet EUREKA eine Plattform, um Erfahrungen auf dem Gebiet der internationalen Forschungskooperation zu erwerben. Das BIT steht interessierten Unternehmen bei der Suche nach potentiellen Forschungspartnern zur Verfügung. Die von den Projektpartnern ausgearbeiteten Unterlagen zum Forschungsprojekt müssen in der Folge sowohl beim nationalen Projektskoordinator (für österreichische Unternehmen BIT, Wirtschaftskammer Österreich und Bundesministerium für wirtschaftliche Angelegenheiten) als auch bei der **nationalen Förder-**

**stelle** (für Projekte der angewandten Forschung und Entwicklung in erster Linie Forschungsförderungsfonds für die gewerbliche Wirtschaft) eingereicht werden.

Projekte mit EUREKA-Status können, analog zu COST, von den nationalen Förderstellen gefördert werden. Die **Förderintensität** beträgt maximal 50 % der aufgrund der jeweiligen Richtlinien maximal förderbaren Forschungs- und Entwicklungsaufwendungen des österreichischen Projektteilnehmers. Die Förderung erfolgt in Form von nicht rückzahlbaren Zuschüssen bzw. durch zinsgünstige Kredite.

Der Forschungsförderungsfonds für die gewerbliche Wirtschaft fördert Unternehmen für die Vorbereitung von EU-Projekten bzw. für die Teilnahme an EUREKA- und COST-Projekten.

# 9. Die Europäische Investitionsbank

Mit einer Bilanzsumme von ECU 157,1 Mrd. zum 31. 12. 1997 ist die Europäische Investitionsbank (EIB), Luxemburg, die derzeit **größte multilaterale Finanzierungsinstitution der Welt.** Ihre Gründung geht auf den Vertrag von Rom zurück. Eigentümer sind die 15 EU-Staaten. Die Funktion der Bank wurde zuletzt durch den Vertrag über die Europäische Union bestätigt. Ihrer Satzung entsprechend hat die EIB nach wirtschaftlichen und bankmäßigen Grundsätzen vorzugehen. Sie ist nicht gewinnorientiert.

Die EIB finanziert **Investitionen**, die zu einer **ausgewogenen Entwicklung der einzelnen Regionen der Gemeinschaft** beitragen.

Die von der EIB finanzierten Investitionen müssen einem oder mehreren der folgenden **Ziele** entsprechen:

- Förderung der wirtschaftlichen Entwicklung in den weniger begünstigten Regionen
- Verbesserung der europäischen Verkehrs- und Telekommunikationsinfrastruktur
- Schutz der Umwelt und Bewahrung der Lebensqualität
- Erreichung der energiepolitischen Ziele der Union
- Verstärkung der internationalen Wettbewerbsfähigkeit der Industrie
- Unterstützung kleiner und mittlerer Unternehmen

Die **EIB** ist überwiegend **innerhalb der Gemeinschaft** aktiv und finanziert Projekte im Rahmen der genannten Ziele. Dies deckt etwa 90 % ihrer Aktivitäten ab.

**Außerhalb der Gemeinschaft** finanziert die **EIB** Projekte, die von besonderem Interesse für die Gemeinschaft sind (vor allem in den Bereichen Verkehr, Nachrichtenwesen und Energieversorgung). Im Rahmen der finanziellen Zusammenarbeit der Union mit Drittländern ist die EIB als Entwicklungsbank tätig. Sie finanziert dabei Projekte insbesondere in Mittel- und Osteuropa, im Mittelmeerraum, in den AKP-Staaten und in einer Reihe von asiatischen und lateinamerikanischen Ländern.

Die EIB leistet Beiträge zur Vorbereitung der Integration der Beitrittskandidaten in Mittel- und Osteuropa. Dazu hat sie eine eigene Fazilität eingerichtet.

Für Großprojekte vergibt die EIB **Einzeldarlehen** direkt an Unternehmen und staatliche Stellen (ab einer Projektgröße von rund ECU 25 Mio.).

Die EIB finanziert Investitionen kleinerer und mittlerer Höhe im Rahmen von **Globaldarlehen**. Globaldarlehen sind Kreditlinien an zwischengeschaltete Partnerbanken in den jeweiligen Ländern. Diese Mittel werden für Investitionsfinanzierungen nach den Kriterien der EIB vergeben. Meist betrifft dies **Investitionen kleiner und mittlerer Unternehmen** und **kleinere Infrastrukturprojekte der öffentlichen Hand.** Über Globaldarlehen werden in der Regel Investitionen von ECU 40.000 bis ECU 25 Mio. finanziert.

Die EIB definiert ein kleines und mittleres Unternehmen als ein Unternehmen,

- das nicht mehr als 500 Mitarbeiter beschäftigt,
- dessen Nettosachanlagevermögen den Gegenwert von ECU 75 Mio. nicht überschreitet,
- dessen Kapital zu höchstens einem Drittel von einem Großunternehmen gehalten wird, das eine oder beide der oben genannten Bedingungen nicht erfüllt.

In Zielgebieten kann ein förderbares Unternehmen darüber hinaus entweder mehr als 500 Mitarbeiter beschäftigen oder Tochter eines Großunternehmens sein.

Darlehen der EIB decken immer nur einen **Teil der Investitionskosten** – in der Regel höchstens 50 % – und ergänzen die Eigenmittel des Projektträgers und andere Fremdmittel. Die **Projektsprüfung** durch die EIB bzw. durch die zwischengeschalteten Banken bezieht sich neben der finanziellen Analyse des Projektträgers auf die technische und betriebswirtschaftliche Tragfähigkeit und den volkswirtschaftlichen Nutzen der geplanten Investition.

Die **Laufzeit** der EIB-Darlehen liegt bei Industrieprojekten meist zwischen 5 und 12 Jahren und kann bei Infrastrukturprojekten bis zu 20 Jahre und mehr betragen. Die Bank vergibt überwiegend Darlehen zu **Fixzinssätzen.** Die Höhe des Zinssatzes richtet sich nach den Kosten der Refinanzierung der EIB, die mit einem Aufschlag zur Deckung der Gestionskosten der Bank an die Darlehensnehmer weitergegeben werden. Aufgrund ihres AAA-Ratings erzielt die EIB Bestkonditionen bei der Mittelaufnahme auf den internationalen Kapitalmärkten. Die Kreditkonditionen der EIB sind dementsprechend attraktiv.

Die **Investkredit** hat im Juni 1994 als erste Bank in Österreich einen **Globaldarlehensvertrag** abgeschlossen. Die Investkredit ist seit EU-Beitritt ordentliches Mitglied im „Club der Spezialinstitute des langfristigen Kredites der Europäischen Gemeinschaft", dem auch die EIB angehört. Das zweite und derzeit aktuelle Globaldarlehen der Investkredit – genehmigt am 24. 2. 1998 durch den Verwaltungsrat der EIB – umfaßt Investitionen von KMUs, Umweltschutzinvestitionen und Energieinvestitionen. Für Umweltschutzvorhaben und Energieprojekte kann jeder Projektträger unabhängig von seiner Größe und Rechtsform (privatwirtschaftlich oder öffentlich-rechtlich) Kreditnehmer sein. Das EIB-Globaldarlehen der Investkredit kann im Wege des EIB-Europakredites bei jeder Hausbank beantragt werden. Die Hausbank übernimmt dabei die Haftung gegenüber der Investkredit, die den Kredit auszahlt.

Über **EIB-Globaldarlehen** für Investitionen von KMUs in Österreich verfügen neben der Investkredit die Bank für Arbeit und Wirtschaft AG, die Creditanstalt AG und die Österreichische Hotel- und Fremdenverkehrs-Treuhandgesellschaft m.b.H. Die Bank Austria AG betreut ein Globaldarlehen zur Finanzierung von Vorhaben in den Bereichen Infrastruktur, Umweltschutz und Energie.

# 10. Das Joint Venture Programme Phare-Tacis (JOP) der EU

Das zu den Programmen Phare bzw. Tacis gehörende Programm JOP (**Joint Venture Programme Phare-Tacis**) fördert die **Gründung und Entwicklung von Joint Ventures zwischen privaten Unternehmen aus den EU-Mitgliedsländern und Partnern aus den mittel- und osteuropäischen Ländern (MOEL), den neuen Unabhängigen Staaten (NUS) und der Mongolei.** In den MOEL können beispielsweise auch Vereinbarungen über Produktions- oder Marketingkooperationen gefördert werden.

Nach einer für Mitte 1998 vorgesehenen Programmänderung müssen die westlichen Projektpartner von Projekten in den MOEL KMUs im Sinne der KMU-Definition gemäß EU-Beihilfenrecht sein.

Für Projekte in den NUS und der Mongolei sind westliche Joint Venture-Partner auch Unternehmen,

- die max. 1.000 Mitarbeiter beschäftigen,
- deren Nettoanlagevermögen max. ECU 150 Mio. beträgt und
- deren Kapital höchstens zu einem Drittel von einem Großunternehmen gehalten wird.

In begründbaren Fällen können JOP-Mittel auch für die Gründung und Entwicklung von Tochtergesellschaften privater Unternehmen aus EU-Mitgliedsländern in den NUS oder der Mongolei angesprochen werden.

In Mittel- und Osteuropa, den NUS und der Mongolei haben Klein- und Mittelunternehmen beim Übergang zu marktwirtschaftlichen Systemen eine bedeutende Funktion. Westliche Investitionen können im Wege der Bereitstellung von technischem Know-how und Managementwissen diesen Übergang unterstützen.

Die JOP-Förderung setzt produktive **Investitionen** bzw. – in den MOEL – Vorhaben, die Vereinbarungen über gemeinsame Geschäftsaktivitäten umfassen, voraus. Das Programm richtet sich primär an Klein- und Mittelunternehmen aus der EU, die im Rahmen von Joint Ventures in Mittel- und Osteuropa, den NUS-Ländern oder der Mongolei investieren oder mit Unternehmen aus den MOEL verbindlich zusammenarbeiten wollen.

Die Verbindungsstelle zwischen den an dem Programm teilnehmenden Unternehmen und der Europäischen Kommission bildet ein **Netz von Finanzinstituten**, die in das Programm einbezogen sind.

In Österreich sind „**Financial Intermediaries**" außer der Investkredit die Bank Austria AG, die BÜRGES Förderungsbank, die Creditanstalt AG, die Erste Bank der oesterreichischen Sparkassen AG, die Österreichische Volksbanken AG, die Raiffeisen Zentralbank Österreich AG, die Finanzierungsgarantie-Gesellschaft m.b.H. und die Horizonte Venture Management Ges.m.b.H.

JOP bietet Förderungen im Rahmen von **4 Schwerpunktprogrammen („Facilities")**. Diese berücksichtigen die verschiedenen Stadien der Gründung und Entwicklung eines Joint Venture bzw. einer Tochtergesellschaft, von der Feasibility-Studie bis hin zu Ausbildungsmaßnahmen:

**Facility 1:** Die Kommission beteiligt sich mit maximal 50 % der Kosten für die Organisation von Konferenzen, Seminaren oder sonstigen Informationsveranstaltungen, die die **Gründung** von entsprechenden Joint Ventures fördern. Professionelle

Konferenzorganisatoren sind davon ausgeschlossen. Der EU-Beitrag ist mit ECU 100.000 begrenzt. In Österreich haben mehrere Großbanken Informationsveranstaltungen über JOP durchgeführt.

**Facility 2:** Hiebei unterstützt die Kommission die Finanzierung von **pre-feasibility-** und **feasibility-studies.** Um diese Fördermöglichkeit in Anspruch nehmen zu können, muß bereits ein Partner im Zielland ausfindig gemacht worden sein. „Prefeasibility" betrifft Kosten, die für die Partnersuche angefallen sind und Kosten im Zusammenhang mit der Antragstellung (z.B. Übersetzungskosten). Die Förderung umfaßt maximal 50 % der Kosten (EU-Beitrag max. ECU 10.000 in den MOEL bzw. ECU 20.000 in den NUS und der Mongolei). Für Feasibility-Studien umfaßt die Förderung ebenfalls maximal 50 % der Kosten (EU-Beitrag max. ECU 75.000) als bedingt rückzahlbarer Zuschuß (rückzuzahlen nur dann, wenn das Joint Venture nicht zustandekommt und die entsprechende Studie nicht der EU zur Verfügung gestellt wird). Für andere Formen der Zusammenarbeit beträgt die Förderung zuhöchst ECU 50.000.
Die Kosten der Antragstellung für Facility 2 werden von der FGG im Rahmen der Förderungen aus dem Studienfonds mit ATS 40.000,– unterstützt.

**Facility 3:** MOEL:
In den MOEL umfaßt die Facility 3 Förderungen für Kooperationen, die im Rahmen der Facility 2 gefördert und realisiert werden. Inklusive der Facility 2-Förderung werden dafür von der Kommission nicht rückzahlbare Zuschüsse von zuhöchst ECU 150.000 für Joint Ventures bzw. max. ECU 100.000 für andere Kooperationsformen zur Verfügung gestellt. Diese Zuschüsse werden bei Joint Venture-Gründungen in Abhängigkeit von den Investitionskosten berechnet und dürfen 10 % der gesamten Investitionen bzw. ein Drittel des cash investment nicht übersteigen. Im Fall von Kooperationsvereinbarungen werden bis zu 100 % der im Rahmen von Facility 2 geförderten Studienkosten als nicht rückzahlbarer Zuschuß gewährt.

NUS und Mongolei:
In diesen Ländern werden Projekte im Rahmen des Tacis-Programms gefördert. Unter der Bedingung, daß sich ein Financial Intermediary an der Finanzierung der Auslandsinvestition beteiligt, ist die Kommission bereit, einen **Teil der Eigenmittel zur Verfügung zu stellen bzw. eine Haftung für das Projekt zu übernehmen.** Die Beteiligung der Kommission ist mit ECU 2 Mio. begrenzt, darf nicht höher sein als die Kapitalbeteiligung aller Partner aus EU-Ländern und darf weiters 20 % der neu eingebrachten Mittel (Kapital und langfristige Kredite) nicht übersteigen. Außerdem darf die Beteiligung der Kommission die Finanzierung des Financial Intermediary in ihrer Höhe nicht übersteigen. Die Beteiligung der Kommission erfolgt immer „pari passu", d.h. unter denselben Bedingungen wie die Finanzierung des Financial Intermediary. Wenn der Financial Intermediary Eigenkapital, eigenkapitalähnliche Mittel oder eine Haftung übernimmt, so kommt seitens der Kommission dasselbe Instrument zur Anwendung. Vergibt der Financial Intermediary einen mittel- oder langfristigen Kredit, so beteiligt sich die Kommission mit einem Teilbetrag der Kredithöhe am ausländischen Unternehmen oder haftet für 50 % des Kredites.

Die Beteiligung des Financial Intermediary kann auch von der FGG/Ost-West-Fonds dargestellt werden. Sie hat dazu **drei Modellvarianten** eingerichtet:

- Modell 1:
  FGG/Ost-West-Fonds Kofinanzierungsgarantie (= Put-Option) der FGG mit gleichlautender pari-passu-Rückhaftung der Kommission
- Modell 2:
  FGG/Ost-West-Fonds Kofinanzierungsgarantie (= Put-Option) der FGG mit betragsmäßig gleich hoher Direktbeteiligung der Kommission
- Modell 3:
  FGG/Ost-West-Fonds Finanzierungsgarantie mit Risk-Sharing und Rückhaftung der Kommission

**Facility 4:** Diese Facility gilt nur für Investitionen in Joint Ventures, an denen der MOEL-Partner eine wesentliche Beteiligung (zumindest 25 %) hält. Die Kommission stellt einen **nicht rückzahlbaren Zuschuß** in Höhe von max. 50 % der Kosten für **Schulungen** zur Verfügung. Der EU-Beitrag ist mit max. ECU 250.000 (ECU 100.000 für Joint Ventures in MOEL) begrenzt. In den MOEL sind Facility 4-Förderungen nur für jene Projekte vorgesehen, die auch in Facility 2 bzw. 3 unterstützt wurden.

Für Facility 2 und Facility 4 ist es möglich, nicht nur die Kosten externer Berater zu fördern, sondern auch die Kosten der Studienerstellung bzw. die Durchführung von Trainings durch Mitarbeiter des westlichen Unternehmens. Dabei können Tagsätze (max. ECU 200 pro Tag) für tatsächlich im Zielland verbrauchte Zeiten plus Reise- und Aufenthaltskosten angesetzt werden. Für Leistungen Externer müssen dem Antrag detaillierte Anbote beigelegt werden.

Die Förderung erfolgt durch die **Generaldirektion II** der Kommission. Anträge sind jedoch ausschließlich an die genannten Finanzintermediäre zu richten.

Im Rahmen von **EuroJOPData** stellt die Kommission Unternehmen aus der EU einführende Informationen über die MOEL und NUS-Staaten, die im Vorfeld der Gründung einer Auslandsniederlassung für eine Pre-feasibility-Studie benötigt werden, zur Verfügung.

# 11. Die Joint European Venture Initiative (JEV) der EU

Seit Anfang 1998 fördert die Europäische Kommission mit JEV (Joint European Venture Initiative) die **Gründung von Joint Ventures in der EU**, wenn die Eigentümer des Joint Venture zumindest zwei Klein- und Mittelunternehmen (KMU) aus EU-Ländern sind.

KMUs sind für dieses Programm unabhängige Unternehmen, die der Definition gemäß EU-Beihilfenrecht entsprechen.

JEV soll zur **verstärkten Internationalisierung von KMUs** beitragen, damit auch Klein- und Mittelunternehmen die Vorteile des Binnenmarktes besser nutzen können. Vor allem soll damit das Entwicklungspotential von KMUs und deren Fähigkeit, neue Arbeitsplätze zu schaffen, unterstützt werden.

Voraussetzung für eine Förderung ist die Intention zweier oder mehrerer KMUs aus EU-Mitgliedstaaten, produktive Direktinvestitionen in der EU durchzuführen. Dabei müssen alle Partner der KMU-Definition entsprechen und keiner der Partner darf mehr als 75 % des Eigenkapitals des Joint Venture halten.

JEV weist viele Ähnlichkeiten mit dem schon seit mehreren Jahren existierenden JOP-Programm auf. So wird beispielsweise auch JEV über ein Netz von **Financial Intermediaries** abgewickelt, die Ansprechpartner der Unternehmen in allen Phasen der Förderbearbeitung (Beratung, Antragstellung, Rechnungsprüfung, Zahlungsanforderung und -abwicklung) sind.

In Österreich sind außer der Investkredit die Bank Austria AG, die Creditanstalt AG, die Erste Bank der oesterreichischen Sparkassen AG und die Finanzierungsgarantie-Gesellschaft m.b.H. als Financial Intermediaries im Rahmen von JEV für die Europäische Kommission tätig.

Für die Europäische Kommission betreut die ausgegliederte **JOP Technical Assistance Unit** in Luxemburg auch die Anträge für die JEV Initiative.

Ein geplantes Joint Venture kann in zwei unterschiedlichen Entwicklungsstadien eine Förderung erhalten: Einerseits unterstützt JEV die **Vorbereitungsphase** (alle Studien, die für die Entscheidungsfindung über eine Neugründung notwendig sind, wie z.B. Marktstudien, Umweltverträglichkeitsstudien, Rechtsberatung, Steuerberatung etc.), andererseits kann die Förderung auch aus einem Zuschuß zu den **Sachinvestitionen** nach der Gründung eines Joint Venture bestehen.

Je Gesamtprojekt beträgt die **höchstmögliche Förderung ECU 100.000.** Maximal die Hälfte davon kann auf Vorbereitungskosten entfallen, wobei die Förderung dafür zunächst in Form eines zinsenfreien Kredites zur Verfügung gestellt wird. Nach Rechnungsvorlage und Zurverfügungstellung der Studienergebnisse an die Europäische Kommission wird der zinsenfreie Kredit in einen Zuschuß umgewandelt. Nach erfolgreicher Gründung des Joint Venture gewährt die Europäische Kommission einen Zuschuß in Höhe von 10 % der tatsächlichen Sachinvestitionen.

**Voraussetzung** für die Beteiligung an den Sachinvestitionen ist, daß das Joint Venture innerhalb eines Jahres nach Abschluß der Vorbereitungsstudien gegründet wurde, die vorgesehene Geschäftstätigkeit aufgenommen hat und die geplanten Mitarbeiter eingestellt hat.

Die vorbereitenden Studien können sowohl von **externen Beratern** als auch von **Angestellten eines der Partnerunternehmen** erarbeitet werden. Bei internen Experten werden dabei für die Kostenberechnung nur Tage anerkannt, die im Zielland der Investition verbracht werden und somit Reisetage sind. Die Tagsätze für interne Experten sind mit

ECU 200 pro Tag begrenzt, wozu die Reise- und Aufenthaltskosten kommen. Von den externen Beratern darf keiner mehr als ein Viertel der gesamten vorbereitenden Kosten für sich beanspruchen. Bei Beratungsaufträgen über ECU 12.500 müssen zumindest drei Anbote vorgelegt werden, die Förderung richtet sich dann nach den Kosten für das niedrigste Angebot.

Das Joint Venture selbst kann sowohl ein produzierendes **Industrie- bzw. Gewerbeunternehmen** sein, als auch ein **Dienstleistungsunternehmen.** Vertriebsniederlassungen von produzierenden Unternehmen können nicht gefördert werden. Unternehmenskäufe, mit denen keine Neuinvestitionen verbunden sind, werden ebensowenig gefördert wie die Verlagerung von Betriebsstätten.

Joint Ventures, die eine Förderung im Rahmen von JEV erhalten haben, müssen der Kommission in den ersten fünf Jahren nach deren Gründung bestimmte Grunddaten über die Unternehmensentwicklung in Form eines **jährlichen Kurzberichts** zur Verfügung stellen.

# 12. Die Kombinationen von Förderaktionen. Fallbeispiele

Die Fallbeispiele sollen den Einsatz der **Förderaktionen in der Praxis** unter Berücksichtigung der EU-Förderhöchstgrenzen erläutern.

Die **maximale Förderintensität** bemißt sich, wie im *Kapitel 2.2.* dargestellt, nach:

- der Größe des antragstellenden Unternehmens
- dem Standort der Investition
- dem Charakter des Investitionsvorhabens

Zuerst wird daher jeweils die **Ausgangssituation** fallbezogen dargestellt. Die gemäß **EU-Beihilfenrecht** maximal zulässigen Förderintensitäten leiten sich aus der *Übersicht 2* **„Förderintensitäten nach EU-Grundsätzen“** *(Kapitel 2.2.)* ab. Die regionale Zuordnung kann den Landkarten nach Bundesländern in Kapitel 3 entnommen werden. Die in *Übersicht 2* eingearbeiteten Zuschläge (KMU-Zuschlag, Regional-Zuschlag) kommen nur dann zum Tragen, wenn sie in den entsprechenden Förderrichtlinien verankert sind.

Nach diesem ersten Schritt gilt es, geeignete Förderaktionen für das Investitionsprojekt auszuwählen. Details zu den Förderaktionen sind in *Kapitel 4* dargestellt.

Für den ausgewählten **Fördermix** müssen in der Folge über Barwertrechnungen die Bruttosubventionsäquivalente (BSÄ) ermittelt werden. Diese werden den maximal zulässigen Förderintensitäten gegenübergestellt. In diesem Schritt ist die EU-Konformität zu prüfen.

Übersicht 32: **Förderbarwerte ausgewählter Kreditaktionen**

| Kreditaktion | Förderbarwert[1) ] (in % der Kredithöhe) |
|---|---|
| BÜRGES-Gewerbestrukturverbesserungsaktion | 4,8 % |
| ERP-Technologieprogramm | 13,1 % |
| ERP-KMU-Technologieprogramm | 11,2 % |
| ERP-Regionalprogramm | 11,2 % |
| ERP-Regional-Technologieprogramm | 13,1 % |
| ERP-Infrastrukturprogramm | 20,5 % |
| FFF-Darlehen (Laufzeit 5 Jahre) | 12,3 % |
| FFF-Darlehen (Laufzeit 4 Jahre) | 10,1 % |
| FFF-Darlehen (Laufzeit 3 Jahre) | 7,8 % |
| Landesinvestitionsförderung NÖ – 2 % Zinsenzuschuß | 5,7 % |
| Landesinvestitionsförderung NÖ – 4 % Zinsenzuschuß | 11,5 % |
| Landesinvestitionsförderung NÖ – 6 % Zinsenzuschuß | 17,3 % |
| NÖ-Innovation | 18,0 % |
| Aktion zur Stärkung der Wirtschaftsstruktur Vorarlbergs | 5,3 % |
| Betriebsansiedlungs-Impuls-Programm OÖ – normal | 4,8 % |
| Betriebsansiedlungs-Impuls-Programm OÖ – regional | 9,1 % |
| Garantien der Finanzierungsgarantie-Gesellschaft m.b.H. | 3,0 % |
| Ost-West-Fonds Finanzierungsgarantie mit Risk-Sharing | 4,0 % |

Quelle: Eigene Berechnungen mit dem Programm „EU-konform“, auf eine Dezimalstelle gerundet

1) Referenzzinssatz 5,96 %

Seitens der Investkredit wurde das **Software-Programm „EU-konform"** entwickelt, das sowohl die Ermittlung der maximal zulässigen Förderintensitäten als auch die finanzmathematischen Berechnungen instrumentell unterstützt.

Die Ermittlung der Bruttosubventionsäquivalente erfolgt im Fall von **Zinsenzuschüssen** durch die Abzinsung der jeweiligen Zinsvorteile, wobei der vergleichbare Marktzinssatz (Referenzzinssatz) für Österreich seitens der EU zuletzt (1. 1. 1998) mit 5,96 % p.a. festgelegt wurde.

Die *Übersicht 32* zeigt die Förderbarwerte ausgewählter österreichischer Kreditaktionen, wobei die Barwerte in Prozent der geförderten Kredithöhe angegeben werden. Zur Berechnung der Bruttosubventionsäquivalente sind die nominellen Förderbarwerte in Relation zu den förderbaren Kosten zu setzen.

Die folgenden **Fallbeispiele** sind vor dem Hintergrund des Datenschutzes zwar **„konstruiert"**, aber der Unternehmenspraxis nachempfunden. Der jeweils beispielhaft entwickelte Fördermix setzt die **Richtlinienkonformität** des Vorhabens voraus.

## 12.1. Ein Forschungs- und Entwicklungsprojekt in Niederösterreich

**Ausgangssituation:**

Unternehmensgröße: Mitarbeiteranzahl: 220
Umsatz: ATS 400 Mio.
Bilanzsumme: ATS 250 Mio.
Beteiligung eines Großunternehmens (> 25%): ja
Investitionsstandort: Wiener Neustadt
Förderbare Kosten: ATS 20 Mio.
(vorwettbewerbliche Entwicklung)

<u>Schritt 1:</u> **Bestimmung der möglichen Förderintensitäten gemäß EU-Beihilfenrecht**

| | |
|---|---|
| Nationales Regionalfördergebiet: | gemäß Art. 92 Abs. 3 (c) EG-Vertrag |
| EU-Zielgebiet: | Ziel 2-Gebiet (daher Kofinanzierung möglich) |
| Unternehmensgröße: | Großunternehmen |
| **Mögliche Förderintensitäten (BSÄ):** (in % der förderbaren Kosten) | Vorwettbewerbliche Entwicklung: 25 % (Großunternehmen, Zentralraum)<br>Vorwettbewerbliche Entwicklung: 30 % (andere Regionen) |

### ⇒ Maximale Förderintensität (BSÄ): 30 %

**Kommentar:**

- Besteht eine wesentliche Beteiligung eines Großunternehmens, dann gilt auch ein Unternehmen, welches aufgrund der Größenordnung als Klein- oder Mittelunternehmen einzustufen wäre, automatisch als Großunternehmen.
- Unter der Voraussetzung, daß die zur Anwendung kommenden notifizierten Richtlinien entsprechende Regionalzuschläge beinhalten, kommt der Schwerpunkt „Vorwettbewerbliche Entwicklung (andere Regionen)" zur Anwendung.

<u>Schritt 2:</u> **Auswahl geeigneter Förderaktionen**

- Forschungsförderungsfonds für die gewerbliche Wirtschaft (FFF), Generelle Richtlinie, nicht rückzahlbare Zuschüsse, Forschungsdarlehen zu 3 % p.a.

- NÖ Wirtschaftsförderungs- und Strukturverbesserungsfonds, Zinsenzuschußaktion für Innovation, Technologie, Forschung und Entwicklung
  Zinsenzuschüsse bis zu 7,5 % p.a. (in Ziel 2-Gebieten) für 5 Jahre

**Fördermix:**

| | Förderaktion | beantragte Förderung in ATS | Förderbarwert in ATS | in % der Projektskosten |
|---|---|---|---|---|
| nicht rückzahlbarer Zuschuß | FFF | 3.000.000,– | 3.000.000,– | 15,0 % |
| geförderte Kredite | FFF-Darlehen (5 Jahre) | 7.000.000,– | 861.000,– | 4,3 % |
| | NÖ-Innovation (Fixkredit, Zinsenzuschuß) | 5.000.000,– | 900.000,– | 4,5 % |
| Summe der Förderungen | | 15.000.000,– | | |
| Summe der Förderbarwerte | | | 4.761.000,– | |
| **Förderbarwert** in % der förderbaren Kosten (BSÄ) | | | | **23,8 %** |
| **Mögliche Förderintensität** „Vorwettbewerbliche Entwicklung (andere Regionen)" | | | | **30,0 %** |

Da sich der Förderbarwert dieses Finanzierungsmix innerhalb der zuvor festgelegten Obergrenze befindet, kann die **geplante Finanzierung als „EU-konform"** eingestuft werden.

## 12.2. Ein Investitionsprojekt eines Kleinunternehmens in Wien

**Ausgangssituation:**

| | | |
|---|---|---|
| Unternehmensgröße: | Mitarbeiteranzahl: | 48 |
| | Umsatz: | ATS 82 Mio. |
| | Bilanzsumme: | ATS 40 Mio. |
| Beteiligung eines Großunternehmens (> 25%): | | nein |
| Investitionsstandort: | | Wien |
| Förderbare Kosten: (Erweiterungsinvestitionen) | | ATS 10 Mio. |

<u>Schritt 1:</u> **Bestimmung der möglichen Förderintensitäten gemäß EU-Beihilfenrecht**

| | |
|---|---|
| Nationales Regionalfördergebiet: | nein |
| EU-Zielgebiet: | nein |
| Unternehmensgröße: | Kleinunternehmen |
| **Mögliche Förderintensitäten (BSÄ):** (in % der förderbaren Kosten) | Investitionen (Kleinunternehmen): 15 % |

### ⇒ Maximale Förderintensität (BSÄ): 15 %

**Kommentar:**

- Aufgrund der besonderen Berücksichtigung von Kleinunternehmen im Rahmen des EU-Beihilfenrechts sind bei reinen Erweiterungsinvestitionen, die keinem anderen EU-Schwerpunkt zuzurechnen sind, Förderungen bis zu einer Höhe von 15 % möglich.

Schritt 2: **Auswahl geeigneter Förderaktionen**

- BÜRGES Gewerbestrukturverbesserungsaktion
  Zinsenzuschüsse in Höhe von ca. 2 % p.a.
- Wiener Wirtschaftsförderungsfonds (WWFF) – Wiener Innovations- und Technologieförderung (Annahme: Die Erweiterungsinvestitionen dienen der Umsetzung eines Innovationsprojektes)

**Fördermix:**

| | Förderaktion | beantragte Förderung in ATS | Förderbarwert in ATS | in % der Projektskosten |
|---|---|---|---|---|
| nicht rückzahlbarer Zuschuß | WWFF | 1.100.000,– | 1.100.000,– | 11,0 % |
| geförderter Kredit | BÜRGES-Kredit | 7.000.000,– | 338.568,–[1)] | 3,4 % |
| Summe der Förderungen | | 8.100.000,– | | |
| Summe der Förderbarwerte | | | 1.438.568,– | |
| **Förderbarwert** in % der förderbaren Kosten (BSÄ) | | | | **14,4 %** |
| **Mögliche Förderintensität** bei „Investitionen (Kleinunternehmen)" | | | | **15,0 %** |

1) Die Berechnung mit EU-konform ist wesentlich genauer als eine Berechnung auf Basis von Übersicht 32.

Da sich der Förderbarwert dieses Finanzierungsmix innerhalb der zuvor festgelegten Obergrenze befindet, kann die **geplante Finanzierung als „EU-konform"** eingestuft werden.

## 12.3. Ein Umweltschutzprojekt in Kärnten

**Ausgangssituation:**

Unternehmensgröße: Mitarbeiteranzahl: 240
Umsatz: ATS 550 Mio.
Bilanzsumme: ATS 400 Mio.
Beteiligung eines Großunternehmens (> 25%): nein
Investitionsstandort: Wolfsberg
Förderbare Kosten: ATS 40 Mio.
(Maßnahmen über den gesetzlichen Umweltnormen)

Schritt 1: **Bestimmung der Förderintensitäten gemäß EU-Beihilfenrecht:**

Nationales Regionalfördergebiet: gemäß Art. 92 Abs. 3 (c) EG-Vertrag
EU-Zielgebiet: Ziel 5b-Gebiet
(daher Kofinanzierung möglich)
Unternehmensgröße: Großunternehmen
**Mögliche Förderintensitäten (BSÄ):** Umweltschutzvorhaben:
(in % der förderbaren Kosten) gemäß neuer verbindlicher Umweltnormen: 27 %
Umweltschutzvorhaben
über den gesetzlichen Umweltnormen: 30 %

**⇒ Maximale Förderintensität (BSÄ): 30 %**

**Kommentar:**

- Sowohl Umsatz als auch Bilanzsumme übersteigen die für Mittelunternehmen festgelegte Höchstgrenze, sodaß trotz Unterschreitung der Mitarbeiterzahl das Unternehmen als Großunternehmen gilt.
- Das Projekt übertrifft verbindliche Umweltnormen. Für ein Großunternehmen sind unter diesem Förderschwerpunkt in diesem nationalen Regionalfördergebiet Förderintensitäten bis zu einer Höhe von 30 % möglich.

Schritt 2: **Auswahl geeigneter Förderaktionen**

- Kommunalkredit im Rahmen des Umweltförderungsgesetzes (UFG), Umweltförderung im Inland; Investitionszuschüsse bis zu 35 % der umweltrelevanten Investitionen
- Kärntner Wirtschaftsförderungsfonds (KWF), Generelle Richtlinie – Industrie und Gewerbe, nicht rückzahlbare Zuschüsse bis 10 % der förderbaren Kosten in diesem Fall

**Fördermix:**

| | **Förderaktion** | **beantragte Förderung in ATS** | **Förderbarwert in ATS** | **in % der Projektskosten** |
|---|---|---|---|---|
| nicht rückzahlbarer Zuschuß | KWF | 4.000.000,– | 4.000.000,– | 10,0 % |
| Investitionszuschuß | Kommunalkredit i.R. UFG | 8.000.000,– | 8.000.000,– | 20,0 % |
| Summe der Förderungen | | 12.000.000,– | | |
| Summe der Förderbarwerte | | | 12.000.000,– | |
| **Förderbarwert** in % der förderbaren Kosten (BSÄ) | | | | **30,0 %** |
| **Mögliche Förderintensität** bei „Umweltschutzvorhaben über den gesetzlichen Umweltnormen" | | | | **30,0 %** |

Da sich der Förderbarwert dieses Finanzierungsmix innerhalb der zuvor festgelegten Obergrenze befindet, kann die **geplante Finanzierung als „EU-konform"** eingestuft werden.

## 12.4. Ein Technologieprojekt im Burgenland

**Ausgangssituation:**

Unternehmensgröße: Mitarbeiteranzahl: 650
Umsatz: ATS 800 Mio.
Bilanzsumme: ATS 600 Mio.
Beteiligung eines Großunternehmens (> 25 %): nein
Investitionsstandort: Donnerskirchen
Förderbare Kosten: ATS 40 Mio.
(vorwettbewerbliche Entwicklung)

Schritt 1: **Mögliche Förderintensitäten gemäß EU-Beihilfenrecht**

Nationales Regionalfördergebiet: gemäß Art. 92 Abs. 3 (a) EG-Vertrag
EU-Zielgebiet: Ziel 1-Gebiet (daher Kofinanzierung möglich)
Unternehmensgröße: Großunternehmen
**Mögliche Förderintensitäten (BSÄ):** Vorwettbewerbliche Entwicklung
(in % der förderbaren Kosten) (Nordburgenland): 41 %

**⇒ Maximale Förderintensität (BSÄ): 41 %**

**Kommentar:**

- Da die durchschnittliche Mitarbeiteranzahl größer als 250 ist, gilt das Unternehmen als Großunternehmen.

<u>Schritt 2:</u> **Auswahl geeigneter Förderaktionen**

- Forschungsförderungsfonds für die gewerbliche Wirtschaft (FFF), Generelle Richtlinie, nicht rückzahlbare Zuschüsse, Forschungsdarlehen zu 3 % p.a.
- ERP-Fonds, Regionale Innovationsprämie (RIP)
  nicht rückzahlbare Zuschüsse, Investitionsprämie (max. ATS 10 Mio.) und zusätzliche Arbeitsplatzprämie (max. ATS 5 Mio.)
- Wirtschaftsservice Burgenland AG (WIBAG), Maßnahmen zur Gewährleistung der wirtschaftlichen Entwicklung im Burgenland, „Innovation und Technologie"
- ERP-Fonds, ERP-Regionalprogramm
  zinsgünstige Kredite zu dzt. 2,5 % (Ziel 1: 1,5 %) bis 4 % p.a., Laufzeit 8 Jahre, davon 2 Jahre tilgungsfrei
- Finanzierungsgarantie-Gesellschaft m.b.H. (FGG), Garantien der Finanzierungsgarantie-Gesellschaft m.b.H. (FGG)
  Übernahme von Haftungen gegenüber der finanzierenden Bank, bei ERP-Krediten mit 100 %iger Haftungsquote

Da sich der Investitionsstandort in einem Ziel 1-Gebiet befindet und im Zielprogramm Burgenland festgehalten ist, daß ERP-Kredite kofinanzierungsfähig sind, wird seitens des ERP-Fonds eine Zielgebietsprämie (Einbeziehung von EFRE-Mitteln) in Höhe der ERP-Förderintensität gewährt.

**Fördermix:**

| | Förderaktion | beantragte Förderung in ATS | Förderbarwert in ATS | in % der Projektskosten |
|---|---|---|---|---|
| nicht rückzahlbare Zuschüsse | FFF | 3.000.000,– | 3.000.000,– | 7,5 % |
| | RIP | 2.000.000,– | 2.000.000,– | 5,0 % |
| | WIBAG | 5.000.000,– | 5.000.000,– | 12,5 % |
| | ERP-Zuschuß (EFRE-Mittel) | 2.460.000,– | 2.460.000,– | 6,2 % |
| geförderte Kredite | FFF-Darlehen (5 Jahre) | 8.000.000,– | 984.000,– | 2,4 % |
| | ERP-Regionalprogramm (Ziel 1) | 15.000.000,– | 2.460.000,– | 6,2 % |
| Garantie | Garantie der FGG | 15.000.000,– | 450.000,– | 1,1 % |
| Summe der Förderungen (exkl. Garantie) | | 35.460.000,– | | |
| Summe der Förderbarwerte (inkl. Garantie) | | | 16.354.000,– | |
| **Förderbarwert** in % der förderbaren Kosten (BSÄ) | | | | **40,9 %** |
| **Mögliche Förderintensität** Vorwettbewerbliche Entwicklung in Regionalfördergebieten (Nordburgenland) | | | | **41,0 %** |

Da sich der Förderbarwert dieses Finanzierungsmix innerhalb der zuvor festgelegten Obergrenze befindet, kann die **geplante Finanzierung als „EU-konform"** eingestuft werden.

# Anhang

**B1. Standardangaben für die Anmeldung staatlicher Beihilfen** (nach Artikel 93 Absatz 3 EG-Vertrag, Regelungen und Einzelbeihilfen)

Ist dem Generalsekretariat der Kommission zu übermitteln.

1. Mitgliedstaat:
2. Für die Gewährung der Beihilfe zuständige Verwaltungsebene:
   - Bund
   - Land
   - Sonstige
3. Ministerium oder sonstige für die rechtliche Maßnahme und die Durchführung verantwortliche staatliche Stelle:
   Kontaktperson(en):
4. Bezeichnung der Beihilfe:
5. Rechtsgrundlage (bitte eine Kopie der Rechtsgrundlage bzw. des Entwurfs beifügen).
   Bezeichnung:
   Bezugnahme:
6. Bei Beihilferegelungen:
   Handelt es sich um eine neue Regelung: JA/NEIN
   Falls eine bestehende Regelung ersetzt wird, ist diese anzugeben.
7. Bei bestehenden Regelungen:
   - Der Kommission gemeldet am:
   - Nummer der Beihilfe:
   - Von der Kommission genehmigt am:
   - Schreiben der Kommission SG (..) D/....
   - Welche Durchführungsbestimmungen sollen geändert werden und warum:
8. Zweck der Beihilfe
   Nur jeweils eine der nachstehenden Kategorien 8.1. bis 8.3. angeben.
   (Bitte gegebenenfalls sekundäre Ziele nennen)

8.1 Beihilfe mit horizontaler Ausrichtung
Förderziel (zum Beispiel allgemeine Investitionen, kleine und mittlere Unternehmen, Forschung und Entwicklung[1], Umweltschutz, Energieeinsparung):

8.2 Beihilfe mit regionaler Ausrichtung
Welche Regionen und Gebiete sind förderbar (NUTS-Ebene 2, 3 oder darunter)[2]? Ist/Sind die besagten Regionen (Gebiete) ganz oder teilweise nach Ziel 1, 2 oder 5b förderbar? Bei Beihilfen an die Landwirtschaft: Betreffen sie die in der Richtlinie 75/268/EWG festgelegten Gebiete?

8.3 Beihilfe mit sektoraler Ausrichtung
Welche Sektoren sind förderbar (dreistellige NACE-Gliederung oder entsprechende nationale Unterteilung – Angabe der verwendeten Systematik)[3]. Bei Beihilfen an die Landwirtschaft die betreffenden Erzeugnisse angeben.

1) Bei F&E-Beihilfen bitte Fragenbogen B2 beifügen.
2) NUTS: Systematik der Gebietseinheiten für die Statistik der Europäischen Gemeinschaft.
3) NACE: Allgemeine Systematik der Wirtschaftszweige in der Europäischen Gemeinschaft.

9. Sonstige Beschränkungen oder Leitlinien für die Gewährung der Beihilfe:
Angabe der Beschränkungen hinsichtlich der Begünstigten (Anzahl der Beschäftigten, Umsatz, Bilanzsumme, Kapitalbeteiligung großer Unternehmen)[4)] oder der sonstigen Bedingungen/Leitlinien zur Festlegung der Begünstigten.

10. Art der Beihilfe (Nichtzutreffendes streichen):
- Zuschuß
- Zinsgünstiges Darlehen (Angabe der für die Gewährung des Darlehens geforderten Sicherheiten)
- Zinsenzuschüsse
- Steuerermäßigung
- Bürgschaft (Angaben über die Sicherung der Bürgschaften und eventuell fällige Gebühren)
- Beihilfen in Verbindung mit einem an Industrieunternehmen vergebenen F&E-Auftrag (bitte angeben)
- Sonstige (bitte angeben).

Für jede Beihilfeart sind die Regeln und Modalitäten der Gewährung im einzelnen darzulegen, insbesondere auch die Förderquote, die steuerliche Behandlung und ob die Beihilfe bei Vorliegen bestimmter Voraussetzungen automatisch oder nach dem Ermessen der zuständigen Behörden gewährt wird.

11. Für jede Beihilfeart sind die in die Berechnung der Beihilfehöhe einbezogenen förderbaren Kosten (Grundstück, Gebäude, Ausrüstungen, Personal, Ausbildung, Beraterhonorare usw.) anzugeben.

12. Angaben zu den bei Erfolg des geförderten Vorhabens rückzahlbaren Beihilfen, insbesondere über die für die Feststellung des „Erfolgs" anwendbaren Kriterien und die Modalitäten der Rückzahlung; ebenso anzugeben sind die vorgesehenen Sanktionen (z.B. Rückzahlung) im Falle der Nichtbeachtung der Bedingungen für die Beihilfegewährung durch den Begünstigten.

13. Falls mehrere Arten von Beihilfen vorgesehen sind, sind die Möglichkeiten der Kumulierung – auch mit anderen Beihilferegelungen – anzugeben.

14. Bei Beihilferegelungen:
Geltungsdauer der Regelung

14.1 Anzahl der Jahre:

14.2 Verlängerung einer bestehenden Regelung: JA/NEIN
Für welchen Zeitraum?

15.1 Ausgaben
Für die Geltungsdauer der Regelung oder Einzelbeihilfe angesetzte Haushaltsmittel bzw. geschätzte Einnahmeausfälle im Falle steuerlicher Beihilfen.
Bei Änderung einer bestehenden Regelung Angaben (für die letzten drei Jahre):
- Ausgaben in Form vorgenommener Mittelbindungen
  oder – bei steuerlichen Beihilfen –
- Schätzung der Einnahmeausfälle

15.2 Werden die Mittel für ein Haushaltsjahr bewilligt? JA/NEIN
Für einen anderen Zeitraum:
Sonstige Bestimmungen:

---

4) Siehe Gemeinschaftsrahmen für KMU.

15.3 Bei Regelungen, die vom Gemeinschaftsrahmen für F&E-Beihilfen erfaßt werden, ist die Verteilung der Mittel auf Unternehmen, Forschungseinrichtungen und Universitäten anzugeben.

16. Bei Beihilfen ohne ausdrückliche sektorale oder regionale Zweckbestimmung sind zu erwartende sektorale oder regionale Schwerpunkte der Mittelvergabe anzugeben.

17. Bei Regelungen:
Anzahl der Begünstigten (Nichtzutreffendes streichen)
Weniger als 10
10 bis 50
51 bis 100
101 bis 500
501 bis 1000
mehr als 1000

18. Welche Informations- bzw. Kontrollmaßnahmen sind vorgesehen, um zu gewährleisten, daß die geförderten Vorhaben den angestrebten Zielen entsprechen?
Welche Bestimmungen regeln die Unterrichtung der Kommission über die Anwendung der Regelung?

19. Wünschenswert wäre eine eingehende Darlegung der Gründe, aus denen das Beihilfevorhaben als mit dem Vertrag vereinbar angesehen werden könnte, sofern diese nicht bereits eindeutig aus der in der Anmeldung angegebenen Zielstellung der Beihilfe hervorgehen. Dieser Begründung sind gegebenenfalls begleitende statistische Angaben hinzuzufügen (im Falle von Regionalbeihilfen z.B: die sozialen und wirtschaftlichen Bezugsgrößen der geförderten Gebiete).

20. Sonstige zweckdienlichen Angaben, insbesondere Anzahl der voraussichtlich geschaffenen oder erhaltenen Arbeitsplätze.

**B2. Ergänzende Angaben, die in der Notifizierung staatlicher F&E-Beihilfen gemäß Artikel 93 Absatz 3 EG-Vertrag normalerweise enthalten sein müssen** (Beihilferegelungen, Anwendungsfälle im Rahmen genehmigter Beihilferegelungen und Ad-hoc-Beihilfefälle)

1. Ziele
Ausführliche Beschreibung der Ziele der Maßnahme sowie der Art und Beschaffenheit der zu fördernden F&E.

2. Beschreibung der zu fördernden F&E-Stufen

2.1 Grundlagenforschung

2.2 Definitionsphase oder Durchführbarkeitsstudien

2.3 Industrielle Forschung

2.4 Vorwettbewerbliche Entwicklung

2.5 Pilot- oder Demonstrationsprojekte

3. Einzelheiten zu den beihilfefähigen Kostenelementen

3.1 Personalkosten (Forscher, Techniker und ausschließlich in der Forschung beschäftigtes Hilfspersonal);

3.2 Kosten für Instrumente, Ausrüstung, Grundstücke und Gebäude, die ausschließlich und ständig (außer bei Überlassung auf kommerzieller Basis) für die Forschungstätigkeit genutzt werden;

3.3 Kosten für Beratungs- und gleichartige Dienstleistungen, die ausschließlich der Forschungstätigkeit dienen, einschließlich fremdbezogene Forschung, technische Kenntnisse, Patente usw.;

3.4 zusätzliche Gemeinkosten, die unmittelbar durch die Forschungstätigkeit entstehen;

3.5 sonstige Betriebskosten (wie Material, Bedarfsmittel und dergleichen), die unmittelbar durch die Forschungstätigkeit entstehen.

4. Form und Intensität der Beihilfe

4.1 Angaben zur Form und Intensität der Beihilfe für jede zu fördernde F&E-Stufe

4.2 Ausführliche Angaben zu etwaigen Zuschlägen und zur Höchstintensität der Beihilfe

4.3 Angabe, ob die zu fördernden F&E-Tätigkeiten ganz oder teilweise in einem Fördergebiet (Artikel 92.3.a oder c) durchgeführt werden.

5. Verbundforschung

5.1 Können Projekte, die von mehreren Unternehmen gemeinsam durchgeführt werden, in den Genuß einer Beihilfe kommen? Sind besondere Bedingungen vorgesehen? Wenn ja, welche?

5.2 Sieht das Beihilfevorhaben eine Zusammenarbeit zwischen Unternehmen und anderen Einrichtungen wie Forschungsinstitute oder Hochschulen vor? Sind besondere Bedingungen vorgesehen? Wenn ja, welche?

5.3 Falls Forschungsinstitute Beihilfen für ein bestimmtes Forschungsprojekt erhalten, wie hoch sind der Betrag und die Beihilfeintensität?

6. Multinationale Aspekte
Weist das Vorhaben (Ad-hoc-Beihilfe/Regelung/Programm) multinationale Aspekte auf (z.B. ESPRIT- und EUREKA-Projekte)? Wenn ja, welche?

6.1 Ist eine Zusammenarbeit mit Partnern aus anderen Ländern vorgesehen? Wenn ja,
a) mit welchen anderen Mitgliedstaaten,
b) mit welchen Drittländern,
c) mit welchen Unternehmen oder Forschungszentren anderer Länder?

6.2 Gesamtkosten des Vorhabens (Ad-hoc-Beihilfe/Regelung/Programm)

6.3 Wie verteilen sich die Kosten auf die einzelnen Partner?

7. Verwendung der Forschungsergebnisse

7.1 Wem gehören die Ergebnisse der betreffenden F&E?

7.2 Bestehen für die Vergabe von Lizenzen bestimmte Bedingungen?

7.3 Welche Vorkehrungen werden im Hinblick auf die allgemeine Veröffentlichung/Verbreitung der F&E-Ergebnisse getroffen?

7.4 Welche Maßnahmen sind geplant, um die Nutzung/Weiterentwicklung der Ergebnisse zu gewährleisten?

8. Anreizeffekt von F&E-Beihilfen

8.1 Bei Beihilfenregelungen: Welche Maßnahmen sind geplant, um zu gewährleisten, daß die Beihilfe einen Anreiz für F&E-Tätigkeiten darstellt (siehe Punkt 6 des Gemeinschaftsrahmens)?

8.2 Bei Ad-hoc-Beihilfen, insbesondere in den in Punkt 6.5 des Gemeinschaftsrahmens vorgesehenen Fällen: Anhand welcher Faktoren wird sichergestellt, daß die Beihilfe einen Anreiz für F&E-Tätigkeiten darstellt?

Quelle: Schreiben der Kommission an die Mitgliedstaaten, 22. 2. 1994
Anlage III zum Gemeinschaftsrahmen für staatliche Forschungs- und Entwicklungsbeihilfen, Amtsblatt der Europäischen Gemeinschaften C 45/06 vom 17. 2. 1996

# Europa- und Förderglossar

Die im folgenden erklärten Abkürzungen und Stichworte werden im Zusammenhang mit den Themen EU und Investitionsförderungen von Unternehmen in Österreich regelmäßig verwendet. Darüber hinaus enthält das Glossar Institutionen mit Adressen – inklusive internet und e-mail-, Telefon- und Faxnummern.

**Acquis communautaire** *alle in der EU bestehenden Rechtsvorschriften*

**ADAPT** *Gemeinschaftsinitiative für Qualifizierungsmaßnahmen der Arbeitnehmer in Unternehmen, Koordination durch Bundesministerium für Arbeit, Gesundheit und Soziales in Abstimmung mit Arbeitsmarktservice*

**Additionalität** *Grundsatz beim Einsatz von Strukturfondsmitteln; der Mitgliedstaat muß weiterhin so viele Mittel in den Zielgebieten einsetzen wie in den Jahren zuvor*

**AdR** *siehe Ausschuß der Regionen*

**Agenda 2000** *Mitteilung der Europäischen Kommission an den Rat; Gesamtdokument über die Osterweiterung der EU mit Stellungnahmen zu den Beitrittsanträgen*

**AKP-Staaten** *Staaten des Afrikanischen, Karibischen, Pazifischen Raumes, die eine besondere Förderung der EU erhalten*

**Aktionsprogramme** *die Kommission vergibt auch Förderungen für einzelne Programme (z.B. Pilotprojekte und Studien), insbesondere in den Bereichen Arbeitsmarkt-, Sozial-, Bildungs- und Wissenspolitik*

**AMFG** *Arbeitsmarktförderungsgesetz*

**AMS** *siehe Arbeitsmarktservice*

**Amt der Kärntner Landesregierung,** *Abteilung 20/Landesplanung, A-9020 Klagenfurt, Wulfengasse 13, Telefon: 0463/536 32 001, Fax: 0463/53632/007, e-mail: post.20@ktn.gv.at; auch Koordinationsstelle für das Zielprogramm Kärnten*

**Amt der Niederösterreichischen Landesregierung,** *Abteilung RU2 Raumordnung und Regionalpolitik, Telefon: 02742/200-4230, Fax: 02742/200/4170, internet: http://www.noel.gv.at, e-mail: post.ru2@noel.gv.at; auch Koordinationsstelle für das Zielprogramm Niederösterreich; Abteilung RU3 Umwelt-, Wirtschafts- und Raumordnungsförderung, Telefon: 02742/200-4226, Fax: 02742/200/4350, internet: http://www.noel.gv.at, e-mail: post.ru3@noel.gv.at; A-3109 St. Pölten, Landhausplatz 1*

**Amt der Oberösterreichischen Landesregierung,** *Abteilung Gewerbe, A-4020 Linz, Altstadt 30, Telefon: 0732/77 20-5620, Fax: 0732/77 20/1785, internet: http://www.ooe.gv.at, e-mail: post@ooe.gv.at; Abteilung Umweltschutz, A-4020 Linz, Goethestraße 86, Telefon: 0732/77 20-3623, Fax: 0732/77 20/3642; Überörtliche Raumordnung, Koordinationsstelle für die EU-Regionalpolitik, A-4010 Linz, Annagasse 2, Telefon: 0732/7720-4824, Fax: 0732/7720/4819; auch Koordinationsstelle für die Zielprogramme*

**Amt der Salzburger Landesregierung,** *Abteilung 15/02 – Wirtschaftsförderung und Fremdenverkehr, A-5010 Salzburg, Alpenstraße 48a, Telefon: 0662/80 42-4234, Fax: 0662/80 42/4010, internet: http://www.land-sbg.gv.at/wirtschaft/index.htm, e-mail: post@wirtschaft.land-sbg.gv.at; auch Koordinationsstelle für das Zielprogramm*

**Amt der Steiermärkischen Landesregierung,** *EU-Koordinationsstelle, A-8010 Graz,*

*Trauttmansdorffgasse 2, Telefon: 0316/877-4482, Fax: 0316/877/5965, internet: http://www.stmk.gv.at, e-mail: post@lad-eu.stmk.gv.at; auch Koordinationsstelle für die Zielprogramme*

**Amt der Tiroler Landesregierung** *Abteilung Id – Wirtschaftsabteilung, Telefon: 0512/508-3202, Fax: 0512/508/3205, internet: http://www.tirol.gv.at, e-mail: a.fischer@tirol.gv.at; auch Koordinationsstelle für das Zielprogramm; Abteilung Ic – Landesplanung, Telefon: 0512/508-3600, Fax: 0512/508/3605, internet: http://www.tirol.gv.at, e-mail: b.jaeger@tirol.gv.at; A-6010 Innsbruck, Wilhelm Greil-Straße 25*

**Amt der Vorarlberger Landesregierung,** *Abteilung VIa, Allgemeine Wirtschaftsangelegenheiten, A-6900 Bregenz, Römerstraße 15, Telefon: 05574/511-2625, Fax: 05574/511/2704, internet: http://www.vorarlberg.at, e-mail: sonja.gmeiner-sutterluety@vlr.gv.at; Abteilung Europaangelegenheiten und Außenbeziehungen, Telefon: 05574/511-2015; auch Koordinationsstelle für die Zielprogramme*

**Amt der Wiener Landesregierung** *A-1082 Wien, Liechtenfelsgasse 2, Telefon: 01/40 00-0, Fax: 01/40 00/99 82 010, internet: http://www.magwien.gv.at, e-mail: buergermeister@magwien.gv.at*

**Amtsblatt der Europäischen Union** *offizielles Verlautbarungsorgan der EU*

**Arbeiterkammer** *A-1040 Wien, Prinz-Eugen-Straße 20–22, Telefon: 01/501 65-0, Fax: 01/501 65/2230, internet: http://www.akwien.or.at/akwien/, e-mail: mailbox@akwien.or.at; Interessenvertretung der österreichischen Arbeitnehmer*

**Arbeitsmarktservice Österreich** *A-1200 Wien, Treustraße 35–43, Telefon: 01/33 178-628 (Mag. Susanne Dungl, ESF-Koordinatorin), -623 (Mag. Doris Ballwein, speziell Ziel 4), Fax: 01/33 178/161, internet: http://www.ams.or.at, e-mail: amsoesterreich@ams.or.at; seit 1. 7. 1994 aus dem BMAGS ausgegliederte Serviceeinrichtung für Arbeitsuchende und Unternehmen im Eigentum der Republik Österreich und der Sozialpartner*

**Arbeitsmarktservice Burgenland** *A-7001 Eisenstadt, Permayerstraße 10, Telefon: 02682/692-164 (Manfred Breithofer, ESF-Beauftragter), Fax: 02682/692/119*

**Arbeitsmarktservice Kärnten** *A-9010 Klagenfurt, Rudolfsbahngürtel 42, Telefon: 0463/38 31-134 (Mag. Peter Wedenig, ESF-Beauftragter), Fax: 0463/38 31/190*

**Arbeitsmarktservice Niederösterreich** *A-1013 Wien, Hohenstaufengasse 2, Telefon: 01/531 36-333 (Mag. Barbara Bernhart, ESF-Beauftragte), Fax: 01/531 36/380*

**Arbeitsmarktservice Oberösterreich** *A-4021 Linz, Europaplatz 9, Telefon: 0732/69 63-101 (Karin Hutterer, ESF-Beauftragte), Fax: 0732/69 63/138, internet:http://www.ams-ooe.or.at/ams, e-mail: info-ams-ooe@ams-ooe.or.at*

**Arbeitsmarktservice Salzburg** *A-5027 Salzburg, Auerspergstraße 67a, Telefon: 0662/88 83-256 (Dr. Anton Költringer, ESF-Beauftragter), Fax: 0662/88 83/984, internet: http://www.ams-sbg.or.at/ams, e-mail: amssbg@ams-sbg.or.at*

**Arbeitsmarktservice Steiermark** *A-8021 Graz, Bahnhofgürtel 85, Telefon: 0316/70 81-626 (Dr. Heinz Moderegger, ESF-Beauftragter), Fax: 0316/70 81/682, internet: http://www.ams.or.at, e-mail: amssteiermark@ams.or.at*

**Arbeitsmarktservice Tirol** *A-6010 Innsbruck, Schöpfstraße 5, Telefon: 0512/59 03-314 (Mag. Werner Stroß, ESF-Beauftragter), -308 Marion Griessmaier, -331 Fritz Link (Ziel 4, 5b; MitarbeiterInnenqualifikation für KMUs), Fax: 0512/57 95 78*

**Arbeitsmarktservice Vorarlberg** *A-6903 Bregenz, Rheinstraße 32, Telefon: 05574/691-271 (Mag. Claus Hug, ESF-Beauftragter), Fax: 05574/691/200, internet: http://www.bbc.at/amsinfo.htm, e-mail: amslgs@amsv.VOL.at*

**Arbeitsmarktservice Wien** *A-1011 Wien, Weihburggasse 30, Telefon: 01/515 25-233 (Dr. Doris Choma, Ziel 4), -311 (Mag. Elisabeth Freudenthaler, Ziel 3), Fax: 01/515 25/409, internet: http://www.ams-wien.or.at, e-mail: info@ams-wien.or.at*

**Assoziierungsabkommen** *siehe Europaabkommen*

**Ausschuß der Regionen (AdR)** *aus 222 Vertretern regionaler und lokaler Gebietskörperschaften zusammengesetzter Ausschuß zur Interessenvertretung der Regionen beim Rat der Europäischen Union; wird obligatorisch durch den Rat oder die Kommission in den Bereichen, die von regionalem Interesse sind, befaßt; kann auch aus eigener Initiative Stellungnahmen abgeben*

**avis conforme** *Zustimmung der entsprechenden Europäischen Gremien*

**BABEG** *Kärntner Betriebsansiedlungs- und Beteiligungsgesellschaft m.b.H., A-9020 Klagenfurt, Heuplatz 2, Telefon: 0463/55 800-0, Fax: 0463/55 800/22, e-mail: office@kwf.at; Gesellschaft zur Förderung von Betriebsansiedlungen und Beteiligungsprojekten in Kärnten*

**Bagatellförderung** *siehe de minimis*

**Barwert der Förderung** *im Wege der Abzinsung ermittelter Gegenwartswert der Förderung, ergibt bezogen auf die förderbaren Kosten das Bruttosubventionsäquivalent (BSÄ); bei dem Förderinstrument Zuschuß entspricht der Barwert dem Zuschußwert, gemäß Beihilfenrecht unabhängig vom Zuzählungstermin, eine Abzinsung ist nicht notwendig; bei dem Förderinstrument zinsgünstiger Kredit wird der Barwert des Zinsvorteils aus der Differenz von Referenzzinssatz und niedrigerem Förderzinssatz ermittelt; der Abzinsungsfaktor ist gleich hoch wie der Refenzzinssatz; dieser wird von der Kommission für Österreich festgelegt und periodisch an das Kapitalmarktniveau angepaßt; bei dem Förderinstrument Bürgschaften und Garantien wird die Barwertermittlung mit der GD IV verhandelt*

**Begleitausschüsse** *auch begleitende Ausschüsse mit der Kommission, Gremien zur Koordination von Maßnahmen in der Gemeinsamen Regionalpolitik, siehe Operationelles Programm, EDPP, Zielprogramme*

**Begleitbeihilfe** *auch Umstrukturierungs- oder Restrukturierungsbeihilfe, Unterstützung eines Unternehmens im Rahmen eines weitreichenden Sanierungskonzeptes zur nachhaltigen Restrukturierung*

**Beihilfenkontrolle** *Maßnahmen zur Einhaltung der Bestimmungen des EU-Beihilfenrechtes, insbesondere Verpflichtung zur Genehmigung von direkten Förderaktionen, siehe auch Notifizierung*

**Beihilfenrecht** *regelt vorrangig Schwerpunkte und Förderintensitäten staatlicher Unternehmensförderungen; ist im EWR-Abkommen und im EG-Vertrag verankert und integraler Bestandteil der Wettbewerbspolitik*

**Beitrittskandidaten** *Bulgarien, Estland, Lettland, Litauen, Polen, Rumänien, Slowakei, Slowenien, Tschechische Republik und Ungarn (siehe MOEL, siehe EU-Osterweiterung) und Zypern*

**Beitrittspartnerschaften** *zur Heranführung der 10 MOEL-Beitrittskandidaten an die EU, beinhalten Maßnahmen und finanzielle Mittel*

**Beitrittsprozeß** *Prozeß der schrittweisen Annäherung der Beitrittskandidaten an die EU mit dem Ziel, ökonomische, politische, soziale und rechtliche Konvergenz zu erreichen*

**Beitrittsvorbereitung** *siehe Beitrittsprozeß*

**Beitrittszeitpunkt** *Zeitpunkt, zu dem die Kandidaten in die EU aufgenommen werden; frühestens ab 2002 erwartet, siehe Agenda 2000; es ist wahrscheinlich, daß einzelne Kandidaten zu unterschiedlichen Zeitpunkten beitreten werden*

**Beteiligungskapital** *siehe Förderart*

**Betriebsgrößenregelung der EIB** *die EIB finanziert im Rahmen von Globaldarlehen Investitionen von KMUs und definiert ein Klein- und Mittelunternehmen (KMU) als selbständiges Unternehmen, das nicht mehr als 500 Arbeitnehmer beschäftigt (Kleinunternehmen bis 100 und Mittelunternehmen bis 500), ein Nettosachanlagevermögen von bis zu ECU 75 Mio. aufweist und an dem Großunternehmen mit max. 33 % beteiligt sind*

**Betriebsgrößenregelung der Kommission** *KMU-Definition aus 1996; das EU-Beihilfenrecht sieht in Abhängigkeit von der Betriebsgröße unterschiedliche Förderintensitäten vor und definiert ein Kleinunternehmen als ein gemäß „Unabhängigkeitskriterium" selbständiges Unternehmen, das nicht mehr als 50 Personen beschäftigt und nicht mehr als ECU 7 Mio. Jahresumsatz oder eine Bilanzsumme von nicht mehr als ECU 5 Mio. aufweist. Ein Mittelunternehmen ist ein gemäß „Unabhängigkeitskriterium" selbständiges Unternehmen, das nicht mehr als 250 Personen beschäftigt und nicht mehr als ECU 40 Mio. Jahresumsatz oder eine Bilanzsumme von nicht mehr als ECU 27 Mio. aufweist. Ein Großunternehmen übersteigt obige Größen bzw. ist ein Unternehmen, an dem ein oder mehrere Großunternehmen gemeinsam zu 25 % oder mehr beteiligt sind. Die 25 %-Grenze wird unter Berücksichtigung von direkten oder indirekten Beteiligungen ermittelt. Die Beschäftigtengrenze bezieht sich auf die durchschnittliche Arbeitskräfteanzahl eines Geschäftsjahres. Teilzeitbeschäftigte und Saisonarbeitnehmer werden entsprechend ihrem Anteil an der Jahresarbeitszeit berücksichtigt. Jahresumsatz ist der Nettoumsatzerlös aus der ordentlichen Geschäftstätigkeit des Unternehmens*

**BIC** *Business and Innovation Centers, mit Hilfe von Gründer- und Innovationszentren (BIC) sollen KMUs vor allem in den entwicklungsschwachen Regionen (Ziel 1, 2 und 5b) der Gemeinschaft gezielt unterstützt werden, diese Zentren bieten Dienstleistungen (Information, Beratung, Training) für Unternehmensgründer und Unternehmen mit Entwicklungspotential an; alle BICs sind im European Business and Innovation Center Network (EBN) zusammengeschlossen*

**Binnenmarkt** *Verwirklichung des freien Verkehrs von Personen, Waren, Dienstleistungen und Kapital innerhalb der EU seit 1992*

**BIT** *Büro für Internationale Forschungs- und Technologiekooperation, A-1040 Wien, Wiedner Hauptstraße 76, Telefon: 01/581 16 16-0, Fax: 01/581 16 16/16, internet: http://www.bit.ac.at/bit/, e-mail: HORVAT@bit.ac.at; österreichische Service-Stelle für EU-Forschungsförderungen*

**BKA** *siehe Bundeskanzleramt*

**BMaA** *siehe Bundesministerium für auswärtige Angelegenheiten*

**BMAGS** *siehe Bundesministerium für Arbeit, Gesundheit und Soziales*

**BMF** *siehe Bundesministerium für Finanzen*

**BMLF** *siehe Bundesministerium für Land- und Forstwirtschaft*

**BMUJF** *siehe Bundesministerium für Umwelt, Jugend und Familie*

**BMUK** *siehe Bundesministerium für Unterricht und kulturelle Angelegenheiten*

**BMwA** *siehe Bundesministerium für wirtschaftliche Angelegenheiten*

**BMWV** *siehe Bundesministerium für Wissenschaft und Verkehr*

**Bruttosubventionsäquivalent (BSÄ)** *Höhe einer Förderung in Prozent der geförderten Projektskosten, wobei die Förderleistung auf Barwertbasis ermittelt wird; d.h. Abzinsung der Fördereffekte auf den Gegenwartswert*

**BSÄ** *siehe Bruttosubventionsäquivalent*

**Bundeskanzleramt (BKA)** *A-1010 Wien, Ballhausplatz 2, Telefon: 01/531 15-0, Fax: 01/535 03 38, internet: http://www.austria.gv.at, e-mail: ivpost@iv.bka.bka.gv.at*

**Bundesministerium für Arbeit, Gesundheit und Soziales (BMAGS)** *A-1010 Wien, Stubenring 1, Telefon: 01/711 00-0, Fax: 01/711 00/6280, e-mail: sektion3@bmags.gv.at*

**Bundesministerium für auswärtige Angelegenheiten (BMaA)** *A-1014 Wien, Ballhausplatz 2, Telefon: 01/531 15-0, Fax: 01/53 54 530, internet: http://gov.austria-info.at/bmaa/*

**Bundesministerium für Finanzen (BMF)** *A-1015 Wien, Himmelpfortgasse 8, Telefon: 01/514 33-0, Fax: 01/512 78 69, internet: http://www.bmf.gv.at, e-mail: post@bmf.gv.at*

**Bundesministerium für Land- und Forstwirtschaft (BMLF)** *A-1010 Wien, Stubenring 1, Telefon: 01/711 00-0, Fax: 01/587 03 66, internet: http://www.bmlf.gv.at, e-mail: ignaz.knoebl@bmlf.gv.at*

**Bundesministerium für Umwelt, Jugend und Familie (BMUJF)** *A-1010 Wien, Stubenbastei 5, Telefon: 01/515 22-0, Fax: 01/515 22/1003, internet: http://www.bmu.gv.at, e-mail: josef.behofsics@bmu.gv.at*

**Bundesministerium für Unterricht und kulturelle Angelegenheiten (BMUK)** *A-1014 Wien, Minoritenplatz 5, Telefon: 01/531 20-0, Fax: 01/531 20/4499, internet: http://www.bmuvie.gv.at/, e-mail: osrz@bmuvie.gv.at*

**Bundesministerium für wirtschaftliche Angelegenheiten (BMwA)** *A-1010 Wien, Stubenring 1, Telefon: 01/711 00-0, Fax: 01/713 79 95, internet: http://www.bmwa.gv.at/bmwa/, e-mail: post@bmwa.bmwa.gv.at*

**Bundesministerium für Wissenschaft und Verkehr (BMWV)** *A-1014 Wien, Minoritenplatz 5, Telefon: 01/531 20-0, Fax: 01/531 20/4499, internet: http://www.bmwf.gv.at, e-mail: minister@bmwf.gv.at*

**BÜRGES Förderungsbank des Bundesministeriums für wirtschaftliche Angelegenheiten Gesellschaft m.b.H.** *A-1020 Wien, Taborstraße 10, Telefon: 01/214 75 74-0, Fax: 01/214 75 74/45, internet: http://www.buerges.co.at/buerges/, e-mail: buerges@innovation.co.at; 1954 gegründete Gesellschaft zur Förderung der Investitionstätigkeit von Klein- und Mittelunternehmen in Österreich*

**Bürgschaften** *siehe Haftungen*

**Büro des Staatssekretärs Dr. Peter Wittmann** *A-1014 Wien, Ballhausplatz 1, Telefon: 0222/531 15-0, Fax: 0222/535 56 56, internet: http://www.austria.gb.at, e-mail: thomas.auboeck@stsoeff.bka.bka.ada.at*

**CATT** *siehe Central Austrian Training in Technologies*

**Central Austrian Training in Technologies (CATT)** *A-4020 Linz, Wiener Straße 131, Telefon: 0732/3334-601, Fax: 0732/3493/58, internet: http://www.osiris.co.at/catt/, e-mail: info@catt-linz.co.at, Büro im Technologiezentrum Linz zur Beratung von europäischen Technologieförder- und Bildungsprogrammen*

**Club der Spezialinstitute des langfristigen Kredites der Europäischen Gemeinschaft** *Zusammenschluß von Spezialbanken der EU; in diesem Club ist je eine Spezialbank für die langfristige Finanzierung aus jedem Mitgliedsland und aus Norwegen vertreten; die EIB, die Nordic Investment Bank (NIB) und die Kommission haben Beobachterstatus*

**COREPER** *Ausschuß der Ständigen Vertreter in Brüssel, bereiten die Fachministerräte vor*

**CORDIS** *steht für COmmunities Research & Development Info Service und ist der offizielle Informationsdienst der EU über Forschung und Entwicklung; CORDIS enthält Informationen über spezifische Programme, Projekte und Forschungspartner*

**COST** *Europäische Forschungsinitiative; bei COST-Aktionen wird ebenso wie im Rahmen von EUREKA gemeinschaftlich geforscht und aus nationalen Quellen finanziell gefördert; Ansprechpartner ist das Bundesministerium für Wissenschaft und Verkehr*

**CRAFT** *ehemalige Sonderaktion des 4. EU-Rahmenprogrammes, mittlerweile abgelöst durch TSMS*

**de minimis-Regel** *Beihilfen ohne Notifizierungspflicht; Neudefinition 1996; der maximale Gesamtbetrag einer de minimis-Beihilfe beträgt ECU 100.000 für ein Unternehmen innerhalb von drei Jahren; alle als de minimis gewährten Beihilfen sind einzurechnen; kommt für Exportförderungen nicht zur Anwendung. Die de minimis-Regel gilt nicht für z.B. den Schiffbau, den Verkehrssektor, die Landwirtschaft, die Fischerei und die unter den EGKS-Vertrag fallenden Bereiche*

**Direkte Investitionsförderung** *investitionsfördernde Maßnahmen der öffentlichen Hand, die im Wege von speziellen Förderaktionen projektsbezogen beantragt werden können*

**EAGFL** *Europäischer Ausrichtungs- und Garantiefonds für die Landwirtschaft – Abteilung Ausrichtung und Abteilung Garantie; im Vertrag zur Gründung der Gemeinschaft verankert, tätig seit 1964*

**EBRD** *European Bank for Reconstruction and Development, Europäische Bank für Wiederaufbau und Entwicklung, London; 1991 gegründetes Finanzinstitut zur Finanzierung der wirtschaftlichen Umstrukturierung der Reformländer in Mittel- und Osteuropa, „Osteuropabank"*

**ECIP** *siehe European Community Investment Partners*

**ECOFIN** *Rat der Wirtschafts- und Finanzminister der EU, trifft die wirtschafts- und finanzpolitischen Beschlüsse der EU, wesentlich an der Einführung der gemeinsamen europäischen Währung beteiligt, siehe Ministerrat der EU*

**ECO PLUS** *Betriebsansiedlung und Regionalisierung in NÖ Ges.mbH A-1011 Wien, Lugeck 1, Telefon: 01/513 78 50, Fax: 01/513 78 50/44, internet: http://www.ecoplus.co.at, e-mail: headoffice@ecoplus.co.at; für Regionalisierungs- und Betriebsansiedlungsprojekte ist ECO PLUS eine zentrale Informationsstelle des Landes Niederösterreich*

**ECU** *European Currency Unit, Europäische Währungseinheit, ist ein aus 12 EU-Währungen gebildeter Währungskorb; bei Größenordnungsvergleichen wurde der Wechselkurs zum Endredaktionszeitpunkt des Handbuches mit 1 ECU = ATS 13 festgelegt*

**EcuFinder** *Datenbankprogramm über Förderaktionen in Europa*

**Edinburgh-Fazilität** *siehe KMU-Fazilität*

**EDPP** *Einheitliches Dokument für die Programmplanung, (auch EPPD Einheitliches Programmplanungsdokument, SPD Single Programming Document oder Zielprogramm), vereinfachte Vorgangsweise zur Erstellung des Gemeinschaftlichen Förderkonzeptes und des Operationellen Programmes in einem Schritt; notwendig zur Inanspruchnahme von Strukturfondsmitteln, beinhaltet: Ausgangssituation, Entwicklungsstrategien, Prioritäten, Maßnahmen, Finanzierung, Durchführung; in Österreich 12 regionale Zielprogramme von der Kommission genehmigt, und zwar: Ziel 1-Programm Burgenland, vier Ziel 2-Programme für Niederösterreich, Oberösterreich, Steiermark und Vorarlberg sowie sieben Ziel 5b-Programme für Kärnten, Niederösterreich, Oberösterreich, Salzburg, Steiermark, Tirol und Vorarlberg; für die Ziele 3 und 4 wurden ebenfalls EPPDs verabschiedet, auch für die Sektorplanförderung und die Gemeinschaftsinitiativen wurden Programme erstellt*

**EEA** *siehe Einheitliche Europäische Akte*

**EFRE** *Europäischer Fonds für Regionale Entwicklung, seit 1975 tätig*

**EFTA** *Europäische Freihandelsassoziation (European Free Trade Association); bestehend aus folgenden Staaten: Island, Liechtenstein, Norwegen, Schweiz*

**EG (alt)** *Europäische Gemeinschaften, bestand aus EGKS, EWG und EURATOM*

**EG (neu)** *ehemalige EWG*

**EGKS** *Europäische Gemeinschaft für Kohle und Stahl, gegründet 1952*

**EGKS-Vertrag** *Vertrag über die Gründung der Europäischen Gemeinschaften für Kohle und Stahl vom 6. 5. 1952*

**EG-Vertrag** *ehemaliger EWG-Vertrag*

**EIB** *Europäische Investitionsbank, L-2950 Luxembourg, 100, boulevard Konrad Adenauer, Telefon: 00352/4379-1, Fax: 00352/43 77 04, internet: http://www.eib.org, e-mail: info@eib.bei.org; die EIB ist die Investitionsbank der EU, die durch langfristige Finanzierungen (Einzeldarlehen, Globaldarlehen) zu einer ausgewogenen Entwicklung der Gemeinschaft beitragen soll; Kapitalanteile werden von allen Mitgliedsländern der EU gehalten. In Österreich sind Partnerbanken der EIB: Bank Austria, BAWAG, CA, Investkredit und ÖHT*

**EIC** *siehe EURO INFO CENTRES*

**EIF** *Europäischer Investitionsfonds, L-2968 Luxembourg, 43, avenue J.F. Kennedy, Telefon: 00352/42 66 88-1, Fax: 00352/42 66 88/200, e-mail: info@eif.org; wurde als Garantieinstrument für große Infrastrukturprojekte und KMUs eingerichtet*

**Eigenmittelobergrenze** *für Zahlungen an den EU-Haushalt, maximaler Bruttobeitrag der Mitgliedstaaten an den EU-Haushalt in Prozent des BSP, die österreichische Bundesregierung hat 1996 beschlossen, daß das Limit der Beitragsleistungen zum EU-Haushalt den Wert von 1,27 % des BSP der 15 EU-Mitgliedsländer nicht überschreiten soll*

**Einheitliche Europäische Akte (EEA)** *Vertrag der Änderung der EG-Verträge in Hinblick auf die Schaffung des Binnenmarktes*

**Einheitliches Programmplanungsdokument,** *auch Einheitliches Dokument für die Programmplanung, auch Einziges Dokument für die Programmplanung, siehe EDPP, Zielprogramme*

**Eintrittskriterien zur EU** *siehe Kopenhagener Kriterien*

**Einzeldarlehen** *langfristige Kredite der EIB zur Finanzierung von Großvorhaben, z.B. Infrastruktur- und Energieprojekten; Höhe der Einzeldarlehen mindestens ECU 20 Mio.*

**Einzelfallgenehmigungen** *Begriff im Rahmen der Wettbewerbspolitik der EU; bei Überschreiten der maximal zulässigen Förderintensitäten gemäß EU-Beihilfenrecht sowie bei Förderung von Unternehmen der Sensiblen Sektoren sind einzelfallbezogene Genehmigungen durch die Kommission erforderlich*

**Empfehlungen** *Rechtsakte des Rates, nicht verbindlich*

**EMPLOYMENT** *Gemeinschaftsinitiative für Beschäftigung und Arbeitsmarkt, Koordination durch Bundesministerium für Arbeit, Gesundheit und Soziales in Abstimmung mit Arbeitsmarktservice*

**Entscheidung** *individueller EU-Rechtsakt des Rates, sie ist in allen ihren Teilen für diejenigen verbindlich, die sie bezeichnet; richtet sich an einen Mitgliedstaat, an ein Unternehmen oder an eine Einzelperson*

**Entwicklungsplan** *Teil der EDPPs*

**EP** *siehe Europäisches Parlament*

**EPPD** *Einheitliches Programmplanungsdokument, siehe EDPP*

**ERP-Fonds** *A-1010 Wien, Renngasse 5, Telefon: 01/534 64-4000, Fax: 01/534 64/4015, internet: http://www.erp-fonds.gv.at/erp/, e-mail: erp@erp-fonds.gv.at; aus den seinerzeitigen Counterpart-Mitteln im Zuge der Marshall-Plan-Hilfe dotierter Fonds mit dem Ziel, der österreichischen Wirtschaft Mittel zur Rationalisierung und zur Erhaltung der Konkurrenzfähigkeit zur Verfügung zu stellen*

**Erweiterung der EU** *beim Europäischen Rat in Kopenhagen im Dezember 1993 im Sinne einer Verpflichtung für die EU beschlossen. Es geht um den Beitritt folgender Länder: Bulgarien, Estland, Lettland, Litauen, Polen, Rumänien, Slowakei, Slowenien, Tschechische Republik und Ungarn (siehe MOEL, siehe EU-Osterweiterung) und Zypern. Beim Europäischen Rat in Luxemburg im Dezember 1997 wurde beschlossen, daß im Frühjahr 1998 Beitrittsverhandlungen mit Estland, Polen, Slowenien, Tschechische Republik, Ungarn und Zypern beginnen. Für die weiteren 5 MOEL-Bewerber werden Empfehlungen für die Aufnahme von Verhandlungen von der Kommission ausgearbeitet*

**ESA** *EFTA Surveillance Authority; überprüft die Einhaltung der Verpflichtungen des EWR-Abkommens bei jenen EFTA-Staaten, die Vertragsparteien des EWR-Abkommens sind; Pendant dazu für EU-Mitgliedstaaten ist die Kommission*

**ESA Rules** *„Procedural and Substantive Rules in the Field of State Aid" der EFTA Surveillance Authority, Brüssel 1994; rechtliche Grundlage der ESA zum Beihilfenrecht*

**ESF** *Europäischer Sozialfonds, im Vertrag zur Gründung der Gemeinschaft verankert; tätig seit 1958*

**ESZB** *siehe Europäisches System der Zentralbanken*

**EU Europäische Union,** *die EU trat durch die Ratifizierung des Vertrages von Maastricht am 1. 11. 1993 in Kraft; sie besteht heute aus folgenden Staaten: Belgien (1952), Dänemark (1973), Deutschland (1952; 1990 Integration der fünf neuen deutschen Bundesländer), Finnland (1995), Frankreich (1952), Griechenland (1981), Großbritannien (1973), Irland (1973), Italien (1952), Luxemburg (1952), Niederlande (1952), Österreich (1995), Portugal (1986), Schweden (1995), Spanien (1986); die EU verfolgt das Ziel, den Frieden zu wahren und den wirtschaftlichen und sozialen Fortschritt zu fördern; die EU vereint drei Europäische Gemeinschaften, die über gemeinsame Organe verfügen: EGKS, EWG und EURATOM; die EEA ermöglichte der EU die Verwirklichung des Binnenmarktes; Organe und Institutionen der EU: Europäisches Parlament, Europäischer Rat, Ministerräte der EU, Europäische Kommission, Europäischer Gerichtshof, Europäischer Rechnungshof, Wirtschafts- und Sozialausschuß, Ausschuß der Regionen, Europäische Investitionsbank, Europäisches Währungsinstitut und Europäische Zentralbank*

**EU-Beihilfenrecht** *rechtliche Bestimmungen, die die staatlichen Subventionen für Unternehmen unter Wettbewerbsgesichtspunkten betreffen*

**EU-Erweiterung** *siehe Erweiterung der EU*

**EU-Forschungsprogramme** *spezifische Programme, die in einem mehrere Jahre geltenden Rahmenprogramm erlassen werden, derzeit 4. EU-Rahmenprogramm 1994 bis 1998, geplant 5. EU-Rahmenprogramm voraussichtlich 1998 bis 2002*

**EuGH** *siehe Europäischer Gerichtshof*

**EU-konform** *Standardsoftwareprogramm der Investkredit zur Bestimmung von Förderintensitäten, entwickelt von Mag. Gerald Bartsch und Mag. Walter Riess*

**EU-Ministerrat** *siehe Ministerrat der EU*

**EU-Mitgliedsländer** *siehe EU*

**EU-Osterweiterung** *siehe Erweiterung der EU*

**EURATOM** *Europäische Atomgemeinschaft, gegründet 1958*

**EUREKA** *Europäische Forschungsinitiative zur Förderung von europäischen Forschungskooperationen; die finanzielle Förderung erfolgt über nationale Programme*

**Euro** *Name der künftigen gemeinsamen europäischen Währung, festgelegt durch den Europäischen Rat in Madrid im Dezember 1995, die Untereinheit ist Cent, 100 Cent = 1 Euro*

**Euro-Einführung** *gemäß Vertrag von Madrid wurde der Zeitplan für die Einführung der Gemeinschaftswährung festgelegt. Anfang Mai 1998 hat der Europäische Rat die 11 Teilnehmer beschlossen. Voraussetzung war die Erfüllung der Konvergenzkriterien auf der Basis der Wirtschaftsdaten 1997. Am 1. Jänner 1999 legen die EU-Finanzminister die Umrechnungskurse der nationalen Währungen zum Euro fest. Ab 1. Jänner 1999 gilt der Euro als gesetzliches Zahlungsmittel. Die Zuständigkeit für die Geldpolitik geht von den nationalen Zentralbanken auf die EZB/ESZB über. Ab 1. Jänner 2002 wird der Euro als Bargeld ausgegeben. Nationale Währungen und Euro gelten nebeneinander als gesetzliche Zahlungsmittel. Bis spätestens 30. Juni 2002 werden die österreichischen Banknoten und Münzen aus dem Verkehr gezogen. Mit 1. Juli 2002 ist der Abschluß der Euro-Umstellung und die nationalen Währungen sind kein gesetzliches Zahlungsmittel mehr*

**EURO INFO CENTRES (EICs)** *dezentral in ganz Europa seit 1987 eingerichtetes Netzwerk für KMUs, um die Möglichkeiten des Gemeinsamen Marktes zu nutzen; offizielle Informations- und Beratungsstellen der Kommission (GD XXIII), gemeinsam mit regionalen Gastorganisationen betrieben; eröffnen Zugang zu den wichtigsten EU-Datenbanken, offiziellen Dokumentationen (Amtsblätter) und EU-Spezialinformationen (EU-Recht, Binnenmarkt, Unternehmenskooperationen, Förderprogramme etc); derzeit 7 EICs in Österreich, davon 3 in Wien in Kooperation mit der Industriellenvereinigung, der Wirtschaftskammer Österreich und dem WWFF und 4 in den Bundesländern Salzburg, Oberösterreich, Steiermark und Tirol, jeweils bei der Wirtschaftskammer*

**Euro Info Centre Industriellenvereinigung,** *A-1031 Wien, Schwarzenbergplatz 4, Telefon: 01/711 35-2405, Fax: 01/711 35/2914, internet: http://www.eurofunds.at, e-mail: christian.mandl@voei.at*

**Euro Info Centre Wiener Wirtschaftsförderungsfonds,** *A-1082 Wien, Ebendorferstraße 2, Telefon: 01/4000-86173, Fax: 01/4000/7071, internet: http://www.wwff.gb.at, e-mail: eic@wwff.gv.at*

**Euro Info Centre Wirtschaftskammer Oberösterreich,** *A-4020 Linz, Mozartstraße 20, Telefon: 0732/7800-249, Fax: 0732/7800/642, internet: http://www.wk.or.at/w3wkooe, e-mail: iicooe@wkooe.wk.or.at.*

**Euro Info Centre Wirtschaftskammer Österreich,** *A-1045 Wien, Wiedner Hauptstraße 63, Telefon: 01/501 05-4206, Fax: 01/502 06/297, internet: http://www.wk.or.at/ih_info/eu_home.htm, e-mail: euroinfo@aw.wk.or.at*

**Euro Info Centre Wirtschaftskammer Salzburg,** *A-5027 Salzburg, Julius-Raab-Platz 1, Telefon: 0662/8888-400, Fax: 0662/8888/582, internet: http:/www.sbg.wk.or.at, e-mail: mschernthanner@sbg.wk.or.at*

**Euro Info Centre Wirtschaftskammer Steiermark,** *A-8021 Graz, Körblergasse 111–113, Telefon: 0316/601-600, Fax: 0316/601/535, e-mail: weyring@wkstmk.wk.or.at*

**Euro Info Centre Wirtschaftskammer Tirol,** *A-6021 Innsbruck, Meinhardstraße 14, Telefon: 0512/5310-293, Fax: 0512/5310/275, internet: http://www.tirol.wk.or.at, e-mail: aw@tirol.wk.or.at*

**EURO-Währungsraum** *Gebiet, das jene Mitgliedstaaten umfaßt, in denen die nationalen Währungen durch den EURO ersetzt werden und in denen unter Verantwortung der EZB eine einheitliche Geldpolitik betrieben wird*

**Europaabkommen** *bilaterale Assoziationsverträge zwischen der EU und einem MOEL. Sie sehen die stufenweise Verwirklichung des Freihandels mit Industriewaren, eine Kooperation in den meisten binnenmarktrelevanten Politikbereichen, eine politische Zusammenarbeit sowie einen Assoziationsrat vor*

**Europakonferenz** *Ort der Begegnung zwischen EU-Mitgliedstaaten und Beitrittskandidaten, beschlossen beim Europäischen Rat in Luxemburg im Dezember 1997; gemeinsames institutionelles Dach für den Beitrittsprozeß der 10 MOEL und Zypern sowie für die europäische Strategie für die Türkei. Gegenstand der Europakonferenz werden Fragen der gemeinsamen Außen- und Sicherheitspolitik, der Zusammenarbeit im Bereich der Justiz sowie wirtschaftliche und regionale Zusammenarbeit sein. Ausgeschlossen bleiben demgegenüber alle Fragen des EU-Acquis im engeren Sinn*

**Europa-Telefon der Bundesregierung** *0660/6363*

**Europäische Gemeinschaft** *siehe EU*

**Europäische Investitionsbank** *siehe EIB*

**Europäische Kommission** *kurz: Kommission, B-1049 Bruxelles, 200, Rue de la Loi, Telefon: 00322/299 11 11, Fax: 0322/295 01 38, internet: http://www.europa.eu.int, e-mail: europa@di.cec.be; EU-Organ, das neue EU-Rechtsakte vorschlägt und die Einhaltung der bestehenden Regelungen und Entscheidungen überwacht (Hüterin der europäischen Verträge; Initiativrecht auf dem Gebiet der Gesetzgebung der EU; Exekutivorgan hinsichtlich Durchführungsbestimmungen zu Vorschriften, Anwendung der Vertragsbestimmungen in Einzelfällen, Verwaltung von Haushaltsmaßnahmen, wie z.B. Strukturfonds und Kohäsionsfonds); siehe Generaldirektion*

**Europäische Kommission,** *Vertretung in Österreich, Dokumentation und Information, A-1010 Wien, Kärntnerring 5–7, Telefon: 01/516 18-0, Fax: 01/513 42 25, internet: http://www.europa.eu.int./austria/, e-mail: burvie@oesterreich.dg10-bur.cec.be*

**Europäische Union** *siehe EU*

**Europäische Zentralbank (EZB)** *europäische Notenbank mit Sitz in Frankfurt, die nationalen Zentralbanken sind die Aktionäre der Europäischen Zentralbank*

**Europäischer Gerichtshof (EuGH)** *Sitz in Luxemburg, achtet auf die Einhaltung des EU-Rechts, besteht aus 15 Richtern, die von den Regierungen der Mitgliedstaaten auf 6 Jahre ernannt werden und 9 Generalanwälten, die die Entscheidungen des Gerichtshofes vorbereiten*

**Europäischer Investitionsfonds** *siehe EIF*

**Europäischer Rat** *Gremium der Staats- und Regierungschefs der EU-Mitgliedstaaten, rechtliche Verankerung im Vertrag über die Europäische Union; Aufgabe ist es, der EU politische Impulse zu geben und die allgemeinen politischen Zielvorstellungen festzulegen; tritt mindestens zweimal jährlich mit dem Präsidenten der Europäischen Kommission zusammen*

**Europäischer Rat in Essen im Dezember 1994** *Beschluß einer Heranführungsstrategie der Kandidaten an die EU; beinhaltet u.a. den verstärkten Einsatz des Phare-Programms und die Einführung des Strukturierten Dialogs*

**Europäischer Rat in Kopenhagen im Dezember 1993** *die EU geht die Verpflichtung zur Erweiterung der EU ein; Beschluß, daß alle MOEL-Beitrittskandidaten Mitglieder der EU werden können, wenn sie die Beitrittsbedingungen (siehe die Kopenhagener Kriterien) erfüllen und die EU die Aufnahme neuer Mitglieder verkraften kann*

**Europäischer Rat in Luxemburg im Dezember 1997** *Beschluß, daß die Erweiterung als Entwicklungsprozeß betrachtet wird. Beginn der Beitrittsverhandlungen mit Estland, Polen, Slowenien, der Tschechischen Republik, Ungarn und Zypern. Beschluß über bilaterale Regierungskonferenzen. Für die weiteren 5 MOEL-Bewerber (Bulgarien, Lettland, Litauen, Rumänien und die Slowakei) werden Empfehlungen für die Aufnahme von Verhandlungen von der Kommission ausgearbeitet. Einrichtung der Europakonferenz.*

**Europäischer Rat in Madrid im Dezember 1995** *die Agenda 2000 wird bei der Kommission beauftragt*

**Europäischer Rechnungshof** *Sitz in Luxemburg, besteht aus 15 Mitgliedern, überprüft die Haushaltsführung der EU, legt Jahresberichte vor*

**Europäisches Parlament (EP)** *Vertretung der Bürger der EU, Sitz in Straßburg, Wahl alle 5 Jahre in den einzelnen Mitgliedstaaten von den Bürgern der EU, Gremium bestehend aus 626 Europaparlamentariern, davon 21 Abgeordnete aus Österreich, die in direkter Wahl bestimmt werden, Beteiligung an der Ausarbeitung der Rechtsakte der EU; Organe des EP sind: Präsident, 14 Vizepräsidenten, 5 Questoren, die Konferenz der Präsidenten, die Konferenz der Ausschußvorsitzenden; die Ausschüsse bereiten die Arbeiten der Plenartagungen vor; zusammen mit dem Rat bildet das EP die Haushaltsbehörde, die den jährlichen Gesamthaushaltsplan verabschiedet und seinen Vollzug kontrolliert*

**Europäisches System der Zentralbanken (ESZB)** *neue gemeinschaftliche Währungsbehörde, gebildet aus der EZB sowie den nationalen Zentralbanken der im europäischen Währungsraum vereinigten Länder, wird die gemeinsamen geld- und währungspolitischen Entscheidungen treffen, die ESZB entscheidet selbständig und unabhängig auf Basis der geldpolitischen Richtlinien der EU; Ziel: stabile Währung, Preisstabilität*

**Europäisches Währungsinstitut (EWI)** *European Monetary Institute, D-60311 Frankfurt am Main, Kaiserstraße 29, Telefon: 0049/69/272 27-0, Fax: 0049/69/272 27-227 internet: http://www.ecb.int, e-mail: über Internet; gegründet 1994, als Vorläufer der Europäischen Zentralbank (EZB) zur Vorbereitung des Euro und des Instrumentariums des Europäischen Systems der Zentralbanken, siehe Europäisches System der Zentralbanken (ESZB), siehe Europäische Zentralbank (EZB)*

**Europäisches Währungssystem** *siehe EWS*

**European Community Investment Partners (ECIP)** *Finanzierungsinstrument zur Förderung der Gründung von Joint Ventures in den Entwicklungsländern Asiens, Lateinamerikas, des Mittelmeerraumes sowie in Südafrika*

**euro-select** *Datenbankprogramm über Förderaktionen in Europa*

**EUROSTAT** *Statistisches Amt der Europäischen Gemeinschaften*

**EuroTech Management,** *A-1010 Wien, Renngasse 10, Telefon: 01/533 28 18-0, Fax: 01/533 28 18/210, internet: http://www.investkredit.at, e-mail: eurotech@eunet.at; Beratungsunternehmen für Technologie- und Förderberatung für EU-Projekte von Unternehmen, Gemeinden und Wirtschaftsverbänden; Beratung für Konzeption, Gründung und Betrieb von Technologie- und Gründerzentren; Erschließung direkter EU-Programme*

**EU-Schwerpunkte der Unternehmensförderung** *definieren Ausnahmen vom grundsätzlichen Beihilfenverbot in der EU; EU-Schwerpunkte sind: Forschung und Entwicklung, Klein- und Mittelunternehmen, Regionalfördergebiete, Umwelschutz, Aus- und Weiterbildung, Schulung und Beratung, Sanierung und Restrukturierung*

**EU-Vertrag** *Vertrag über die Europäische Union, korrekte Bezeichnung des früheren EG-Vertrags seit dem Vertrag von Maastricht*

**Evaluierung** *Bewertung der Fördereffekte anhand von Indikatoren*

**EWG** *ehemalige Europäische Wirtschaftsgemeinschaft, gegründet 1957*

**EWG-Vertrag** *unterzeichnet in Rom am 25. 3. 1957, jetzt EG-Vertrag, auch: Römische Verträge, Vertrag von Rom; Gründung der Europäischen Wirtschaftsgemeinschaft*

**EWI** *siehe Europäisches Währungsinstitut*

**EWR** *Europäischer Wirtschaftsraum; bestehend aus den EU- und EFTA-Staaten (mit Ausnahme der Schweiz)*

**EWR-Abkommen** *Abkommen über den Europäischen Wirtschaftsraum*

**EWS** *Europäisches Währungssystem, errichtet 1979 gemäß Entschließung des Europäischen Rates mit dem Ziel, in Europa eine Zone der Währungsstabilität durch eine engere währungspolitische Zusammenarbeit zwischen den Ländern der Gemeinschaft zu schaffen. Die Hauptbestandteile des EWS sind der ECU und der EWS-Wechselkursmechanismus*

**EWS-Wechselkursmechanismus** *der Wechselkurs- und Interventionsmechanismus des EWS bestimmt den Wechselkurs der teilnehmenden Währungen mittels eines Leitkurses gegenüber dem ECU*

**EZB** *siehe Europäische Zentralbank*

**Fachverband der Maschinen- und Stahlbauindustrie Österreichs** *siehe FMS*

**Facility** *Fazilität, Schwerpunktprogramme für Förderungen*

**Fazilität** *siehe Facility*

**Fertigungsüberleitung** *siehe FÜ*

**F&E** *Forschung und Entwicklung, Förderschwerpunkt der EU, umfaßt Grundlagenforschung, industrielle Forschung sowie vorwettbewerbliche Entwicklung, die zulässige Förderintensität nach EU-Beihilfenrecht nimmt mit zunehmender Marktnähe der F&E ab*

**FFF** *Forschungsförderungsfonds für die gewerbliche Wirtschaft, A-1015 Wien, Kärntner Straße 21–23, Telefon: 01/512 45 84, Fax: 01/512 45 84/41, internet: http://www.fff.co.at, e-mail: mailbox@fff.telecom.at; 1967 gegründeter Fonds zur Förderung der angewandten Forschung und Entwicklung der österreichischen Wirtschaft*

**FGG** *Finanzierungsgarantie-Gesellschaft m.b.H., A-1041 Wien, Prinz Eugen-Straße 8, Telefon: 01/501 75-0, Fax: 01/501 75/360, internet: http://www.fgg.at, e-mail: fgg@fgg.at; ehemaliger Entwicklungs- und Erneuerungsfonds; Garantiegesellschaft des Bundes zur Abdeckung wirtschaftlicher Risken bei der Finanzierung von Investitionen österreichischer Unternehmen, Schaltstelle des Krisenmanagements und Investitionsgesellschaft in den Reformstaaten*

**FGG/Ost-West-Fonds** *Förderinstrument des Bundes für aktive Internationalisierungsvorhaben österreichischer Unternehmen mit positiver Rückwirkung auf die österreichische Wirtschaft; Gestionierung durch die FGG*

**FIAF** *Finanzinstrument für die Ausrichtung der Fischerei*

**Financial Intermediary** *Finanzintermediär, zwischengeschaltete Bank bei verschiedenen EU-Programmen*

**Finanzierungsgarantie-Gesellschaft m.b.H.** *siehe FGG*

**Finanzintermediär** *siehe Financial Intermediary*

**FMS** *Fachverband der Maschinen- und Stahlbauindustrie Österreichs, A-1045 Wien, Wiedner Hauptstraße 63, Postfach 430, Telefon: 01/502 25-0, Fax: 01/505 10 20, internet: http://www.fms.at, e-mail: maschinen@fms.at*

**Fonds zur Förderung der wissenschaftlichen Forschung** *siehe FWF*

**Forschung und Entwicklung** *siehe F&E*

**Forschungsförderungsfonds für die gewerbliche Wirtschaft** *siehe FFF*

**Forschungsfreibetrag** *indirekte Investitionsförderung gemäß § 4, Abs. 4 Z. 4 EStG., erhöhte Abschreibung für Aufwendungen zur Entwicklung oder Verbesserung volkswirtschaftlich wertvoller Erfindungen*

**Förderart** *folgende Instrumente werden unterschieden:*

- *nicht rückzahlbare Zuschüsse (z.B. Einmalzuschüsse, Investitionsprämien, Innovationsprämien, Gründungsprämien, Projektskostenzuschüsse)*
- *Zinsenzuschüsse (laufende Subventionierung der Zinsaufwendungen)*
- *zinsgünstige Kredite (Kredite zu subventionierten Zinssätzen)*
- *Haftungsübernahmen (Übernahmen von Bürgschaften und Garantien zur Unterstützung besonders riskanter Investitionsvorhaben)*
- *Beteiligungskapital (zumeist in Form der echten stillen Beteiligung für einen zuvor definierten Zeitraum und zu geförderten Beteiligungskonditionen)*

**Förderbare Investitionen** *auch Förderbare Kosten, jene materiellen und/oder immateriellen Investitionen (Kostenpositionen), die im Rahmen einer spezifischen Förderaktion als Förderbasis anerkannt werden*

**Förderbare Kosten** *siehe Förderbare Investitionen*

**Fördergebietsbevölkerungsplafonds** *der in nationalen Regionalfördergebieten lebende Anteil der Bevölkerung in Prozent der Gesamtbevölkerung*

**Förderhöchstgrenzen** *maximal zulässige Förderung, siehe auch Förderintensität*

**Förderintensität** *Begriff aus dem EU-Beihilfenrecht; Förderhöhe in Prozent der Projektskosten auf Barwertbasis ermittelt, siehe BSÄ, NSÄ*

**Förderrichtlinie** *beinhaltet Ziele, Gegenstand, Umfang und Art der Förderung sowie die Abwicklungsmodalitäten; für jede Förderaktion sind Förderrichtlinien wesentliche Grundlage*

**FÜ** *Fertigungsüberleitung, veralteter Begriff, Umsetzung von Forschungs- und Entwicklungsergebnissen in die industrielle Produktion und Vermarktung*

**Fünftes EU-Rahmenprogramm** *siehe Rahmenprogramm, siehe EU-Forschungsprogramme*

**FWF** *Fonds zur Förderung der wissenschaftlichen Forschung, A-1040 Wien, Weyringergasse 35, Telefon: 01/505 67 40, Fax: 01/505 67 39, Internet: http://www.fwf.ac.at, e-mail: fernande @mails.ffw.univie.ac.at; 1967 gegründeter Fonds zur Förderung der Grundlagenforschung in Österreich*

**Garantien** *siehe Haftungen*

**Gebietskulissen** *siehe Kulissen, Wettbewerbskulisse, Zielgebietskulisse*

**Gemeinschaftliches Förderkonzept (GFK)** *ein im Zusammenhang mit der EU-Regionalpolitik zwischen Kommission und dem Mitgliedstaat ausgehandeltes Konzept über die Förderung von Regionen*

**Gemeinschaftsinitiativen (GI)** *Maßnahmen zur Unterstützung inhaltlicher Schwerpunkte der EU-Politik, die über die Strukturfonds kofinanziert werden; die Förderschwerpunkte werden von der Kommission definiert*

**Gemeinschaftsrahmen** *Präzisierung der Grundsätze zum Beihilfenrecht und der EU-Schwerpunkte, Leitlinien der Kommission, die a priori keine verbindlichen Rechtsnormen für den Mitgliedstaat darstellen, werden im Amtsblatt der Kommission veröffentlicht*

**Gemeinschaftswährung** *siehe Euro-Einführung*

**Generaldirektion (GD)** *die Kommission gliedert sich in 23 Generaldirektionen (nach Abschaffung der GD XVIII), die jeweils für bestimmte Sachgebiete (in etwa mit Ministerien vergleichbar) zuständig sind:*

- *GD I Auswärtige Beziehungen*
- *GD II Wirtschaft und Finanzen*
- *GD III Industrie*
- *GD IV Wettbewerb*
- *GD V Beschäftigung, Arbeitsbeziehungen und soziale Angelegenheiten*
- *GD VI Landwirtschaft*
- *GD VII Verkehr*
- *GD VIII Entwicklung*
- *GD IX Personal und Verwaltung*
- *GD X Information, Kommunikation, Kultur, Audiovisuelle Medien*
- *GD XI Umwelt, nukleare Sicherheit und Katastrophenschutz*
- *GD XII Wissenschaft, Forschung und Entwicklung*
- *GD XIII Telekommunikation, Informationsmarkt und Nutzung der Forschungsergebnisse*
- *GD XIV Fischerei*
- *GD XV Binnenmarkt und Finanzdienstleistungen*
- *GD XVI Regionalpolitik und Kohäsion*
- *GD XVII Energie*
- *GD XIX Haushalt*
- *GD XX Finanzkontrolle*
- *GD XXI Zoll und indirekte Steuern*
- *GD XXII Allgemeine und berufliche Bildung, Jugend*
- *GD XXIII Unternehmenspolitik, Handel, Tourismus und Sozialwirtschaft*
- *GD XXIV Verbraucherpolitik und Gesundheitsschutz*

**Geringfügigkeit** *siehe de minimis*

**GFK** *siehe Gemeinschaftliches Förderkonzept*

**GIP** *Büro für Gemeinschaftsinitiativen und Programme der EU, A-1070 Wien, Karl-Schweighofer-Gasse 1/5, Telefon: 01/52 47 370-33, Fax: 01/52 47 370/20, e-mail: ademploi@gip.or.at*

**Globaldarlehen** *der EIB an Partnerbanken zur Finanzierung von Investitionen vor allem von KMUs bzw. für den Umweltschutz, Infrastruktur und Energie*

**Globaler Verweis** *Bezugnahme auf von Änderungen betroffene Bestimmungen des EU-Beihilfenrechtes oder der Gemeinschaftsrahmen in Förderbestimmungen, z.B. Unternehmensgrößenregelung für KMUs*

**Grünbuch** *die Kommission legt darin bestimmte Themen von europäischem Interesse als Diskussionsgrundlage fest*

**GUS Gemeinschaft Unabhängiger Staaten** *siehe NUS*

**Haftungen** *Oberbegriff für Garantien und Bürgschaften als Förderinstrument der öffentlichen Hand zur Unterstützung besonders riskanter Investitionsvorhaben; Bürgschaft ist die Verpflichtung eines Dritten (Bürgen), den Gläubiger zu befriedigen, wenn der Schuldner seine Verpflichtungen nicht erfüllt; Garantie ist die abstrakte Verpflichtung einer Person (Garanten) zur Sicherung der Leistung eines anderen*

**Haftungsübernahmen** *siehe Förderart und Haftungen*

**Handels- und Kooperationsabkommen** *institutionelle Plattform für bilaterale handelspolitische Maßnahmen*

**Harmonisierung** *Abstimmung von wirtschaftspolitischen Maßnahmen sowie von Rechts- und Verwaltungsvorschriften im Rahmen der EU*

**HORIZON** *Gemeinschaftsinitiative zur Förderung der Berufsbildung Behinderter und Benachteiligter, Teilprogramm zu EMPLOYMENT*

**Horizontale Beihilfen** *Beihilfen, die nicht auf einen bestimmten Wirtschaftssektor beschränkt sind*

**IFB** *siehe Investitionsfreibetrag*

**IHS** *Institut für Höhere Studien, A-1060 Wien, Stumpergasse 56, Telefon: 01/59 991-0, Fax: 01/597 06 35, internet: http://www.ihs.ac.at, e-mail: library@ihs.at.at, Post Graduate Institution; Abteilung Ökonomie erstellt Wirtschaftsprognosen*

**Indikativ** *haushaltsrechtlich noch nicht bindend, Begriff bei Finanzplänen*

**Indirekte Investitionsförderung** *im Steuerrecht verankerte Maßnahmen zur Förderung der Investitions- bzw. Forschungstätigkeit, wie z.B. IFB, Forschungsfreibetrag*

**Inländergleichbehandlung** *Ausländer werden wie Inländer behandelt (gleiche Rechte, gleiche Pflichten)*

**Innovation** *häufig verwendeter Begriff für umfassende betriebliche und gesamtwirtschaftliche Erneuerungen, z.B. Produktinnovationen, Prozeßinnovationen, Marktinnovationen, im Sinne des EU-Beihilfenrechtes keine eigenständige F&E-Kategorie.*

**Innovationsagentur Gesellschaft m.b.H.** *A-1020 Wien, Taborstraße 10, Telefon: 01/216 52 93, Fax: 01/216 52 93/99, internet: http://www.innov.co.at/innov/, e-mail: innov@innovation.co.at; an die BÜRGES angegliederte Förderstelle, insbesondere für Seed Financing und Börse für Business Angels*

**Innovations- und Technologiefonds** *siehe ITF*

**Internationalisierung** *Durchführung von Beteiligungsinvestitionen im Ausland, wie z.B. Errichtung von Vertriebs- bzw. Produktionsniederlassungen, Übernahme qualifizierter Beteiligungen an ausländischen Unternehmen*

**INTERREG** *Gemeinschaftsinitiative zur Förderung der Zusammenarbeit grenzüberschreitender Regionen, Koordination der Bundes- und Länderaktivitäten in Österreich durch BKA*

**Interventionen** *in der EU gebräuchlicher Begriff für wirtschaftspolitische Maßnahmen, z.B. direkte Investitionsförderungen*

**Investitionen** *umfaßt alle materiellen (Grundstücke, Maschinen, Bauten etc.) und immateriellen (Personal, Software etc.) Kostenpositionen eines definierten Projektes*

**Investitionsförderung** *siehe direkte, indirekte Investitionsförderung*

**Investitionsfreibetrag (IFB)** *indirekte Investitionsförderung gemäß § 10 EStG; erhöhte Abschreibung für abnutzbare Anlagegüter*

**Investitionsschwerpunkt** *Charakter des Investitionsvorhabens in der Logik der EU-Schwerpunkte*

**Investitionsstandort** *Standort der Investitionstätigkeit, wesentlich in Hinblick auf den EU-Schwerpunkt „Verbesserung der Regionalstruktur" und allfällige Kofinanzierungen in Zielgebieten*

**Investkredit** *Österreichische Investitionskredit AG, A-1013 Wien, Renngasse 10, Telefon: 01/53 1 35-0, Fax: 01/53 1 35/990; internet: http://www.investkredit.at, e-mail: invest@investkredit.at; 1957 gegründete Spezialbank für Unternehmen, mehrheitlich im Eigentum der Großinstitute des österreichischen Bankwesens*

**ISPA** *neues strukturpolitisches Instrument zur Vorbereitung der Beitrittskandidaten auf ihre EU-Integration; verankert in der Agenda 2000; jährliches Budget ECU 1 Mrd. 2000 bis 2006; Koordination mit Phare und den Heranführungshilfen für die Landwirtschaft*

**ITF** *Innovations- und Technologiefonds, Geschäftsführung beim ERP-Fonds A-1010 Wien, Renngasse 5, Telefon: 01/534 64-0, Fax: 01/534 64/4015; internet: http://www.erp-fonds.gv.at/erp/, e-mail: erp@ erp-fonds.gv.at, Geschäftsführung beim FFF A-1015 Wien, Kärntner Straße 21–23, Telefon: 01/512 45 84, Fax: 01/512 45 84/41; internet: http://www.fff.co.at, e-mail: mailbox@fff.telecom.at; 1987 gegründeter Fonds zur Förderung der angewandten Forschung und technologischen Innovation der österreichischen Wirtschaft*

**IV** *siehe Vereinigung der Österreichischen Industrie*

**JEV** *Joint European Venture Initiative, Förderprogramm der Kommission (G D II) zur Erleichterung der Gründung von Joint Ventures in der EU durch KMUs aus EU-Mitgliedsländern*

**Joint European Venture Initiative** *siehe JEV*

**Joint Venture Programme Phare-Tacis** *siehe JOP*

**JOP** *Joint Venture Programme Phare-Tacis, Förderprogramm der Kommission (Generaldirektion II) zur Erleichterung der Gründung und Weiterentwicklung von Joint Ventures bzw. Tochtergesellschaften in den mittel- und osteuropäischen Ländern (MOEL), den Neuen Unabhängigen Staaten (NUS) und der Mongolei*

**Kärntner Betriebsansiedlungs- und Beteiligungsgesellschaft m.b.H** *siehe BABEG*

**Kärntner Sanierungsgesellschaft mbH** *A-9020 Klagenfurt, Heuplatz 2, Telefon: 0463/55 800-0, Fax: 0463/55 800/22; e-mail: office@kwf.at; Gesellschaft zur Förderung der Restrukturierung der Kärntner Wirtschaft*

**Kärntner Wirtschaftsförderungsfonds** *siehe KWF*

**KfW** *Kreditanstalt für Wiederaufbau, D-60325 Frankfurt am Main, Palmengartenstraße 5–9, Telefon: 004969/74 31-0, Fax: 004969/74 31/2944; internet: http://www.kfw.de; Spezialkreditinstitut zur Bereitstellung günstiger Marktmittel für industriell-gewerbliche Unternehmen im Wege zwischengeschalteter Kreditinstitute*

**KMU** *Klein- und Mittelunternehmen, siehe Betriebsgrößenregelung; KMU ist auch eine Gemeinschaftsinitiative zur Stärkung der Wettbewerbsfähigkeit von Klein- und Mittelunternehmen, Koordination durch das Bundesministerium für wirtschaftliche Angelegenheiten in Abstimmung mit Ländern und Wirtschaftskammer*

**KMU-Zuschlag** *Klein- und Mittelunternehmen werden seitens der EU wirtschaftspolitisch besonders gefördert, im EU-Beihilfenrecht sind entsprechend höhere Förderintensitäten verankert*

**Kofinanzierung** *Aufstockung nationaler Fördermittel aus den Strukturfonds*

**Kohäsion** *Unterstützung der „ärmeren" EU-Staaten (Spanien, Portugal, Griechenland, Irland) durch die „reicheren" EU-Staaten*

**Kohäsionsfonds** *Finanzinstrument der EU zur Unterstützung von Vorhaben in den Bereichen Umwelt und transeuropäische Netze in der Verkehrsinfrastruktur in Spanien, Portugal, Griechenland und Irland*

**Kommission** *siehe Europäische Kommission*

**Kommunalkredit** *Österreichische Kommunalkredit AG, A-1092 Wien, Türkenstraße 9, Telefon: 01/31 6 31-0, Fax: 01/31 6 31/105; internet: http://www.kommunalkredit.at, e-mail: kommunal@kommunalkredit.at, 1959 gegründete Spezialbank für kommunale Infrastrukturfinanzierungen; Abwicklung der Umweltförderungen des Bundes seit Inkrafttreten des Umweltförderungsgesetzes (UFG) mit Wirkung vom 1. 4. 1993; Dienstleistungen in Osteuropa vor allem im Rahmen von BKA-, Weltbank-, EBRD-, Tacis- und Phare-Projekten; mehrheitliche Tochterbank der Investkredit*

**Kontrollbank** *Oesterreichische Kontrollbank AG, A-1011 Wien, Am Hof 4 und Strauchgasse 1–3, Telefon: 01/531 27-0, Fax: 01/531 27/237, internet: http://www.oekb.co.at; 1946 gegründete Spezialbank für die österreichische Exportfinanzierung, Bevollmächtigte der Republik im Rahmen des Exportfinanzierungs- und -garantiesystems*

**KONVER** *Gemeinschaftsinitiative zur Förderung der Umstellung von Rüstungsindustrien*

**Konvergenzkriterien** *sind jene Eintrittskriterien, die die Voraussetzung für die Teilnahme eines Landes an der Wirtschafts- und Währungsunion definieren; sie sind im Vertrag von Maastricht festgelegt und umfassen Inflationsrate, öffentliches Defizit und Staatsverschuldung, Währung des Landes, langfristige Zinssätze:*

- *eine Inflationsrate nicht höher als 1½ Prozentpunkte über der Inflationsrate der drei preisstabilsten Mitgliedstaaten im letzten Jahr vor der Prüfung (Preisstabilität)*
- *ein Budgetdefizit (Nettokreditaufnahme laut Volkswirtschaftlicher Gesamtrechnung) von unter 3 % des Bruttoinlandsproduktes (Haushaltsdisziplin)*
- *ein Brutto-Gesamtschuldenstand der öffentlichen Hand (Staatsverschuldung) niedriger als 60 % des Bruttoinlandsproduktes (Haushaltsdisziplin)*
- *die Währung des Landes muß in den letzten zwei Jahren innerhalb der festgelegten Bandbreiten des EWS gewesen sein (Wechselkursstabilität)*
- *langfristige nominelle Zinssätze nicht höher als 2 Prozentpunkte über den Zinssätzen der drei preisstabilsten Mitgliedstaaten (1 Jahr vor der Prüfung) (Zinskonvergenz)*

**Konversionsfaktor** *zur Umrechnung von BSÄ in NSÄ; wird von der Kommission für ein Land unter Berücksichtigung der Unternehmensbesteuerung festgelegt, zum Endredaktionszeitpunkt des Handbuches für Österreich 0,73 (BSÄ x 0,73 = NSÄ)*

**Konzentration der Mittel** *Grundsatz für die Vergabe von Strukturfondsmitteln nach Zielen, siehe Ziele*

**Kopenhagener Kriterien** *wurden beim Europäischen Rat in Kopenhagen im Dezember 1993 festgelegt. Definieren jene Bedingungen, die Voraussetzung für den Beitritt der MOEL-Kandidaten sind.*

- *Erstens: Institutionelle Stabilität als Garantie für eine demokratische und rechtsstaatliche Ordnung, für die Wahrung der Menschenrechte sowie die Achtung und den Schutz der Minderheiten.*
- *Zweitens: Das Bestehen einer funktionsfähigen Marktwirtschaft sowie die Fähigkeit, dem Wettbewerbsdruck und den Marktkräften innerhalb der EU standzuhalten.*
- *Drittens: Die Fähigkeit, die aus einer Mitgliedschaft entstehenden Verpflichtungen zu übernehmen, um sich die politischen und wirtschaftlichen Ziele der EU zu eigen zu machen.*
- *Viertens: Fähigkeit der EU, die Aufnahme neuer Mitglieder zu verkraften.*

**Kreditanstalt für Wiederaufbau** *siehe KfW*

**Kulissen** *vulgo Gebietskulissen, Festlegung von Regionen aus wirtschaftspolitischen Überlegungen, siehe Wettbewerbskulisse und Zielgebietskulisse*

**Kumulierung** *additive Kombination von Förderaktionen mit dem Ziel, der maximal zulässigen Förderintensität möglichst nahe zu kommen*

**KWF** *Kärntner Wirtschaftsförderungsfonds, A-9020 Klagenfurt, Heuplatz 2, Telefon: 0463/55 800-0-0, Fax: 0463/55 800/22; e-mail: office@kwf.at; Fonds zur Gestionierung von Wirtschaftsfördermaßnahmen in Kärnten*

**LEADER** *Gemeinschaftsinitiative zur Förderung der ländlichen Entwicklung, Koordination der Bundes- und Länderaktivitäten in Österreich durch BKA*

**LEONARDO-Büro** *A-1010 Wien, Schreyvogelgasse 2/2. Stock, Telefon: 01/534 08 30, Fax: 01/534 08 40; internet: http://www.oead.ac.at/leonardo, e-mail: leonardo@beb.ac.at; Österreichische Beratungs- und Koordinierungsstelle zur Abwicklung des LEONARDO DA VINCI – Aktionsprogrammes*

**LEONARDO DA VINCI** *Aktionsprogramm der EU, Berufsbildungsprogramm zur Qualitätsverbesserung der Berufsbildung durch Förderung der transnationalen Zusammenarbeit, Aktionsdauer: 1. 1. 1995 bis 31. 12. 1999*

**Maastricht** *Ort in den Niederlanden, wo am 7. Februar 1992 der Vertrag über die Europäische Union unterzeichnet wurde*

**Maastrichtkriterien** *siehe Konvergenzkriterien*

**Ministerrat der EU** *Rechtsetzungs- und Entscheidungsorgan der EU, das je nach Themenstellung die jeweils zuständigen Minister der Mitgliedstaaten umfaßt, es gibt mehrere Ministerräte, z.B. ECOFIN (Finanzministerrat), Verkehrsministerrat, Umweltministerrat, Sozialministerrat*

**MOEL** *Abkürzung für mittel- und osteuropäische Länder*

**Monitoring** *statistischer Überblick (Controlling, Berichtswesen) über den Stand der finanziellen Abwickung der Strukturfondsmittel im Zusammenhang mit der Kofinanzierung sowie der definierten Erfolgsindikatoren (Evaluierung); für den EFRE durch den ERP-Fonds, für den EFS beim BMAGS, für den EAGFL beim BMLF*

**NACE** *Allgemeine Systematik der Wirtschaftszweige in der EU*

**Nationale Regionalfördergebiete** *siehe Wettbewerbskulisse*

**Nettoanlagevermögen** *errechnet sich aus Sachanlage- und Finanzanlagevermögen abzüglich der korrespondierenden Wertberichtigungen*

**Nettoempfänger** *jene EU-Mitgliedsländer, deren Eigenmittelbeitragsleistungen zum EU-Haushalt geringer sind als die Rückflüsse aus der EU*

**Nettoposition** *Saldo aus Beitragsleistungen an den EU-Haushalt und Rückflüssen aus dem EU-Haushalt*

**Nettosubventionsäquivalent (NSÄ)** *Höhe der Förderung in Prozent der geförderten Projektskosten nach Steuern; die Ermittlung erfolgt in Österreich durch Multiplikation des Bruttosubventionsäquivalentes mit dem Konversionsfaktor 0,73*

**Nettozahler** *jene EU-Mitgliedsländer, deren Eigenmittelbeitragsleistungen zum EU-Haushalt die Rückflüsse aus der EU übersteigen*

**Neue Unabhängige Staaten (NUS)** *UdSSR-Nachfolgestaaten, Armenien, Aserbaidschan, Belarus, Georgien, Kasachstan, Kirgistan, Moldowa, Russische Föderation, Tadschikistan, Turkmenistan, Ukraine, Usbekistan*

**nicht rückzahlbare Zuschüsse** *siehe Förderart*

**Notifizierung** *österreichische Förderaktionen unterliegen, mit Ausnahme von de minimis, der Genehmigungspflicht seitens der Aufsichtsbehörden in Brüssel (bis Ende 1994 war dies die ESA, mit Beitritt Österreichs zur EU ist dies die Kommission, Generaldirektion IV)*

**NOW** *Gemeinschaftsinitative zur Förderung der beruflichen Bildung und Beschäftigung von Frauen, Teilprogramm von EMPLOYMENT*

**NÖBEG** *Niederösterreichische Kapitalbeteiligungsgesellschaft m.b.H., A-1030 Wien, Gottfried-Keller-Gasse 2/3/15, Telefon: 01/710 51 10-11, Fax: 01/710 52 10/40; Beteiligungsgesellschaft des Landes Niederösterreich*

**NÖG** *NÖ Grenzlandförderungsgesellschaft mbH, A-1010 Wien, Lugeck 1, Telefon: 01/ 513 78 35-0, Fax: 01/513 78 50/44; internet: http://www.ecoplus.co.a, e-mail: headoffice@ ecoplus.co.at; Informationsstelle für Betriebsansiedlungen im NÖ-Grenzland*

**NÖ Kreditbürgschaftsgesellschaft m.b.H.,** *A-1030 Wien, Gottfried-Keller-Gasse 2/3/15, Telefon: 01/710 52 10-11, Fax: 01/710 52 10/40; Kreditbürgschaftsgesellschaft des Landes Niederösterreich*

**NÖ Grenzlandförderungsgesellschaft mbH** *siehe NÖG*

**NÖ Kapitalbeteiligungsgesellschaft m.b.H.** *siehe NÖBEG*

**NÖ Wirtschaftsförderungs- und Strukturverbesserungsfonds** *A-3109 St. Pölten, Landhausplatz 1, Haus 14, Telefon: 02742/200-6101, Fax: 02742/200/6240; internet: http://www.noel.gv.at/service/wst/wst2, e-mail: post.wst2@noel.gv.at; Fonds zur Gestionierung von Wirtschaftsfördermaßnahmen in Niederösterreich*

**NSÄ** *siehe Nettosubventionsäquivalent*

**NUS** *siehe Neue Unabhängige Staaten*

**NUTS** *französische Abkürzung, die für „Systematik der statistischen Gebietseinheiten" steht (nomenclature des unités territoriales statistiques)*

**NUTS I** *West-, Süd- und Ostösterreich*

**NUTS II** *Bundesländer*

**NUTS III** *Gruppen politischer Bezirke*

**Oberösterreichische Kreditgarantiegesellschaft m.b.H.** *A-4010 Linz, Hessenplatz 3, Telefon: 0732/78 00-436, Fax: 0732/78 00/589; e-mail: kgg.ubg@magnet.at; Kreditgarantiegesellschaft des Landes Oberösterreich*

**Oberösterreichische Unternehmensbeteiligungsgesellschaft m.b.H.** *A-4010 Linz, Hessenplatz 3, Telefon: 0732/78 00-0, Fax: 0732/78 00/589; e-mail: kgg.ubg@magnet.at*

**OECD** *Organization for Economic Cooperation and Development, Organisation für wirtschaftliche Zusammenarbeit und Entwicklung, Paris, zu den 29 Mitgliedstaaten zählen: Australien (1971), Belgien (1961), Dänemark (1961), Deutschland (1961), Finnland (1969), Frankreich (1961), Griechenland (1961), Großbritannien (1961), Irland (1961), Island (1961), Italien (1961), Japan (1964), Kanada (1961), Korea (1996), Luxemburg (1961), Mexiko (1994), Neuseeland (1973), Niederlande (1961), Norwegen (1961), Österreich (1961), Polen (1996), Portugal (1961), Schweden (1961), Schweiz (1961), Spanien (1961), Tschechische Republik (1995), Türkei (1961), Ungarn (1996), Vereinigte Staaten (1961)*

**OeNB** *siehe Oesterreichische Nationalbank*

**Oesterreichische Kontrollbank AG** *siehe Kontrollbank*

**Oesterreichische Nationalbank (OeNB)** *A-1090 Wien, Otto-Wagner-Platz 3, Telefon: 01/404 20-6666 (Service-Telefon), Fax: 0222/404 20-6697, internet: http://www.oenb.co.at/oenb; österreichische Notenbank*

**Operationelles Programm** *Vereinbarung zwischen Kommission und Mitgliedstaat zur Umsetzung der EDPPs; für die Umsetzung werden Begleitausschüsse, die aus Vertretern der Kommission und des Mitgliedstaates bestehen, eingerichtet*

**Osterweiterung** *siehe Erweiterung der EU*

**Ostöffnung** *Ende des real existierenden Sozialismus, 1989 symbolisiert im Fall des Eisernen Vorhangs*

**Ost-West-Fonds** *siehe FGG/Ost-West-Fonds*

**ÖHT** *Österreichische Hotel- und Fremdenverkehrs-Treuhandgesellschaft m.b.H., A-1011 Wien, Parkring 12a, Telefon: 01/515 30-0, Fax: 01/515 30/30; internet: http://www.oeht.at, e-mail: oeht@oeht.at; 1947 gegründete Spezialbank für Tourismusfinanzierungen und -förderungen, verfügt über ein Globaldarlehen der EIB für Investitionen von KMUs in Österreich*

**ÖIR** *Österreichisches Institut für Raumplanung, A-1010 Wien, Franz-Josefs-Kai 27, Telefon: 01/533 87 47, Fax: 01/533 87 47/66; internet: http://www.oir.at, e-mail: kautz@oir.or.at*

**ÖROK** *Österreichische Raumordnungskonferenz, A-1010 Wien, Hohenstaufengasse 3, Telefon: 01/535 34 44-0, Fax: 01/535 34 44/54; internet: http://www.oerok.gv.at, e-mail: oerok@oerok.gv.at; ständige Einrichtung zwischen Bund, Ländern und Gemeinden zur Unterstützung der Kooperation zwischen den Gebietskörperschaften in Fragen der Raumordnung und Regionalpolitik, Geschäftsstelle für die Koordination der Begleitausschüsse*

**Österreichische Hotel- und Fremdenverkehrs-Treuhandgesellschaft m.b.H.** *siehe ÖHT*

**Österreichische Investitionskredit AG** *siehe Investkredit*

**Österreichische Kommunalkredit AG** *siehe Kommunalkredit*

**Österreichische Raumordnungskonferenz** *siehe ÖROK*

**Österreichisches Institut für Raumplanung** *siehe ÖIR*

**Österreichisches Institut für Wirtschaftsforschung** *siehe WIFO*

**Partnerschaft** *Grundsatz für die Vergabe von Strukturfondsmitteln in Abstimmung der Kommission und den Akteuren im Mitgliedsland*

**PEACE** *1995 eingerichtete Gemeinschaftsinitiative zur Förderung des Friedens- und Aussöhnungsprozesses in Nordirland*

**PESCAR** *Gemeinschaftsinitiative zur Umstellung und Neustrukturierung der Fischerei*

**Phare-Programm** *EU-Förderprogramm für Mittel- und Osteuropa, Name bezog sich ursprünglich nur auf Poland and Hungary, Aid for Reconstructing of the Economies, derzeit haben 13 MOEL Anspruch auf Phare-Unterstützung*

**Programmdokument** *siehe EDPP*

**Programmgruppe** *zuständig für die Erstellung eines Regionalentwicklungsplanes, in Österreich auf Bundesländerebene*

**Programmplanung** *Grundsatz für die Vergabe von Strukturfondsmitteln ausschließlich im Rahmen von zielorientierten, mehrjährigen Maßnahmenprogrammen*

**Rahmenprogramm** *die Forschungs- und Technologieförderung der EU wird über sogenannte Rahmenprogramme abgewickelt; derzeit ist das 4. EU-Rahmenprogramm (1994 bis 1998) in Kraft und soll europäische Forschungskooperationen unterstützen, siehe auch EU-Forschungsprogramme*

**Rat der Europäischen Union** *siehe Ministerrat der EU*

**RECHAR** *Gemeinschaftsinitiative zur Förderung der wirtschaftlichen Umstellung in den Kohlerevieren, Koordination durch das Bundesministerium für Wissenschaft und Verkehr in Abstimmung mit den Ländern*

**Referenzzinssatz** *Zinssatz, der zur Berechnung der Förderintensitäten als vergleichbarer Marktzinssatz herangezogen wird und in regelmäßigen Abständen von der Kommission einheitlich für das jeweilige Land festgelegt wird*

**Regierungskonferenz** *zwischen Mitgliedstaaten der EU; derzeit institutioneller Rahmen der Beitrittsverhandlungen*

**Regionalentwicklungsplan** *für jedes Zielgebiet muß vom Mitgliedstaat ein Regionalentwicklungsplan erstellt werden (IST-Situation der Region, Ziele, Maßnahmen, nationale Finanzierung des Planes, Bedarf an EU-Mitteln)*

**Regionalfördergebiete** *siehe nationale Regionalfördergebiete, siehe Kulisse*

**Regional(förder)kulisse** *siehe Kulisse*

**Regional- und Strukturpolitik der EU** *verfolgt das Ziel, Entwicklungsnachteile von Regionen bzw. bestimmten Wirtschaftsbereichen durch Förderungen auszugleichen*

**Regionalzuschlag** *in den Gemeinschaftsrahmen sind für Investitionen in nationalen Regionalfördergebieten höhere Förderintensitäten vorgesehen*

**REGIS** *Gemeinschaftsinitiative zur Förderung der wirtschaftlichen Entwicklung von Regionen an der äußersten Peripherie der EU*

**RESIDER** *Gemeinschaftsinitiative zur wirtschaftlichen Umstellung von Stahlrevieren, Koordination durch das Bundesministerium für Wissenschaft und Verkehr in Abstimmung mit den Ländern*

**Restrukturierungsbeihilfe** *auch Umstrukturierungs- oder Begleitbeihilfe genannt, Unterstützung eines Unternehmens im Rahmen eines weitreichenden Sanierungskonzeptes zur nachhaltigen Restrukturierung*

**RETEX** *Gemeinschaftsinitiative zur Förderung der Diversifizierung der wirtschaftlichen Tätigkeiten der vom Textil- und Bekleidungssektor stark abhängigen Regionen, Koordination durch das Bundesministerium für wirtschaftliche Angelegenheiten in Abstimmung mit Ländern und Wirtschaftskammer*

**Rettungsbeihilfe** *kurzfristige Unterstützung eines akut gefährdeten Unternehmens*

**Richtlinie** *indirekt anwendbares EU-Recht, Rechtsakt des Rates, gibt das zu erreichende Ziel vor; Umsetzung durch nationale Gesetzgebung erforderlich (innerstaatliche Wahl der Form und Mittel)*

**Römische Verträge** *siehe EWG-Vertrag*

**Salzburger Kreditgarantie-Gesellschaft mbH** *A-5020 Salzburg, Julius Raab Platz 1, Telefon: 0662/88 88-311, Fax: 0662/87 16 40; internet: httP://www.sbg.wk.or.at/, e-mail: cdittrich@sbg.wk.or.at; Kreditgarantiegesellschaft des Landes Salzburg*

**Salzburger Strukturverbesserungsfonds** *A-5010 Salzburg, Alpenstraße 48A, Telefon: 0662/80 42-4234, Fax: 0662/80 42/4010; internet: http://www.land-sbg.gv.at/wirtschaft/index.htm, e-mail: post@wirtschaft.land-sbg.gv.at; Fonds zur Gestionierung von Wirtschaftsfördermaßnahmen in Salzburg*

**Salzburger Technologiezentrum Ges.m.b.H.** *A 5020 Salzburg, Jakob-Haringer-Straße 1, Telefon: 0662/45 48 88-0, Fax: 0662/45 48 89; internet: http://www.tcs.co.at/vtoe/salzburg/sz_statt/tz_vorst.htm, e-mail: technoz@tzs.co.at*

**Sanierungsbeihilfe** *siehe Rettungs-, Umstruktierungs-, Begleit- und Restrukturierungsbeihilfen*

**Sektorplanförderung** *branchenbezogene Förderung für ausgewählte Sektoren der Nahrungs- und Genußmittelindustrie mit dem Ziel der Verbesserung und Rationalisierung der Verarbeitungs- und Vermarktungsbedingungen landwirtschaftlicher Erzeugnisse, in Österreich abgewickelt über den ERP-Fonds*

**Sensible Sektoren** *Sektoren der Wirtschaft, die unter Sondervorschriften der Gemeinschaft über staatliche Beihilfen fallen, wie z.B. Textilindustrie, Kunstfaserindustrie, KFZ-Industrie, Stahlindustrie, Schiffbau*

**Sokrates** *Aktionsprogramm im Bereich der allgemeinen Bildung, Bildung für alle Altersstufen und alle Ebenen und ist Teil des Konzeptes „Lebenslanges Lernen“ der Kommission*

**SPD** *Single Programming Document; siehe EDPP*

**Ständige Vertretung Österreichs bei der Europäischen Union** *B-1040 Bruxelles, 30, Avenue de Cortenbergh,*
- *Außenamt, Telefon: 00322/235 51 00, Fax: 00322/234 53 00*
- *Büro der Oesterreichischen Nationalbank, Telefon: 00322/285 48 42, Fax: 00322/285 48 48, internet: http://www.oenb.co.at/oenb, e-mail: bankier@oenb.co.at*
- *Verbindungsstelle der Länder, Telefon: 00322/230 54 43, Fax: 00322/230 25 44, e-mail: vstb@tbxa.telecom.at*
- *Bundesarbeitskammer, Telefon: 00322/230 62 54, Fax: 00322/230 29 73, e-mail: bak@ pophost.eunet.be*
- *ÖGB-Europabüro, Telefon: 00322/230 74 63, Fax: 00322/231 17 10, e-mail: oegb.europe@oegb.or.at*
- *EU-Außenhandelsstelle Wirtschaftskammer, Telefon: 00322/ 230 91 49, Fax: 00322/ 230 67 76, internet: http://www.wk.or.at, e-mail: bruesseleu@ahst.bruesseleu.wk.or.at*
- *Präsidentenkonferenz der Landwirtschaftskammern, Telefon: 00322/285 46 70, Fax: 00322/285 46 71, e-mail: pklwkbru@pophost.eunet.be*
- *Vereinigung der Österreichischen Industrie (Industriellenvereinigung; IV), Telefon: 00322/231 18 47, Fax: 00322/230 95 92; internet: http://www.iv.brussels.voei.ada.at, e-mail: iv.brussels@voei.at*
- *Österreichischer Städtebund, Telefon: 00322/282 06 80, Fax: 00322/282 06 82, internet: http://staedtebund.wien.at/, e-mail: oesterr.staedtebund-bxl@pophost.euneut.be*

**Steirische Wirtschaftsförderungsgesellschaft m.b.H.** *A-8020 Graz, Grieskai 2, Telefon: 0316/70 94-0, Fax: 0316/70 94/93, internet: http://sfg.co.at, e-mail: office@sfg.co.at; Gesellschaft zur Gestionierung von Wirtschaftsfördermaßnahmen in der Steiermark*

**Stellungnahme** *Rechtsakte des Rates, nicht verbindlich*

**Strukturfonds** *EAGFL, EFRE und ESF sind die Strukturfonds der EU; Ziel ist es, regionale und soziale Ungleichgewichte sowie naturräumlich bedingte Produktionsunterschiede innerhalb der EU auszugleichen*

**Strukturierter Dialog** *der strukturierte Dialog ist eine der beim Europäischen Rat in Essen im Dezember 1994 vereinbarten Maßnahmen im Rahmen der EU-Vorbeitrittsstrategie für die MOEL; er besteht in regelmäßigen Treffen der MOEL-Minister mit ihren EU-Fachkollegen im Anschluß an Tagungen von EU-Ministerräten;. Ziel ist wechselseitige Information über Entwicklungen und Einschätzungen von beiderseitigem Interesse; er wurde – entsprechend den Schlußfolgerungen des Europäischen Rates von Luxemburg – in die Europakonferenz übergeführt*

**Stufen zur Währungsunion** *es wurden 3 Stufen zur Währungsunion festgelegt:*

*1. Stufe: 1. 7. 1990*
- *völlige Freiheit des Kapitalverkehrs*
- *verstärkte Zusammenarbeit zwischen den Zentralbanken*

*2. Stufe: 1. 1. 1994*
- *Gründung des Europäischen Währungsinstitutes*
- *Geld- und Währungspolitik bleiben in nationaler Verantwortung*
- *verstärkte Koordination der Geld- und Währungspolitik*
- *Vorbereitung der 3. Stufe*

*3. Stufe: 1. 1. 1999*
- *endgültige Fixierung der Wechselkurse der teilnehmenden Währungen*
- *einheitliche Geld- und Währungspolitik und Übergang zum EURO;*

*siehe Gemeinschaftswährung, siehe Euro-Einführung, siehe Wirtschafts- und Währungsunion*

**Subsidiaritätsprinzip** *Grundsatz aus dem Bereich der österreichischen Landesförderungen, wonach die jeweilige Landesförderung eine entsprechende Bundesförderung voraussetzt (Anschlußförderungen)*

**Subsidiaritätsprinzip der EU** *die Fördermittel der EU werden grundsätzlich nur als Ergänzung zu innerstaatlichen Förderungen vergeben*

**Tacis** *Förderprogramm der EU für die Neuen Unabhängigen Staaten (UdSSR-Nachfolgestaaten) und die Mongolei*

**TECH-INVEST SALZBURG Gesellschaft für Betriebsansiedlung, Wirtschaft und Technologie mbH.** *A-5027 Salzburg, Faberstraße 18, Telefon: 0662/88 27 41, Fax: 0662/88 27 41/20, e-mail: ti@tzs.co.at*

**Technologieland Kärnten Ges.m.b.H.** *siehe TLK*

**TLK** *Technologieland Kärnten Ges.m.b.H., A-9020 Klagenfurt, Heuplatz 2, Telefon: 0463/55 800-62, Fax: 0463/55 800/63, internet: http://www.ba.co.at/ba, e-mail: ba@tlk.co.at; für Gründer- und Technologiezentren sowie Betriebsansiedlungen, Standortmarketing zuständig*

**TMG** *Oberösterreichische Technologie- und Marketinggesellschaft m.b.H., A-4020 Linz, Landstraße 3, 4. Stock, Telefon: 0732/798 10, Fax: 0732/798 10/8; internet: http://www.tmg.or.at, e-mail: info@tmg.or.at*

**TSMS** *Technology Stimulation Measures for SMEs, Sonderaktion des 4. EU-Rahmenprogrammes für KMUs, Vorgängeraktion: CRAFT*

**UFG** *Umweltförderungsgesetz, Bundesgesetz über die Förderung von Maßnahmen in den Bereichen der Wasserwirtschaft, der Umwelt, der Altlastensanierung und zum Schutz der Umwelt im Ausland, BGBl. Nr. 185/1993, Änderung des UFG 14. 8. 1997, BGBl. I Nr. 96/1997*

**Umstrukturierungsbeihilfe** *siehe Restrukturierungsbeihilfe, siehe Begleitbeihilfe*

**Umweltförderungsgesetz** *siehe UFG*

**Umweltschutz** *Förderschwerpunkt der EU, umfaßt betriebliche Umweltschutzinvestitionen in den Bereichen Luftreinhaltung, Verringerung von Lärmbelastungen, Behandlung von Abfällen, Abwasser*

**Unabhängigkeitskriterium** *independence test; als unabhängig gelten Unternehmen, die nicht zu 25 % oder mehr % des Kapitals oder der Stimmanteile im Eigentum von einem oder mehreren Unternehmen gemeinsam stehen, die die KMU-Definition nicht erfüllen. Diese 25 %-Grenze kann in zwei Fällen überschritten werden:*

- *wenn das Unternehmen im Eigentum von öffentlichen Beteiligungsgesellschaften, Risikokapitalgesellschaften oder institutionellen Anlegern steht und diese weder einzeln noch gemeinsam Kontrolle über das Unternehmen ausüben*
- *wenn aufgrund der Streuung des Kapitals nicht ermittelt werden kann, wer die Unternehmensanteile hält und das Unternehmen begründen kann, daß es nicht zu 25 % oder mehr % seines Kapitals im Eigentum von einem oder mehreren Unternehmen gemeinsam steht, die die KMU-Definition nicht erfüllen.*

*Die Bedingung der Unabhängigkeit (Eigenständigkeit) geht davon aus, das über einem Beteiligungsausmaß von 25 Prozent Kontrollrechte wirksam sind. Verbundene Unternehmen mit einer direkten oder indirekten kapitalmäßigen Verschränkung von 25 Prozent oder mehr sind bei der Berechnung der Finanzschwellen und Beschäftigtenzahlen als Unternehmensgruppe zu betrachten. Die Daten sind entsprechend zu konsolidieren. Die Wirtschaftsgrup-*

*pe muß den KMU-Status erfüllen, um eine Förderung an ein Unternehmen aus der Gruppe unter KMU-Vorzugsbedingungen zu begründen.*

**URBAN** *Gemeinschaftsinitiative für städtische Gebiete und Ballungsräume; in Wien betrifft URBAN die Problemgebiete des Westgürtels (Bezirke Meidling, Rudolfsheim-Fünfhaus, Ottakring, Hernals, sowie auf der Innengürtelzone die Bezirke Mariahilf, Neubau, Josefstadt und Alsergrund)*

**URBAN-Büro** *A-1160 Wien, Payergasse 12/Yppenplatz, Telefon: 01/403 29 22-10, Fax: 01/403 29 22/19, Beratungsstelle über die Gemeinschaftsinitiative URBAN und das Programm „Urban Wien – Gürtel Plus"*

**Verbindungsbüros** *der österreichischen Bundesländer in Brüssel*

*Burgenland: Mag. Andrea Seelig-Krainer, B-1000 Bruxelles, 39, Rue Montoyer, Telefon: 00322/514 30 11, Fax: 00322/514 23 91, e-mail: postbruessel@bgld.gv.at*

*Kärnten: Mag. Renate Haustrate-Assam, B-1040 Bruxelles, Avenue d'Auderghem 67, Telefon: 00322/282 49 10, Fax: 00322/280 43 80, e-mail: kaernten.vbb@club.innet.be*

*Niederösterreich: Mag. Roland Langthaler, Mag. Christof Planitzer, B-1000 Bruxelles, 14, Rue Montoyer, Telefon: 00322/549 06 60, Fax: 00322/502 60 09, e-mail: noevbb@compuserve.com*

*Oberösterreich: Dr. Gerald Lonauer, B-1000 Bruxelles, 36, Rue Joseph II, Telefon: 00322/223 14 04, Fax: 00322/219 20 87, internet: http://www.ooe.gv.at, e-mail: eub.post@ooe.gv.at*

*Salzburg: Mag. Gritlind Kettl, B-1030 Bruxelles, 107, Rue Frédéric Pelletier, Telefon: 00322/743 07 60, Fax: 00322/743 07 61, e-mail: salzburg.kettl@skynet.be*

*Steiermark: Mag. Erich Korzinek, Mag. Claudia Suppan, B-1000 Bruxelles, 8, Place de Gueux, Telefon: 00322/732 03 61, Fax: 00322/732 12 63, e-mail: steiermark.office@euronet.be*

*Tirol: Dr. Richard Seeber, B-1000 Bruxelles, 52, Avenue de Cortenbergh, Telefon: 00322/743 27 00, Fax: 00322/742 09 80, e-mail: eurotirol@pandora.be*

*Wien: Mag. Wolfgang Müller, B-1040 Bruxelles, Maison de Vienne, 58, Avenue de Tervuren, Telefon: 00322/743 85 00, Fax: 00322/733 56 78, e-mail: post@be.magwien.gv.at*

*Wiener Wirtschaftsförderungsfonds: Mag. Monika Kaschnitz, B-1040 Bruxelles, Maison de Vienne, 58, Avenue de Tervuren, Telefon: 00322/743 85 15, Fax: 00322/733 70 58, internet: http://www.wwff.gv.at, e-mail: uho@be.magwien.gv.at*

**Vereinigung der Österreichischen Industrie** *(Industriellenvereinigung; IV), A-1031 Wien, Schwarzenbergplatz 4, Telefon: 01/711 35-0, Fax: 01/711 35/2910, internet: http://www.voei.at/iv, e-mail: ivaustria@voei.ada.at; Interessenvertretung der Industrie*

**Vereinigung der Österreichischen Industrie – Büro Brüssel** *siehe Ständige Vertretung Österreichs bei der Europäischen Union*

**Verordnung** *Rechtsakte des Rates, hat allgemeine Geltung, ist in allen ihren Teilen verbindlich und gilt unmittelbar in jedem Mitgliedstaat*

**Vertrag über die Europäische Union** *siehe EU, siehe Maastricht*

**Vertrag von Rom** *siehe EWG-Vertrag*

**Vier Freiheiten** *Freiheit des Personen-, Waren-, Dienstleistungs- und Kapitalverkehrs*

**Viertes EU-Rahmenprogramm** *siehe Rahmenprogramm, siehe EU-Forschungsprogramme*

**Vorbeitrittsstrategie** *siehe Heranführungsstrategie*

**Währungsausschuß** *von den Mitgliedstaaten und der Kommission beschickter Ausschuß, bereitet Entscheidungen des ECOFIN-Rates vor und wirkt an den Vorbereitungsarbeiten für die Wirtschafts- und Währungsunion (WWU) mit*

**Weißbuch** *Publikationen der Kommission zu bestimmten Themen, Diskussionsergebnisse der Mitgliedsländer sind berücksichtigt*

**Wettbewerbskulisse** *Festlegung von Regionen aus besonderen regionalpolitischen Überlegungen; nationale Regionalfördergebiete nach dem EWR/EU-Beihilfenrecht (Art. 92 EG-Vertrag und Art. 61 EWR-Abkommen), in denen höhere Förderintensitäten im Rahmen der EU-konformen Unternehmensförderung möglich sind (für Österreich im Mai 1994 festgelegt), gilt in der Verlängerung voraussichtlich bis Ende 1999, in nationalen Regionalfördergebieten, die nicht an MOEL angrenzen, ist mit einer Reduktion der zulässigen Förderhöchstsätze um 3 bis 5 Prozentpunkte zu rechnen, siehe Kulissen*

**Wettbewerbspolitik der EU** *beinhaltet Maßnahmen zur Gestaltung gleicher Wettbewerbsbedingungen für Unternehmen in der EU*

**Wettbewerbsregeln** *laut Art. 92 EG-Vertrag und Art. 61 EWR-Abkommen sind alle Vorgangsweisen untersagt, die den Wettbewerb innerhalb des Gemeinsamen Marktes verhindern, einschränken, verfälschen oder zu verfälschen drohen*

**WIBAG** *Wirtschaftsservice Burgenland AG, A-7000 Eisenstadt, Marktstraße 3, Telefon: 02682/704 21-0, Fax: 02682/704 21/10; internet: http://www.bnet.co.at/wibag/, e-mail: wibag @bgld.co.at; 1994 gegründete Gesellschaft zur Gestionierung aller Wirtschaftsfördermaßnahmen des Burgenlandes*

**Wiener Institut für Internationale Wirtschaftsvergleiche** *siehe WIIW*

**Wiener Kreditbürgschaftsgesellschaft m.b.H.** *A-1030 Wien, Am Modenapark 1–2, Telefon: 01/712 52 59-0, Fax: 01/712 52 59/28; Kreditbürgschaftsgesellschaft des Landes Wien*

**Wiener Wirtschaftsförderungsfonds** *siehe WWFF*

**WIFO** *Österreichisches Institut für Wirtschaftsforschung, A-1030 Wien, Arsenal Objekt 20, Telefon: 01/798 26 01-0, Fax: 01/798 93 86, internet: http://www.wifo.ac.at, e-mail: mayerhf @wifo.ac.at; unabhängiges Wirtschaftsforschungsinstitut in Österreich*

**WIIW** *Wiener Institut für Internationale Wirtschaftsvergleiche, A-1010 Wien, Oppolzergasse 6, Telefon: 01/533 66 10, Fax: 01/533 66 10/50, internet: http://www.wiiw.ac.at, e-mail: wiiw@wsr.ac.at; auf MOEL spezialisiertes Forschungsinstitut*

**Wirtschaftskammer Burgenland** *A-7000 Eisenstadt, Robert Graf-Platz 1, Telefon: 02682/695-0, Fax: 02682/695/105, internet: http://www.wk.or.at, e-mail: wkbgld@wkbgld. wk.or.at*

**Wirtschaftskammer Kärnten** *A-9020 Klagenfurt, Bahnhofstraße 42, Telefon: 0463/58 68-0, Fax: 0463/58 68/804; internet: http://www.wk.or.at/wkktn, e-mail: natmessm@wkktn. wk.or.at*

**Wirtschaftskammer Niederösterreich** *A-1014 Wien, Herrengasse 10, Telefon: 01/534 66-0, Fax: 01/534 66/400, internet: http://www.wk.or.at/noe/, e-mail: wknoe.@noe.wk.or.at*

**Wirtschaftskammer Oberösterreich** *A-4010 Linz, Hessenplatz 3, Telefon: 0732/7800-0, Fax: 0732/7800/444, internet: http://www.wk.or.at/w3wkooe/, e-mail: wkammer@wkooe.wk. or.at*

**Wirtschaftskammer Österreich** *A-1045 Wien, Wiedner Haupstraße 63, Telefon: 01/501 05-0, Fax: 01/502 06/250, internet: http://www.wk.or.at, e-mail: andrecsr@aw.wk. or.at; Interessenvertretung der österreichischen Wirtschaft*

**Wirtschaftskammer Salzburg** *A-5027 Salzburg, Julius-Raab-Platz 1, Telefon: 0662/88 88-0, Fax: 0662/87 16 40, internet: http://www.sbg.wk.or.at/, e-mail: bfanninger@sbg.wk.or.at*

**Wirtschaftskammer Steiermark** *A-8021 Graz, Körblergasse 111–113, Telefon: 0316/601-0, Fax: 0316/601/427, internet: http://www.wk.or.at/wkstmk/, e-mail: stpresse@wkstmk.wk.or.at*

**Wirtschaftskammer Tirol** *A-6021 Innsbruck, Meinhardstraße 14, Telefon: 0512/53 10-0, Fax: 0512/53 10/467, internet: http://www.tirol.wk.or.at, e-mail: aw@tirol.wk.or.at*

**Wirtschaftskammer Vorarlberg** *A-6800 Feldkirch, Wichnergasse 9, Telefon: 05522/305-0, Fax: 05522/79 666, internet: http://www.wkv.at, e-mail: praesidium@wkv.at*

**Wirtschaftskammer Wien** *A-1010 Wien, Stubenring 8–10, Telefon: 01/51 450-0, Fax: 01/513 77 87, internet: http://www.wk.or.at, e-mail: ischmoranz@wien.wk.or.at*

**Wirtschaftsservice Burgenland AG** *siehe WIBAG*

**Wirtschafts- und Sozialausschuß (WSA)** *Sitz in Brüssel, drei Gruppen: Arbeitgeber, Arbeitnehmer, andere Interessengruppen (insbesondere Landwirte, Konsumenten, Freie Berufe); errichtet 1957; Ziel ist es, die verschiedenen Verbände und Gewerkschaften an der Verwirklichung der EU zu beteiligen, wird zu den meisten Gemeinschaftsbeschlüssen gehört und kann auch aus eigner Initiative Stellungnahmen abgeben; Interessenvertretung der Sozialpartner, beratendes EU-Organ*

**Wirtschafts- und Währungsunion (WWU)** *begründet durch den Vertrag von Maastricht mit dem vorrangigen Ziel, eine gemeinsame Währung einzuführen; Errichtung einer Europäischen Zentralbank, siehe EZB, und einer gemeinsamen Geldpolitik*

**WSA** *siehe Wirtschafts- und Sozialausschuß*

**WWFF** *Wiener Wirtschaftsförderungsfonds, A-1082 Wien, Ebendorferstraße 2, Telefon: 01/4000-86 794 Fax: 01/4000/7070; internet: http://www.wwff.gv.at, e-mail: vienna@wwff.gv.at; Fonds zur Gestionierung von Wirtschaftsfördermaßnahmen in Wien*

**WWU** *siehe Wirtschafts- und Währungsunion*

**YOUTHSTART** *Gemeinschaftsinitiative zur Bekämpfung der Arbeitslosigkeit von Jugendlichen, Teil von EMPLOYMENT*

**Ziele** *die Mittel aus den Strukturfonds (EAGFL, EFRE, ESF) werden zur Erreichung von 6 Zielen eingesetzt*

- ***Ziel 1*** *Förderung der Entwicklung und der strukturellen Anpassung der Regionen mit erheblichem Entwicklungsrückstand*
- ***Ziel 2*** *Umstellung von Regionen, die von der rückläufigen industriellen Entwicklung schwer betroffen sind*
- ***Ziel 3*** *Bekämpfung der Langzeitarbeitslosigkeit und Erleichterung der Eingliederung von Jugendlichen und sonstigen Problemgruppen in das Erwerbsleben*
- ***Ziel 4*** *Erleichterung der Anpassung der Arbeitskräfte an den industriellen Wandel*
- ***Ziel 5a*** *Förderung der Entwicklung des ländlichen Raumes durch beschleunigte Anpassung der Agrarstrukturen im Rahmen der Reform der Gemeinsamen Agrarpolitik*
- ***Ziel 5b*** *Förderung der Entwicklung des ländlichen Raumes durch Erleichterung der Entwicklung und der Strukturanpassung der ländlichen Gebiete*
- ***Ziel 6*** *Förderung „subarktischer" Regionen*

*Im Rahmen der Strukturfondsreform werden 3 neue Ziele anstelle der 7 geltenden diskutiert; Ziel 1 soll beibehalten werden; Ziel 2 neu soll Regionen offenstehen, die Teil der nationalen Fördergebietskulisse sind, überdurchschnittlich hohe Arbeitslosigkeit und großen Umstrukturierungsbedarf aufweisen. Ziel 3 neu betrifft die Bekämpfung von Arbeitslosigkeit*

**Zielgebiete** *siehe Zielgebietskulisse*

**Zielgebietskulisse** *Festlegung von Regionen entsprechend dem Zielkatalog der Strukturfonds; für Österreich im Februar 1995 festgelegt; gilt bis 31. 12. 1999 wesentlich für die subsidiäre Erlangung von Strukturfondsmitteln im Wege der Kofinanzierung, neue Zielgebietskulisse wird im Rahmen der Reform der Strukturfonds festgelegt, siehe Kulissen*

**Zielprogramme** *siehe EDPP*

**Zinsenzuschüsse** *siehe Förderart*

**Zinsgünstige Kredite** *siehe Förderart*

**Zusätzlichkeit der Mittel** *siehe Additionalität*

# Literatur


**Aiginger, K.**, *Effizienzprüfung der TOP-Aktionen, Studie des WIFO im Auftrag des Wirtschaftsministeriums, Wien 1989*

**Aiginger, K./Bayer, K.**, *Industrieinvestitionen in Österreich, Schriftenreihe der Investkredit, Band 7/8, Wien 1982*

**Arbeitsmarktservice Österreich,** *esf-news*

**Arbeitsunterlage** *der GD IV betreffend die Überprüfung des Gemeinschaftsrahmens für staatliche Beihilfen an kleine und mittlere Unternehmen, Entwurf vom 10. 5. 1995*

**Androsch H.**, *Investitionsleitfaden Osteuropa, Wirtschaftsverlag Carl Ueberreuter, Wien 1996*

**Bank Austria AG,**

- *Investitions- und EU-Förderungen im Überblick, Band I und II, Wien 1997*
- *EU-Finanzierungen und Regional-Förderungen für Wien, Niederösterreich, Burgenland, Steiermark und Kärnten, Wien 1997*
- *EU-Finanzierungen und Regional-Förderungen für Oberösterreich, Salzburg, Tirol und Vorarlberg, Wien 1997*

**Bauer, H./Schmied, C.**, *„Wirtschaftsstandort Österreich I und II", Finanznachrichten 20, 21/22, 1996*

**BIT**, *InFoTeKo, Bulletin für internationale Forschungs- und Technologie-Kooperation*

**Bittermann, F.**, *„Unternehmensförderung in Österreich", expert verlag, Renningen-Malmsheim 1995*

**Böheim M.**, *„Die Zukunft der Wirtschaftsförderung in Österreich", WIFO-Monatsberichte 4/1998*

**Brandstetter, G.**, *EURO-ABC, Lexikon der wichtigsten EU-Abkürzungen und Initialwörter, Ueberreuter, Wien 1995*

**Breuss, F.**, *„Die vierte EU-Erweiterung – um Österreich, Finnland und Schweden", WIFO-Monatsberichte, 2/1995*

**Bundeskanzleramt,** *Europa-Information, „Förderungen ab EU-Beitritt", Wien 1994*

**Bundeskanzleramt,** *EU-Strukturfonds in Österreich: Stand der Vorbereitungen, Wien 1995 (mimeo)*

**Bundeskanzleramt,** *Regionalpolitik & EU: Regionalprogramm in Österreich mit Beteiligung der EU-Strukturfonds, Wien 1995, 1996*

**Bundeskanzleramt,** *Regionalpolitik und EU-Strukturfonds in Österreich 1995–1999, Stand der Umsetzung 1996, Wien 1997*

**Bundeskanzleramt,** *Regionalpolitik und EU-Strukturfonds in Österreich 1995–1999, Ideen entwickeln – Projekte realisieren, Wien 1997*

**Bundesministerium für Arbeit, Gesundheit und Soziales** *(Hrsg.), esf-Handbuch, Wien 1997*

**Bundesregierung/Wiener Zeitung,** *Beitrittsvertrag Österreich – EU im Wortlaut, 3 Teile, 12. 4. 1994*

**Community Framework for State Aids for Research and Development** *Official Journal of the European Communities, No C 83/2, 11. 4. 1986*

**Creditanstalt,** *Förderprogramme der Europäischen Union, Wien 1996*

**EFTA** *Surveillance Authority, Procedural and Substantive Rules in the Field of State Aid, Brüssel 1994 („ESA-Rules")*

**Erhart, M.,** *„Checkliste zum Beihilfenrecht in EU und EWR", Wirtschaftskammer Österreich, Wien 1994*

**Erhart, M.,** *„Das 1 x 1 des Beihilfenrechts in EU und EWR", Wirtschaftskammer Österreich, Wien 1994*

**Erhart, M.,** *„Leitfaden zum EWR-Beihilfenrecht", Wirtschaftskammer Österreich, Wien 1994*

**Erste Bank der oesterreichischen Sparkassen AG,** *Investitionsförderungen für österreichische Unternehmen, Wien 1998*

**Europäische Kommission,** *Grundsätzliche Regelungen auf dem Gebiet der Regionalbeihilfen, Amtsblatt Nr. C 111, 4. 11. 1971*

**Europäische Kommission,** *Mitteilung der Kommission über die Methode zur Anwendung von Artikel 92 Absätze 3 a) und c) auf Regionalbeihilfen, Amtsblatt der Europäischen Gemeinschaften Nr. C 212/02, 1988*

**Europäische Kommission,** *Strukturfonds der Gemeinschaft 1994–1999, Luxemburg 1993*

**Europäische Kommission,** *„Strukturfonds 1994–1999, Grünbuch über die Gemeinschaftsinitiativen", Information, Brüssel 1993*

**Europäische Kommission,**, *„Strukturfonds der Gemeinschaft 1994–1999", Verordnungstexte und Erläuterungen, Luxemburg 1993*

**Europäische Kommission,** *Verfahrens- und materiellrechtliche Vorschriften auf dem Gebiet der staatlichen Beihilfen, Amtsblatt der Europäischen Gemeinschaften Nr. L 231, 3. 9. 1994*

**Europäische Kommission,** *Fünfter Periodischer Bericht über die sozioökonomische Lage und Entwicklung der Regionen der Gemeinschaft, Brüssel 1994*

**Europäische Kommission,** *JOPP, Joint Venture Phare Programm, Luxemburg 1994*

**Europäische Kommission,** *„Leitfaden der Gemeinschaftsinitiativen 1994–1999", Luxemburg 1994*

**Europäische Kommission,** *Leitlinien für Beschäftigungsbeihilfen, Amtsblatt der Europäischen Gemeinschaften Nr. C 334, 1995*

**Europäische Kommission,** *Generaldirektion IV-Wettbewerb, Die Wettbewerbspolitik der Europäischen Gemeinschaft, XXV. Bericht über die Wettbewerbspolitik, Luxemburg 1996*

**Europäische Kommission,**, *Generaldirektion IV Wettbewerb, Wettbewerbsrecht in den Europäischen Gemeinschaften, Band IIA Wettbewerbsregeln für staatliche Beihilfen, Brüssel/Luxemburg 1995*

**Europäische Kommission,** *Der Europäische Sozialfonds, Luxemburg 1995*

**Europäische Kommission,** *Die Organe und Institutionen der Europäischen Union, Luxemburg 1995*

**Europäische Kommission,** *Grünbuch zur Innovation, Bulletin der Europäischen Union, Beilage 5/95, Brüssel/Luxemburg 1996*

**Europäische Kommission,** *Mitteilung der Kommission über „De-minimis"-Beihilfen, Amtsblatt der Europäischen Gemeinschaften Nr. C 68, 1996*

**Europäische Kommission,** *Wachstum, Wettbewerbsfähigkeit, Beschäftigung, Herausforderungen der Gegenwart und Wege ins 21. Jahrhundert, Weißbuch, Brüssel/Luxemburg 1994*

**Europäische Kommission,** *Grünbuch über die praktischen Fragen des Übergangs zur einheitlichen Währung, Brüssel 1995*

**Europäische Kommission,** *Leitlinie für die Beurteilung von staatlichen Beihilfen zur Rettung und Umstrukturierung von Unternehmen in Schwierigkeiten, Amtsblatt der Europäischen Gemeinschaften Nr. C 283, 1997*

**Europäische Kommission,** *„Leitlinien für staatliche Beihilfen mit regionaler Zielsetzung", 24. 2. 1998*

**Europäische Kommission,** *Agenda 2000 – Eine stärkere und erweiterte Union, Bulletin der Europäischen Union, Beilage 5/97*

**Europäische Kommission,** *Agenda 2000: Legislativvorschläge, Brüssel 18. 3. 1998*

**Europäischer Rat,** *Verordnung des Rates vom 20. Juli 1993 über Aufgaben und Effizienz der Strukturfonds und über die Koordinierung ihrer Interventionen untereinander sowie mit denen der Europäischen Investitionsbank und der anderen vorhandenen Finanzinstrumente, Amtsblatt der Europäischen Gemeinschaften Nr. L 193/5, 1993*

**Europäischer Rat (Luxemburg),** *Schlußfolgerungen des Vorsitzes, 12. und 13. Dezember 1997*

**Fischler, F.,** *(1997a), „Die EU-Osterweiterung – Konsequenzen für den Agrarbereich", CA-aktuell, 1997/I*

**Fischler, F.,** *(1997b), Agenda 2000 – Chancen für die EU-Osterweiterung, Vortrag, Haus der Industrie, 7. 11. 1997*

**Gemeinschaftsrahmen für staatliche Beihilfen an kleine und mittlere Unternehmen,** *Amtsblatt der Europäischen Gemeinschaften Nr. C 213/2, 19. 8. 1992; Amtsblatt der Europäischen Gemeinschaften, 14. 3. 1996*

**Gemeinschaftsrahmen für staatliche Forschungs- und Entwicklungsbeihilfen,** *Amtsblatt der Europäischen Gemeinschaften, Nr. C 45/5, 17. 2. 1996*

**Gemeinschaftsrahmen für staatliche Umweltschutzbeihilfen,** *Amtsblatt der Europäischen Gemeinschaften Nr. C 72, 10. 3. 1994*

**Gemeinschaftsrahmen für staatliche Beihilfen in der Kfz-Industrie,** *Amtsblatt der Europäischen Gemeinschaften Nr. C 279, 1997*

**Gemeinschaftsrahmen betreffend staatliche Investitionsbeihilfen für die Verarbeitung und Vermarktung landwirtschaftlicher Erzeugnisse,** *Amtsblatt der Europäischen Gemeinschaften Nr. C 29, 1996*

**Gravert-Jenny, U.,** *„Neue Verwirrungen aus Brüssel: EU-Gemeinschaftsinitiativen", Zeitschrift für Gemeinwirtschaft, 6/1994*

**Gretschmann, K.,** *„Reform der Struktur- und Regionalpolitik der EU", Gutachten für das Bundesministerium für wirtschaftliche Angelegenheiten, Aachen, Maastricht und Linz im November 1997*

**Haas, H.,** *„Neue Wege der Förderungsfinanzierung durch den Beitritt zur Europäischen Union", Zeitschrift für Gemeinwirtschaft, 6/1994*

**Hofer, H./Wörgötter, A.,** *„Regional Convergence in Austria", Institut für Höhere Studien, Forschungsbericht, 1993*

**Hutschenreiter, G.,** *„Die Regionale Innovationsprämie", Eine begleitende Evaluierung, WIFO, Wien 1993*

**Industriellenvereinigung,** *Wettbewerbsrecht und -verfahren für Unternehmen im EWR, Europainformation Nr. 27/93*

**Industriellenvereinigung,** *Leitfaden zur EU-Forschung – Das 4. Rahmenprogramm (1994*

–1998), *Europainformation Nr. 36/93*

**Industriellenvereinigung/Euro Info Centre,** *Staatliche Beihilfen in der EU – Ein Leitfaden zum Beihilfenwesen und zu Wettbewerbsfragen für Unternehmen, Europainformation Nr. 50/98*

**Investkredit,** *„Österreich in Europa. Eine Förder-Information" Eigenverlag Investkredit, Wien 1994*

**Investkredit,** *Investitionsförderung in Österreich, Eigenverlag Investkredit, Wien 1997*

**Investkredit,** *unveröffentlichte Unterlagen zu folgenden EU-Privatissima:*
*9. 5. 1994, „EU-Konformität österreichischer Förderungen", Mag. Heinz Zourek, EFTA Surveillance Authority*
*23. 6. 1994, „EWR/EU-Beihilfenrecht", Dr. Wolfgang Mederer, EFTA Surveillance Authority*
*1. 7. 1994, „Regionalförderung", DI Rudolf Schicker, Österreichische Raumordnungskonferenz*
*20. 7. 1994, „Förderungsmöglichkeiten der EIB", Joachim Link, Frances Cooper, Europäische Investitionsbank*
*22. 8. 1994, „Erfahrungen bei der Genehmigungspraxis der Kommission für Großprojekte", Mag. Thomas Wieser, Bundesministerium für Finanzen*
*25. 8. 1994, „Regionalförderung im Rahmen des EU-Strukturfonds (institutionelle Schwerpunkte)", DI Mag. Wolf-Dietrich Huber, Bundeskanzleramt*
*6. 9. 1994, „Forschungs- und Technologieprogramme der EU", DI Manfred Horvat, Büro für internationale Forschungs- und Technologiekooperation*
*12. 9. 1994, „Vision und Wirklichkeit europäischer Regionalpolitik: Fallbeispiel Burgenland", Mag. Andrea Seelig-Krainer, Amt der Burgenländischen Landesregierung*
*24. 10. 1994, „EGKS und andere Darlehensfinanzierungen der Gemeinschaft", Dieter Engel, Europäische Kommission*
*18. 1. 1995, „Erfahrungen der IKB mit europäischen Förderungen", Rudolf v. Bünau, IKB Deutsche Industriebank AG*
*14. 3. 1995, „JOPP Joint Venture Phare Programme and Joint Venture Programme TACIS", Jean-Marie Magnette, Europäische Kommission*
*1. 12. 1995, „Der ESF im Überblick", Mag. Michael Förschner, Bundesministerium für Arbeit und Soziales*
*25. 4. 1996, „Regionale Gemeinschaftsinitiativen", Mag. Susanne Rafalzik, Bundeskanzleramt*

**Knapp, H.,** *„Wo bekommt wer wieviel wofür? EU-Weitwanderweg durch den Förderdschungel", Finanznachrichten 39/1995*

**Kramer, H.,** *u.a. Österreich in der Europäischen Union, Sonderheft der WIFO-Monatsberichte 1994*

**Kreisky, P.,** *„Österreichische Regionalpolitik im Verhältnis zur regionalen Struktur- und Wettbewerbspolitik der EG", Materialien zu Wirtschaft und Gesellschaft Nr. 51, Kammer für Arbeiter und Angestellte für Wien, 1993*

**Mayerhofer, P.,** *„Österreichs Regionalförderung nach dem EU-Beitritt", WIFO-Monatsberichte, 5/1995*

**Mayerhofer, P.,** *Wirtschaftsförderung in Wien. Probleme und Reformvorschläge unter Berücksichtigung der neuen geopolitischen Rahmenbedingungen, Studie des WIFO im Auftrag der Arbeiterkammer Wien, 1994*

**Mayerhofer, P./Palme, G.,** *„Regionales Wirtschaftskonzept für die Agglomeration Wien (Wien und Umland)", Studie des WIFO im Auftrag der ÖROK, Wien 1994*

**Mayerhofer, P./Palme, G.,** *„Regionaler Strukturwandel und EU-Regionalpolitik", WIFO-*

*Monatsberichte, Sonderheft, Mai 1994*

**Natter, E.**, *„Arbeitsmarktpolitik: Erweiterung und Veränderung durch den Europäischen Sozialfonds", in: Tálos, E., Falkner, G., EU-Mitglied Österreich – Gegenwart und Perspektiven: Eine Zwischenbilanz, Wien 1996*

**Natter, E.**, *„Der Europäische Sozialfonds: Versuch einer europäischen Arbeitsmarktpolitik?", in: Slupetzky, W., Europa ohne Arbeit?, Stuttgart 1997*

**Nitsche, W.**, *„EU-Osterweiterung, eine österreichische Sicht", CA-Quarterly I/1998*

**Obernosterer, K./Sollgruber, J.**, *„Förderungen und Steuern in der EU", CA-aktuell, Wien April 1994*

**Obernosterer, K./Erhart, M./Ziegler, R.**, *„EU-Praxis für Klein- und Mittelbetriebe", Signum 1997*

**ÖROK**, *„Österreichisches Raumordnungskonzept 1981", Schriftenreihe der ÖROK, 28/1982*

**ÖROK**, *„Österreichisches Raumordnungskonzept 1991", Schriftenreihe der ÖROK, 96/1992*

**ÖROK**, *„Aktionsprogramme und transnationale Netzwerke der Europäischen Union mit regional bedeutsamen Schwerpunkten", Schriftenreihe der ORÖK, 115/1994*

**ÖROK**, *Informationshandbuch, „EU-Gemeinschaftsinitiativen", Schriftenreihe der ÖROK, 117/1994*

**ÖROK**, *Informationshandbuch II, „EU-Gemeinschaftsinitiativen", Schriftenreihe der ÖROK, 119/1994*

**ÖROK**, *„Regionalwirtschaftliches Konzept Burgenland", Endbericht, GZ.: 92-021, 5. 12. 1993*

**ÖROK**, *„ÖROK-Atlas zur räumlichen Entwicklung Österreichs", 1995*

**ÖROK**, *Aktionsprogramme und transnationale Netzwerke der Europäischen Union, Schriftenreihe der ÖROK 129/1996*

**Raiffeisen Zentralbank Österreich AG**, *Förderprogramme Mittel- und Osteuropa, Wien 1997*

**Reiter, A.** *(Hrsg.), Wirtschaftsstandort Österreich, EU. Über das Notwendige, das Wünschbare und das Mögliche, Manz 1997*

**Richtlinien** *zu Förderaktionen des Bundes und der Bundesländer*

**Rieger, H./Schmied, C.**, *„Unternehmensförderungen in der EU", SWI Steuer & Wirtschaft International, Nr. 3, 1996, Wien*

**Rieger, H./Schmied, C.**, *„Für alle Fälle – Strukturfondspolitik der EU", Industrie 2. 10. 1996*

**Rieger, H./Schmied, C.**, *„EU-Strukturfondsmittel und die österreichische Industriepolitik", Finanznachrichten 7. 11. 1996*

**Rieger, H./Schmied, C.**, *„Menschenbilder im Wandel. Gedanken zur Wertediskussion im globalen Kapitalismus", Finanznachrichten 16. 1. 1997*

**Rieger, H./Schmied, C.**, *„Der glückliche Österreicher. Über den Zustand der Marktwirtschaft in Mitteleuropa", in: A. Reiter (Hrsg.), Wirtschaftsstandort Österreich, EU, Manz 1997*

**Rieger, H./Schmied, C.**, *„Wirtschaftsstandort Österreich, EU. Über das Machbare", Finanznachrichten 4. 12. 1997*

**Riess, W./Bartsch, G.**, *Programmbeschreibung, Dokumentation EU-konform, Investkredit, Wien 1994*

**Riess, W./Schmied, C.**, *„EU-Wettbewerbspolitik: Gemeinsame Spielregeln in der Unternehmensförderung. Sind die von den EU-Mitgliedstaaten verwendeten ‚Referenzzinssätze' tatsächlich marktkonform?", Finanznachrichten 19. 12. 1996*

**Schicker, R.**, *„Probleme und Prioritäten der Regionalförderung in Österreich", Zeitschrift für Gemeinwirtschaft, 6/1994*

**Schicker, R.**, *„Regionalförderung", Europareife Gemeinden, Kommunalpolitische Perspektiven, Wien 1994*

**Schicker, R.**, *„Die Regionalpolitik der Europäischen Union verändert Österreichs Politik der Regionalförderung", Kommunalwissenschaftliches Dokumentations-Zentrum, Wien 1994*

**Schicker, R.**, *„EU-Regionalpolitik für Österreich nach dem Beitritt", WISO, 1/1994*

**Schmoranz, I.**, *„KMU-Förderungen", Wirtschaftspolitische Blätter 3-4/1996*

**Seelig-Krainer, A./Stix, K.**, *„Das Burgenland im Lichte der europäischen Regionalpolitik", Zeitschrift für Gemeinwirtschaft, 6/1994*

**Slupetzky, W.**, *Europa ohne Arbeit?, Stuttgart 1997*

**Stadler, W.**, *„Die Stunde der Industriepolitik", Wirtschaftspolitische Blätter 1/1994*

**Stadler, W.**, *„Österreichs Förderlandschaft in der EU", Industrie 21, 24. Mai 1995*

**Stadler, W.**. *(Hrsg.), Beteiligungsfinanzierung. Neue Chancen für Risikokapital, Manz 1997*

**Szopo, P./Aiginger, K./Lehner, G.**, *Investitionsförderung in Österreich, Schriftenreihe der Investkredit, Band 11, Wien 1985*

**Tálos, E.,/Falkner G.**, *EU-Mitglied Österreich – Gegenwart und Perspektiven: Eine Zwischenbilanz, Wien 1996*

**Unterlagen** *zu Veranstaltungen, Seminaren und Vorträgen:*

*20. 9. 1994, Ueberreuter, Symposium: „EU-Beitritt: Rückflüsse aus Brüssel – Die Europäische Dimension der Finanzierungen und Förderungen für Österreich", Wien*

*29. 9. 1994, Investkredit, Investgespräch: „EU-Förderungen für österreichische Unternehmen.", Wien*

*3. bis 4. 10. 1994, Business Circle, Tagung: „EU-Förderungen", Wien*

*6. bis 7. 10. 1994, Finance-Trainer, Alpbacher Finanzsymposium, Investkredit/Kommunalkredit-Workshops, „EU-konforme Unternehmensförderung in Österreich", „EU-Förderungen für österreichische Unternehmen", „EU-Finanzierungen"*

*28. 3. 1995, ÖPWZ, 9. Österreichische Finanzwirtschaftliche Tagung, „EU-Beitritt und Folgen für die Finanzwirtschaft", Wien*

*8. 5. 1995, GiroCredit und Industriellenvereinigung, „Europäische Regional- und Strukturpolitik und deren Umsetzung in der Praxis am Beispiel Österreich", Wien*

*16. bis 17. 5. 1995, Business Circle, Fachkonferenz, „Unternehmens-Wachstum aus ‚neuen' Kapitalquellen finanzieren!", Wien*

*22. 5. 1995, Bank Austria und Europäische Kommission, Informationsveranstaltung: „Finanzierungen und Förderungen in der EU", Wien*

*29. bis 31. 5. 1995, Business Circle, Konferenz: „EU-Fördertöpfe für Wen – Wie – Wofür – Wann?", Wien*

*19. bis 23. 6. 1995, Wirtschaftskammer Österreich, „Binnenmarktwoche der Europäischen Union in Österreich", Wien*

*28. 6. 1995, Ueberreuter, Symposium, „Fördermöglichkeiten im Rahmen der EU-Regionalpolitik", Wien*

*20. 9. 1995, Investkredit, Veranstaltung, „Industrieförderungen: EUphorie oder Enttäuschung?", Wien*

*26. 9. 1995, Investkredit, Veranstaltung, „EU-konforme Unternehmensförderungen in Kärnten", Klagenfurt*

*28. 9. 1995, Investkredit, Veranstaltung, „EU-konforme Unternehmensförderungen in Tirol",*

*Innsbruck*
*19. 10. 1995, Ueberreuter, Seminar, „EU-konforme Unternehmensförderungen", Wien*
*24. 10. 1995, Investkredit, Veranstaltung, „EU-konforme Unternehmensförderungen in Niederösterreich", Wien*
*31. 10. 1995, Investkredit, Veranstaltung, „EU-konforme Unternehmensförderungen in Oberösterreich", Linz*
*10. 11. 1995, Investkredit, Veranstaltung, „EU-konforme Unternehmensförderungen in Salzburg", Salzburg*
*16. 11. 1995, Investkredit, Veranstaltung, „EU-konforme Unternehmensförderungen in der Steiermark", Graz*
*28. 11. 1995, Investkredit, Veranstaltung, „EU-konforme Unternehmensförderungen in Vorarlberg", Bregenz*
*30. 11. 1995, Investkredit, Veranstaltung, „EU-konforme Unternehmensförderungen im Burgenland", Eisenstadt*
*6. 12. 1995, Ueberreuter, Symposium, „Forschungs- und Technologieförderung auf nationaler und EU-Ebene", Wien*
*25. 1. 1996, Ueberreuter, Seminar, „EU-konforme Unternehmensförderungen", Wien*
*1. 2. 1996, Österreichische Volksbanken AG, Informationsveranstaltung, „Österreichische Investitionsförderungen unter EU-Gesichtspunkten", Wien*
*12. 3. 1996, Ueberreuter, Symposium, „Erstes Geld aus Brüssel eingetroffen!"; Wien*
*21. 3. 1996, Investkredit, Veranstaltung „Finanzierungs- und Förderinformationen für die Elektro- und Elektronikindustrie", Wien*
*25. 3. 1996, Wiener Wirtschaftsförderungsfonds, „EU-Informationsveranstaltung: Freier Wettbewerb in der EU. Beihilfenregelungen – Fusionskontrolle – Förderungen", Wien*
*25. 3. 1996, Die Erste Österreichische Spar-Casse-Bank AG, Vertretung der Europäischen Kommission, EU-Informationsveranstaltung, „Investitionen in Mittel- und Osteuropa", Wien*
*23. 4. 1996, Ueberreuter, Symposium, „EU-konforme Förderungen von Schulungs- und Beratungsleistungen", Wien*
*21. 5. 1996, Wirtschaftsuniversität Wien, Wirtschaftsförderung in Österreich. Ein Beitrag zur Standortsicherung*
*5. 7. 1996, Seminar „EU-konforme Unternehmensförderung", Schoellerbank, Wien*
*30. 9. 1996, „Präsentation des Handbuches EU-konformer Förderungen", Verbindungsbüro der Stadt Wien, Büro des Wiener Wirtschaftsförderungsfonds in Brüssel, Brüssel*
*10. 10. 1996, Veranstaltung „EU-Förderungen – Praktische Erfahrungen im Burgenland", Volksbank Ost, Eisenstadt*
*17. 10. 1996, Ueberreuter, Symposium und Buchpräsentation, „Unternehmensförderung in den Regionen – österreichische Wirtschaftspolitik mit den EU-Strukturfonds", Wien*
*24. 10. 1996, Veranstaltung „EU-Förderungen – Praktische Erfahrungen in Niederösterreich", Volksbank Ost, Schwechat*
*1996/1997, Seminar „EU-konforme Unternehmensförderung österreichischer Klein- und Mittelbetriebe", Institut für Betriebswirtschaftslehre der Klein- und Mittelbetriebe, WU-Wien*
*26. 11. 1996, Seminar „EU-konforme Unternehmensförderungen", Bankhaus Carl Spängler & Co., Salzburg*
*15. 1. 1997, „Weiterbildung: Fachwissen-Aktuell: Förderungen EU-Know-how", Investkredit, Wien*
*21. 1. 1997, Vortrag „EU-konforme Unternehmensförderung", Volksbank Ried, Inn-Salzach-Euregio, Ried im Innkreis*

*1997/1998, Seminar „Unternehmensförderung“, Institut für Betriebswirtschaftslehre der Klein- und Mittelbetriebe, WU-Wien*

**Vranitzky, F.,** *Vortrag an den Ministerrat, GZ 404.820/49-IV/4/95, Wien 1995*

**Zielprogramme** *(von der Kommission genehmigte Programmplanungsdokumente)*

- *Ziel 1, Burgenland, Einheitliches Programmplanungsdokument 1995–1999*
- *Einheitliches Programmplanungsdokument, Ziel 5b, Kärnten*
- *Ziel 2, Niederösterreich, Einheitliches Programmplanungsdokument 1995–1999*
- *Programm für die Entwicklung und Strukturanpassung des ländlichen Raumes in Niederösterreich gemäß Ziel 5b der EU-Strukturfonds, Einheitliches Dokument für die Programmplanung 1995–1999*
- *Einheitliches Programmplanungsdokument 1995–1999, Ziel 2, Oberösterreich*
- *Einheitliches Programmplanungsdokument 1995–1999, Ziel 5b, Oberösterreich*
- *Einheitliches Dokument für die Programmplanung, Ziel 5b, Salzburg*
- *Ziel 2, Steiermark, Einheitliches Programmplanungsdokument 1995–1999*
- *Ziel 5b, Steiermark, Einheitliches Programmplanungsdokument 1995–1999*
- *Plan für die Entwicklung des ländlichen Raumes in Tirol nach dem Ziel 5b 1995–1999*
- *Ziel 2, Vorarlberg*
- *Einheitliches Programmplanungsdokument, Ziel 5b, Vorarlberg für die Jahre 1995–1999*
- *Europäischer Sozialfonds, Einheitliches Programmplanungsdokument 1995–1999, Ziel 3, Österreich*
- *Europäischer Sozialfonds, Einheitliches Programmplanungsdokument 1995–1999, Ziel 4, Österreich*
- *Programmplanungsdokument Österreich, Zur Verbesserung der Verarbeitungs- und Vermarktungsbedingungen landwirtschaftlicher Erzeugnisse gemäß Artikel 10a der Verordnung (EWG) Nr. 866/90 des Rates für den Zeitraum 1995 bis 1999*

**Zwerenz, G.,** *„Wirtschaftsförderung: EU-konforme Durchführung und viel neuer Verwaltungsaufwand“, Wirtschaftspolitische Blätter 3-4/1996*

# Übersichtenverzeichnis